Die Adoption durch eingetragene Lebenspartner im internationalen Privat- und Verfahrensrecht

Studien zum vergleichenden und internationalen Recht -
Comparative and International Law Studies

Herausgeber: Bernd von Hoffmann, Erik Jayme
und Heinz-Peter Mansel

Band 100

PETER LANG
Frankfurt am Main · Berlin · Bern · Bruxelles · New York · Oxford · Wien

Thomas Alexander Brandt

Die Adoption durch eingetragene Lebenspartner im internationalen Privat- und Verfahrensrecht

PETER LANG
Europäischer Verlag der Wissenschaften

Bibliografische Information Der Deutschen Bibliothek
Die Deutsche Bibliothek verzeichnet diese Publikation in der Deutschen Nationalbibliografie; detaillierte bibliografische Daten sind im Internet über <http://dnb.ddb.de> abrufbar.

Zugl.: Heidelberg, Univ., Diss., 2004

D 16
ISSN 0930-4746
ISBN 3-631-53046-3

www.peterlang.de

Vorwort

Die vorliegende Arbeit wurde im Sommersemester 2004 von der Rechtswissenschaftlichen Fakultät der Universität Heidelberg als Dissertation angenommen. Sie befindet sich auf dem Stand des Frühjahrs 2004.

Herzlicher Dank gilt meinem Doktorvater, Herrn Prof. Dr. Dr. h.c. mult. Erik Jayme, der diese Arbeit fürsorglich betreut und mir bis zuletzt wertvolle Anregungen gegeben hat. Besonders zu danken habe ich ihm für die überaus schnelle Begutachtung. Ihm wie auch Herrn Prof. Dr. Bernd von Hoffmann und Herrn Prof. Dr. Heinz-Peter Mansel danke ich zudem für die Aufnahme der Arbeit in die Reihe der „Studien zum vergleichenden und internationalen Recht". Herrn Prof. Dr. Christoph Benicke danke ich für die rasche Erstellung des Zweitgutachtens.

Die Arbeit entstand im wesentlichen während eines einjährigen Gastaufenthalts am Heidelberger Institut für Ausländisches und Internationales Privat- und Wirtschaftsrecht, dessen Atmosphäre ich als ausgesprochen anregend empfunden habe. Für die mir gewährten optimalen Arbeitsbedingungen schulde ich dem Institut Dank.

Ich widme diese Arbeit meinen Eltern, Renate und Ulrich Brandt.

Kiel, im Juli 2004 — Thomas A. Brandt

Inhaltsübersicht

Inhaltsverzeichnis

Abkürzungsverzeichnis

a.A.	anderer Ansicht
a.a.O.	am angegebenen Ort
ABl.EG	Amtsblatt der Europäischen Gemeinschaften
Abs.	Absatz
AdÜbAG	Gesetz zur Ausführung des Haager Übereinkommens vom 29. Mai 1993 über den Schutz von Kindern und die Zusammenarbeit auf dem Gebiet der internationalen Adoption
AdVermG	Adoptionsvermittlungsgesetz
AdWirkG	Gesetz über Wirkungen der Annahme als Kind nach ausländischem Recht
Anm.	Anmerkung
a.E.	am Ende
a.F.	alte Fassung
AJP	Aktuelle juristische Praxis
Alt.	Alternative
Anm.	Anmerkung
Art., Artt.	Artikel
BayObLG	Bayerisches Oberstes Landesgericht
BayVGH	Bayerischer Verwaltungsgerichtshof
Bd.	Band
BGB	Bürgerliches Gesetzbuch
BGBl. I bzw. II	Bundesgesetzblatt, Teil I bzw. II
BGH	Bundesgerichtshof
BGHZ	Entscheidungen des Bundesgerichtshofes in Zivilsachen
BR-Drucks.	Drucksache des Bundesrates
BT-Drucks.	Drucksache des Bundestages
BVerfG	Bundesverfassungsgericht
BVerfGE	Entscheidungen des Bundesverfassungsgerichts
BVerwG	Bundesverwaltungsgericht
BVerwGE	Entscheidungen des Bundesverwaltungsgerichts
BW	Burgerlijk Wetboek
CC	Code civil, Código civil
CE	Constitucion Española
DänPartnerG	dänisches Gesetz über die registrierte Partnerschaft
ders.	derselbe
DEuFamR	Deutsches und Europäisches Familienrecht
d.h.	das heißt
dies.	dieselbe
DNotZ	Deutsche Notar-Zeitschrift
DogmJb	Jherings Jahrbücher der Dogmatik des bürgerlichen Rechts
E	Entwurf
EGBGB	Einführungsgesetz zum Bürgerlichen Gesetzbuch
EGV	Vertrag zur Gründung der Europäischen Gemeinschaft
EMRK	Europäische Konvention zum Schutze der Menschenrechte und Grundfreiheiten
EU	Europäische Union

EuGH	Europäischer Gerichtshof
EuGHMR	Europäischer Gerichtshof für Menschenrechte
f., ff.	folgende
FamRÄndG	Familienrechtsänderungsgesetz
FamRZ	Zeitschrift für das gesamte Familienrecht
FGG	Gesetz über die Angelegenheiten der freiwilligen Gerichtsbarkeit
FJR	Tijdschrift voor familie- en jeugdrecht
Fn.	Fußnote
FS	Festschrift
FuR	Familie und Recht
GG	Grundgesetz für die Bundesrepublik Deutschland
HAdoptÜ	Haager Übereinkommen über den Schutz von Kindern und die Zusammenarbeit auf dem Gebiet der internationalen Adoption
h.M.	herrschende Meinung
Hrsg.	Herausgeber
H.S.	Halbsatz
i.E.	im Ergebnis
IPR	Internationales Privatrecht
IPRax	Praxis des Internationalen Privat- und Verfahrensrechts
IPRspr	Die deutsche Rechtsprechung auf dem Gebiete des internationalen Privatrechts
i.S.	im Sinne
i.ü.	im übrigen
i.V.m.	in Verbindung mit
IZPR	Internationales Zivilprozeßrecht
IZVR	Internationales Zivilverfahrensrecht
JAmt	Das Jugendamt
JDI (Clunet)	Journal du droit international privé et de la jurisprudence comparée
JuS	Juristische Schulung
JW	Juristische Wochenschrift
JZ	Juristenzeitung
KG	Kammergericht
KSÜ	Haager Übereinkommen über die Zuständigkeit, das anzuwendende Recht, die Anerkennung, Vollstreckung und Zusammenarbeit auf dem Gebiet der elterlichen Verantwortung und der Maßnahmen zum Schutz der Kinder
LG	Landgericht
lit., litt.	litera, literae
LPartDisBG	Gesetz zur Beendigung der Diskriminierung gleichgeschlechtlicher Gemeinschaften: Lebenspartnerschaften
LPartG	Lebenspartnerschaftsgesetz
LPE	Ley relativa a parejas estables no casadas
	Ley para la Igualdad Jurídica de las Parejas Estables
LUEP	Ley de uniones estables de pareja
MDR	Monatsschrift für Deutsches Recht
MittRhNotZ	Mitteilungen der Rheinischen Notarkammer
M.M.	Mindermeinung

Mot.	Motive zum Bürgerlichen Gesetzbuch
MSA	Haager Abkommen zur Regelung der Vormundschaft über Minderjährige
MünchKomm	Münchener Kommentar
n.F.	neue Fassung
NJB	Nederlands Juristenblad
NJW	Neue Juristische Wochenschrift
NorwPartnerG	norwegisches Gesetz über die registrierte Partnerschaft
Nr., Nrn.	Nummer/-n
OGH	österreichischer Oberster Gerichtshof
OLG	Oberlandesgericht
RabelsZ	Rabels Zeitschrift für ausländisches und internationales Privatrecht
RG	Reichsgericht
RGZ	Entscheidungen des Reichsgerichts in Zivilsachen
RNotZ	Rheinische Notar-Zeitschrift
Rnr., Rnrn.	Randnummer/-n
S.	Satz Seite
SchwedPartnerG	schwedisches Gesetz über die registrierte Partnerschaft
Slg.	Sammlung der Rechtsprechung des (Europäischen) Gerichtshofes
StAZ	Das Standesamt, Zeitschrift für Standesamtswesen
u.a.	unter anderem
UN	United Nations
vgl.	vergleiche
VO	Verordnung
ZPO	Zivilprozessordnung

Einleitung

A. Untersuchungsgegenstand

Die Adoption durch unverheiratete, zumal homosexuelle Paare berührt den Grenzbereich von Recht und Moral, von Tradition und Wertewandel. So kann es kaum verwundern, daß das Ausmaß internationaler Regelungsdifferenzen gerade in diesem Punkt ausgesprochen groß ist. Während die meisten Rechte entsprechende Adoptionsbefugnisse nach wie vor verwehren, sind unterschiedliche Formen der partnerschaftlichen Adoption in einer wachsenden Zahl von Rechtsordnungen bereits Realität. Das internationale Adoptionsrecht ist aufgefordert, das Phänomen zur Kenntnis zu nehmen und sachgerechte Lösungen zu entwickeln.

Gegenstand der Untersuchung sollen jene Adoptionen sein, die dadurch gekennzeichnet sind, daß die Annehmenden in einer Partnerschaft des in Art. 17b EGBGB vorausgesetzten Typs leben. Da die notwendige Abgrenzung an dieser Stelle noch nicht geleistet werden kann, ist der hier benutzte Terminus der „partnerschaftlichen Adoption" zunächst noch ein unscharfer. Andererseits schließt schon der Arbeitsbegriff jedenfalls Adoptionen durch solche Personen von vornherein aus, deren Verbindung noch keinerlei Institutionalisierung erfahren hat. Ohne Belang – wenigstens solange das dort avisierte Gesetz über die registrierte gleichgeschlechtliche Partnerschaft (noch) nicht existiert[1] – ist daher etwa die nach *englischem* Recht gegebene Adoptionsbefugnis eines gleich- oder verschiedengeschlechtlichen Paares, das lediglich in einer „dauerhaften Familienbeziehung" ohne weitergehende Rechtswirkungen zusammenlebt[2].

B. Vorkommen der partnerschaftlichen Adoption

Am Beginn der Entwicklung steht eine Reihe nordischer Staaten[3]. Im Sommer 1989 beschloß zunächst der *dänische* Folketing ein Gesetz über registrierte ho-

* *Ernst Bloch*, Das Prinzip Hoffnung, Vorwort.

1 Den aktuellen Plänen der britischen Regierung für ein englisches Partnerschaftsgesetz („Civil Partnership registration") zufolge sollen gleichgeschlechtliche Paare mit der Registrierung nahezu ehegleiche Rechte erhalten; vgl. *Norrie*, in: Scots Law Times 2003, S. 23.

2 Adoption and Children Act 2002 ss 50, 144 (4), einsehbar unter <http://www.hmso.gov.uk/acts/acts2002/20020038.htm>. Adoptionsbefugt (gemeinsame und Stiefkindadoption) sind danach neben Ehegatten auch „two people (whether of different sexes or the same sex) living as partners in an enduring family relationship".

3 Vgl. *Grib*, S. 16 ff.; *Olsen-Ring/Ring*, in: Kritische Justiz 1999, S. 366 ff.

mosexuelle Partnerschaften[4]. Seit 1999 läßt es zumindest die Annahme des Kindes eines registrierten Partners durch den anderen – die sogenannte Stiefkindadoption also – zu[5]. Das *norwegische* Partnerschaftsgesetz stammt vom 30.4. 1993[6]; ebenso wie das dänische Gesetz ermöglicht es inzwischen die Stiefkindadoption durch registrierte Partner[7]. Der *schwedische* Reichstag verabschiedete ein entsprechendes Partnerschaftsgesetz am 23.6.1994, das seit 1.2.2003 nicht nur die Stiefkindadoption, sondern ebenso auch die gemeinsame Adoption eines fremden Kindes durch registrierte Partner erlaubt[8].

Vom 5. Juli 1997 datiert das *niederländische* Gesetz über eingetragene gleich- und verschiedengeschlechtliche Partnerschaften[9]. Darüber hinaus haben die Niederlande homosexuellen Paaren auch das Rechtsinstitut der Ehe geöffnet[10]. Unter noch darzustellenden Voraussetzungen genießen beide Formen der Lebensgemeinschaft das Recht zur gemeinsamen und zur Stiefkindadoption[11]. Die *französischen* Vorschriften über einen „pacte civil de solidarité" (PACS) wurden 1999 in den Code Civil inkorporiert[12]. Der PACS ist geschlechtsunabhängig ausgestaltet. Ein Recht der Partner zur gemeinsamen bzw. zur Stiefkindadoption („droit à l'enfant")[13] besteht hier nicht. Möglich (das wenigstens im Grundsatz[14]) ist dagegen die *schlichte Einzelannahme eines fremden Kindes*

---

4 Lov om registreret partnerskab vom 7.7.1989, Nr. 372, im folgenden DänPartnerG. Änderungen durch Gesetze vom 19.12.1989, Nr. 821, vom 14.6.1995, Nr. 387, und vom 2.6.1999, Nr. 360.

5 Dazu dann im Ersten Kapitel; siehe auch *Scherpe*, in: DEuFamR 2000, S. 32.

6 Lov om registreret partnerskap vom 30.4.1993, Nr. 40, im folgenden NorwPartnerG.

7 Änderungsgesetz vom 15.6.2001, Nr. 36, in Kraft seit 1.1.2002.

8 Lag om registrerat partnerskap vom 23.6.1994, Nr. 1117, im folgenden SchwedPartnerG; Adoptionsbefugnis durch Gesetz vom 5.6.2002, Nr. 603. Zu den bereits vorher existierenden Bestimmungen über „homosexuelle Zusammenlebende", die v.a. eine Art Gütergemeinschaft – beschränkt allerdings auf Wohnung und Hausrat – vorsahen, vgl. *Ytterberg*, in: AJP 2001, S. 287 (288 f.).

9 Wet op het geregistreerd partnerschap vom 5.7.1997, Staatsblad 1997, Nr. 324.

10 Wet houdende wijziging van Boek 1 van het Burgerlijk Wetboek in verband met de openstelling van het huwelijk voor personen van hetzelfde geslacht vom 29.3.2001, Staatsblad 2001, Nr. 160. Kritisch schon zum Gesetzesvorhaben *Nuytinck*, in: StAZ 2000, S. 72 (75), der das niederländische Familienrecht hier „auf Abwegen" sieht.

11 Dazu im Ersten Kapitel, S. 29.

12 Loi du 15 novembre 1999 relative au pacte civil de solidarité, Journal Officiel N° 265 vom 16.11.1999, S. 16959. Zur Behandlung des PACS im französischen IPR siehe *Hauser*, in: DEuFamR 2000; S. 29 (29 f.); *Chanteloup*, in: Gazette du palais 2000, No 275, S. 5 (8 f.); *Revillard*, in: Defrénois 2000, S. 340.

13 Vgl. *Borrillo*, Le PACS: une reconnaissance timide des unions de même sexe, in: AJP 2001, S. 299 (304).

14 Siehe dazu aber den vom *EuGHMR* entschiedenen Fall *Fretté/Frankreich* (*EuGHMR* vom 26.2.2002, in: FamRZ 2003, S. 149). Die zuständige französische Behörde hatte dem homosexuellen Antragsteller die erforderliche Adoptionsbewilligung unter Hinweis auf seine sexuelle Orientierung versagt. Der *EuGHMR* sieht hierin zwar eine Ungleichbehandlung gegenüber heterosexuellen Adoptanten i.S.d. Art. 14 EMRK, hält diese aber für nicht-diskriminierend, da die Ablehnung von einem legitimen Zweck (Kindeswohl) getragen werde und die ihr

durch einen der Partner, Art. 343-1 CC. Da es sich hierbei jedoch – wie noch zu zeigen sein wird[15] – um keine partnerschaftliche Adoption handelt, kann diese Form der Annahme im folgenden ganz außer Betracht bleiben. Das *belgische* Parlament beschloß 1998 ein Gesetz über die „cohabitation légale“[16]. Art. 1475 § 1 CC eröffnet die „cohabitation“ homo- wie heterosexuellen und selbst solchen Personen, die miteinander verwandt sind. Partnerschaftliche Adoptionsmöglichkeiten aber bestehen nicht. Mit Gesetz vom 13.2.2003[17] hat Belgien homosexuellen Partnern außerdem das Rechtsinstitut der bürgerlichen Ehe geöffnet (Art. 143 CC)[18], ihnen dabei indes die Möglichkeiten der gemeinsamen ebenso wie der Stiefkindadoption ausdrücklich verwehrt, Artt. 346 Abs. 1, 368 § 3 Abs. 1 CC.

In *Spanien* existieren gesamtstaatliche Regelungen weder für hetero-, noch für homosexuelle Partnerschaften[19]. Von ihrer Gesetzgebungskompetenz in weiten Teilen des Familienrechts haben aber einzelne autonome Gebiete Gebrauch gemacht. Eigene Foralgesetze über die gleich- oder verschiedengeschlechtliche Partnerschaft verabschiedeten zunächst *Katalonien*[20] (1998), *Aragonien*[21] (1999) und *Navarra*[22] (2000). Das Recht zur *gemeinsamen Adoption* steht in Katalonien und Aragonien ausschließlich heterosexuellen Paaren zu, die in Katalonien zudem das Recht der *Stiefkindadoption* besitzen[23]. Lediglich Navarra hat die Möglichkeit der *gemeinsamen Adoption* auch homosexuellen Partnern eröffnet[24]. In

---

zugrundeliegende Wertentscheidung allein im mitgliedstaatlichen Ermessen liege, *solange* gemeinsame Standards der Mitgliedstaaten in dieser Frage nicht erkennbar seien.

15 Dazu, daß die schlichte Einzeladoption anders als gemeinsame und Stiefkindadoption keiner partnerschaftsspezifischen Anknüpfung bedarf, siehe unten S. 109 f.

16 Loi instaurant la cohabitation légale vom 23.11.1998, Moniteur Belge/Belgisch Staatsblad 1999, Nr. 7. Eine Darstellung des Gesetzgebungsverfahrens gibt *Pintens*, in: FamRZ 2000, S. 69 (71). Zur Behandlung der cohabitation im belgischen IPR siehe *Erauw/Verhellen*, in: Echtscheidingsjournaal 1999, S. 150; *Becker*, in: MittRhNotK 2000, S. 155 (160).

17 Loi ouvrant le mariage à des personnes de même sexe et modifiant certaines dispositions du Code Civil, Moniteur Belge/Belgisch Staatsblad 2003, Nr. 66; in Kraft seit 1.6.2003.

18 Dazu *Sterckx*, in: Journal des tribunaux 2003, S. 434.

19 *Schlenker*, in: Rechtsstellung gleichgeschlechtlicher Lebensgemeinschaften, S. 146; Die fehlende rechtliche Anerkennung gleichgeschlechtlicher Paare kritisiert *Ángel Barroso*, in: Domingo vom 10.11.2002, S. 48 ff.

20 Ley 10/1998, de 15 de julio, de uniones estables de pareja, Diario Oficial de la Generalitat de Catalunya vom 23.7.1998, Núm. 2687, im folgenden LUEP-Katalonien; dazu *García Cantero*, in: International Survey 2001, S. 397 ff.

21 Ley 6/1999, de 26 de marzo, relativa a parejas estables no casadas, Boletín Oficial de Aragón vom 6.3.1999, Núm. 39, im folgenden LPE-Aragonien.

22 Ley Foral De Navarra 6/2000, de 3 de julio, para la Igualdad Jurídica de las Parejas Estables, im folgenden LPE-Navarra, zu finden unter: <http://www.fundaciontriangulo.es/familia/e_Ley ParejasNavarra.htm>.

23 Zu den Einzelheiten sei auf die Darstellungen im Ersten Kapitel, S. 45 ff., verwiesen.

24 Einige der foralen Partnerschaftsgesetze gewähren auch die Möglichkeit, eine Pflegekindschaft („*acogimiento*") zu begründen. Diese wird im deutschen IPR nach wohl h.M. zwar e-

jüngerer Zeit haben sich auch die autonomen Gebiete *Valencia*[25], *Asturien*[26], die *Balearen*[27] und *Madrid*[28] Partnerschaftsgesetze gegeben, doch sehen diese keine speziellen Adoptionsmöglichkeiten vor[29]. *Portugal* schließlich verabschiedete am 11. Mai 2001 ein Gesetz über die „união de facto“[30]. Diese tatsächliche homo- oder heterosexuelle Partnerschaft entsteht unter bestimmten Voraussetzungen allein von Gesetzes wegen. Nur die heterosexuelle „união de facto“ genießt aber das Recht der *gemeinsamen* ebenso wie der *Stiefkindadoption*[31].

Am 1. August 2001 trat in *Deutschland* das „Gesetz zur Beendigung der Diskriminierung gleichgeschlechtlicher Gemeinschaften: Lebenspartnerschaften“[32], als sein Artikel 1 das eigentliche Lebenspartnerschaftsgesetz (LPartG) in Kraft[33]. Wurde die verfassungsrechtliche Tragfähigkeit der Regelungen zunächst auch angezweifelt[34], sehen sich derlei Bedenken heute höchstrichterlich entkräftet[35]. Divergenzen zum Recht der Ehe finden sich hier vor allem im Kindschaftsrecht. So existiert keine gemeinsame Elternschaft. Das Recht der *gemeinsamen* und der *Stiefkindadoption* ist den Partnern verwehrt.

Unterschiedliche kulturelle Prägungen sind Ursache einer bemerkenswerten Regelungsvielfalt von Partnerschaftsmodellen. Gerade im Bereich des Adoptionsrechts aber haben die betrachteten Staaten[36] mit besonderer Vorsicht legi-

---

benso angeknüpft wie eine Adoption (vgl. *Heldrich*, in: *Palandt*, Art. 22 EGBGB Rnr. 1), soll aber im Rahmen dieser Arbeit nicht weiter behandelt werden.

25 Ley 1/2001, de 6 de abril, de uniones de hecho, Boletín Oficial de las Cortes Valencianas, siehe unter: <http://www.fundaciontriangulo.es/familia/e_LeyValencianaDefinitiva.htm>.

26 Ley del Principado de Asturias 4/2002, de 23 de mayo, de Parejas Estables, einsehbar unter: <http://www.fundaciontriangulo.es/familia/e_LeyParejasAsturias.htm>.

27 Ley 18/2001, de 19 de diciembre, de Parejas Estables de las Illes Balears, Boletín Oficial de las Illes Balears: 156/2001, de 19 de diciembre.

28 Siehe <http://www.fundaciontriangulo.es/familia/e_LeyParejasMadrid.htm>.

29 Das hier wie in allen übrigen Teilgebieten ergänzend anwendbare gemeinspanische Recht erlaubt jedoch heterosexuellen Paaren, die dauerhaft und effektiv wie ein Ehepaar zusammenleben, die *gemeinsame Adoption* eines fremden Kindes (so die Dritte Zusatzbestimmung der Ley 21/1987 de 11 de noviembre zu Art. 175 CC); vgl. *Rau/Daum*, in: *Bergmann/Ferid/Henrich*, Spanien, S. 40.

30 Lei N.° 7/2001, de 11 de maio, Medidas de Proteção das Uniões de Facto, Diário da República I Série A, N.° 109, vom 11.5.2001, S. 2997. Dazu *Olivera Pais*, in: International Survey 2002, S. 337 (344).

31 Dazu unten Erstes Kapitel, S. 50.

32 Gesetz vom 16.2.2001, BGBl. I, S. 266, im folgenden LPartDisBG.

33 Zur Vorgeschichte siehe nur *Muscheler*, S. 1, der befindet: „Ein Ruhmesblatt ist sie nicht, die bundesrepublikanische Rechtsgeschichte der Homosexualität.“ sowie *Strick*, Gleichgeschlechtliche Partnerschaft – Vom Straftatbestand zum Status?, in: DEuFamR 2000, S. 82.

34 Statt anderer hier nur *Scholz/Uhle*, in: NJW 2001, S. 393 ff.

35 *BVerfG* vom 17.7.2002, in: BVerfGE 105, S. 313 = FamRZ 2002, S. 1169 = StAZ 2002, S. 293.

36 Nicht näher dargestellt wurden hier das *isländische* und das *finnische* Partnerschaftsgesetz (1996 bzw. 2001). Beide entsprechen praeter propter den genannten skandinavischen Modellen, nur das isländische kennt aber die Stiefkindadoption. Ausgelassen seien auch die eingetra-

feriert[37]. So ist die gemeinsame Adoption eines fremden Kindes durch zwei homosexuelle Partner bisher nur in den Niederlanden, Schweden und Navarra zugelassen. Aragonien und Katalonien dagegen kennen ebenso wie Portugal nur die gemeinsame Adoption durch die Partner einer heterosexuellen Partnerschaft. Selbst die Stiefkindadoption ist aber außer in den Niederlanden erst in Dänemark, Schweden und Norwegen zulässig, während Katalonien und Portugal diese Form der Adoption allein heterosexuellen Paaren vorbehalten. Partnerschaftliche Adoptionen werden – sei es kollisions- oder internationalverfahrensrechtlich – also nur dann aktuell, wenn der Sachverhalt eine der zuvor genannten Rechtsordnungen tangiert. Angesichts der sozio-kulturellen, geographischen und ökonomischen Nähe Deutschlands zu den nordischen Staaten und den Niederlanden ebenso wie zu Spanien und Portugal sind aber derartige Auslandsberührungen alles andere als unwahrscheinlich.

C. Offene Fragen

Staatsvertragliche Kollisionsnormen zur Adoption sucht man vergeblich. So enthält zwar das Haager Übereinkommen über die Annahme an Kindes Statt von 1965[38] in seinen Artt. 4 und 5 ausdrückliche IPR-Vorschriften, ist indes für Deutschland nie in Kraft getreten[39]. Geltung beansprucht dagegen das Haager

---

genen Partnerschaften der Kantone *Genf* (2001) und *Zürich* (2002), die lediglich steuer- und versorgungsrechtliche Folgen haben (s.a. NZZ vom 6.1.2003), ebenso die (geschlechtsunabhängige) nichteheliche Lebensgemeinschaft des *ungarischen* Rechts, die keinerlei familienrechtliche Wirkungen besitzt (s. *Vékás/Ember*, in: *Bergmann/Ferid/Henrich*, Ungarn S. 20). Auch von einer Darstellung der Partnerschaftsgesetze der US-Bundesstaaten *Hawaii* (reciprocal beneficiary relationship, 1998), *Kalifornien* (domestic partnership, 2000) und *Vermont* (civil union, 2000, dazu *Lundmark*, in: DEuFamR 2000, S. 236 ff.) wird hier abgesehen. Jedoch ist – statusunabhängig – in allen US-Staaten außer Florida die Adoption durch homosexuelle Paare de lege lata zumindest theoretisch möglich; zu positiven Entscheidungen von *Appelate State Courts* siehe *Maxwell/Mattijssen/Smith*, Legal Protection for All the Children: Dutch-American Comparison of Lesbian and Gay Parent Adoptions, in: vol. 3.1 Electronic Journal of Comparative Law (August 1999), 2.1.1, 2 <http://www.ejcl.org./31/abs31-2.html>. Außer Betracht bleiben hier auch die Partnerschaften einiger *südamerikanischer* Rechte, die nicht geschlechtsunabhängig ausgestaltet sind, sondern ausschließlich heterosexuellen Paaren offenstehen. Lediglich hingewiesen sei auch auf den Beschluß des *Court of Appeal for Ontario* vom 10.6.2003, *Halpern v Canada* <http://www.ontariocourts.on.ca/decisions/2003/june/halpernC39172.htm>, mit dem die gleichgeschlechtliche Eheschließung im kanadischen Bundesstaat *Ontario* zugelassen wurde; zur Entscheidung der Vorinstanz *Baily*, in: International Survey 2003, S. 81 (94 ff.); ob die Partner einer solchen Homo-Ehe auch eheliche Adoptionsbefugnisse genießen, bleibt abzuwarten.

[37] Vgl. *Jakob*, S. 349.

[38] Haager Übereinkommen über die behördliche Zuständigkeit, das anzuwendende Recht und die Anerkennung von Entscheidungen auf dem Gebiet der Annahme an Kindes Statt vom 15.11. 1965, österr. BGBl. 1978, Nr. 581, s. *Jayme/Hausmann*[7], Nr. 33.

[39] Siehe Anmerkung bei *Jayme/Hausmann*[7], Nr. 33 (dort Fn. 3).

Adoptionsübereinkommen von 1993[40] (HAdoptÜ); allerdings beinhaltet dieses Abkommen – ungeachtet der Frage seiner Anwendbarkeit auf die Adoption durch eingetragene Lebenspartner (dazu unten) – keinerlei Kollisionsnormen[41], sodaß weiter das autonome IPR maßgeblich bleibt[42]. Hier kommt zunächst die partnerschaftliche Kollisionsnorm des Art. 17b EGBGB[43] in Betracht. Art. 17b Abs. 1 S. 1 EGBGB bestimmt das auf Begründung, allgemeine und güterrechtliche Wirkungen sowie Auflösung der eingetragenen Lebenspartnerschaft anwendbare Recht[44]. Maßgebliches Anknüpfungsmoment ist der Eintragungsort (*locus celebrationis*[45])[46]. Da die Vorschrift als allseitige Kollisionsnorm[47] ausgestaltet ist, gelangt auch bei Registrierung der Partnerschaft im Ausland aus deutscher Sicht stets das Recht des Eintragungsortes zur Anwendung. Ausweislich des gesetzlichen Wortlauts und abweichend vom Grundsatz des Art. 4 Abs. 1 S. 1 EGBGB, handelt es sich dabei um eine Sachnormverweisung[48]. Hinsichtlich der Wirkungen einer im Ausland registrierten Partnerschaft enthält Art. 17b Abs. 4 EGBGB eine spezielle *Kappungsregel*: Sie können nach dem Wortlaut der Vorschrift nicht über die nach BGB und LPartG vorgesehenen Wirkungen hinausgehen.

Die Vielzahl der Partnerschaftsmodelle führt zu einem ersten – eingangs bereits angedeuteten – Problem: zu bestimmen nämlich, welche Typen der Part-

---

[40] Haager Übereinkommen über den Schutz von Kindern und die Zusammenarbeit auf dem Gebiet der internationalen Adoption vom 29.5.1993, BGBl. 2001 II, S. 1035, abgedruckt bei *Jayme/Hausmann*, Nr. 223, und in StAZ 2002, S. 17 ff.

[41] Vgl. *Steiger*, Rnr. 317; *Maurer*, in: MünchKomm, vor § 1741 BGB Rnr. 50.

[42] *Henrich*, in: *Staudinger*, vor Art. 22 EGBGB Rnrn. 13 f. Die Beobachtung des kollisionsrechtlich berufenen Rechts obliegt im Falle der Vermittlung eines Kindes zur Adoption in Deutschland nicht erst dem *Vormundschaftsgericht*. Bereits die *Auslandsvermittlungsstelle* hat gemäß § 5 Abs. 1 S. 2 Nr. 2 lit. a des Ausführungsgesetzes (AdÜbAG vom 5.11.2001, BGBl. I, S. 2950) zu prüfen, ob mit der Begründung der Adoption in Deutschland zu rechnen ist.

[43] Die Norm ist zunächst als Art. 17a EGBGB in Kraft getreten, hat aber durch Gesetz vom 11.12.2001, BGBl. I, S. 3513 ihren Platz als neuer Art. 17b EGBGB gefunden.

[44] Generell zum IPR der eingetragenen Partnerschaft im Recht der Partnerschaftsstaaten sowie zu den Chancen einer Partnerschaftskonvention *Šarcevic*, in: Yearbook 1999, S. 37 (44 f.).

[45] *von Hoffmann*, IPR § 8 E II 1. Denselben Begriff wählt *Süß*, in: DNotZ 2001, S. 168 (169); anders dagegen *Kegel/Schurig*, IPR, Nachtrag S. 5, die – abstellend auf das Register selbst – von der *lex libri* sprechen. Im folgenden wird allein der Begriff der *lex loci celebrationis* verwendet.

[46] Auf diese Weise werden Verweisungen auf ausländische Rechtsordnungen vermieden, die eine Regelung der Lebenspartnerschaft noch nicht entwickelt haben; vgl. BT-Drucks. 14/3751, S. 60. Deutschland wird hierdurch zum „Lebenspartnerschaftsparadies" für ausländische Paare. Ein Eintragungstourismus ist gleichwohl kaum zu befürchten (vgl. *Wagner*, in: IPRax 2001, S. 281 (287)); diesbezügliche Bedenken äußert hingegen *Hausmann*, in: FS Henrich, S. 241 (255); s.a. *Stalford*, in: International Journal of Law, Policy and the Family 2002, S. 410 (421).

[47] *Heldrich*, in: *Palandt*, Art. 17b EGBGB Rnr. 2.

[48] Der Entscheidungsgleichklang mit dem Registrierungsstaat wird also potentiell gefährdet. Die Regelung hat aber den Vorteil, daß sich eine Suche nach versteckten oder ungeschriebenen Kollisionsnormen erübrigt, s. *Wagner*, in: IPRax 2001, S. 281 (285).

nerschaft überhaupt als *eingetragene Lebenspartnerschaft* im Sinne des Art. 17b EGBGB zu betrachten sind, um deren Adoptionsrecht es im Rahmen dieser Arbeit in erster Linie gehen soll. Die Norm knüpft begrifflich an das deutsche Sachrecht an, das allerdings – wie sich aus § 1 Abs. 1 S. 1 LPartG ergibt – nur die eingetragene gleichgeschlechtliche Partnerschaft, nicht etwa nichteheliche Lebensgemeinschaften schlechthin regelt. Fraglich ist also zunächst, ob Art. 17b EGBGB auch im Ausland registrierte *heterosexuelle* oder sogar *nichtregistrierte* Partnerschaften erfassen soll. Auch die Einbeziehung der niederländischen *Homo-Ehe* steht im Raum.

Will man aber nach alledem Art. 17b EGBGB auf ein ausländisches Rechtsinstitut anwenden, so stellt sich die Frage, ob das durch die Norm berufene Partnerschaftsstatut nicht auch das *Adoptionsrecht* der Partnerschaft beherrschen sollte. Eine ausdrückliche Anknüpfung enthält die Norm insofern nicht. Anders als im Parallelfall der Ehegattenadoption (Art. 22 Abs. 1 S. 2 EGBGB) gelangt das Wirkungsstatut des Art. 17b EGBGB auch nicht kraft ausdrücklicher Verweisung zur Anwendung. Folgt man dem Gesetzeswortlaut, scheint die Adoption durch eingetragene Lebenspartner stattdessen dem gemäß Art. 22 Abs. 1 S. 1 EGBGB berufenen Recht zu unterliegen. Stellt sie also gar kein gesondert anzuknüpfendes Phänomen dar? Zu klären ist, ob eine solch unspezifische Adoptionsanknüpfung den kollisionsrechtlichen Interessen der eingetragenen Lebenspartnerschaft als *familienrechtlichem Institut* tatsächlich entspricht. Sollte die Frage zu verneinen sein, gilt es nach einer sachgerechten Anknüpfung zu suchen.

Vielfältige Fragen ergeben sich auch im Hinblick auf die Kappungsregel des Art. 17b Abs. 4 EGBGB. Gelänge man im Wege der Qualifikation eines fremden Partnerschaftsinstituts zur grundsätzlichen Anwendbarkeit des Art. 17b EGBGB, so ist unklar, inwieweit die *Wirkungen* dieser Partnerschaft durch Absatz 4 der Vorschrift im einzelnen kupiert werden. Wäre etwa eine im Ausland eingetragene *heterosexuelle* Partnerschaft mangels deutscher Entsprechung aufgrund Art. 17b Abs. 4 EGBGB von vornherein als unwirksam anzusehen, was eo ipso auch die Berufung auf eine durch das Partnerschaftsstatut gewährte Adoptionsbefugnis ausschlösse? Doch selbst wenn diese Hürde genommen ist, scheint das Ergebnis für die heterosexuelle wie für die homosexuelle Partnerschaft festzustehen[49]: Da dem deutschen Sachrecht eine partnerschaftliche Adoption fremd ist[50], kann die Kappung gemäß Art. 17 Abs. 4 EGBGB scheinbar nur dazu führen, daß die Adoption aus deutscher Sicht unzulässig ist. Dieser auf

[49] Sofern man die Anwendbarkeit der Kappungsregel bejaht. Dies wäre zum einen dann der Fall, wenn man Art. 17b Abs. 1 EGBGB unmittelbar auch das partnerschaftliche Adoptionsstatut entnimmt, andererseits dann, wenn man – wie bspw. *Henrich*, in: *Staudinger*, Art. 22 EGBGB Rnr. 6 – Art. 17b Abs. 4 EGBGB ebenso auf Partnerschaftswirkungen außerhalb des Abs. 1 anwenden will.

[50] Vgl. oben S. 22.

den ersten Blick unmittelbar einleuchtende Mechanismus ist problematisch, bewirkt er doch, daß der Inhalt ausländischen Rechts zwangsläufig einer Art abstrakten Normenkontrolle am Maßstab der lex fori unterzogen wird[51]. Fände Art. 17b Abs. 4 EGBGB dagegen keine Anwendung, wäre allein Art. 6 EGBGB zu prüfen.

Die *internationale Zuständigkeit* in Adoptionssachen bestimmt sich nach § 43b Abs. 1 FGG[52]. Auch hier bestehen spezielle Regelungen zur partnerschaftlichen Adoption nicht: Deutsche Gerichte sind zuständig, sofern der Annehmende, einer der annehmenden Ehegatten oder das Kind Deutscher ist oder seinen gewöhnlichen Aufenthalt im Inland hat[53]. Fraglich ist, ob die Sondervorschrift zur Ehegattenadoption über ihren Wortlaut hinaus auch auf die partnerschaftliche Adoption anzuwenden ist.

Für die *Anerkennung* einer im Ausland vorgenommenen Dekretadoption[54] ist grundsätzlich § 16a FGG maßgeblich. Die Prüfung nach § 16a FGG entfällt jedoch, wenn die Anerkennung bereits aufgrund Art. 23 Abs. 1 HAdoptÜ erfolgt, dann also, wenn die Adoption nach den Bestimmungen des Abkommens zustandegekommen ist. Voraussetzungen und Folgen der Anerkennung ausländischer Adoptionen gemäß § 16a FGG sind zu untersuchen. Zwar geht es dabei nicht in erster Linie um Spezifika der partnerschaftlichen Adoption, doch kann eine geschlossene Konzeption nicht gelingen, ohne zugleich einige Aspekte von allgemeiner Bedeutung zu beleuchten. Auch die *gemeinschaftsrechtlichen* Entwicklungen (Brüssel II-VO, Brüssel IIa-VO) und ihre möglichen Auswirkungen auf das internationale Verfahrensrecht der partnerschaftlichen Adoption sind zu untersuchen.

Von besonderem Interesse ist zudem, wie das am 5.11.2001 verabschiedete *Adoptionswirkungsgesetz*[55] die bei Maßgeblichkeit ausländischen Adoptionsrechts potentiell auftretenden Spannungen bewältigt. Relevant wird das Problem sowohl im Hinblick auf eine nach fremdem Recht ausgesprochene Inlandsadoption als auch im Falle einer in Deutschland anzuerkennenden Auslandsadoption. Hinsichtlich der internationalen Minderjährigenadoption durch einge-

---

[51] Vgl. *Gebauer/Staudinger*, in: IPRax 2002, S. 275 (280).

[52] In Lebenspartnerschaftssachen ist dagegen § 661 Abs. 3 ZPO maßgeblich, während für Unterhaltsansprüche der Lebenspartner der sachliche Anwendungsbereich der Brüssel I-VO (VO Nr. 44/2001, ABl.EG L 12/1) eröffnet ist; vgl. nur *von Hoffmann*, IPR, § 8 E VI 1.

[53] Entsprechend den sich aus § 43b FGG ergebenden Zuständigkeiten sind mithin folgende partnerschaftliche Adoptionskollisionsfälle denkbar: 1.) Der Antragsteller ist Deutscher und hat seine Partnerschaft im Ausland registrieren lassen; 2.) Der verpartnerte Antragsteller ist Ausländer und hat seinen gewöhnlichen Aufenthalt im Inland; 3.) Der verpartnerte Antragsteller ist Ausländer und beantragt die Annahme eines in Deutschland sich aufhaltenden Kindes oder eines Kindes mit deutscher Staatsangehörigkeit.

[54] Zu unterscheiden ist die *Dekret-* von der *Vertrags*adoption. Zur Ausgestaltung in den hier fokussierten Rechten siehe die Darstellungen des Ersten Kapitels.

[55] BGBl. I, S. 2950; *Jayme/Hausmann*, Nr. 193.

tragene Lebenspartner ist schließlich zu prüfen, inwieweit hierauf das bereits angesprochene *Haager Adoptionsübereinkommen 1993* Anwendung findet, welches detaillierte Sachnormen ebenso wie Bestimmungen über Anerkennung und Wirkung von Adoptionen beinhaltet. Ausdrücklich erwähnt Art. 2 Abs. 1 S. 2 S. 1 HAdoptÜ nur die Annahme durch Ehegatten.

D. Fragestellung und Gang der Untersuchung

Die vorliegende Abhandlung will zeigen, wie das Phänomen der Adoption durch eingetragene Lebenspartner sich in das bestehende System des internationalen Adoptionsrechts einfügt oder doch zumindest einfügen läßt. Hierzu ist den oben aufgeworfenen Fragen im einzelnen nachzugehen. Beginnen soll die Untersuchung mit den internationalprivatrechtlichen Zusammenhängen der Thematik. In einem ersten Schritt sind die fremden Normen der Partnerschaft und der Adoption näher darzustellen (*Erstes Kapitel*). Sodann ist zu klären, welche der Partnerschaftsinstitute Art. 17b EGBGB überhaupt erfaßt (*Zweites Kapitel*). Im Mittelpunkt steht anschließend die Suche nach einer adoptionsrechtlichen Anknüpfung für diese Partnerschaften (*Drittes Kapitel*). Es folgt eine Untersuchung des bei Anwendung des fremden Rechts auftretenden Ordre-public-Problems, Art. 17b Abs. 4 bzw. Art. 6 EGBGB (*Viertes Kapitel*). Anschließend sollen die internationalverfahrensrechtlichen Zusammenhänge der Materie betrachtet werden; zunächst die internationale Zuständigkeit deutscher Gerichte (*Fünftes Kapitel*), nachfolgend dann die Anerkennung fremder Adoptionen (*Sechstes Kapitel*). Ein Blick soll sodann den gemeinschaftsrechtlichen Entwicklungen des internationalen Verfahrensrechts gelten (*Siebentes Kapitel*). Im Anschluß hieran wird das Recht der Adoptionswirkungen betrachtet (*Achtes Kapitel*), wobei insbesondere auf das neue Adoptionswirkungsgesetz einzugehen ist. In einem letzten Schritt gilt es, Anwendbarkeit und Auswirkungen des HAdoptÜ auf die Adoption durch eingetragene Lebenspartner zu untersuchen (*Neuntes Kapitel*), bevor schließlich die Ergebnisse der Arbeit zusammengefaßt werden sollen (*Zehntes Kapitel*).

Erstes Kapitel
Das fremde Recht der Partnerschaft und der Adoption

Eine Betrachtung des ausländischen Rechts hat zweckmäßigerweise von dem jeweils verwirklichten Partnerschaftsmodell auszugehen. Anschließend sind die Regelungen zur partnerschaftlichen Adoption, sodann die allgemeinen Voraussetzungen und -wirkungen einer solchen Adoption näher darzustellen. Die so entstehende Übersicht soll als Fundament der im weiteren Verlauf der Arbeit zu begutachtenden Fragen dienen.

A. Dänemark

I. Partnerschaftsmodell: „registreret partnerskab"

Gemäß § 1 DänPartnerG können zwei Personen gleichen Geschlechts die amtliche Registrierung ihrer Gemeinschaft vornehmen lassen[56]. Dies geschieht in den Formen der Zivilehe und unter entsprechenden Voraussetzungen, § 2 Abs. 1 DänPartnerG. Insbesondere gelten damit das Verbot der Eheschließung zwischen Verwandten in gerader Linie und Geschwistern sowie das Bigamieverbot auch für registrierte Partner (§§ 6, 9 EheG[57]). Wer jünger ist als 18 Jahre, bedarf der behördlichen Erlaubnis[58]. Weitere Eingehungsvoraussetzungen enthält § 2 Abs. 2 DänPartnerG. Danach setzt die Registrierung voraus, daß wenigstens einer der Partner einen Wohnsitz im Inland und die dänische Staatsangehörigkeit besitzt[59] oder beide Partner seit mindestens zwei Jahren einen inländischen Wohnsitz haben. Diese Einschränkungen des Sachrechts sind als einseitige Kollisionsnormen anzusehen[60].

---

56 Unzutreffend bezeichnet *Wacke*, in: FamRZ 1990, S. 347, es als Zweck des Gesetzes, die Ausbreitung von AIDS einzudämmen, indem homosexuellen Paaren ein „rechtliches Korsett" verliehen werde. Diese Behauptung wird durch Folketingets forslag nr. L 117 til Lov om registreret partnerskab, S. 3, expressis verbis widerlegt.

57 Lov om ægteskabs indgåelse og opløsning, Bekanntmachung vom 9.3.1999, Nr. 147, *Dopffel/ Scherpe*, in: *Bergmann/Ferid/Henrich*, Dänemark, S. 40 ff.

58 § 1 EheG.

59 Der dänischen sind hierbei die norwegische, schwedische und isländische Staatsangehörigkeit gleichgestellt, wie § 2 Abs. 3 DänPartnerG ausdrücklich bestimmt.

60 Vgl. *Jayme*, in: IPRax 1990, S. 197. Sieht man in ihnen keine Kollisionsnormen, wird man aber jedenfalls inhaltsgleiche ungeschriebene Kollisionsnormen annehmen müssen. Im übrigen finden die gesetzlichen Bestimmungen über Ehegatten auf die registrierte Partnerschaft entsprechende Anwendung (vgl. § 3 Abs. 2 DänPartnerG), sodaß Partnerschaftsfragen kollisionsrechtlich ebenso anzuknüpfen sind wie Ehesachen. Auch in Partnerschaftsfragen wird daher prinzipiell an den Wohnsitz („*bopael*" bzw. „*domicil*") angeknüpft; vgl. *Philip*, IPR, S. 192 ff., 140 ff.

Die Registrierung hat dieselben Rechtswirkungen wie eine Eheschließung, soweit nicht ausdrücklich etwas anderes bestimmt ist, § 3 Abs. 1, 2 DänPartnerG. Von der Gleichstellung erfaßt sind damit neben dem Steuer- und Sozialrecht insbesondere die Bereiche des Güter-[61], des Unterhalts-[62], des Erb-[63] und Namensrechts[64]. Ausnahmen von der Generalverweisung gelten dagegen vor allem im Kindschaftsrecht[65]: So scheidet die Möglichkeit der Begründung eines gemeinsamen Sorgerechts für Kinder eines registrierten Partners anders als bei Ehegatten[66] aus. Schließlich sind all jene Normen von der Verweisung ausgenommen, die speziell an das Geschlecht eines Ehegatten anknüpfen[67]. Die Auflösung der registrierten Partnerschaft inter vivos vollzieht sich gemäß § 5 Abs. 1 DänPartnerG ebenso wie die Ehescheidung, d.h. durch Urteil bzw. auf administrativem Wege[68]. Sie setzt voraus, daß zuvor die Trennung („separation“) ausgesprochen wurde und seitdem zwölf (bei einseitigem Auflösungsverlangen) bzw. sechs Monate (bei übereinstimmendem Auflösungsverlangen) vergangen sind[69]. Ist die formale Trennung nicht erfolgt, genügt auch eine faktische Trennung der Partner von mehr als zwei Jahren[70]. Weitere Auflösungsgründe sind Untreue, Gewalt und Bigamie eines Partners[71].

II. Adoptionsrecht

Die ursprüngliche Regelung sah für den Bereich des Adoptionsrechts eine generelle Ausnahme vom Grundsatz der Gleichstellung registrierter Partner mit Ehegatten vor, § 4 Abs. 1 DänPartnerG. Die Möglichkeit der gemeinsamen Adopti-

---

61 Ebenso wie Ehegatten leben registrierte Partner damit grundsätzlich in allgemeiner Gütergemeinschaft (*almindeligt formuefælleskab*), falls sie nicht schriftlich Abweichendes vereinbart haben, §§ 15 ff., 28 Ehewirkungsgesetz (Lov om ægteskabs retsvirkninger, *Dopffel/Scherpe*, in: *Bergmann/Ferid/Henrich*, Dänemark S. 56 ff.). Der gesetzliche Güterstand führt zu einer hälftigen Realteilung im Auflösungsfall.

62 Dazu §§ 2-10 Ehewirkungsgesetz.

63 Vgl. § 7 ErbG (Arvelov) von 1963, Nr. 215. Neben Abkömmlingen des Erblassers erbt der Ehegatte bzw. Partner zu einem Drittel. Sind keine Abkömmlinge vorhanden, ist der Ehegatte bzw. Partner allein erbberechtigt.

64 Vgl. § 4 Namensgesetz (Navnelov), *Dopffel/Scherpe*, in: *Bergmann/Ferid/Henrich*, Dänemark S. 115 ff.

65 § 4 Abs. 2 DänPartnerG.

66 §§ 11 S. 2, 14 Abs. 4 PersonensorgeG (Lov om forældremyndighed og samvær vom 14.6. 1995, Nr. 387; *Dopffel/Scherpe*, in: *Bergmann/Ferid/Henrich*, Dänemark S. 81 ff.), deren Anwendung auf registrierte Partner § 4 Abs. 2 DänPartnerG ausdrücklich ausschließt.

67 § 4 Abs. 3 DänPartnerG. Nicht anzuwenden ist daher etwa die Vaterschaftsvermutung bezüglich ehelich geborener Kinder.

68 § 42 EheG. Bei Ehescheidungen überwiegt der Anteil der Administrativscheidungen gegenüber der gerichtlichen Auflösung mit 95 % bei weitem. Es ist zu erwarten, daß sich ein ähnliches Verhältnis auch bei der Partnerschaftsauflösung einstellt.

69 § 31 EheG.

70 § 32 EheG.

71 §§ 33 ff. EheG.

on war den Partnern infolgedessen ebenso verschlossen wie der Weg der Stiefkindadoption. Eine weitergehende Gleichstellung brachte erst die Gesetzesnovelle von 1999[72]. Der neu eingefügte § 4 Abs. 1 S. 2 DänPartnerG erlaubt nun ausdrücklich die Adoption des Kindes eines der Partner durch den anderen[73].

Gemäß § 1 Abs. 1 AdoptG[74] erfolgt die Adoption durch behördliche Bewilligung. Diese darf nur erteilt werden, wenn zu erwarten ist, daß die Adoption dem Anzunehmenden zum Nutzen gereichen wird[75]. Der Annehmende muß grundsätzlich bereits das 25. Lebensjahr vollendet haben, in Ausnahmefällen genügt die Vollendung des 18. Lebensjahres[76]. Möglich ist die Annahme Minderjähriger ebenso wie die Erwachsenenadoption[77]. Hat der Anzunehmende das 12. Lebensjahr vollendet, so darf die Bewilligung der Adoption nicht ohne seine Einwilligung erfolgen[78]. Hat er das Alter von 12 Jahren noch nicht erreicht, ist zumindest seine Einstellung zu der beabsichtigten Adoption zu erforschen[79]. Die Zustimmung eines leiblichen Elternteils ist immer dann erforderlich, wenn der Anzunehmende noch jünger als 18 Jahre und der betreffende Elternteil an der Personensorge beteiligt ist[80]. Wird die Einwilligung eines Elternteils nicht erreicht, so kann die Adoption mit Rücksicht auf das Kindeswohl in Sonderfällen dennoch erfolgen[81]. Eine Stiefkindadoption indes kann unabhängig vom Alter des Anzunehmenden niemals ohne Einwilligung des mit dem Annehmenden verheirateten bzw. in registrierter Partnerschaft lebenden Elternteils erfolgen[82].

Gemäß § 16 Abs. 1 AdoptG erlangt der Angenommene in jeder Hinsicht die Rechtsstellung eines leiblichen Kindes des/der Annehmenden (S. 1), wäh-

---

72 S.o. Fn. 4.

73 Nach Angaben der *Landsforeningen for Bøsser og Lesbiske* befanden sich 1997 128 Kinder bei einem nunmehr in registrierter Partnerschaft lebenden leiblichen Elternteil.

74 Adoptionsloven vom 7.6.1972, Nr. 278, zuletzt geändert durch Gesetz vom 7.6.2001, Nr. 461, *Dopffel/Scherpe*, in: *Bergmann/Ferid/Henrich*, Dänemark S. 99 ff.

75 Vgl. § 2 AdoptG.

76 So § 4 AdoptG. Ist der Anzunehmende jünger als 18 Jahre, ist zudem die vorherige behördliche Zulassung des Annehmenden erforderlich, § 4a Abs. 1 AdoptG. Hiervon macht jedoch § 4 Abs. 2 AdoptG eine Ausnahme für den hier einzig relevanten Fall der Stiefkindadoption.

77 Dies ergibt sich mittelbar aus § 4a Abs. 1 AdoptG. Die Annahme von Personen, die das dreißigste Lebensjahr bereits vollendet haben, wird allerdings in der Praxis nur ausnahmsweise bewilligt, vgl. *Dopffel/Scherpe*, in: *Bergmann/Ferid/Henrich*, Dänemark S. 99 Fn. 2.

78 § 6 Abs. 1 AdoptG. Von der Einwilligung des Kindes darf nur dann abgesehen werden, wenn ihre Einholung dem Kind zum Schaden gereichen würde. Gedacht ist hierbei z.B. an Fälle der Stief- oder Pflegekindadoption, in denen das Kind noch in dem Glauben lebt, es handele sich bei dem Annehmenden um seinen leiblichen Vater/seine leibliche Mutter. Auf die Stiefkindadoption durch einen gleichgeschlechtlichen registrierten Partner trifft dieser Schutzgedanke freilich nicht zu, sodaß von der Einwilligung regelmäßig nicht abgesehen werden kann.

79 § 6 Abs. 3 AdoptG.

80 § 7 Abs. 1, 2 AdoptG. Die Einwilligung der leiblichen Eltern darf gemäß § 8 Abs. 2 AdoptG indes frühestens drei Monate nach der Geburt des Kindes eingeholt werden.

81 Vgl. § 9 Abs. 2 AdoptG.

82 § 5 Abs. 1 S. 2 AdoptG.

rend – spiegelbildlich hierzu – das Rechtsverhältnis zwischen dem Adoptivkind und seinen leiblichen Verwandten völlig erlischt. Einzig im (für eingetragene Lebenspartner nach dänischem Recht allein möglichen[83]) Fall der Stiefkindadoption bleibt die Verwandtschaft im Verhältnis zum Partner des Annehmenden und dessen Verwandten mit allen Rechten und Pflichten bestehen[84]. Die Vorschrift bezweckt die völlige und ausschließliche Integration des Angenommenen in die ihn aufnehmende Familie. Erfaßt sind alle Wirkungen einer durch Abstammung begründeten Kindschaft, insbesondere also deren unterhalts-[85], sorge-[86] und erbrechtliche[87] Folgen. Dasselbe gilt für den Kindesnamen[88].

Die Aufhebung der Adoption geschieht durch behördlichen Akt, sofern der Annehmende und das volljährige Adoptivkind dies wünschen, § 18 Abs. 1 AdoptG. Ist der Angenommene jünger als 18 Jahre, muß die Aufhebung vom Annehmenden und den leiblichen Eltern des Kindes befürwortet werden[89]. Die Einwilligung des Kindes zur Aufhebung ist immer dann erforderlich, wenn es das 12. Lebensjahr bereits vollendet hat; ist dies nicht der Fall, ist zumindest seine Einstellung zu der beabsichtigten Aufhebung zu berücksichtigen[90]. Unabhängig von dem zuvor Gesagten ist aber die Adoption gemäß § 19 AdoptG auf Klage des Angenommenen durch Urteil aufzuheben, wenn der Annehmende sich gegen diesen vergangen oder seine elterlichen Pflichten vernachlässigt hat.

B. Norwegen

I. Partnerschaftsmodell: „registrert partnerskap"

Gemäß § 1 NorwPartnerG können zwei homophile Personen gleichen Geschlechts eine registrierte Partnerschaft begründen. Als einziges Gesetz erhebt damit das norwegische die sexuelle Orientierung der Partner zu einer Eingehungsvoraussetzung. Da sich indes das Merkmal der Homophilie einer behördlichen Nachprüfung entzieht, kommt ihm auch in Norwegen keinerlei praktische Bedeutung zu. Das Verbot der Bigamie enthält § 2 Abs. 1 S. 2 NorwPartnerG. Hinsichtlich der übrigen Eingehungsvoraussetzungen verweist § 2 Abs. 1 S. 1 NorwPartnerG auf die Vorschriften des Ehegesetzes[91]. Wer jünger ist als 18 Jah-

---

83 Dazu soeben S. 31.

84 § 16 Abs. 2 AdoptG.

85 Vgl. § 13 Abs. 1 Kinderversorgungsgesetz, *Dopffel/Scherpe*, in: *Bergmann/Ferid/Henrich*, Dänemark S. 67.

86 S. § 4 Personensorgegesetz, *Dopffel/Scherpe*, in: *Bergmann/Ferid/Henrich*, Dänemark S. 81.

87 Vgl. § 16 Abs. 1 S. 1 AdoptG.

88 So ausdrücklich § 3 Abs. 1 Namensgesetz, *Dopffel/Scherpe*, in: *Bergmann/Ferid/Henrich*, Dänemark S. 115 ff.

89 § 18 Abs. 2 AdoptG.

90 § 18 Abs. 3, 4 AdoptG.

91 Gesetz vom 4.7.1991, Nr. 47, *Frantzen*, in: *Bergmann/Ferid/Henrich*, Norwegen S. 50 ff.

re, darf die Partnerschaft daher nur eingehen, wenn die Sorgeberechtigten und die zuständige Behörde hierzu ihre Zustimmung erteilen[92]. Die Verpartnerung zwischen Verwandten und Geschwistern ist unzulässig[93]. Eine Eintragung setzt weiter voraus, daß mindestens einer der Partner seinen Wohnsitz im Inland hat und wenigstens einer von beiden die norwegische Staatsangehörigkeit besitzt[94]; daneben kann die Registrierung auch dann erfolgen, wenn mindestens einer der Partner seinen Wohnsitz seit zwei Jahren in Norwegen hat[95].

Die Wirkungen der Partnerschaft entsprechen grundsätzlich denen einer Ehe[96]. Güter-[97], unterhalts-[98], erb-[99] und namensrechtlich[100] gelten die Vorschriften über Ehegatten daher ebenso analog wie im Bereich des Steuer- und Sozialrechts. Das gemeinsame Sorgerecht der Partner für ein „einseitiges" Kind ist dagegen ausgeschlossen[101]. Auch hinsichtlich der Auflösung einer registrierten Partnerschaft gilt die Generalverweisung des § 3 Abs. 2 NorwPartnerG. Entsprechend anzuwenden sind somit die Vorschriften über die Ehescheidung. Zuständig sind Verwaltungsbehörden bzw. Gerichte[102]. Die Auflösungsmodalitäten der §§ 20 ff. EheG sind identisch mit denen des dänischen Rechts[103].

II. Adoptionsrecht

Gemäß § 4 NorwPartnerG galt zunächst ein ausdrückliches Verbot partnerschaftlicher Adoptionen. Erst durch Gesetzesänderung vom 15.6.2001[104] wurde auch hier eine partielle Gleichstellung mit Ehegatten erreicht. So ermöglicht § 4

---

92 § 1 Abs. 1 EheG.

93 § 3 Abs. 1 EheG.

94 § 2 Abs. 3 Nr. 1 S. 1 NorwPartnerG. Der norwegischen stehen die dänische, schwedische und isländische Staatsangehörigkeit gleich, § 2 Abs. 3 Nr. 1 S. 2 NorwPartnerG.

95 § 2 Abs. 3 Nr. 2 Norw PartnerG. Zum kollisionsrechtlichen Charakter der Regelung vgl. oben S. 29, Fn. 60. Da im übrigen die gesetzlichen Bestimmungen über Ehegatten auf die registrierte Partnerschaft entsprechende Anwendung finden (§ 3 Abs. 2 NorwPartnerG), sind Partnerschaftsfragen kollisionsrechtlich ebenso anzuknüpfen wie Ehesachen. Das norwegische Kollisionsrecht folgt hierbei der Wohnsitzanknüpfung („*bopel*"); vgl. *Gaarder*, IPR, S. 75 ff.

96 § 3 Abs. 1, 2 NorwPartnerG.

97 Vgl. §§ 31 ff., 56 ff. EheG. Danach besteht auch in Norwegen allgemeine Gütergemeinschaft mit Realteilung im Auflösungsfall.

98 Dazu §§ 38 f., 79 ff. EheG.

99 § 6 ErbG (Arvelov) von 1972, Nr. 5. Danach erbt der Partner/Ehegatte neben Verwandten der zweiten Parentel zur Hälfte und erst von da an allein.

100 Vgl. § 4 Namensgesetz (Navnelov) vom 29.5.1964, Nr. 1, *Frantzen*, in: *Bergmann/Ferid/Henrich*, Norwegen S. 88 ff.

101 Vgl. § 36 KinderG vom 8.4.1981, Nr. 7, *Frantzen*, in: *Bergmann/Ferid/Henrich*, Norwegen S. 69 ff.; *Dopffel/Scherpe*, in: Rechtsstellung gleichgeschlechtlicher Lebensgemeinschaften, S. 7 (27).

102 Anders als in Dänemark ist die Zuständigkeit hier aber keine konkurrierende. § 27 EheG unterscheidet insofern vielmehr nach dem geltend gemachten Scheidungs-/Auflösungsgrund.

103 Dazu oben S. 30.

104 Oben S. 7.

S. 2 NorwPartnerG heute registrierten Partnern die Stiefkindadoption. Die Adoption erfolgt gemäß § 1 Abs. 1 AdoptG[105] durch behördliche Bewilligung. Zentraler Gesichtspunkt der Adoptionsbewilligung ist das Wohl des Kindes[106]. Das Mindestalter des Annehmenden beträgt 25 Jahre; bei Vorliegen schwerwiegender Gründe kann die Bewilligung auch dann erteilt werden, wenn der Adoptionsbewerber das 20. Lebensjahr vollendet hat[107]. Angenommen werden können Minderjährige ebenso wie Erwachsene. Ist der Anzunehmende bereits 12 Jahre alt, kann die Adoption in keinem Fall ohne seine Zustimmung erfolgen[108]. Die Zustimmung der sorgeberechtigten Eltern des Anzunehmenden ist immer dann erforderlich, wenn dieser das 18. Lebensjahr noch nicht vollendet hat[109]. Ein nicht sorgeberechtigter Elternteil dagegen ist lediglich anzuhören[110]. Für den Fall der Stiefkindadoption beinhaltet § 5 Abs. 1 S. 2 AdoptG die notwendige Klarstellung: Die Zustimmung des mit dem Annehmenden verheirateten oder verpartnerten leiblichen Elternteils ist danach unabhängig vom Alter des Anzunehmenden zwingende Adoptionsvoraussetzung.

§ 13 Abs. 1 AdoptG entspricht in der Ausgestaltung der Adoptionswirkungen den Regelungen des dänischen Rechts. Der Angenommene erhält die Rechtsstellung eines leiblichen Kindes des Wahlelternteils, während die ursprünglichen Rechtsbeziehungen nur zu dem mit dem Annehmenden verpartnerten leiblichen Elternteil bestehenbleiben. Eine Aufhebung des Adoptionsverhältnisses ist nach norwegischem Recht nicht möglich. Das Adoptivkind sollte nach dem Willen des Gesetzgebers einem leiblichen Kind des Annehmenden vielmehr auch in dieser Hinsicht völlig gleichgestellt werden[111].

C. Schweden

I. Partnerschaftsmodell: „registrerat partnerskap"

Kap. 1 § 1 SchwedPartnerG erlaubt zwei Personen gleichen Geschlechts die Registrierung ihrer Partnerschaft. Eingehungsvoraussetzungen für Fälle mit Auslandsbezug enthält Kap. 1 § 2 S. 1 SchwedPartnerG[112], wonach die Eintragung erfordert, daß einer der Partner seit mindestens zwei Jahren im Inland seinen gewöhnlichen Aufenthalt hat (Nr. 1) oder einer der Partner schwedischer Staats-

---

[105] Gesetz über die Adoption vom 28.2.1986, Nr. 8, *Frantzen*, in: *Bergmann/Ferid/Henrich*, Norwegen S. 84 ff.
[106] § 2 S. 1 AdoptG.
[107] § 3 Abs. 1 AdoptG.
[108] § 6 AdoptG.
[109] Die Zustimmung der Eltern darf nicht vor zwei Monaten nach der Geburt des Kindes eingeholt werden, § 7 Abs. 2 AdoptG.
[110] § 7 Abs. 3 AdoptG.
[111] Vgl. *Frantzen*, in: *Bergmann/Ferid/Henrich*, Norwegen S. 37.
[112] Dazu auch *Bogdan*, in: IPRax 1995, S. 56; *ders.* in: IPRax 2001, S. 353.

angehöriger mit gewöhnlichem Aufenthalt in Schweden ist (Nr. 2)[113]. Eingehungshindernisse liegen vor, wenn der Betreffende das 18. Lebensjahr noch nicht vollendet hat oder die Betreffenden miteinander verwandt oder verschwistert sind[114]; auch eine schon bestehende Partnerschaft bzw. Ehe steht einer Registrierung im Wege[115].

Die Rechtswirkungen der Partnerschaft entsprechen grundsätzlich denen einer Ehe[116]. Dies gilt insbesondere in bezug auf das Güter-[117], Unterhalts-[118], Erb-[119] und Namensrecht[120]. Auch sorgerechtlich ist eine Gleichstellung erfolgt: Ebenso wie Ehegatten kann die gemeinsame Personensorge für einen Minderjährigen gemäß Kap. 6 § 10a ElternG[121] nun auch registrierten Partnern übertragen werden. Ausnahmen von der Generalverweisung gelten dagegen hinsichtlich des Gesetzes über Insemination[122] sowie des Gesetzes über die Befruchtung

---

113 Darüber hinaus bestimmt das Gesetz, daß außer der eigenen Staatsangehörigkeit auch verschiedene ausländische Staatsangehörigkeiten eine Eintragung im Inland zulassen. Gemäß Kap. 1 § 2 S. 2 SchwedPartnerG die dänische, isländische, niederländische und norwegische Staatsangehörigkeit der schwedischen gleichgestellt. Dies hat zur Folge, daß eine Partnerschaft in Schweden nun beispielsweise auch dann registriert werden kann, wenn einer der Partner Norweger ist und seinen Wohnsitz in Schweden hat. Zum Ganzen *Bogdan*, in: IPRax 2001, S. 353. Im übrigen finden auch in Schweden die gesetzlichen Bestimmungen über Ehegatten auf die registrierte Partnerschaft entsprechende Anwendung (Kap. 3 § 1 Abs. 2 SchwedPartnerG), sodaß insofern die Grundsätze des Ehekollisionsrecht zum Tragen kommen. Das schwedische IPR steht dabei noch weitestgehend unter dem Einfluß des Staatsangehörigkeitsprinzips; vgl. *Bogdan*, IPR, S. 131 ff. In neuerer Zeit jedoch wird dieses häufig zugunsten des Domizilprinzips aufgegeben, so jetzt im Bereich des Güterrechts (Gesetz vom 23.5.1991, Nr. 272; dazu *Bogdan*, in: IPRax 1991, S. 70).

114 Kap. 1 § 3 Abs. 1 SchwedPartnerG. Die Registrierung von Halbgeschwistern darf dagegen mit behördlicher Genehmigung erfolgen (Abs. 2).

115 Kap. 1 § 3 Abs. 3 SchwedPartnerG.

116 Kap. 2 § 1 SchwedPartnerG.

117 Während der Ehe besteht gemäß Kap. 1 § 3 EheG (Äktenskapsbalken vom 14.5.1987, Nr. 230, *Carsten*, in: *Bergmann/Ferid/Henrich*, Schweden S. 51 ff.) Gütertrennung. Doch entstehen mit der Eheschließung Gattenanteilsrechte (giftorätt) – hiervon ausgenommen das gütervertraglich bestimmte Vorbehaltsgut (enskild egendom) – die im Scheidungsfall ausgeglichen werden. Anders als im dänischen und norwegischen Recht findet keine hälftige Realteilung statt, sondern erhält jeder der Ehegatten die Hälfte des Nettowerts der Gesamtmasse.

118 Die Ehegatten sind einander gemäß Kap. 6 § 1 Abs. 1 EheG zu gegenseitigem Unterhalt verpflichtet. Nach Scheidung der Ehe ist dagegen grundsätzlich jeder der Ehegatten für seine Versorgung selbst verantwortlich, Kap. 6 § 7 Abs. 1 EheG. Ausnahmen bestehen nur hinsichtlich einer gewissen Übergangszeit sowie nach Scheidung einer langjährigen Ehe.

119 Gemäß Kap. 3 § 1 Abs. 1 ErbG (Ärvdabalk) erbt der überlebende Ehegatte neben Abkömmlingen des Erblassers zur Hälfte. Ab der zweiten Parentel schließt er die Verwandten des Erblassers von der Erbfolge aus.

120 Dazu § 9 Namensgesetz (Namnlag) vom 16.12.1982, Nr. 670, *Carsten*, in: *Bergmann/Ferid/Henrich*, Schweden S. 95 ff.

121 Föräldrabalken vom 10.6.1949, Nr. 31, *Carsten*, in: *Bergmann/Ferid/Henrich*, Schweden S. 63 ff.

122 1984, Nr. 1140.

außerhalb des Körpers[123], Kap. 3 § 2 SchwedPartnerG. Auch solche Bestimmungen, die die Sonderbehandlung eines Ehegatten aufgrund seines Geschlechts vorsehen, sind von der Verweisung ausgenommen[124]. Die Auflösung der registrierten Partnerschaft unter Lebenden geschieht durch gerichtliche Entscheidung, Kap. 2 § 1 SchwedPartnerG. Hinsichtlich der Auflösungsvoraussetzungen gelten die Vorschriften des fünften Kapitels des Ehegesetzes entsprechend[125]. Wünschen beide Partner die Auflösung, ist diese ohne weiteres auszusprechen; eine sechsmonatige Bedenkzeit ist in diesem Fall nur dann abzuwarten, wenn beide dies wünschen oder wenn einer von ihnen die Sorge über ein Kind unter 16 Jahren innehat, das bei ihm lebt[126]. Begehrt nur einer der Partner die Auflösung, ist das Abwarten der Bedenkzeit obligatorisch[127]. Nach zweijährigem Getrenntleben jedoch hat jeder der Partner das Recht auf Auflösung ohne vorhergehende Bedenkzeit[128].

II. Adoptionsrecht

In seiner ursprünglichen Fassung enthielt Kap. 3 § 2 SchwedPartnerG ein ausdrückliches Adoptionsverbot für registrierte Partner. Durch Gesetz vom 5. Juni 2002, Nr. 603, wurde diese Bestimmung aber beseitigt, sodaß nun auch insofern die gesetzliche Generalverweisung zum Zuge kommt: Ebenso wie Ehegatten können die Partner nun gemeinsam ein fremdes oder einer das Kind des anderen adoptieren[129]. Die Annahme erfolgt durch gerichtliche Genehmigung; adoptionsbefugt sind grundsätzlich nur solche Personen, die das 25. Lebensjahr bereits vollendet haben[130]. In Fällen der Stiefkindadoption oder bei Vorliegen sonstiger besonderer Gründe genügt indes auch die Vollendung des 18. Lebensjahres[131]. Angenommen werden können sowohl Minderjährige als auch Erwachsene. Ist der Anzunehmende mindestens 12 Jahre alt, so kann die Annahme gemäß Kap. 4 § 5 Abs. 1 ElternG nur mit seiner Einwilligung erfolgen[132]; ist er jünger, hat das Gericht stattdessen seine Einstellung zu der beabsichtigten Adoption zu er-

---

123 1988, Nr. 711.

124 Kap. 3 § 3 SchwedPartnerG. Ebenso wie die Parallelnorm des dänischen Rechts zielt diese Regelung bspw. auf die Vaterschaftsvermutung bei ehelicher Geburt des Kindes (Kap. 1 § 1 ElternG), deren Anwendung auf gleichgeschlechtliche Paare schlechterdings sinnlos wäre.

125 Kap. 2 § 2 SchwedPartnerG.

126 Kap. 5 § 1 EheG.

127 Kap. 5 § 2 EheG.

128 Kap. 5 § 4 EheG.

129 Kap. 4 § 3 ElternG. Zum Adoptionsöffnungsgesetz siehe *Bogdan*, in: IPRax 2002, S. 534 f. Die Regelung trat am 1.2.2003 in Kraft.

130 Kap. 4 § 1 S. 1 Föräldrabalken (ElternG) vom 10.6.1949, Nr. 381, *Carsten*, in: *Bergmann/Ferid/Henrich*, Schweden S. 63 ff.

131 Kap. 4 § 1 S. 2 ElternG.

132 Ist der Anzunehmende jünger als 16 Jahre, ist seine Einwilligung entbehrlich, wenn eine entsprechende Befragung zu seinem Nachteil wäre, Kap. 4 § 5 Abs. 2 Nr. 1 ElternG.

forschen[133]. In jedem Fall darf die Genehmigung nur erteilt werden, wenn die Adoption dem Kind zum Vorteil gereicht[134]. Hat der Anzunehmende das 18. Lebensjahr noch nicht vollendet, ist die Einwilligung der personensorgeberechtigten Elternteile erforderlich[135]. Die Stiefkindadoption jedoch setzt – unabhängig vom Alter des Anzunehmenden – stets die Einwilligung des mit dem Annehmenden verpartnerten Elternteils voraus[136].

Kap. 4 § 8 Abs. 1 ElternG sieht vor, daß das angenommene einem leiblichen Kind der Annehmenden in jeder Hinsicht gleichsteht, während gleichzeitig die Rechtsbeziehungen zu seiner biologischen Familie außer in Fällen der Stiefkindadoption vollständig annuliert werden. Die Möglichkeit einer Aufhebung des Adoptionsverhältnisses kennt das schwedische Recht nicht.

D. Niederlande

I. Partnerschaftsmodell: „geregistreerd partnerschap"

Gemäß Art. 1:80a Abs. 1, 2 BW können zwei Personen verschiedenen oder gleichen Geschlechts die Registrierung ihrer Partnerschaft vornehmen lassen, sofern sie nicht gleichzeitig verheiratet sind. Das Mindestalter der Partner beträgt 18 Jahre[137]; Verwandte und Geschwister können eine Partnerschaft nicht eingehen[138]. Die entsprechende Registrierungsurkunde wird durch den Standesbeamten errichtet[139]. Es erfolgt eine Eintragung in das Partnerschaftsregister[140]. Für Fälle mit Auslandsbezug ist Art. 1:80a Abs. 4 BW zu berücksichtigen. Eine Registrierung kann demnach nur erfolgen, wenn mindestens einer der Partner seinen Wohnsitz im Inland hat oder die niederländische Staatsangehörigkeit besitzt. Daneben hat die Staatskommission für Internationales Privatrecht im Jahre 1998 ein vom Justizministerium in Auftrag gegebenes Gutachten über internationalprivatrechtliche Aspekte der registrierten Partnerschaft vorgelegt[141]. Es sah

---

133 Kap. 4 § 6 S. 3 ElternG.

134 Kap. 4 § 6 S. 2 ElternG.

135 Kap. 4 § 5a ElternG. Die Einwilligung der Mutter ist aber nur dann wirksam, wenn diese sich von der Niederkunft bereits hinlänglich erholt hat.

136 Kap. 4 § 3 S. 3 ElternG.

137 Art. 1:80a Abs. 6 i.V.m. Art. 1:31 Abs. 1 BW analog. Mit Einwilligung ihrer Eltern (Art. 1:35 BW) dürfen aber auch Personen unter 16 Jahren die Partnerschaft eingehen, wenn die Frau ein Kind erwartet oder bereits zur Welt gebracht hat oder eine ministerielle Erlaubnis vorliegt (Art. 1:31 Abs. 2, 3 BW).

138 Vgl. Art. 1:80a Abs. 6 i.V.m. Art. 1:41 BW.

139 Art. 1:80a Abs. 3 BW.

140 Vgl. *Boele-Woelki/Schrama*, in: Rechtsstellung gleichgeschlechtlicher Lebensgemeinschaften, S. 51 (64).

141 Der Kommissionsentwurf ist abgedruckt in: FJR 1998, S. 146 ff.; s.a. *Forder*, in: International Survey 2000, S. 239 (245 ff.).

vor, eine in den Niederlanden einzutragende Partnerschaft hinsichtlich Begründung und allgemeiner Wirkungen niederländischem Recht, eine im Ausland eingetragene Partnerschaft dagegen dortigem Recht zu unterwerfen[142]. Der Kommissionsentwurf erhob damit das Prinzip der *lex loci celebrationis* zur maßgeblichen Größe einer allseitigen Kollisionsnorm. Mit dem Gutachten sollte ursprünglich der Grundstein zu einem eigenen IPR-Gesetz über die Partnerschaft gelegt werden. Dieses indes läßt vorerst weiter auf sich warten, sodaß es bei der einseitigen Kollisionsnorm des Art. 1:80a Abs. 4 BW bleibt[143].

Hinsichtlich der Rechtswirkungen der Partnerschaft verweist Art. 1:80b BW zunächst auf einige eherechtliche Vorschriften. So sind die Partner einander ebenso wie Ehegatten zu Unterhalt verpflichtet[144]. Zwischen den Partnern besteht allgemeine Gütergemeinschaft, sofern durch Partnerschaftsvertrag nicht Abweichendes vereinbart wird[145]. Das Namensrecht[146] der registrierten Partnerschaft entspricht dem der Ehe, ebenso das Erbrecht[147]. Auch haben registrierte Partner heute die Möglichkeit, das gemeinsame Sorgerecht für ein „einseitiges" Kind zu erlangen, Art. 1:253t BW. Zudem erhält der Lebenspartner bzw. die Lebenspartnerin der Mutter automatisch das volle Sorgerecht für ein während der Partnerschaft geborenes Kind[148]. Auch steuer-[149] und sozialversicherungsrechtlich[150] sind registrierte Partner wie Ehegatten zu behandeln. Im Abstammungsrecht dagegen bleibt die Partnerschaft ohne Folgen[151]. Die Beendigung einer registrierten Partnerschaft ist in Art. 1:80c BW normiert. Die Auflösung inter vivos geschieht demnach entweder durch Abgabe einer gemeinsamen formbedürftigen Erklärung entsprechenden Inhalts (lit. c) oder durch Gerichtsbeschluß, sofern einer der Partner dies beantragt (lit. d)[152].

---

142 So Artt. 2 bzw. 18 des Kommissionsentwurfs.

143 Zum IPR der registrierten Partnerschaft s. auch *Jessurun d'Oliveira*, in: NJB 1999, S. 305 f.

144 Vgl. Art. 1:81 BW. Auch für den nachpartnerschaftlichen Unterhalt gilt grundsätzlich dasselbe wie im Fall der Ehescheidung, Art. 1:80e i.V.m. Art. 1:157 BW. Wird die Partnerschaft aber einverständlich aufgelöst, ist die Frage des nachpartnerschaftlichen Unterhalts bereits im Rahmen der gemeinsamen Erklärung der Partner zu regeln, Art. 1:80d Abs. 1 lit. a BW.

145 Vgl. Art. 1:93 BW.

146 Vgl. Art. 1:9 BW.

147 Art. 4:879a BW.

148 Gesetz vom 4. Oktober 2001, Staatsblad 2001, Nr. 468.

149 Art. 2 Allgemeines Steuergesetz; Art. 2 Steuererhebungsgesetz.

150 Entsprechende Bestimmungen enthalten u.a. das Allgemeine Arbeitsunfähigkeitsgesetz, das Zuschlagsgesetz, das Arbeitslosenversicherungsgesetz, das Allgemeine Hinterbliebenengesetz, das Allgemeine Altersversorgungsgesetz sowie das Allgemeine Beihilfegesetz.

151 Die Vaterschaftsvermutung des Art. 1:199 BW greift nur, wenn das Kind in einer verschiedengeschlechtlichen Ehe geboren wird.

152 Hier zeigen sich Unterschiede zum Eherecht, wo die Scheidung auch bei übereinstimmendem Auflösungswillen nur durch gerichtliche Entscheidung erreicht werden kann und die dauerhafte Zerrüttung der Ehe voraussetzt, vgl. Art. 1:150 ff. BW. Ebenso wie im Eherecht hört die Partnerschaft schließlich auch dann zu bestehen auf, wenn ein Partner verschollen ist und der andere eine neue Ehe bzw. registrierte Partnerschaft eingeht, Art. 1:80c lit. b BW.

II. Homo-Ehe – „homohuwelijk"[153]

Gemäß Art. 1:30 Abs. 1 BW kann die Ehe von zwei Personen verschiedenen oder gleichen Geschlechts eingegangen werden[154]. Schließt ein gleichgeschlechtliches Paar die Ehe, so genießen die Partner dieser „Homo-Ehe" dieselben Rechte wie geschlechtsverschiedene Ehegatten auch. Eine Ausnahme hiervon gilt nur im Abstammungsrecht[155]. Das Institut der registrierten Partnerschaft und das der Ehe bestehen dabei bis auf weiteres nebeneinander[156]. Auch kann gemäß Artt. 1:77a, 1:80g BW die Ehe in eine registrierte Partnerschaft bzw. die bereits registrierte Partnerschaft in eine Ehe umgewandelt werden.

III. Adoptionsrecht

Das neue niederländische Adoptionsrecht[157] weist eine signifikante Besonderheit auf: Es verleiht zwei Personen unabhängig von Geschlecht und rechtlichem Status ein *gemeinsames Adoptionsrecht* sowie einem von ihnen das Recht zur *Stiefkindadoption*, sofern beide seit mindestens drei Jahren zusammengelebt haben (Art. 1:227 Abs. 2)[158]. Durch alleiniges Abstellen auf das faktisch-soziale Kriterium des dauerhaften Zusammenlebens beseitigt das niederländische Recht erstmals jede Differenzierung zwischen gleich- und verschiedengeschlechtlichen ebenso wie zwischen registrierten/verheirateten und nicht registrierten/verheirateten Paaren[159]. Gleichgeschlechtliche Paare allerdings können ein fremdes

---

153 Der Begriff entstammt dem niederländischen Schrifttum; vgl. nur *Jessurun d'Oliveira*, in: NJB 1999, S. 305. Als terminus technicus soll dieser Begriff auch im folgenden beibehalten werden, obgleich er in der deutschen Debatte häufig als Pejorativum zur Kennzeichnung der eingetragenen Lebenspartnerschaft gebraucht wird.

154 Hierzu *de Boer*, S. 109 ff.; *Forder*, in: International Survey 2001, S. 301 ff.

155 Vgl. schon Fn. 151. Homosexuelle können die gemeinsame Elternschaft also nur durch Adoption erreichen; s. *de Boer*, S. 109.

156 Vgl. *Baur/Mattijssen*, in: AJP 2001, S. 292 (295); *Schrama*, in: International Survey 2002, S. 277 (280). Eine Empfehlung zur Abschaffung der Partnerschaft blieb ohne Kosequenz; vgl. *Forder*, in: International Survey 2000, S. 239 (250). So bestehen die Rechtsinstitute der registrierten Partnerschaft und der Ehe bis auf weiteres nebeneinander. Erst wenn genügend Erfahrungen mit der neuen Rechtswirklichkeit gesammelt sind, soll über die Zukunft beider Institute erneut beraten werden.

157 Wet houdende wijziging van Boek 1 van het Burgerlijk Wetboek (adoptie door personen van hetzelfde geslacht) vom 21.12.2000, Staatsblad 2001, Nr. 10; dazu *Nuytinck*, in: StAZ 2000, S. 72 (74).

158 Einzig eine potentielle Statusbedingung findet sich in Art. 1:227 Abs. 1 S. 2 BW: Danach dürfen zwei Personen den gemeinsamen Antrag nur stellen, wenn zwischen ihnen keine verwandtschaftsbedingten Ehehindernisse bestehen.

159 Unabhängig hiervon ist aber der Status der Annehmenden im deutschen internationalen Adoptionsrecht – wie bereits mehrfach angedeutet – von maßgeblicher Bedeutung.

Kind nur dann gemeinsam annehmen, wenn dieses seinen gewöhnlichen Aufenthalt in den Niederlanden hat[160].

Die Adoption erfolgt durch gerichtliche Entscheidung[161]. Sie darf nur dann ausgesprochen werden, wenn dies dem offensichtlichen Interesse des Kindes entspricht, Art. 1:227 Abs. 3 BW. Zulässig ist allein die Annahme Minderjähriger[162]. Ist das Kind 12 Jahre oder älter, so darf dem Adoptionsantrag nicht stattgegeben werden, wenn der Anzunehmende bei seiner Anhörung Bedenken hiergegen äußert; hat das Kind das 12. Lebensjahr noch nicht vollendet, gilt dasselbe, falls es zu einer vernünftigen Würdigung der Situation befähigt erscheint[163]. Der Altersunterschied zwischen dem Annehmenden bzw. jedem der Annehmenden und dem Kind muß in jedem Fall mindestens 18 Jahre betragen[164]. Widerspricht ein Elternteil dem Adoptionsantrag, ist dieser abzulehnen[165]. Die gemeinsame ebenso wie die Stiefkindadoption setzt weiter voraus, daß die Annehmenden bzw. der Annehmende und sein Partner das Kind mindestens ein Jahr versorgt und erzogen haben[166].

Gemäß Art. 1:229 Abs. 1 BW „kommen (durch Adoption) der Angenommene, der Annehmende und seine Blutsverwandten bzw. die Annehmenden und ihre Blutsverwandten in familienrechtliche Beziehungen zueinander zu stehen“[167]. Damit rückt der Angenommene in jeder Hinsicht in die Rechtsstellung eines leiblichen Kindes ein. Mit Ausnahme der Stiefkindadoption führt die Adoption gemäß Art. 1:229 Abs. 2 BW zugleich zum gänzlichen Erlöschen der familienrechtlichen Bande zur natürlichen Familie des Kindes. Lediglich das Umgangsrecht eines leiblichen Elternteils kann auf Anordnung des Gerichts auch nach der Adoption fortbestehen[168].

Den Widerruf der Adoption ermöglicht Art. 1:231 BW. Er geschieht auf Antrag des Angenommenen durch Entscheidung des Gerichts. Voraussetzung ist

---

[160] So Art. II lit. B des Anpassungsgesetzes vom 8.3.2001, Staatsblad 2001, Nr. 128; dazu *Baur/Mattijssen*, in: AJP 2001, S. 292 (298).

[161] Art. 1:227 Abs. 1 BW.

[162] Art. 1:228 Abs. 1 lit. a BW. Minderjährig sind nach niederländischem Recht (Art. 1:233 BW) diejenigen, die das Alter von 18 Jahren noch nicht erreicht haben und weder verheiratet noch registriert sind. Maßgeblicher Zeitpunkt für das Alter des Kindes ist der Tag der ersten Antragstellung.

[163] Vgl. Art. 1:228 Abs. 1 lit. a BW.

[164] Art. 1:228 Abs. 1 lit. c BW.

[165] Art. 1:228 Abs. 1 lit. d BW. Der Widerspruch eines Elternteils kann außer Acht gelassen werden, wenn das Kind und der betreffende Elternteil nicht oder kaum in einem Haushalt zusammengelebt haben oder der Elternteil die Sorge für das Kind mißbräuchlich ausgeübt oder die Versorgung des Kindes in grober Weise vernachlässigt hat, Art. 1: 228 Abs. 2 litt. a, b BW.

[166] Art. 1:228 Abs. 1 lit. f BW. Die Formen der partnerschaftlichen Adoption sind insofern gegenüber der schlichten Einzeladoption privilegiert. Letztere setzt gemäß Art. 1:228 Abs. 1 lit. f BW die *dreijährige* Versorgung und Erziehung des Kindes durch den Annehmenden voraus.

[167] Übersetzung nach *Weber*, in: *Bergmann/Ferid/Henrich*, Niederlande S. 105/106.

[168] Art. 1:229 Abs. 4 BW.

jedoch, daß der Widerruf im offensichtlichen Interesse des Angenommenen liegt und frühestens zwei, spätestens fünf Jahre nach Erreichen der Volljährigkeit[169] beantragt wird.

E. Spanien

Gemäß Art. 149 Abs. 1 Nr. 8 CE besitzen die spanischen „Comunidades Autónomas" die Kompetenz zur Erhaltung, Modifizierung und Entwicklung ihrer bestehenden Zivil-, Foral- und Sonderrechte. Soweit forale Rechte, wie insbesondere im Bereich des Familienrechts, existieren, führt dies zu einem Nebeneinander verschiedener Rechtsordnungen: foralrechtliche Vorschriften der Autonomiegebiete auf der einen, Regelungen des Gesamtstaates auf der anderen Seite. Das Verhältnis beider Ebenen zueinander ergibt sich aus Art. 149 Abs. 3 CE: Erklären die interlokalen Kollisionsnormen der Artt. 13-16 CC, anknüpfend an die Gebietszugehörigkeit einer Peson („vecindad civil"), das Foralrecht der betreffenden „Comunidad" für anwendbar, so besteht ein Anwendungsvorrang dieses foralen gegenüber dem gemeinspanischen Recht[170]. Letzteres ist nur dann und nur insoweit heranzuziehen, als foralrechtliche Vorschriften fehlen[171]. Wie eingangs bereits erwähnt[172], existieren gesamtstaatliche Regeln über die Partnerschaft bislang nicht. Die Darstellung kann sich insofern ganz auf das autonome Recht beschränken. Anders im Adoptionsrecht, welches Gegenstand sowohl der autonomen als auch der gemeinspanischen Gesetzgebung gewesen ist.

I. Partnerschaftsmodelle

1. Katalonien: „unión estable"

Das katalanische Gesetz sieht für homo- und heterosexuelle Partnerschaften zum Teil unterschiedliche Regelungen vor. Während eine gleichgeschlechtliche „unión estable" allein durch öffentlich beglaubigte Erklärung der Partner begründet werden kann (Artt. 19, 21 Abs. 3 LUEP-Katalonien), konstituiert sich die verschiedengeschlechtliche Partnerschaft auch nach zwei Jahren faktischen eheähnlichen Zusammenlebens (Art. 1 Abs. 1 S. 1 LUEP-Katalonien)[173]. Begründet werden kann die Partnerschaft nur durch zwei volljährige Personen[174].

---

[169] Zur Volljährigkeit nach niederländischem Recht siehe schon Fn. 137.

[170] Verweisungen des interlokalen Privatrechts sind gemäß Art. 16 Abs. 1 Nr. 2 CC stets als Sachnormverweisungen anzusehen.

[171] Vgl. *Adomeit/Frühbeck*, S. 6.

[172] Oben S. 21.

[173] Hat das heterosexuelle Paar gemeinsame Kinder, kommt es auf die Dauer des Zusammenlebens dagegen nicht an, Art. 1 Abs. 2 LUEP-Katalonien.

[174] Art. 1 Abs. 1 S. 1 LUEP-Katalonien. Volljährigkeit tritt nach spanischem Recht mit Vollendung des 18. Lebensjahres ein, Art. 315 CC.

Zwischen verschiedengeschlechtlichen Partnern dürfen keine Ehehindernisse bestehen[175]; die homosexuelle „unión" ist nur dann zulässig, wenn keiner der Partner in Ehe oder Partnerschaft lebt und beide nicht miteinander verwandt sind[176]. Allgemeine Eingehungsvoraussetzung ist zudem, daß mindestens einer der Partner die katalanische Gebietszugehörigkeit („vecindad civil") besitzt[177] – eine Regelung, die wegen ihres kollisionsrechtlichen Charakters auf verfassungsrechtliche Bedenken stößt[178]. Gemäß Art. 149 Abs. 1 Nr. 8 CE[179] nämlich liegt die ausschließliche IPR-Gesetzgebungskompetenz beim spanischen Gesamtstaat. Zum Teil wird deshalb die Verfassungswidrigkeit der Bestimmung angenommen[180]. Der autonome Gesetzgeber könne auf das Kollisionsrecht zwar Einfluß nehmen, indem er die Anwendbarkeit des foralen Rechts auf außerterritoriale Sachverhalte mittels einer *norma de extensión* ausdehne; eine solche Ausdehnungsvorschrift könne aber wohl nur territoriale, nicht wie hier personale Anknüpfungskriterien verwenden[181]. Hält man die kollisionsrechtlichen Regelungen Kataloniens im Hinblick auf Art. 149 Abs. 1 Nr. 8 CE für verfassungswidrig[182], so wäre stattdessen – jedenfalls nach einer neueren, die Partnerschaft familienrechtlich qualifizierenden Meinung[183] – die gemeinspanische Kollisionsnorm des Art. 9 Abs. 1 CC anzuwenden. Maßgeblich für die Begründung der Partnerschaft wäre demnach das Personalstatut der Partner[184].

Über die Rechtsfolgen der Partnerschaft enthält das Gesetz eigenständige Regelungen. Danach haben die Partner die Möglichkeit, ihre persönlichen und

---

175 Art. 1 Abs. 1 S. 1 LUEP-Katalonien i.V.m. Artt. 46, 47 CC.

176 Art. 20 LUEP-Katalonien. Als Eingehungshindernis gilt die Verwandtschaft in direkter Linie sowie in der Seitenlinie bis zum zweiten Grad.

177 Art. 1 Abs. 1 S. 1, 20 Abs. 2 LUEP-Katalonien. Zur „vecindad civil" siehe Artt. 14-16 CC. „Vecindad civil" können nur spanische Staatsangehörige besitzen. Die Gebietszugehörigkeit von Ausländern behandelt das spanische Recht in Art. 15 CC nur im Zusammenhang mit ihrer Einbürgerung. Im übrigen haben Ausländer also keinerlei Gebietszugehörigkeit; vgl. IPG 1997 Nr. 39b, S. 521. Mindestens einer der Partner einer katalanischen bzw. navarresischen Partnerschaft muß demnach Spanier sein. Hält man die IPR-Normen des autonomen Rechts für verfassungswidrig und stellt dagegen entsprechend dem gemeinspanischen IPR mit Art. 9 Abs. 1 CC auf die Staatsangehörigkeit ab, so können freilich auch zwei Ausländer ohne „vecindad civil" ihre Partnerschaft in Katalonien begründen, sofern ihr Heimatrecht die Partnerschaft kennt.

178 Zu den verfassungsrechtlichen Aspekten des Gesetzes siehe *Sánchez Martínez*, in: Revista Española de Derecho Constitucional 2000, Nr. 58, S. 45 ff.

179 Verfassung vom 27.12.1978, Boletín Oficial del Estado vom 29.12.1978.

180 Etwa *Bouza Vidal*, in: *Egea i Fernández/Ferrer i Riba/Lamarca i Marquès/Ruisánchez Capelastegui*, Art. 1 LUEP, S. 1156 f., 1159.

181 *González Beilfuss*, in: Revista Española de Derecho Internacional 1998, S. 311.

182 So z.B. *González Beilfuss*, in: Revista Española de Derecho Internacional 1998, S. 311.

183 Vgl. *González Beilfuss*, in: Revista Española de Derecho Internacional 1998, S. 311.

184 Das spanische IPR folgt dabei dem Staatsangehörigkeitsprinzip. Für die interlokale Anknüpfung käme es dann auf die „vecindad civil" der Partner an.

wirtschaftlichen Beziehungen[185] sowie die Vermögensfolgen einer Partnerschaftsauflösung unter Beachtung der gesetzlichen Mindestansprüche vertraglich zu regeln[186]. Im übrigen schulden die Partner einander Unterhalt vor allen anderen Verpflichteten[187]. Auch besteht ein gesetzliches Erbrecht[188]. Einen Ausgleichsanspruch bei Auflösung der Partnerschaft gewährt das Gesetz für den Fall, daß einer der Partner unentgeltlich oder bei unzureichender Entlohnung im Haushalt oder für den anderen gearbeitet hat und hierdurch eine Situation des Ungleichgewichts entstanden ist[189].

Die Auflösung der Partnerschaft unter Lebenden geschieht durch Heirat, durch Vereinbarung der Partner, durch einseitige Trennung, sofern der auflösungswillige Teil dies dem anderen in beglaubigter Form mitteilt, sowie schließlich durch faktische Trennung von mehr als einem Jahr, Artt. 12, 30 LUEP-Katalonien.

2. *Aragonien: „pareja estable"*

Eine „pareja estable" aragonischen Rechts wird durch zweijähriges eheähnliches Zusammenleben oder durch Errichtung einer öffentlichen Urkunde über die Partnerschaft begründet[190]. Dies gilt für homo- wie für heterosexuelle Paare, sodaß – anders als in Katalonien – auch eine gleichgeschlechtliche „pareja estable" auf rein faktischem Wege entstehen kann. Eingegangen werden kann die Partnerschaft nur durch zwei volljährige[191], unverheiratete Personen, die nicht in gerader Linie oder Seitenlinie bis zum zweiten Grad miteinander verwandt oder bereits verpartnert sind, Art. 4 LPE-Aragonien.

---

[185] Mangels vertraglicher Regelung gilt, daß die Partner durch Hausarbeit, durch die Erträge ihrer Tätigkeit oder ihrer Güter zum Erhalt der Wohnung und zu den Gemeinschaftsausgaben beizutragen haben, Artt. 3 Abs. 2, 22 Abs. 2 LUEP-Katalonien.

[186] Artt. 3 Abs. 1 bzw. 22 Abs. 1 LUEP-Katalonien.

[187] Artt. 8, 26 LUEP-Katalonien. Den nachpartnerschaftlichen Unterhalt regeln Artt. 14, 31 Abs. 2 LUEP-Katalonien: Danach ist Voraussetzung, daß die Erwerbsmöglichkeiten des bedürftigen Partners speziell durch das Zusammenleben vermindert worden sind. Vgl. zu den Unterhaltspflichten *López Burniol*, in: Revista Jurídica de Catalunya 1999, S. 643 (664, 671). Wird eine heterosexuelle Partnerschaft durch Tod eines Partners beendet, so hat der andere Anspruch auf eine Rente aus dem Nachlaß; Art. 18 Abs. 2, Art. 36 FamilienGB.

[188] Vgl. Art. 34 LUEP-Katalonien: Neben Abkömmlingen und Vorfahren beträgt die Erbquote bis zu einem Viertel des Nachlasses, falls der überlebende Partner selbst nicht über ausreichende Mittel zur Lebensführung verfügt. Sind nur Seitenverwandte bis zum zweiten Grad vorhanden, so erbt der überlebende Partner zur Hälfte. Fehlen auch solche, ist er allein erbberechtigt. Obgleich die erbrechtlichen Regelungen im Abschnitt über die homosexuelle Partnerschaft enthalten sind, sind sie wohl auf die heterosexuelle Partnerschaft *erst recht* anzuwenden, vgl. *Schlenker*, in: Rechtsstellung gleichgeschlechtlicher Lebensgemeinschaften, S. 145 (158).

[189] Artt. 13, 31 Abs. 1 LUEP-Katalonien.

[190] Art. 3 Abs. 1 LPE-Aragonien.

[191] Vgl. Art. 315 CC: 18 Jahre.

Rechte und Pflichten aus dem Zusammenleben können die Partner selbst bestimmen[192]. Wurden vertragliche Regelungen nicht getroffen, haben grundsätzlich beide zu den Gemeinschaftsausgaben beizutragen[193]. Auch sind die Partner einander zu Unterhalt verpflichtet[194]. Nach Beendigung der Partnerschaft bestehen Ausgleichsansprüche, falls sich aus dem Zusammenleben eine Situation des wirtschaftlichen Ungleichgewichts ergeben hat[195]. Ein gesetzliches Erbrecht sieht das Gesetz zwar nicht vor, doch können die Partner der „pareja estable" letztwillig durch gemeinschaftliches Testament oder Erbvertrag verfügen[196]. Vorschriften des öffentlichen Rechts, die an das Bestehen einer Ehe anknüpfen, gelten mit Ausnahme der steuerrechtlichen Bestimmungen auch für die Partner einer „pareja estable"[197].

Die Auflösung der Partnerschaft inter vivos geschieht durch Vereinbarung, durch einseitige, dem anderen Teil in beglaubigter Form mitzuteilende Erklärung, nach tatsächlicher Trennung von mehr als einem Jahr oder durch Heirat eines Partners[198].

3. Navarra: „pareja estable"

Art. 2 Abs. 1 LPE-Navarra definiert die „pareja estable" als geschlechtsunabhängige eheähnliche Lebensgemeinschaft; begründet werden kann die Partnerschaft durch Volljährige ebenso wie durch emanzipierte[199] Minderjährige, sofern die Partner nicht miteinander verwandt[200] sind und keiner von ihnen mit einer anderen Person verheiratet oder verpartnert ist. Die Partnerschaft entsteht nach einjährigem Zusammenleben, im Fall eines heterosexuellen Paares auch durch Geburt eines gemeinsamen Kindes sowie im übrigen durch Errichtung einer öffentlichen Urkunde[201]. Weiter setzt das Gesetz voraus, daß mindestens einer der Partner die navarresische Gebietszugehörigkeit („vecindad civil") besitzt[202].

---

192 Art. 5 Abs. 1 LPE-Aragonien.

193 Art. 5 Abs. 3 LPE-Aragonien.

194 Art. 13 LPE-Aragonien. Nach Auflösung der Partnerschaft bestehen Unterhaltsansprüche nur im Fall heterosexueller Partner, die bedürftig und durch die Sorge für gemeinsame Kinder in ihrer Erwerbsfähigkeit beeinträchtigt sind, Art. 7 Abs. 2 LPE-Aragonien.

195 Art. 7 Abs. 1 LPE-Aragonien.

196 Artt. 15 ff. LPE-Aragonien.

197 Vgl. Art. 18 LPE-Aragonien.

198 Art. 6 Abs. 1, 2 LPE-Aragonien.

199 Die Emanzipation gemäß Artt. 314 Nr. 3, 317 CC setzt die Einwilligung des mindestens 16 Jahre alten Kindes sowie jener voraus, die die elterliche Gewalt innehaben; sie erfolgt durch öffentlichen Formalakt. In besonderen Fällen ist die Emanzipation auf Antrag des Minderjährigen ohne Zustimmung der Sorgeberechtigten möglich, Artt. 314 Nr. 4, 320 CC.

200 Sei es direkt oder in der Seitenlinie bis zum zweiten Grad.

201 Art. 2 Abs. 2 LPE-Navarra.

202 Art. 2 Abs. 3 LPE-Navarra. Zur „vecindad civil" siehe Artt. 14-16 CC. Wie bereits im Zusammenhang mit dem katalanischen Gesetz angesprochen, begegnen solche foralrechtlichen Kollisionsnormen verfassungsrechtlichen Bedenken. Die spanische Regierung hat gegen das

Die persönlichen und wirtschaftlichen Beziehungen des Zusammenlebens sowie die Vermögensfolgen seiner Beendigung können vertraglich geregelt werden (Art. 5 Abs. 1 LPE-Navarra). Fehlt eine Vereinbarung, tragen beide Partner zum Erhalt der Wohnung und zu den Gemeinschaftsausgaben bei[203]. Den nachpartnerschaftlichen Unterhalt regelt Art. 5 Abs. 4 des Gesetzes[204]. Daneben wird Ausgleich für eine nicht oder nur unzureichend entlohnte Mitarbeit eines Partners gewährt[205]. Ebenso wie ein überlebender Ehegatte ist auch der Partner einer „pareja estable" zur gesetzlichen Erbfolge nach dem Vorverstorbenen berufen[206]. Eine steuerrechtliche Gleichstellung der Partnerschaft mit einer Ehe bewirkt schließlich Art. 12 Abs. 1 LPE-Navarra. Die Auflösung der „pareja estable" inter vivos schließlich geschieht durch Heirat, durch Vereinbarung der Partner, durch einseitige förmliche Erklärung sowie durch tatsächliche Trennung von mehr als einem Jahr[207].

II. Adoptionsrecht

1. Katalonien

Art. 6 LUEP-Katalonien verleiht den Partnern einer verschiedengeschlechtlichen „unión estable" zunächst das Recht der gemeinsamen Adoption. Daneben enthält das katalanische Familiengesetzbuch[208] mit Art. 117 Abs. 1 lit. a eine Vorschrift, die dem Partner einer nichtehelichen heterosexuellen Lebensgemeinschaft die Möglichkeit der Stiefkindadoption eröffnet, ohne daß diese Verbindung den Status einer „unión estable" besitzen müßte[209]. Da aber eine „unión estable" per definitionem gerade durch das eheähnliche und auf Dauer angelegte Zusammenleben der Partner gekennzeichnet ist, erfüllt sie stets auch die Voraussetzungen des Art. 117 Abs. 1 lit. a FamilienGB. Verschiedengeschlechtliche „uniones" sind demnach sowohl zur gemeinsamen als auch zur Stiefkindadoption befugt.

Die Adoption erfolgt durch gerichtliche Entscheidung[210]. Der Annehmende muß dabei mindestens 25 Jahre alt und 14 Jahre älter als der Anzunehmende

---

navarresische Gesetz daher ein Normenkontrollverfahren vor dem Tribunal Constitucional angestrengt; vgl. *García Cantero,* in: International Survey 2003, S. 403.

203 Art. 5 Abs. 3 LPE-Navarra.

204 Unterhaltspflichten während des Bestehens der Partnerschaft sind dagegen – anders als in den Partnerschaftsgesetzen Kataloniens und Aragoniens – nicht normiert.

205 Art. 5 Abs. 5 LPE-Navarra.

206 Art. 11 Nr. 2 LPE-Navarra.

207 Art. 4 Abs. 1 LPE-Navarra.

208 Ley 9/1998, de 15 de julio, del Código de Familia, Boletín Oficial del Estado Núm. 198, de 19 de agosto de 1998 (FamilienGB).

209 Danach können angenommen werden „los hijos del cónyuge o la persona de sexo distinto con quien el adoptante convive *maritalmente con cáracter estable* (...)".

210 Art. 119 FamilienGB.

sein; im Fall der gemeinschaftlichen Annahme genügt es, wenn einer der Partner das 25. Lebensjahr vollendet hat[211]. Angenommen werden können nur nicht emanzipierte[212] Minderjährige[213]. Ein Volljähriger oder ein emanzipierter Minderjähriger kann ausnahmsweise dann adoptiert werden, wenn er seit Vollendung des 14. Lebensjahres mit dem Annehmenden ununterbrochen zusammengelebt hat[214]. Der gemeinschaftlichen Annahme eines fremden Kindes muß seine Aufnahme vorausgegangen sein („acogita preadoptiva")[215]. Jede Adoptionsentscheidung hat das Interesse des Kindes zu berücksichtigen[216]. Geht der Adoption eine Aufnahme des Kindes voraus und hat dieser Zustand noch nicht ein Jahr angedauert, so ist ein Annahmevorschlag der zuständigen Behörde erforderlich[217]. Nötig sind darüber hinaus gemäß Artt. 121, 122 FamilienGB in jedem Fall die Zustimmung des/der Annehmenden, die des Kindes (sofern es das 12. Lebensjahr bereits vollendet hat[218]), die des Partners des Annehmenden sowie die der sorgeberechtigten Eltern[219]. Wie Art. 127 Abs. 1 FamilienGB bestimmt, hat die Adoption dieselben Wirkungen wie eine leibliche Abstammung. Dies gilt insbesondere auch hinsichtlich der gesetzlichen Erbfolge nach den Annehmenden und dessen Aszendenten[220]. Gemäß Art. 128 Abs. 1 FamilienGB erhält das Kind den Namen der Annehmenden. Zugleich bringt die Adoption alle verwandtschaftlichen Beziehungen des Angenommenen zu seiner früheren Familie – die erbrechtlichen eingeschlossen[221] – zum Erlöschen, Art. 127 Abs. 2 FamilienGB.

Gemäß Art. 130 FamilienGB ist die Adoption grundsätzlich unwiderruflich. Wurde sie allerdings ohne die erforderliche Mitwirkung der leiblichen Eltern vorgenommen und stellen diese innerhalb von zwei Jahren einen entsprechenden Antrag, so kann das Gericht die Adoption unter Beachtung des Kindeswohls aufheben.

---

211 Art. 115 Abs. 1, 2 FamilienGB.

212 Dazu schon oben Fn. 199.

213 Art. 117 Abs. 1 FamilienGB.

214 Art. 117 Abs. 2 FamilienGB.

215 Art. 117 Abs. 1 lit. d FamilienGB i.V.m. Artt. 13 ff. Ley 37/1991 de 30 de diciembre, sobre medidas de protección de los menores desamparados y de la adopción, Diario Oficial de la Generalitat de Catalunya vom 17.1.1992, Núm. 1542. Die Aufnahme setzt zum einen einen Zustand der Gefährdung des Kindeswohls, zum anderen die Zustimmung der Sorgerechtsinhaber und des Kindes selbst voraus.

216 Art. 119 FamilienGB.

217 Art. 120 FamilienGB.

218 Ist das Kind jünger als 12 Jahre, so ist es lediglich anzuhören, Art. 123 lit. c FamilienGB.

219 Irrelevant ist die elterliche Zustimmung schon dann, wenn nur ein Grund zur Entziehung des Sorgerechts vorliegt, ohne daß es bereits zu einer Entziehung gekommen ist.

220 Art. 341 Ley 40/1991, de 30 de diciembre, código de sucesiones por causa de muerte en el Derecho civil de Cataluña.

221 Dies stellt Art. 343 Ley 40/1991 ausdrücklich klar.

2. *Aragonien*

Gemäß Art. 10 LPE-Aragonien besitzen heterosexuelle „parejas estables" das Recht zur gemeinsamen Adoption. Die Möglichkeit der Stiefkindadoption besteht dagegen nicht[222]. Im übrigen bestimmt Art. 2 Abs. 1 Ley 3/1988 vom 25.4. 1988, daß – solange die aragonischen Cortes keine eigene Adoptionsgesetzgebung verabschieden – in Aragonien die einschlägigen Normen des Código civil anzuwenden sind. Bis auf weiteres enthält Art. 19 der aragonischen Kompilation[223] lediglich die Feststellung, daß Adoptivkinder in Aragonien dieselben Rechte und Pflichten besitzen wie leibliche Kinder und daß der Ausdruck „Kind" bzw. „Abkömmling" immer auch Adoptivkinder und deren Abkömmlinge umfaßt.

Autonome Normen des aragonischen Rechts finden sich bislang nur bezüglich einiger Kindschafts- und damit auch Adoptionswirkungen. Ebenso wie leibliche Eltern haben die Annehmenden das minderjährige Adoptivkind zu ernähren und zu erziehen; sie besitzen zudem die Familienautorität über den Angenommenen[224]. Wie ein Abkömmling ist der Angenommene darüber hinaus zur gesetzliche Erbfolge berufen[225]. In allen anderen Fragen der Begründung, Wirkung und Aufhebung einer Adoption ist dagegen in Ermangelung foraler Normen das gemeinspanische Recht heranzuziehen.

3. *Navarra*

Art. 8 LPE-Navarra verleiht den Partnern der „pareja estable" das Recht zur gemeinsamen Adoption. Dabei wird nicht zwischen homo- und heterosexuellen Paaren unterschieden, sodaß die Adoptionsbefugnis hier – anders als nach dem katalanischen und aragonischen Gesetz – völlig unabhängig vom Geschlecht der Partner besteht. Ein Recht zur Stiefkindadoption existiert dagegen nicht.

Gesetz Nr. 73 der navarresischen Kompilation[226] knüpft die Adoptionsbefugnis an die Geschäftsfähigkeit der Annehmenden. Hieraus ergibt sich ein Mindestalter der Adoptionsbewerber von 18 Jahren[227]. Erforderlich ist zudem die Zustimmung des Anzunehmenden, sofern dieser das 14. Lebensjahr bereits vollendet hat[228]. Hinsichtlich der Rechtsfolgen der Adoption ist zunächst festzuhalten, daß entgegen dem Wortlaut des Gesetzes Nr. 73 heute nur noch die

---

[222] Weder das aragonische Foralrecht noch das ergänzend anwendbare gemeinspanische Recht gewähren eine entsprechende Adoptionsbefugnis.

[223] Ley 15/1967 de 8 de abril, *Rau/Daum*, in: *Bergmann/Ferid/Henrich*, Spanien S. 57 ff.

[224] Art. 9 Abs. 1 der Kompilation.

[225] Artt. 202 Abs. 1, 206 ff. Ley 1/1999 de 24 de febrero, de sucesiones por causa de muerte, Boletín Oficial de Aragón vom 4.3.1999, Núm. 26.

[226] Ley 1/1973 de 1 de marzo, *Rau/Daum*, in: *Bergmann/Ferid/Henrich*, Spanien S. 81 ff.

[227] Vgl. Gesetz Nr. 50 der Kompilation.

[228] Gesetz Nr. 73 i.V.m. Gesetz Nr. 50 der Kompilation.

sogenannte „adopción plena" (Volladoption) möglich ist[229], über deren Wirkungen die navarresische Kompilation indes nur einige wenige Bestimmungen enthält. So erlischt die elterliche Gewalt[230] der leiblichen Eltern[231], während die damit verbundenen Rechte und Pflichten vollständig auf die Wahleltern des Angenommen übergehen, zu denen ein neues Abstammungsverhältnis begründet wird[232]. Außerdem ist der Angenommene zur gesetzlichen Erbfolge nach den Annehmenden berufen[233]. Gesetz Nr. 73 eröffnet darüber hinaus auch privatautonome Gestaltungsmöglichkeiten. In öffentlicher Urkunde können danach Regelungen über einzelne Adoptionswirkungen und das Erbrecht getroffen werden[234], es sei denn, daß gute Sitten oder zwingendes Recht entgegenstehen[235]. Soweit die navarresische Kompilation zu einzelnen Fragen der Adoption keine Vorschriften enthält, ist gemäß Gesetz Nr. 74 gemeinspanisches Recht anzuwenden.

4. Gemeinspanisches Adoptionsrecht

Gemäß Art. 175 Abs. 1 CC muß der Annehmende – in Fällen der gemeinsamen Adoption wenigstens einer der Annehmenden – das 25. Lebensjahr vollendet haben. Er muß zudem 14 Jahre älter sein als der Adoptierte. Angenommen werden können grundsätzlich nur nicht emanzipierte Minderjährige[236]. Die Adoption erfolgt durch gerichtliche Entscheidung, die stets das Interesse des Anzunehmenden in Betracht zu ziehen hat[237]. Zur Einleitung des Adoptionsverfahrens bedarf es eines behördlichen Vorschlags zugunsten der Adoptionsbewerber[238]. Dies gilt nur dann nicht, wenn ein Volljähriger oder ein emanzipierter Minderjähriger[239] angenommen werden soll, wenn der Anzunehmende sich bereits länger als ein Jahr im Zustand der adoptionsvorbereitenden Aufnahme[240] befindet oder es sich bei der beabsichtigten Adoption um eine Stiefkindadoption handelt[241]. Erforder-

---

229 Vgl. *Arregui Gil*, in: Comentarios XXXVI-1, S. 396 f.

230 Die elterliche Gewalt umfaßt gemäß Gesetz Nr. 63 das Sorge- und Unterhaltsrecht, darüber hinaus auch Vertretungsbefugnisse der Eltern.

231 Gesetz Nr. 66 der Kompilation.

232 Gesetz Nr. 68 i.V.m. Gesetz Nr. 63 der Kompilation.

233 Gesetz Nr. 304 der Kompilation.

234 Hierdurch ändert sich aber nichts an dem Erfordernis der Adoptionsbegründung durch gerichtliche Entscheidung gemäß Art. 176 Abs. 1 CC, da verfahrensrechtliche Fragen der gesamtstaatlichen Gesetzgebung vorbehalten sind, s. *Arregui Gil*, in: Comentarios XXXVI-1, S. 395.

235 *Arregui Gil*, in: Comentarios XXXVI-1, S. 397.

236 Art. 175 Abs. 2 CC. Ausnahmsweise ist jedoch die Annahme eines emanzipierten Minderjährigen oder eines Volljährigen dann möglich, wenn bei Eintritt der Emanzipation ein Zustand des Zusammenlebens bestand, der bereits eingetreten ist, bevor der Anzunehmende das 14. Lebensjahr vollendet hat.

237 Art. 176 Abs. 1 CC.

238 Art. 176 Abs. 2 CC.

239 Hierzu Artt. 314 ff. CC.

240 Hierzu Art. 173bis Nr. 3 CC.

241 Art. 176 Abs. 2 S. 2 CC.

lich ist die Zustimmung der Adoptierenden, falls der Anzunehmende älter als 12 Jahre ist, auch dessen Zustimmung[242]. Weiter müssen der Partner[243] des Annehmenden sowie die Eltern des Anzunehmenden der Adoption zustimmen, letztere allerdings nur, soweit ihnen das Sorgerecht für das Kind zusteht und auch keine Gründe für seine Entziehung vorliegen[244]. Ist das Kind noch nicht älter als 12 Jahre, verfügt es aber über ausreichendes Urteilsvermögen, so ist es vom Richter anzuhören[245].

Die Adoption bewirkt ein vollständiges Erlöschen der rechtlichen Bindungen zwischen dem Angenommenen und seiner früheren Familie; einzig für Fälle der Stiefkindadoption gelten die erforderlichen Ausnahmen[246]. Gleichzeitig schafft die Annahme des Kindes eine Verwandtschaftsbeziehung, die dieselbe Rechtskraft und dieselben Rechtsfolgen entfaltet wie eine Blutsverwandtschaft: Der Adoptierte wird so zum Abkömmling des Adoptierenden, in dessen Familie er rechtlich voll integriert wird[247]. Die Adoption ist grundsätzlich unwiderruflich; wurden indes die Eltern des Angenommenen im Verfahren nicht ordnungsgemäß beteiligt, so läßt das Gesetz die richterliche Aufhebung des Adoptionsverhältnisses innerhalb von zwei Jahren nach Vornahme der Adoption zu[248].

F. Portugal

I. Partnerschaftsmodell: „união de facto“

Die Partnerschaft des portugiesischen Rechts kennt nur einen faktischen Entstehungsgrund: Sie konstituiert sich gemäß Art. 1 Abs. 1 Lei N.° 7/2001 nach zweijährigem Zusammenleben eines homo- oder heterosexuellen Paares. Eine Partnerschaft entsteht nicht, wenn einer der Partner das 16. Lebensjahr noch nicht vollendet hat oder verheiratet ist oder beide miteinander direkt oder bis in die zweite Seitenlinie verwandt sind[249].

Die Wirkungen der „união de facto“ sind grundsätzlich geschlechtsunabhängig ausgestaltet. Das Gesetz sieht zunächst die arbeitsrechtliche Gleichstel-

---

242 Art. 177 Abs. 1 CC.
243 Die gemeinspanische Vorschrift bezieht sich hier nur auf Ehegatten und Partner einer heterosexuellen Lebensgemeinschaft. Soweit aber das anwendbare Foralrecht auch die Adoption durch homosexuelle Paare zuläßt, wird man die Vorschrift analog anzuwenden haben, sodaß entsprechendes auch für die Partner einer navarresischen „pareja estable“ zu gelten hat.
244 Art. 177 Abs. 2 CC. Die Zustimmung der Mutter darf hierbei frühestens 30 Tage nach Geburt des Kindes erteilt worden sein.
245 Art. 177 Abs. 3 Nr. 3 CC.
246 Art. 178 CC Abs. 1, 2 Nr. 1 CC.
247 Art. 108 CC; vgl. auch *Ibán*, S. 214 f.
248 Art. 180 CC.
249 Art. 2 Lei N.° 7/2001.

lung faktischer Partner mit Ehegatten vor[250]. Auch im Hinblick auf das Steuerrecht gelten die Bestimmungen über Ehegatten entsprechend[251]. Stirbt ein Partner, so ist der andere einem überlebenden Ehegatten für die Zwecke der Sozialversicherung gleichgestellt[252]. Dasselbe gilt bezüglich der Hinterbliebenenversorgung im Falle eines Arbeitsunfalls[253]. Auch bestehen Unterhaltsansprüche des Überlebenden gegen den Nachlaß[254], ein fünfjähriges Wohnrecht und ein Vorkaufsrecht an der zum Nachlaß gehörenden partnerschaftlichen Wohnung[255] sowie das Recht zum Eintritt in ein bestehendes Mietverhältnis[256]. Einen gesetzlichen Güterstand sieht das Gesetz ebensowenig vor[257] wie partnerschaftliche bzw. nachpartnerschaftliche Unterhaltsansprüche oder ein gesetzliches Erbrecht des Überlebenden. Abstammungsrechtlich ist allein die heterosexuelle „união de facto" von Bedeutung, da hier die Vaterschaftsvermutung des Art. 1871 Abs. 1 lit. c CC eingreift. Durch Abgabe einer Erklärung vor dem Registerbeamten können die Partner in diesem Fall auch die gemeinsame Sorge für das Kind erlangen[258]. Die Auflösung unter Lebenden geschieht einverständlich, durch (grundsätzlich formlose[259]) einseitige Erklärung oder durch Heirat eines Partners[260].

II. Adoptionsrecht[261]

Art. 7 Lei N.° 7/2001 verleiht den Partnern einer geschlechtsverschiedenen „união de facto" das Recht, wie Ehegatten zu adoptieren. Hieraus folgt die Befugnis zur gemeinsamen wie zur Stiefkindadoption, und zwar in Form der eingeschränkten (Artt. 1992 ff. CC) oder der Volladoption (Artt. 1979 ff. CC)[262]. Beide Arten der Adoption werden durch gerichtliches Urteil begründet[263] und dürfen nur dann ausgesprochen werden, wenn für den Anzunehmenden damit echte

---

250 Art. 3 litt. b, c Lei N.° 7/200. Faktische Parner genießen demnach – sei es im Staatsdienst oder in der privaten Wirtschaft – dieselben Vorzüge wie Ehegatten. Sind beide in demselben Unternehmen oder bei derselben Institution bzw. Körperschaft beschäftigt, so haben sie Anspruch darauf, ihren Urlaub zeitgleich zu verbringen (Art. 8 Decreto-lei N.° 874/76 und Art. 5 Decreto-lei N.° 100/99); vgl. *Pereira Coelho/de Oliveira*, S. 101.

251 Art. 3 lit. d Lei N.° 7/2001.

252 Art. 3 lit. e Lei N.° 7/2001.

253 Art. 3 lit. f Lei N.° 7/2001.

254 Art. 2020 CC. Dieses Recht ist innerhalb von zwei Jahren auszuüben.

255 Art. 3 lit. a i.V.m. Art. 4 Abs. 1 Lei N.° 7/2001.

256 Art. 5 Lei N.° 7/2001.

257 Vgl. *Pereira Coelho/de Oliveira*, S. 102 ff.

258 Art. 1911 Abs. 3 CC. Anwendbar sind dann die Artt. 1901 ff. CC („poder paternal").

259 Bei einseitiger Trennnung bedarf es nur dann eines gerichtsförmlichen Verfahrens, wenn infolge der Trennung Ansprüche geltend gemacht werden sollen, Art. 8 Abs. 2 Lei N.° 7/2001.

260 Art. 8 Abs. 1 Lei N.° 7/2001.

261 Zum neuen portugiesischen Adoptionsrecht vgl. *Jayme*, in: IPRax 2004, S. 269.

262 Vgl. *Pereira Coelho/de Oliveira*, S. 62 ff.

263 Art. 1973 Abs. 1 CC.

Vorteile verbunden sind[264]. Angenommen werden dürfen nur Personen unter 15 Jahren, ein nicht emanzipierter Minderjähriger[265] ausnahmsweise dann, wenn er seit einem Alter von nicht mehr als 15 Jahren unter der Obhut eines der Adoptierenden gestanden hat oder es sich um eine Stiefkindadoption handelt[266]. Desweiteren muß das Kind den Adoptionsbewerbern außer in Fällen der Stiefkindadoption zunächst gerichtlich oder verwaltungsrechtlich anvertraut worden sein („confiança")[267]. In jedem Fall aber muß das Kind während eines genügend langen Zeitraums unter der Obhut des Adoptierenden gestanden haben[268]. Das Mindestalter der adoptionswilligen faktischen Partner beträgt ebenso wie bei Ehegatten 25 Jahre[269]. Das Höchstalter gemeinschaftlicher Adoptanten liegt bei 60 Jahren[270]; für Stiefeltern existiert keine Altersgrenze. Eine zusätzliche Voraussetzung enthält Art. 1979 Abs. 1 CC für die gemeinschaftliche Volladoption: Danach müssen die Partner in diesem Fall seit mindestens vier Jahren verheiratet bzw. verpartnert sein. Die Adoption bedarf der Zustimmung des Kindes (sofern dieses älter als 12 Jahre ist), seiner Eltern[271] sowie des Ehegatten des Adoptanten.

Bezüglich der Wirkungen der Adoption ist zu unterscheiden. Für die Volladoption („adopção plena") finden sie sich in Artt. 1986 ff. CC normiert. Dieser Adoptionstyp ist demnach gekennzeichnet durch die vollständige Gleichstellung des Angenommenen mit einem leiblichen Abkömmling des/der Annehmenden bei gleichzeitigem Erlöschen der familienrechtlichen Beziehungen zwischen dem Angenommenen und seiner natürlichen Familie[272] (mit der notwendigen Ausnahme für Fälle der Stiefkindadoption[273]). Dagegen läßt die eingeschränkte Adoption („adopção restrita") gemäß Art. 1994 CC grundsätzlich alle Rechtsbeziehungen des Kindes zur Ursprungsfamilie bestehen. Der Annehmende wird lediglich Inhaber der elterlichen Gewalt und geht den leiblichen Eltern als Unterhaltspflichtiger vor[274]. Nur falls Verwandte nicht vorhanden sind, ist zudem

---

264 Art. 1974 Abs. 1 CC.

265 Dazu Artt. 122, 132 CC.

266 Art. 1980 Abs. 2 CC. Abzustellen ist auf den Zeitpunkt der Antragstellung.

267 Art. 1980 Abs. 1 CC (Volladoption) bzw. Art. 1993 Abs. 1 i.V.m. Art. 1980 Abs. 1 CC (eingeschränkte Adoption). Die Voraussetzungen der Anvertrauung regelt Art. 1978 CC.

268 Art. 1974 Abs. 2 CC.

269 Artt. 1979 Abs. 1,2, 1992 CC.

270 Artt. 1979 Abs. 3 CC. Abzustellen ist auf den Zeitpunkt der Anvertrauung. Ab einem Alter des Annehmenden von 50 Jahren darf der Altersunterschied zum Kind nicht mehr als 50 Jahre betragen.

271 Art. 1981 Abs. 1 CC bzw. Art. 1993 Abs. 1 i.V.m. Art. 1981 Abs. 1 CC. Die Zustimmung der Mutter darf dabei frühestens sechs Wochen nach der Geburt des Kindes eingeholt werden (Art. 1982 Abs. 3 CC).

272 Art. 1986 Abs. 1 CC. Dies gilt insbesondere auch hinsichtlich des Namens: Art. 1988 CC. Die Volladoption bewirkt somit die völlige Integration des Adoptierten in die Familie des Annehmenden; vgl. *Neto*, Art. 1979 CC Anm. 3.

273 Art. 1986 Abs. 2 CC.

274 Artt. 1997, 2000 Abs. 2 CC.

der Annehmende nach dem Kind und ist das Kind nach dem Annehmenden zur gesetzlichen Erbfolge berufen[275].

Die Volladoption ist unwiderruflich[276], ihre Aufhebung nur dann möglich, wenn sie ohne die erforderliche Zustimmung des Annehmenden, des Angenommenen oder seiner Eltern erfolgt ist oder die Zustimmung Willensmängel aufweist[277]. Die eingeschränkte Adoption hingegen kann auf Antrag des Adoptierten oder eines Adoptanten widerrufen werden, wenn ein Grund vorliegt, der eine Enterbung rechtfertigen würde[278]. Im übrigen ist ein Widerruf auf Antrag der leiblichen Eltern oder der Staatsanwaltschaft dann möglich, wenn der Adoptierende seine Pflichten gegenüber dem minderjährigen Adoptivkind vernachlässigt hat oder die Adoption sich aus anderen Gründen als zweckwidrig erweist[279]. Schließlich besteht auch die Möglichkeit, die eingeschränkte Adoption später in eine Volladoption umzuwandeln, sofern deren Voraussetzungen erfüllt sind[280].

---

275 Art. 1999 Abs. 1, 2 CC.

276 Art. 1989 CC.

277 Art. 1990 CC.

278 Art. 2002-B CC.

279 Art. 2002-C CC. Der Widerruf wirkt *ex nunc* (Art. 2002-D CC).

280 Art. 1977 Abs. 2 CC. Handelt es sich um ein gemeinsam angenommenes Kind, so erfordert die Umwandlung also insbesondere das vierjährige Bestehen einer „união de facto“ zwischen den Annehmenden; vgl. *Pereira Coelho/de Oliveira*, S. 79.

Zweites Kapitel

Typusgrenzen der eingetragenen Lebenspartnerschaft

Bevor eine Betrachtung des Adoptionskollisionsrechts der eingetragenen Lebenspartnerschaft vorgenommen werden kann, gilt es zu untersuchen, was eigentlich sich hinter dem Systembegriff des Art. 17b EGBGB verbirgt, wie also der institutionelle Anwendungsbereich der Vorschrift beschaffen ist. Die Relevanz dieser institutionellen Qualifikationsfrage für das internationale Adoptionsrecht macht ein Blick auf Art. 22 Abs. 1 EGBGB deutlich. Die Adoption durch Ehegatten wird dort dem Ehewirkungsstatut des Art. 14 Abs. 1 EGBGB unterstellt. Die Qualifikation eines Rechtsinstituts als eherechtlich hat demnach unmittelbare Auswirkungen im Bereich des Adoptionskollisionsrechts. Wie bereits angedeutet, wird zu überlegen sein, ob der Gedanke einer solchen typenspezifischen Sonderanknüpfung auch für die eingetragene Partnerschaft fruchtbar zu machen ist.

Allein im Kreis derjenigen Staaten, die hier aufgrund ihrer adoptionsrechtlichen Bestimmungen für die weitere Betrachtung von Interesse sind, präsentiert sich ein wahres Kaleidoskop partnerschaftlicher bzw. ehelicher oder auch schlicht faktischer Rechtsinstitute. Diese gilt es zu systematisieren. Ausgangspunkt sind dabei jene registrierten Partnerschaften, wie sie – mit durchaus unterschiedlichen Ausprägungen – die nordischen Rechte sowie die Niederlande und einige spanische Gebiete heute kennen. Daneben dürfen aber auch solche Institute nicht außer acht bleiben, die zumindest potentiell unter die Norm des Art. 17b EGBGB zu subsumieren sind, obgleich sie – wie die niederländische Homo-Ehe oder die faktische Gemeinschaft der iberischen Rechte – auf den ersten Blick stark abweichende Merkmale tragen. Jede anfängliche Beschränkung auf bestimmte Erscheinungsformen der Partnerschaft könnte nur willkürlich sein. Auch bietet eine Abgrenzung der unterschiedlichen Institute gegeneinander die Möglichkeit, die jeweils gefundenen Ergebnisse erneut zu hinterfragen, was trennscharfe und zugleich tragfähige Lösungen ermöglicht. Denn erst im kollisionsrechtlichen Grenzfall zeigt sich bisweilen das Wesen eines Rechtsinstituts, und mitunter enthüllt sich bei der Qualifikation auch die Unklarheit einer Konzeption[281]. Die Betrachtung soll also den Bogen von der faktischen über die registrierte Gemeinschaft bis hin zur Homo-Ehe spannen.

A. Zur Rechtslage vor Erlaß des LPartDisBG 2001

Als im Jahr 1989 Dänemark als weltweit erster Staat ein Gesetz über die registrierte homosexuelle Partnerschaft verabschiedete und schließlich immer mehr

[281] *Kropholler*, IPR, § 14 II.

Länder auf diesem Weg voranschritten[282], stellte sich die Frage nach der kollisionsrechtlichen Behandlung jener Phänomene. Zurückgegriffen werden konnte hierbei auf die bereits seit den 70er Jahren[283] geführte Diskussion über das IPR sogenannter „nichtehelicher Lebensgemeinschaften"[284].

I. Anknüpfung der nichtehelichen Lebensgemeinschaft

Der Weg einer direkten Anwendung der ehelichen Kollisionsnormen wurde von vornherein als nicht gangbar angesehen: Die nichteheliche Lebensgemeinschaft ist keine Ehe. Selbst dort, wo beide Rechtsinstitute in rechtlicher Hinsicht gleich oder gar identisch ausgestaltet sind, ist die nichteheliche Lebensgemeinschaft niemals die einzig anerkannte Form des Zusammenlebens, sondern tritt stets nur neben die Ehe[285].

Ausgehend von dieser Prämisse vertrat *Henrich*[286] die Auffassung, eheähnliche Lebensgemeinschaften seien zumindest entsprechend den eherechtlichen Kollisionsnormen der Artt. 13 ff. EGBGB anzuknüpfen. Ansatzpunkt seiner Überlegungen war der Gedanke, daß schließlich auch formlose Ehen – so z.B. die faktische Sowjet-Ehe der Jahre 1927 bis 1944[287] oder die common-law-Ehe[288] – unter den Ehebegriff der Artt. 13 ff. EGBGB zu subsumieren sind[289]. Darüber hinaus, so *Henrich*, würden ja auch Ehen „minderer Qualität" – so die von der

---

282 Eine genaue Chronologie der nationalen Gesetze ist dem einleitend gegebenen Überblick zu entnehmen.

283 Soweit ersichtlich, leistete *Henrich*, in: FS Beitzke (1979), S. 507 ff., die erste zusammenhängende Darstellung der eheähnlichen Gemeinschaften im IPR.

284 Vgl. nur die *unión de hecho* einiger lateinamerikanischer Rechte oder die *união de facto* des kapverdischen Rechts; hierzu *Striewe*, S. 95 ff.; *Strätz*, in: *Staudinger*, Anhang §§ 1297 ff. BGB Rnr. 25; s. auch den Überblick bei *Schurig*, in: *Soergel*, Art. 13 EGBGB Fn. 17 f. Dagegen hatte die nichteheliche Lebensgemeinschaft im deutschen Recht keine Institutionalisierung erfahren (auch die inzwischen normierte eingetragene Lebenspartnerschaft stellt ja nur einen Ausschnitt des Phänomens dar, da sie lediglich homosexuellen Paaren offensteht). Zum Begriff der nichtehelichen Lebensgemeinschaft *Striewe*, S. 27 ff., der zugleich die Schwierigkeit aufzeigt, einen so heterogenen sozialen Lebenssachverhalt wie den der nichtehelichen Lebensgemeinschaft einer rechtlichen Erfassung bzw. Definition zu unterziehen und vorschlägt, die nichteheliche Lebensgemeinschaft *typologisch* zwischen der Ehe einerseits und der bloßen Intimbeziehung andererseits anzusiedeln. *von Bar*, IPR II, § 2 II 2b, sieht das Problem im Dualismus von Recht und Faktizität.

285 Vgl. *Striewe*, S. 385 f.

286 *Henrich*, in: FS Beitzke, S. 507 (512 f.).

287 *RG* vom 7.4.1938, in: RGZ 157, S. 257.

288 *RG* vom 26.10.1932, in: RGZ 138, S. 214.

289 Der für die Form der Eheschließung im Ausland maßgebliche Art. 11 Abs. 1 2. Alt. EGBGB läßt die Beachtung derjenigen Formvorschriften genügen, die am Ort der Eheschließung gelten. Wenn aber die Formerleichterung oder Formlosigkeit kollisionsrechtlich eine Frage der Form ist (vgl. *Heldrich*, in: *Palandt*, Art. 13 EGBGB Rnr. 19), kann die Form einer Verbindung tatsächlich keinerlei Einfluß auf die Qualifikation dieser Verbindung als Ehe haben; so auch *Striewe*, S. 369.

Ehe christlich-abendländischer Prägung erheblich abweichende polygame Ehe – vom ehelichen Kollisionsrecht erfaßt[290]. Wenn aber formlose Eheschließungen und Ehen minderer Qualität kollisionsrechtlich anzuerkennen sind, sei nicht einsichtig, warum anderen Ehen „minderer Qualität" die Anerkennung zu verweigern sein sollte, wenn eine Rechtsordnung ihnen gleiche oder doch wenigstens ähnliche Wirkungen beilege wie einer Ehe[291].

Neben dem eherechtlichen wurden indes auch andere Ansätze vertreten. So gelangten manche zu einer schlicht *schuldrechtlichen* Qualifikation der nichtehelichen Lebensgemeinschaft[292]. Das auf die Partnerschaft anwendbare Recht bestimme sich primär nach dem Willen der Vertragspartner (Rechtswahl gemäß Art. 27 EGBGB), hilfsweise sei an die engste Verbindung anzuknüpfen (Art. 28 EGBGB). Ähnlich die Sicht des österreichischen *OGH*, der die nichteheliche Lebensgemeinschaft im Jahre 1982 als gesellschaftsrechtlich qualifizierte und mangels Rechtswahl zur Anwendbarkeit der lex loci contractus gelangte (§§ 705 ff. BGB)[293]. Einige Vertreter des Schrifttums befürworteten schließlich die Bildung eigener, an die Mechanismen des bestehenden Ehekollisionsrecht lediglich angelehnter Kollisionsregeln[294]. Gegen die als herrschend[295] zu bezeichnende Auffassung einer analogen Heranziehung der Ehekollisionsnormen vermochten sich die genannten Vorschläge jedoch nicht durchzusetzen[296].

---

290 Ungeachtet ihrer kollisionsrechtlichen Anknüpfung muß die Mehrehe natürlich eine kritische Prüfung im Lichte des deutschen ordre public erfahren.

291 *Henrich*, in: FS Beitzke (1979), S. 507 (513).

292 *Heldrich*, in: *Palandt*, Art. 13 EGBGB Rnr. 3, Art. 17 EGBGB Rnr. 14; *Hohloch*, in: JuS 1994, S. 256.

293 *OGH* vom 18.2.1982, in: FamRZ 1982, S. 1010. Dem Urteil lag folgender Sachverhalt zugrunde: Die Klägerin – österreichische Staatsangehörige – und der Beklagte – polnischer Staatsangehöriger – lebten von 1966 bis 1978 in der Bundesrepublik Deutschland in nichtehelicher Lebensgemeinschaft. Nach der Trennung begehrte die Klägerin Ausgleich für während des Zusammenlebens aus beider Einkommen angeschaffte Gegenstände, die sich im Besitz des Beklagten befanden.

294 *Šarcevic*, in: StAZ 1981, S. 176 (182); *Schümann*, S. 156 ff., die maßgeblich auf den gemeinsamen gewöhnlichen Aufenthalt abstellen will.

295 Für die Analogie zum Ehekollisionsrecht *Jayme*, in: StAZ 1979, S. 315 (318) (analoge Anwendung der Artt. 13 ff. EGBGB auf die faktische Gemeinschaft des kapverdischen Rechts); für die Analogie im allgemeinen auch *von Bar/Mankowski*, in: *Staudinger*, Anhang Art. 13 EGBGB Rnr. 59; *von Bar*, IPR II, § 2 II 2b; *von Hoffmann*, IPR, § 8 A VII; *Striewe*, S. 381 ff.; *ders.*, in: IPRax 1983, S. 248 (249 f.); *Kegel/Schurig*, IPR, § 20 III; einen abgestuften Ansatz verfolgen dagegen *Coester*, in: MünchKomm, Art. 13 EGBGB Rnr. 6 und *Henrich*, Internationales Familienrecht[1], S. 20 ff. (dazu unten).

296 So auch *Wagner*, in: IPRax 2001, S. 281 (284); *Jakob*, S. 172; *von Bar*, IPR II, § 2 II 2b.

II. Die Diskussion seit 1989: Gleichgeschlechtlichkeit und Registrierung als typusfremde Merkmale der nichtehelichen Lebensgemeinschaft?

Mit Auftreten der registrierten Partnerschaft des dänischen Rechts[297] im Jahr 1989 stellte sich alsbald die Frage, ob die bis dato entwickelten Ansätze zur kollisionsrechtlichen Behandlung nichtehelicher Lebensgemeinschaften auf diese neue Rechtsform menschlichen Zusammenlebens ohne weiteres übertragbar wären[298]. Die Alternative einer direkten Anwendung der ehelichen Kollisionsnormen wurde dagegen auch hier nicht erwogen: Ebenso wie die nichteheliche Lebensgemeinschaft sei auch die registrierte Partnerschaft keine Ehe. Sie trete vielmehr nur *neben* diese, selbst wenn sie – wie die dänische Partnerschaft – aufgrund weitreichender Verweisungen mit der Ehe nahezu identisch ist[299].

Von einer konventionellen nichtehelichen Lebensgemeinschaft unterscheidet sich die registrierte homosexuelle Partnerschaft in zweierlei Hinsicht: Zum einen durch den Akt der Registrierung[300], durch den die Partnerschaft im Rechtssinne überhaupt erst zur Entstehung gelangt, zum anderen dadurch, daß sie nur durch gleichgeschlechtliche Paare eingegangen werden kann. Beide Merkmale zwangen zur Beantwortung der Frage, ob das neue Phänomen überhaupt noch dem Typus der nichtehelichen Partnerschaft zuzuordnen oder nicht vielmehr als völlig eigenständige Erscheinungsform anzusehen sei.

Die Frage, ob der Charakter der registrierten Partnerschaft als einer *homosexuellen* Personenverbindung ihre Subsumtion unter den Begriff der nichtehelichen Lebensgemeinschaft hindert, wurde weitgehend einhellig verneint. Es gebe kein einsichtiges Argument, im Rahmen der kollisionsrechtlichen Anknüpfung zwischen hetero- und homosexuellen Lebensgemeinschaften zu differenzieren[301, 302]. Das Merkmal der Registrierung wurde dagegen weit kontroverser dis-

---

[297] Zu Einzelheiten des dänischen Gesetzes vgl. die Darstellung des Ersten Kapitels, S. 29 f.

[298] Die erste Stellungnahme hierzu ist – soweit ersichtlich – diejenige von *Jayme*, in: IPRax 1989, S. 197.

[299] Vgl. *Jakob*, S. 176 f.

[300] Das Phänomen einer Formalisierung der Partnerschaft trat in gewissem Umfang auch schon im Rahmen anderer Rechtsinstitute auf, so z.B. bei der *união de facto* des kapverdischen Rechts, eingeführt durch Gesetzesdekret Nr. 69/76 vom 3.7.1976 über die Ehe, dazu näher *Jayme*, in: StAZ 1979, S. 315 ff. Diese kann zwar faktisch begründet werden, entfaltet aber erst durch ihre gerichtliche Anerkennung volle Ehewirkungen *ex tunc*. *Striewe*, S. 119 ff., 126 ff. sieht in diesem Formalakt kein typusfremdes Merkmal, sondern im Gegenteil gerade ein (allerdings fakultatives) Typusmerkmal sowohl der nichtehelichen Lebensgemeinschaft als auch der Ehe.

[301] *Heldrich*, in: *Palandt*, Art. 13 EGBGB Rnr. 3; *von Bar/Mankowski*, in: *Staudinger*, Art. 13 EGBGB Rnr. 180; *Hausmann*, in: FS Henrich, S. 241 (251); *Schümann*, S. 2; *Jakob*, S. 139; *Martiny*, in: *Hausmann/Hohloch*, S. 561 (569); *Hausmann*, in: FS Henrich, S. 241 (251); eine entsprechende Andeutung findet sich auch schon bei *Henrich*, Internationales Familienrecht[1], S. 2.

kutiert. Die herrschende Auffassung vertrat den Ansatz einer einheitlichen Anknüpfung von registrierter Partnerschaft und nichtehelicher Lebensgemeinschaft[303]. Die registrierte Partnerschaft ist danach eine vom deutschen Rechtsverständnis nur durch das Merkmal der Eintragung abweichende nichteheliche Lebensgemeinschaft. Folgerichtig wird sie auch nicht als aliud zur nichtehelichen Lebensgemeinschaft, sondern vielmehr als deren moderne Ausprägung verstanden. Dementsprechend zeigte sich auch hier das gesamte Spektrum möglicher Lösungen: von der Analogie zum Ehekollisionsrecht der Artt. 13 ff. EGBGB – so die h.M.[304] – bis hin zu einer schlicht schuldrechtlichen Anknüpfung[305].

Dagegen hob etwa *Hausmann*[306] auf die statusbegründende Wirkung einer Eintragung ab: Registrierte Partner brächten durch den Formalakt der Eintragung zum Ausdruck, daß sie das damit verbundene „Paket" an eheähnlichen Statuswirkungen akzeptierten, während die Partner einer formlosen Verbindung durch den Verzicht auf Eheschließung deutlich machten, daß sie die mit der Ehe verbundenen Rechtswirkungen jedenfalls in toto gerade nicht wünschten[307].

---

302 Einen differenzierenden Standpunkt nimmt dagegen *Striewe*, S. 38 ff. ein: Er unterscheidet danach, ob das jeweilige Sachrecht sich hinsichtlich der nichtehelichen Lebensgemeinschaft an der Eherechtsordnung orientiert (dann nämlich sei Heterosexualität ein Typusmerkmal der nichtehelichen Lebensgemeinschaft) oder ob die gesetzliche Regelung der Gemeinschaft ohne „Rücksicht auf ein eherechtliches Verhältnis" ausgestaltet ist (dann sei Heterosexualität kein Typusmerkmal der nichtehelichen Lebensgemeinschaft). Damit führt er insofern ein, was er im übrigen (S. 393) ablehnt, nämlich eine differenzierende Qualifikation *lege causae*. Sein Ansatz überzeugt daher nicht und hat – soweit ersichtlich – auch keinerlei Anhänger gefunden. Eine gewisse Differenzierung zwischen homo- und heterosexueller Lebensgemeinschaft nimmt aber auch *Coester*, in: MünchKomm Art. 13 EGBGB Rnr. 6 vor. Danach soll die gleichgeschlechtliche Partnerschaft nur dann wie eine verschiedengeschlechtliche nichteheliche Lebensgemeinschaft behandelt werden, wenn sie durch *Registrierung* einen gewissen rechtlichen Status erlangt hat.

303 *Coester*, in: MünchKomm, Art. 13 EGBGB Rnr. 6; *von Bar/Mankowski*, in: *Staudinger*, Art. 13 EGBGB Rnr. 180; *Heldrich*, in: Palandt Art. 13 EGBGB Rnr. 3; *von Hoffmann*, IPR^6, § 8 A VII a.E.; *Schurig*, in: *Soergel*, vor Art. 13 EGBGB Rnr. 36; angedeutet auch bei *Martiny*, in: *Hausmann/Hohloch*, S. 561 (569 f.).

304 *Jayme*, in: IPRax 1989, S. 197; *von Hoffmann*, IPR^6, § 8 A VII; *von Bar/Mankowski*, in: *Staudinger*, Art. 13 EGBGB Rnr. 180; *Röthel*, in: IPRax 2000, S. 74 (76 ff.); *Schurig*, in: *Soergel*, vor Art. 13 EGBGB Rnr. 36. Die Anhänger der eherechtlichen Qualifikation gelangten so zu einem einheitlichen Familienstatut der Artt. 13 ff. EGBGB, dem sowohl die Ehe als auch die nichteheliche Lebensgemeinschaft einschließlich registrierter Partnerschaft unterlagen.

305 *Heldrich*, in: *Palandt*, Art. 13 EGBGB Rnr. 3, Art. 17 EGBGB, Rnr. 14.

306 *Hausmann*, in: FS Henrich, S. 241 (250).

307 Abzugrenzen ist freilich diese konstitutive Registrierung von einem rein *deklaratorischen* Formalakt wie ihn beispielsweise das Modell der sogenannten „Hamburger Ehe" vorsah, deren Eintragung keinerlei Statuswirkung mit sich brachte, sondern lediglich ein gegenseitiges öffentliches Solidaritätsbekenntnis ohne Rechtsfolgen darstellte. Entsprechendes gilt für die öffentlichen Register in vielen Städten Spaniens. Paare, die sich dort eintragen lassen, erreichen lediglich eine Sonderstellung gegenüber der örtlichen Kommunalverwaltung. Die Eintragung ist für gleich- wie verschiedengeschlechtliche Paare möglich. Erste Stadt mit derartigem Re-

Auch andere Autoren sahen in der Eintragung ein Merkmal, das die Partnerschaft doch so deutlich von der bloßen Lebensgemeinschaft abhebe, daß man beide Institute schwerlich ein und demselben Typusbegriff zuordnen könne[308]. Vertreter dieser Meinung mußten so zu dem Ergebnis gelangen, daß die registrierte Partnerschaft neben Ehe und nichtehelicher Lebensgemeinschaft einen gänzlich neuen Partnerschaftstypus darstellt, der einer eigenständigen Anknüpfung bedarf[309, 310]. Während einige hier wiederum die analoge Anwendung der Artt. 13 ff. EGBGB[311] vertraten, wollten andere die besondere Bedeutung des Registrierungsakts auch anknüpfungstechnisch unterstreichen: Die bewußte Entscheidung für eine Formalisierung der Partnerschaft verlange nach besonderen Regeln. Als geeignetes Anknüpfungsmoment wurde der *locus celebrationis* angesehen[312], ein dem System des deutschen Familienkollisionsrechts bislang nur in Fragen der Form[313] bekanntes Kriterium. Das am Ort der Eintragung geltende Recht solle unwandelbar über Voraussetzungen und Wirkungen der eingetragenen Partnerschaft befinden[314]. Durchzusetzen vermochten sich derlei Vorschläge allerdings nicht.

III. Zusammenfassung

Die Betrachtung zum alten Recht kann mit folgenden Aussagen im Sinne der herrschenden Meinung abgeschlossen werden:

---

gister war Vitoria-Gasteiz (Decreto del Alcalde de Vitoria-Gasteiz sobre creación del Registro Municipal de Uniones Civiles, Boletín Oficial del País Vasco, de 24 de marzo de 1994, Núm. 1994058).

308 *Röthel*, in: ZfRV 1999, S. 208 (209); *Jakob*, S. 145 f.; *Schümann*, S. 130 ff.

309 Vgl. *Hausmann*, in: FS Henrich, S. 241 (250), der in diesem Zusammenhang von einem familienrechtlichen Institut *sui generis* spricht und die registrierte Partnerschaft eine Art „Ehe minderen Rechts" nennt; ebenfalls für eine eigenständige Anknüpfung *Jakob*, S. 171; *Schümann*, S. 130 ff.; *Röthel*, in: IPRax 2000, S. 74 (75).

310 Konsequenz dieser Auffassung ist dann freilich auch, daß ebenso jede andere nichteheliche Lebensgemeinschaft, die durch Formalakt begründet wird, diesem „neuen Typus" zuzurechnen ist; so z.B. die bereits oben (Fn. 300) erwähnte *união de facto* kapverdischen Rechts, sofern sie gerichtlich anerkannt wurde. Dies sieht offenbar auch *Schümann*, S. 156; sie will ihrem Entwurf einer Kollisionsnorm zufolge Paare, die „(...) in einem Staat einen (...) nach dortigem Recht möglichen *Registrierungs- oder Anerkennungsakt* (Hervorhebung durch den Verfasser) vollzogen (...)" haben, gegenüber anderen nichtehelichen Lebensgemeinschaften eigenständig anknüpfen.

311 So *Jakob*, S. 216 f.; *Röthel*, in: IPRax 2000, S. 74 (75); auch *Henrich*, Internationales Familienrecht, der vor Inkrafttreten des LPartDisBG auf gleichgeschlechtliche Partnerschaften ohne weiteres – d.h. ohne die von ihm für die nichtehliche Lebensgemeinschaft vorgeschlagene Differenzierung *lege causae* – Artt. 13 ff. EGBGB analog anwenden will.

312 *Hausmann*, in: FS Henrich, S. 241 (255 ff.); *Schümann*, S. 131.

313 Artt. 11 Abs. 1, 13 Abs. 3 EGBGB.

314 Davon ausgenommen selbstverständlich die speziellen Anknüpfungen der Artt. 18, 25 f., 19 ff. und 27 ff. EGBGB.

- Nichteheliche Lebensgemeinschaften sind einheitlich familienrechtlich zu qualifizieren. Die Vorschriften der Artt. 13 ff. EGBGB sind auf sie analog anzuwenden (oben I 1).
- Die entwickelten Grundsätze gelten ebenso für jene Lebensgemeinschaften, die sich durch die Merkmale der Gleichgeschlechtlichkeit und der Registrierung von einer herkömmlichen nichtehelichen Lebensgemeinschaft unterscheiden (oben II).

Im folgenden ist zu klären, in welcher Weise das LPartDisBG den beschriebenen status quo ante des Familienkollisionsrechts verändert bzw. bestätigt hat.

B. Zum Untersuchungsgegenstand: Typisierung oder Differenzierung

I. Typusqualifikation

Ausgehend vom gefestigten Typusbegriff der Ehe[315] fiel eine negative Abgrenzung anderer Lebensgemeinschaften nicht schwer: *Nicht*eheliche Lebensgemeinschaft konnte zumindest nur dasjenige sein, was nicht Ehe i.S. der Artt. 13 ff. EGBGB ist. Da die Subsumtion unter einen bereits existenten Typus von vornherein ausschied, war es möglich, die Formen nichtehelichen Zusammenlebens völlig eigenständig zu klassifizieren, was durch vergleichende Befragung der ausländischen Phänomene auf bestimmte – gleichsam ubiquitäre – Wesensmerkmale einer nichtehelichen Lebensgemeinschaft hin geschah[316]. Zwar gelangten verschiedene Autoren hierbei zu durchaus unterschiedlichen Typusinhalten[317],

---

315 Siehe nur *Henrich*, Internationales Familienrecht, S. 21, demzufolge die Ehe die *„herkömmliche, in einem bestimmten Kulturkreis als typisch angesehene Normalform des Zusammenlebens der Geschlechter"* ist. In diesem Zusammenhang von einer Definition zu sprechen, wäre aber verfehlt. Der Typus ist – anders als der Begriff – einer Definition gar nicht zugänglich. Er kann lediglich durch charakteristische Merkmale beschrieben werden. Von diesen Merkmalen, die in ihrer Gesamtheit als *typisch* angesehen werden, können im konkreten Fall sogar einzelne fehlen, ohne daß das betrachtete Phänomen deswegen untypisch wäre. Die einzelne Erscheinung wird mithin auch nicht subsumiert, sondern gleichsam normativ zugeordnet. Im Gegensatz zum Begriff hat der Typus also keine klar gesetzten Grenzen, seine Konturen sind vielmehr fließend. Siehe zum Typus im allgemeinen auch *Heyde*, in: Studium Generale, Bd. 5 (1952), S. 235 ff. sowie *Kretschmer*, in: Studium Generale, Bd. 4 (1951), S. 399 ff.

316 So stellt *Jakob*, S. 128 ff., an den Beginn ihrer kollisionsrechtlichen Betrachtung eine abstrakte Untersuchung, die die eingetragene Partnerschaft von der Ehe einerseits und der nichtehelichen Lebensgemeinschaft andererseits abgrenzt. Die Findung des Typusbegriffs wird also gleichsam vor die Klammer gezogen. Ebenso verfährt für die nichteheliche Lebensgemeinschaft *Striewe*, S.125 ff. Beide bedienen sich dabei einer teils soziologisch, teils rechtsvergleichend vorgehenden Methode.

317 Oben S. 41 ff. *Jakob*, S. 151, kam dabei zu folgender Beschreibung des Typus: „Die eingetragene Partnerschaft ist eine Lebensgemeinschaft im rechtlich relevanten Sinne, die von zwei partnerschaftsfähigen Personen gleich welchen Geschlechts durch einen konstitutiven öffentli-

allen Ansätzen gemein war jedoch der Umstand, daß der abstrakt gefundene Typus den Ausgangs-, nicht erst den Endpunkt der Qualifikation bildete.

Heute dagegen steht fest, daß ein bestimmter Typus der nichtehelichen Lebensgemeinschaft mit Art. 17b EGBGB gesetzlich normiert ist; allein seine konkreten Merkmale – oder besser: seine Grenzen – liegen noch weitgehend im Dunkel[318]. Damit aber ist auch der Weg einer der Qualifikation vorgelagerten abstrakten Typusfindung verbaut. Die Typusmerkmale der eingetragenen Lebenspartnerschaft können vielmehr nur das Ergebnis des Qualifikationsvorgangs selbst sein.

II. Differenzierung lege causae

Als Alternative zur Typusqualifikation böte sich die bereits von *Henrich*[319] vertretene Vorgehensweise einer lege causae differenzierenden Betrachtung an. Ausgangspunkt der Untersuchung wären hierbei einzelne ausländische Rechtsinstitute, die es – jedes für sich – auf ihre sachrechtliche Ausgestaltung hin zu befragen gälte. Zwar begegnet diese Methode einigen Bedenken[320]; eine gewisse Berechtigung bezieht sie jedoch aus der Überlegung, daß letztlich nur so die Eigenschaften *einzelner* Rechtsinstitute Berücksichtigung finden können, so beispielsweise auch die Frage, ob es sich bei der jeweiligen Lebensgemeinschaft um ein schuld- oder nicht vielmehr um ein familienrechtliches Phänomen handelt. Dagegen stellt jede Typisierung des Untersuchungsgegenstandes selbst schon eine verkappte Qualifikation dar.

---

chen Formalakt mit Publizitätswirkung geschlossen wird, Rechtswirkungen entfaltet, nur durch öffentlichen Formalakt mit Publizitätswirkung aufgelöst werden kann und keine Ehe ist".

318 Wie die Abgrenzung gegenüber anderen Formen von Lebensgemeinschaften zu erfolgen hat, ist daher noch völlig unklar. Lediglich eine negative Abgrenzung scheint ohne weiteres möglich: Auch eingetragene Partnerschaft kann nur sein, was nach dem oben Gesagten *nicht Ehe* ist. Und selbst diese scheinbar so selbstverständliche Aussage ist keine allzu große Hilfe, wenn man bedenkt, daß der Typus der Ehe seinerseits dabei ist, erneut in Bewegung zu geraten, steht doch die Homo-Ehe auf einer außerordentlich schwierigen Grenzlinie zwischen den Instituten.

319 *Henrich*, in: FS Beitzke (1979), S. 507 ff.; *ders.*, Internationales Familienrecht[1], S. 23; mit Modifikationen nun *ders.*, Internationale Familienrecht, S. 47. Angeknüpft wird demnach zunächst gemäß Art. 13 EGBGB. Das Heimatrecht soll dann aber seinerseits daraufhin untersucht werden, ob es die nichteheliche Lebensgemeinschaft ehe- oder schuldrechtlich ausgestalte. Für eine solche bedingte Verweisung auch *Coester*, in: Münch Komm, Art. 13 EGBGB Rnr. 6.

320 Statt anderer hier nur *von Bar/Mankowski*, in: *Staudinger*, Art. 13 EGBGB Rnr. 69, siehe. Das Gegenargument, eine bedingte Verweisung i.S. *Henrich*s sei gar nicht erforderlich, da abweichende Qualifikationen des ausländischen Rechts ja ohnehin zu respektieren seien, kann in diesem Zusammenhang freilich nicht mehr bemüht werden. Findet nämlich Art. 17b EGBGB Anwendung, so führt dessen unbedingte Verweisung (Sachnormverweisung, s. Art. 17b Abs. 1 i.V.m. Art. 3 Abs. 1 S. 2 EGBGB) gerade dazu, daß das fremde IPR völlig außer Betracht bleibt, abweichende Qualifikationen also gerade nicht durchschlagen können.

Im Rahmen dieser Arbeit indes sieht man sich zunächst einer Besonderheit gegenüber: Alle hier ins Auge zu fassenden Rechtsinstitute nämlich gewähren den Partnern ein *Adoptionsrecht*, sei es das Recht der gemeinsamen Adoption und/oder das der Stiefkindadoption. Es kann also ernstlich gar nicht bezweifelt werden, daß die betreffenden Rechtsordnungen in den einzelnen Partnerschaften familienrechtliche oder zumindest „familienähnlich gefärbte“[321] Rechtsverhältnisse sehen[322]: Gewährt das ausländische Recht den Partnern einer Lebensgemeinschaft die Möglichkeit der Adoption, so kommt darin unmißverständlich zum Ausdruck, daß die Partnerschaft auch nach dortigem Verständnis als eine Form der Familie im rechtlichen wie im sozialen Sinne angesehen wird. Eine lege causae differenzierende Betrachtung könnte mithin für keines der fraglichen Institute etwas anderes als eine *familienrechtliche* Einordnung ergeben. Zudem hätte es mit der Durchleuchtung des fremden Sachrechts allein unter dem Aspekt „schuldrechtlich – familienrechtlich“ nicht sein Bewenden. Die Einordnung einer nichtehelichen Lebensgemeinschaft als familienrechtlich führt heute nicht mehr zwangsläufig zur analogen Anwendung der Artt. 13 ff. EGBGB. Vielmehr kommt daneben eine Anknüpfung nach Art. 17b EGBGB in Betracht. Es müßte also jeweils weiter untersucht werden, ob das ausländische Rechtsinstitut als „partnerschaftlich“ oder gleichsam „schlicht lebensgemeinschaftlich“ zu qualifizieren ist. Dies aber könnte wiederum nur anhand bestimmter Merkmale des jeweiligen Sachrechts geschehen. Zwar lassen sich derartige Merkmale für jedes einzelne der zu betrachtenden Rechtsinstitute finden, doch werden sie sich – rechtsvergleichend betrachtet – häufig als deckungsgeich erweisen. Auch die strenge Einzelqualifikation vermag daher nicht zu überzeugen.

III. Bildung charakteristischer Phänotypen

Vorzugswürdig erscheint ein Weg, der Elemente beider Methoden (oben I. und II.) miteinander vereint, einerseits also die Berücksichtigung der auftretenden

[321] So der von *Striewe*, S. 393, im Zusammenhang mit der nichtehelichen Lebensgemeinschaft gebrauchte Ausdruck. Im Fall der hier zu untersuchenden Rechtsinstitute ist die „Färbung“ wohl mindestens ebenso stark ausgeprägt.

[322] Schwieriger gestaltet sich dagegen die Diskussion, wenn man die Partnerschaftsinstitute jener Rechtsordnungen betrachtet, die ein entsprechendes Adoptionsrecht nicht gewähren, zumal, wenn sie – wie der französische PACS oder die belgische „cohabitation“ – auf einer vertraglichen Vereinbarung der Partner fußen. So ist es auch in Frankreich höchst umstritten, ob der PACS im französischen IPR schuldvertraglich oder vielmehr familienrechtlich zu qualifizieren ist (für eine familienrechtliche Qualifikation plädiert aus französischer Sicht *Hauser*, in: DEuFamR 2000, S. 29 (29 f.)). Auch für diese Partnerschaften bietet sich jedoch vom Standpunkt unseres IPR eher eine familienrechtliche Einordnung an. Man wird nicht leugnen können, daß auch sie im Kern trotz ihrer vertraglichen Grundlage personenrechtliche Verhältnisse darstellen, deren schuldvertragliche Anknüpfung künstlich wirken müßte.

Sachrechtsdifferenzen erlaubt (Differenzierungselement)[323], sich dabei jedoch auf einige wesentliche, rechtsvergleichend zu gewinnende Charakteristika beschränkt (Typisierungselement)[324]. Zur Ermittlung dieser Charakteristika ist vom deutschen Sachrecht der Lebenspartnerschaft auszugehen, das gleichsam den Mindestinhalt des kollisionsrechtlichen Begriffs bestimmt[325]. Zu nennen wären hier das Merkmal der *Gleichgeschlechtlichkeit* und das der *Eintragung*. Man mag einwenden, eine Begrenzung auf die genannten Merkmale sei willkürlich; auch andere Kriterien – so etwa die Rechtsfolgen einer Partnerschaft oder ihre Auflösungsmodalitäten[326] – müßten Berücksichtigung finden. Was die Partnerschafts*wirkungen* betrifft, zeigt sich in der Tat ein international sehr differenziertes Bild (dazu das Erste Kapitel). Allen Rechtsordnungen gemein ist dabei jedoch die deutliche Abgrenzung der Partnerschaft von einer – familienrechtlich irrelevanten – bloßen Zweckgemeinschaft[327]. Angesichts dessen aber kann den im einzelnen festzustellenden Wirkungsunterschieden keine qualifikationsentscheidende Bedeutung zukommen. Ausgeprägte internationale Differenzen weist zweifellos auch das Recht der Partnerschafts*auflösung* auf: Während einige Rechtsordnungen ein gerichtsförmliches Verfahren vorschreiben[328], ermöglichen andere die jederzeitige Auflösung durch einseitige Erklärung[329], wobei auch diese überall unter dem Erfordernis einer gewissen Förmlichkeit steht[330]. Sofern eine Beendigung der Partnerschaft schon durch faktisches Getrenntleben von bestimmter Dauer[331] oder durch formlose Vereinbarung der Partner[332] herbeigeführt werden kann, fehlt es zwar an jedem Formalakt, doch wird der Schutz

323 Dies entspricht dem als richtig erkannten Grundgedanken der zweiten Methode (oben S. 60), daß nämlich sachrechtliche Differenzierungen erforderlich sind, um nicht schon im Gewande der Typisierung eine verkappte Qualifikation vornehmen zu müssen.

324 Dieser Aspekt folgt einer Erkenntnis der ersten Methode (oben S. 59). Die Isolierung charakteristischer Sachrechtsmerkmale und ihre Zusammenfassung zu Typen ermöglicht es nämlich, zunächst diejenigen Differenzen aufzufinden, die überhaupt qualifikationsrelevant sind und andererseits diejenigen zu eliminieren, die gar nicht typusprägend sein können. Die Charakterisierung erfolgt dabei mit den Mitteln der Rechtsvergleichung.

325 Zum sachrechtlichen Begriffsinhalt als Nukleus des kollisionsrechtlichen Kategoriebegriffs auch *Weber*, Die Theorie der Qualifikation, S. 233.

326 Siehe *Gebauer/Staudinger*, in: IPRax 2002, S. 275 (277), bezogen auf den PACS. So auch *Süß*, in: DNotZ 2001, S. 168 (173), dort allerdings als Frage der Substitution.

327 Vgl. *Forkert*, S. 60; *Jakob*, S. 148.

328 Vgl. etwa Kap. 2 § 2 SchwedPartnerG.

329 Vgl. z.B. Artt. 12 Abs. 1 lit. b, 30 Abs. 1 lit. b LUEP-Katalonien, Art. 6 Abs. 1 lit. c LPE-Aragonien, Art. 4 Abs. 1 lit. d LPE-Navarra sowie Art. 8 Abs. 1 lit. b des portugiesischen Gesetzes.

330 Siehe nur Art. 12 Abs. 1 lit. b LUEP-Katalonien: „Las uniones estables se extinguen (...) por voluntad unilateral de uno de los miembros de la pareja, *notificada fehacientemente al otro*". Den Charakter einer Verstoßung („talaq") hat die einseitige Auflösung der Partnerschaft also nirgendwo; vgl. hierzu *Rauscher*, S. 97 ff.

331 Vgl. Artt. 12 Abs. 1 lit. d, 30 Abs. 1 lit. d LUEP-Katalonien, Art. 6 Abs. 1 lit. d LPE-Aragonien sowie Art. 4 Abs. 1 lit. e LPE-Navarra.

332 So vorgesehen in Artt. 12 Abs. 1 lit. a, 30 Abs. 1 lit. a LUEP-Katalonien, Art. 6 Abs. 1 lit. b LPE-Aragonien sowie Art. 4 Abs. 1 lit. c LPE-Navarra.

der Partner vor Übereilung hier dadurch gewährleistet, daß die Auflösung erst nach gewisser Frist oder jedenfalls nur bei übereinstimmendem Auflösungswillen erfolgen kann. Die *erschwerte Auflösbarkeit* der Partnerschaft erweist sich damit als ein allen Rechten gemeinsames Regelungsprinzip. Den Auflösungsmodalitäten fehlt es folglich ebenso wie den Partnerschaftswirkungen an charakteristischer Qualität[333].

Ausgehend von den oben gefundenen Merkmalen, erweist sich als kennzeichnend für die nordischen Rechte die *eingetragene gleichgeschlechtliche Partnerschaft*, für die Niederlande und die spanischen Gebiete die *eingetragene*[334] *gleich-* bzw. *verschiedengeschlechtliche Partnerschaft* sowie für Portugal die *nichteingetragene Partnerschaft*, wobei letztere auch in Katalonien, Aragonien und Navarra bekannt ist, deren Rechte die Partnerschaft außer durch Eintragung auch nach einer gewissen Zeit des Zusammenlebens entstehen lassen[335]. Das charakteristische Merkmal der niederländischen *Homo-Ehe* endlich besteht schlicht in der Öffnung der bürgerlichen Ehe für gleichgeschlechtliche Paare. Berücksichtigt man die Schnittmengen der einzelnen Rechtskreise, so verbleiben im Ergebnis noch folgende Erscheinungsformen:

- eingetragene gleichgeschlechtliche Partnerschaften,
- eingetragene verschiedengeschlechtliche Partnerschaften,
- nichteingetragene (faktische) Partnerschaften sowie
- Homo-Ehen.

Unterzieht man nun diese Phänotypen im einzelnen der Qualifikation, so wird sich erweisen, ob das jeweilige Phänomen dem Art. 17b EGBGB zugrundeliegenden Typusbegriff unterfällt oder es im Gegenteil als typusfremd anzusehen ist. In der Gesamtschau der Qualifikationsprozesse wird schließlich eine Aussage über die Typusmerkmale der eingetragenen Lebenspartnerschaft als solcher möglich sein.

---

333 Eine Sonderstellung nimmt hier die portugiesische „união de facto" ein: Sie kann gemäß Art. 8 Abs. 2 Lei N.° 7/2001 auch durch *formlose* Erklärung *eines Partners* aufgelöst werden und ist in dieser Hinsicht tatsächlich mit keinem der übrigen Rechtsinstitute zu vergleichen. Doch stellt die formlose Auflösung der Gemeinschaft als *actus contrarius* lediglich die spiegelbildliche Entsprechung zu ihrer phänotypisch bereits berücksichtigten ebenfalls formlosen Begründung dar.

334 Wie der Blick in das teilspanische Recht bereits gezeigt hat (S. 41 ff.), entsteht die Partnerschaft dort nicht eigentlich durch Registrierung (d.h. Eintragung in ein öffentliches Register), sondern durch Errichtung einer notariellen Urkunde. In beiden Fällen geschieht die Begründung aber durch *öffentlichen Formalakt*, sodaß es gerechtfertigt erscheint, beide Modalitäten mit dem Begriff der „Eintragung" zu umfassen. Zum Formalakt der Beurkundung s. *López Burniol*, in: Revista Jurídica de Catalunya 1999, S. 643 (650).

335 In Katalonien jedoch entsteht allein die heterosexuelle „unión estable" im Wege der faktischen Begründung; vgl. S. 25.

C. *Qualifikationsmethode*

I. *Wesen der Qualifikation*

Für den nationalen IPR-Gesetzgeber liegt es nahe, bei der Beschreibung von Anknüpfungsgegenständen auf die ihm aus der eigenen Zivilrechtsdogmatik bekannten Systembegriffe zurückzugreifen[336]. Die Bildung des Tatbestands erfolgt somit in aller Regel deduktiv, nämlich nach nationalen Rechtsbegriffen[337]. Da aber das IPR zugleich auch die im fremden Sachrecht widergespiegelten Lebenssachverhalte erfassen muß, hat es seinerseits ein erhebliches Maß an Abstraktion zu leisten und weite Gruppen von Sachverhalten zusammenzufassen[338]. Dies hat zur Folge, daß die kollisionsrechtlichen Kategorien erheblich weiter sind als die des Sachrechts[339].

Häufig ist zweifelhaft, welche Sachverhalte mit Auslandsbezug unter welchen kollisionsrechtlichen Systembegriff fallen. Das damit entstehende Qualifikationsproblem wurde zuerst von *Kahn*[340] und *Bartin*[341] entdeckt und untersucht. Im allgemeinen meint „Qualifikation" die Feststellung der Qualität, Beschaffenheit oder Eigenschaft eines Gegenstandes. Die im angloamerikanischen Rechtskreis zur Beschreibung desselben Vorgangs gebrauchten Begriffe der „characterisation" bzw. „classification"[342] werfen ihrerseits ein Schlaglicht auf das Wesen der Methode: Es handelt sich dabei um die Kennzeichnung von Eigenschaften eines bestimmten Gegenstandes bzw. dessen Einordnung in ein bestehendes System[343]. Bisweilen wird formuliert, die Systembegriffe seien „auszulegen"[344]. Andere verlangen schlicht die Subsumtion des jeweiligen Sachverhalts unter den Systembegriff[345]. Da indes die Subsumtion unter einen nicht klar und eindeutig gefaßten Tatbestand immer auch dessen Auslegung erfordert, be-

---

336 *von Hoffmann*, IPR, § 4 A II.

337 Vgl. *Kropholler*, IPR, § 12 II 1; gegen dieses Vorgehen des nationalen Gesetzgebers wendet sich *Rabels* Forderung, formuliert in: RabelsZ 5 (1931), S. 241 (258), für jeden juristischen Typus im Wege einer induktiv-rechtsvergleichenden Methode die ihm entsprechende Kollisionsnorm und so die „für *alle* Rechtsordnungen passenden speziellen Statuten" zu ermitteln.

338 *Kegel*, in: IPRax 1996, S. 309 (310).

339 Vgl. *BGH* vom 22.3.1967, in: BGHZ 47, S. 324 (336).

340 *Kahn*, in: DogmJb 30 (1891), S. 1-143.

341 *Bartin*, in: JDI (Clunet) 24 (1897), S. 225-255, 466-495, 720-738.

342 Vgl. *Dicey/Morris*, Conflict of Laws I, Rnrn. 2-001 ff. Das englischsprachige Schrifttum verwendet bevorzugt den Ausdruck „characterisation" (American English: „characterization"), seltener den der „classification".

343 Vgl. *Webster's* New Twentieth Century Dictionary of the English, 2. Auflage 1975, demzufolge classification „arrangement according to some systematic division into classes or groups" meint.

344 *von Bar/Mankowski*, IPR I, § 7 II 1; *Kegel/Schurig*, IPR, § 7 III 1 („Auslegungsproblem spezieller Art").

345 *Dörner*, in: StAZ 1988, S. 345 (348); *von Hoffmann*, IPR, § 6 A I.

zeichnen beide Aussagen letztlich dasselbe: Es geht um die Ermittlung des sachlichen Anwendungsbereichs einer Kollisionsnorm[346].

II. *Qualifikationsgegenstand*

Das Problem des Gegenstandes der Qualifikation ist ein viel erörtertes und zugleich sehr umstrittenes[347]. Es läßt sich auf die Frage zuspitzen, was eigentlich dasjenige sei, was man unter die Kollisionsnorm zu subsumieren habe[348]. Die Antworten hierauf fallen vielgestaltig aus und reichen vom konkreten Lebenssachverhalt[349] über die zu beurteilende Rechtsfrage[350] bis hin zur materiellrechtlichen Sachnorm[351] als Gegenstand der Qualifikation[352]. Dagegen besteht bei der Beantwortung der Gegenfrage, nämlich der nach dem Nutzen einer solchen Diskussion, weitgehend Einigkeit. Der Streit wird allgemein als wenig fruchtbar betrachtet[353]. Auch hier soll er nicht vertieft werden. Gegenstand der im folgenden vorzunehmenden Qualifikation sind schlicht die verschiedenen Rechtsinstitute in ihren oben[354] isolierten Erscheinungsformen[355].

III. *Qualifikationsstatut*

Die Art und Weise der Auslegung eines kollisionsrechtlichen Systembegriffs führt zur Frage nach dem Qualifikationsstatut, d.h. der für die Qualifikation maßgeblichen Rechtsordnung[356]. Nach herrschender Meinung ist zur Beurteilung der Qualifikationsfrage grundsätzlich von der *lex fori* auszugehen[357], da es

---

346 *Kropholler*, IPR, § 14 I 1.

347 Wie *Weber*, Qualifikation, S. 215, zutreffend anmerkt, ist bei der Qualifikation en détail freilich überhaupt „alles umstritten".

348 *von Bar/Mankowski*, IPR I, § 7 II 6.

349 *Rabel*, in: RabelsZ 5 (1931), S. 241 (244 f.).

350 *Sonnenberger*, in: MünchKomm, Einleitung IPR Rnr. 285; *Weber*, Qualifikation, S. 228 ff.; *Dörner*, in: StAZ 1988, S. 345 (349).

351 *Raape*, IPR, S. 117 ff. bzw. *Raape/Sturm*, IPR I, S. 279 ff.

352 Siehe zum Ganzen auch *Grundmann*, S. 28 ff.

353 *von Hoffmann*, IPR, § 6 A 1 (dort Fn. 4); *von Bar/Mankowski*, IPR I, § 7 II 6; *Dörner*, in: StAZ 1988, S. 345 (348).

354 S. 63.

355 So sprechen auch *Jakob*, S. 168, und *Striewe*, S. 365, lediglich vom *Rechtsinstitut* der eingetragenen Lebenspartnerschaft bzw. dem *Rechtsinstitut* der nichtehelichen Lebensgemeinschaft als Gegenstand der Qualifikation; s. auch *Kropholler*, IPR § 14 II a.E.

356 Vgl. *Kropholler*, IPR, § 16.

357 *von Hoffmann*, IPR, § 6 A III 1a; *Kropholler*, IPR, § 16 I; *Heldrich*, in: *Palandt*, vor Art. 3 EGBGB Rnr. 27; *Kegel/Schurig*, IPR, § 7 III 2a. Schon *Kahn* (a.a.O., Fn. 340) bemühte das Souveränitätsargument: „Das fremde Recht *soll* angewendet werden, wenn *unser Gesetzgeber will*, daß es angewandt werde (...). Niemals aber kann ein *fremdes Gesetz* uns sagen, welcher Art diese Intentionen sind. Mit anderen Worten: alle Normen des internationalen Privatrechts sind nur durch Interpretation der inländischen Rechtsordnung zu eruieren" (Hervorhebungen im Original).

autonomes deutsches Recht auszulegen gilt. In seiner Reinform jedoch hat dieser Ansatz vielfältige Kritik erfahren. Als diametral entgegengesetzte Position bildete sich zunächst die Lehre von der *Lex-causae-Qualifikation* heraus[358], die geltend machen konnte, sich „einer unbeholfenen Kennzeichnung auslandsrechtlicher Gebilde"[359] zu enthalten. Nach dieser Auffassung meint der Systembegriff einer Kollisionsnorm diejenigen Rechtssätze, die das durch die Norm berufene Sachrecht hierunter subsumiert[360]. Den Gegenvorschlag einer *rechtsvergleichenden* Qualifikation unterbreitete schließlich *Rabel*[361], der kollisionsrechtliche Systembegriffe autonom, d.h. ohne Rückgriff auf lex fori und lex causae, auslegen wollte.

Die vielfache Kritik am Ansatz einer ausschließlichen Lex-fori-Qualifikation hat bewirkt, daß diese heute – insbesondere bei der Qualifikation von dem deutschen Recht unbekannten Rechtsinstituten – durch die *funktionelle*[362] bzw. *teleologische*[363] Qualifikation ergänzt wird[364]. Abzustellen ist danach sowohl auf Eigenart und Zweck der inländischen Sachnorm (Ausgangspunkt ist also die lex fori), als auch auf Ziel und Zweck der jeweiligen Kollisionsnorm[365] (weil Systembegriff der Kollisionsnorm und Systembegriff der Sachnorm nicht notwendig übereinstimmen). Daneben aber richtet sich der Blick auch auf die ausländischen Rechtsinstitute selbst, deren Ordnungsaufgabe es mit der des deutschen Rechts funktional zu vergleichen gilt[366]. Dem folgt auch die hier vorzunehmende Untersuchung.

D. Erster Phänotyp: Die eingetragene gleichgeschlechtiche Partnerschaft

Das erste der oben als charakteristisch ermittelten Phänome ist gekennzeichnet durch die Merkmale der Eintragung und der Gleichgeschlechtlichkeit. Diese Va-

---

358 Vertreten von *Wolff*, IPR, S. 54 ff.; sich diesem anschließend *Süß*, in: JW 1937, S. 1975 ff.

359 *Wolff*, IPR, S. 54 ff.

360 Da aber das anwendbare Recht eigentlich erst als Ergebnis der Qualifikation feststeht, sahen sich die Anhänger dieser Lehre dem Vorwurf eines logischen Zirkelschlusses ausgesetzt; kritisch zum Zirkelschlußvorwurf aber *Selb*, in: AcP 157 (1958/1959), S. 341 ff.

361 *Rabel*, in: RabelsZ 5 (1931), S. 241 (262 ff., 282 ff.).

362 So *von Hoffmann*, IPR, § 6 A III 4.

363 So *Kegel/Schurig*, IPR, § 7 III 3b (dort auch als „internationalprivatrechtliche Qualifikation" bezeichnet). Die Begriffe der „funktionellen" bzw. „teleologischen Qualifikation" kennzeichnen dabei nicht etwa unterschiedlichen Methoden. So werden die Ausdrücke zum Teil sogar synonym gebraucht (z.B. bei *Kropholler*, IPR § 17 I), jedenfalls aber beschreiben sie im wesentlichen denselben Ansatz.

364 Auch in der Rechtsprechung ist dieser Ansatz weitgehend anerkannt; vgl. *BGH* vom 19.2. 1958, in: BGHZ 29, S. 137 (139) = NJW 1959; S. 717; *BGH* vom 22.3.1967, in: BGHZ 47, S. 324 (336) = NJW 1967, S. 2109 ff.

365 *Kegel/Schurig*, IPR, § 7 III 3b bb); *Niederer*, Qualifikation, S. 107. Zur Qualifikation nach den Zielen der Kollisionsnorm siehe *Jayme*, in: FS Magalhães Collaço (2002), Bd. I, S. 209 ff.

366 *Weber*, Qualifikation, S. 241 f.

riante der Partnerschaft entspricht damit in ihren Wesenszügen der deutschen Lebenspartnerschaft. Zwar ist die lex fori kein alleintauglicher Beurteilungsmaßstab zur Qualifiktion fremder Rechtsinstitute, doch kann ihr zumindest eine wichtige Grundaussage entnommen werden: Der Begriffsinhalt des inländischen Sachrechts bildet gleichsam den Nukleus, um den herum sich der Inhalt eines kollisionsrechtlichen Begriffs entwickelt[367].

Das freilich setzt voraus, daß die Zuordnung des eigenen sachrechtlichen Begriffs zu einer bestimmten Kategorie des Kollisionsrechts bereits geleistet ist. Die von *Grundmann* so genannte erste Qualifikationsfrage[368] muß also bereits beantwortet sein[369]. Im Fall der eingetragenen Lebenspartnerschaft des LPartG kann indes gar kein Zweifel bestehen, daß sie in den Anwendungsbereich des Art. 17b EGBGB fällt[370]. Das gilt ebenso selbstverständlich wie die Tatsache, daß die Ehe der §§ 1303 ff. BGB unter den Ehebegriff der Artt. 13 ff. EGBGB zu subsumieren ist.

Eine Gleichsetzung des sach- mit dem kollisionsrechtlichen Begriff ist damit gleichwohl nicht verbunden[371]. Bildet das deutsche Sachrecht zur Lebenspartnerschaft auch den Kern des Art. 17b EGBGB zugrundeliegenden Systembegriffs, so ist ihm doch gerade keine abschließende Beschreibung dessen zu entnehmen, was „eingetragene Lebenspartnerschaft" im Sinne des Art. 17b EGBGB ist[372]. Es stellt vielmehr nur ein Beispiel[373] dar, eine Teilmenge des kollisionsrechtlichen Begriffs. Dasselbe Verständnis kommt auch in der Begründung des LPartDisBG-Entwurfs zum Ausdruck, derzufolge die Vorschrift des Art. 17b EGBGB *„(...) auch über die Anwendbarkeit ausländischer Sachvorschriften (bestimmt), die ein Rechtsinstitut zum Gegenstand haben, das mit dem der Eingetragenen Lebenspartnerschaft im Sinne des LPartG vergleichbar ist.“*[374] Das hier zunächst zu betrachtende Phänomen der Partnerschaft aber stimmt in seinen

---

367 *Weber*, Die Theorie der Qualifikation, S. 233.

368 *Grundmann*, S. 11: „Die erste Qualifikationsfrage, die sich (...) stellt, ist, wann Systemunterschiede zwischen eigenem Sachrecht und eigenem IPR auftreten können."

369 Eine entsprechende Antwort fällt in gewissen Bereichen durchaus nicht leicht, wie ein Blick auf die Rechtsprechung des *BGH* zeigt; so z.B. bei der Qualifikation des Ehenamens (*BGH* vom 2.3.1979, in: BGHZ 73, S. 370 (373)), des Verbots der Privatscheidung (*BGH* vom 14.10.1982, in: BGHZ 82, S. 34 (47)) oder des Versorgungsausgleichs (*BGH* vom 7.11.1979, in: BGHZ 75, S. 241 (249)). Im Fall des Ehenamens gelangte der *BGH* (a.a.O.) zu einer Doppelqualifikation. Einerseits ordnet er ihn dem Ehewirkungs-, andererseits aber auch dem Personalstatut zu. Es bestehe ein Wahlrecht der Ehegatten. Anders heute Art. 10 Abs. 1 EGBGB.

370 Vgl. BT-Drucks. 14/3751, S. 60.

371 Vgl. *Niederer*, Qualifikation, S. 106; *Wagner*, in: IPRax 2001, S. 281 (288).

372 Eine solche Gleichsetzung der Systembegriffe müßte dazu führen, daß das Kollisionsrecht nur entweder in das Sachrecht derselben Rechtsordnung verweist oder ins Nichts. Hierdurch aber würde das IPR seiner Funktion beraubt, einen bestimmten Sachverhalt dem typischerweise gemäßesten Recht zuzuweisen.

373 Vgl. dazu *Weber*, Qualifikation, S. 233.

374 BT-Drucks. 14/3751, S. 60.

charakteristischen Merkmalen (eingetragenen, gleichgeschlechtlich) exakt mit denen des deutschen Rechtsinstituts überein, sodaß eine ausreichende funktionale Entsprechung schon deshalb zu bejahen ist.

Eingetragene gleichgeschlechtliche Partnerschaften fallen so ohne weiteres in den Anwendungsbereich des Art. 17b EGBGB. Neben der deutschen Lebenspartnerschaft sind dies die Partnerschaften *schwedischen*, *norwegischen* und *dänischen* Rechts, außerdem die homosexuelle Partnerschaft nach *niederländischem* und *navarresischem*[375] Recht[376].

E. Zweiter Phänotyp: Die eingetragene verschiedengeschlechtliche Partnerschaft

Bei der nun zu betrachtenden Erscheinungsform handelt es sich um das erste der insgesamt drei vom deutschen Recht abweichenden Phänomene. Anders als eine deutsche Lebenspartnerschaft sind die Partnerschaftsinstitute dieser Gruppe auch Paaren verschiedenen Geschlechts zugänglich. Damit aber steht die Frage im Raum, ob die Verschiedengeschlechtlichkeit der Partner ein der Lebenspartnerschaft i.S. des Art. 17b EGBGB typusfremdes Merkmal ist.

I. Lösungsmodelle

1. Art. 17b EGBGB direkt

Der kollisionsrechtliche Begriff der Lebenspartnerschaft ist – darüber kann nach dem oben Gesagten kein Zweifel bestehen – weiter zu fassen als der entsprechende Systembegriff des LPartG. Es ist Aufgabe des IPR, die eigene Rechtsordnung gegenüber fremden Rechten zu öffnen und das sachlich näherstehende Recht entscheiden zu lassen[377]. Das Kollisionsrecht ist daher mit der gebotenen Flexibilität auszulegen[378].

Umso mehr überrascht es, daß im aktuellen Schrifttum eine direkte Anwendung des Art. 17b EGBGB auf registrierte verschiedengeschlechtliche Partnerschaften zumeist gar nicht erwogen, stattdessen ohne weiteres eine Systemlücke diagnostiziert wird. Dabei fällt auf, wie wenig Begründungsaufwand eigentlich betrieben wird. So bejaht *Wagner* eine Lücke des deutschen Kollisionsrechts

---

[375] Zur Frage der Beachtlichkeit interlokaler Kollisionsnormen bei Eintragung der Partnerschaft in einem Mehrrechtsstaat (Art. 4 Abs. 3 S. 1 EGBGB) s.u. S. 111 f.

[376] Nochmals sei erwähnt, daß hier nur jene Rechtsordnungen betrachtet werden, die den Partnern ein Adoptionsrecht verleihen. Ebenso wären aber wohl die homosexuellen Partner eines französischen PACS oder einer belgischen „cohabitation“ erfaßt.

[377] Vgl. *Striewe*, S. 367.

[378] Vgl. *von Bar/Mankowski*, in: *Staudinger*, Anhang Art. 13 EGBGB Rnr. 57.

schlicht mit der Behauptung, Art. 17b EGBGB erstrecke sich „seinem Wortlaut nach" nicht auf die heterosexuelle Partnerschaft[379]. Ähnlich knapp argumentiert *Heldrich*, der formuliert, die Beschränkung der Vorschrift auf gleichgeschlechtliche Paare ergebe sich aus dem Titel des LPartDisBG sowie aus dem sachlichen Zusammenhang des Art. 17b EGBGB mit § 1 Abs. 1 S. 1 LPartG[380]. Beide Postulate begegnen Bedenken. Vieles spricht im Gegenteil dafür, eingetragene Partnerschaften unabhängig vom Geschlecht der Partner anzuknüpfen, Art. 17b EGBGB also direkt anzuwenden[381]. Zunächst seien aber die denkbaren Alternativen betrachtet.

2. *Analoge Anwendung des Art. 17b EGBGB*

Unterstellt man mit den genannten Autoren das Vorhandensein einer Systemlücke, so steht als erstes Mittel der Rechtsfortbildung die entsprechende Anwendung bestehender Kollisionsnormen zu Gebote. Hierbei drängt sich eine Analogie zu Art. 17b EGBGB geradezu auf[382]. Ebenso wie die Partnerschaft des ersten Phänotyps (oben D) weist auch die hier zu untersuchende heterosexuelle Partnerschaft das Merkmal der *Eintragung* auf. Das Anknüpfungsmoment des registerführenden Staates in Art. 17b EGBGB scheint daher interessengerecht[383], ermöglicht seine Anwendung es den Partnern doch, den am Eintragungsort erworbenen Status „mit sich zu nehmen"[384]. Der Schutzgedanke des Eintragungsortsprinzips, der ja gerade darin besteht, die Partner vor ihrem – möglicherweise schwachen – Heimatrecht zu bewahren[385], trägt auch hier. Vermieden wird auf diese Weise, daß heterosexuelle Partner einer im Ausland eingetragenen Lebensgemeinschaft aus deutscher Sicht allein deshalb in einer Nicht-Partnerschaft leben, weil das Heimatrecht eines der Partner noch kein entsprechendes Rechtsinstitut kennt. Daß dem deutschen Sachrecht selbst ein solches Rechtsinstitut anders als die homosexuelle Partnerschaft fremd ist, kann demgegenüber nicht ausschlaggebend sein, hat sich das Kollisionsrecht vom Sach-

---

[379] *Wagner*, in: IPRax 2001, S. 281 (292); zustimmend *Forkert*, S. 68.

[380] *Heldrich*, in: *Palandt*, Art. 17b EGBGB Rnr. 1; ebenso *Hohloch/Kjelland*, in: Yearbook 2001, S. 223 (229).

[381] In diesem Sinne *Finger*, in: *Böhmer/Finger*, Art. 17b Rnr. 9; bei *von Hoffmann*, IPR, § 8 E I, bleibt dagegen unklar, ob er Art. 17b EGBGB hier direkt oder lediglich analog zur Anwendung bringen will.

[382] Vgl. *Henrich*, in: FamRZ 2002, S. 137 (144 a.E.).

[383] *Wagner*, in: IPRax 2001, S. 281 (292).

[384] Vgl. schon zum alten Recht *Schümann*, S. 131. In der Gesetzesbegründung, BT-Drucks. 14/3751, S. 60, heißt es dazu ausdrücklich, die Eintragungsortsanknüpfung des Art. 17b Abs. 1 S. 1 EGBGB diene dem *Vertrauensschutz* der Beteiligten, die sich im Zweifel auf das am Registrierungsort geltende Recht einstellen würden.

[385] Siehe BT-Drucks. 14/3751, S. 60.

recht doch gerade zu emanzipieren[386]. Die indirekte Rechtswahl der Partner am Ort ihrer Eintragung ist auch vom deutschen IPR in Rechnung zu stellen[387].

3. *Analoge Anwendung der Artt. 13 ff. EGBGB*

Dagegen vertritt *Heldrich* die Auffassung, im Falle der eingetragenen verschiedengeschlechtlichen Partnerschaft komme auch eine analoge Anwendung des Art. 17b EGBGB nicht in Betracht[388]. Entsprechend heranzuziehen seien vielmehr die Artt. 13 ff. EGBGB[389]. Zu demselben Ergebnis gelangt auch *Jakob*[390]. Eine solche Anknüpfung bringt die oben bereits angedeuteten Konsequenzen mit sich: So kommt es im Hinblick auf die Begründung der Partnerschaft gemäß Art. 13 Abs. 1 EGBGB darauf an, ob die Heimatrechte beider Partner die Verpartnerung zulassen, das Rechtsinstitut der eingetragenen heterosexuellen Partnerschaft also entweder selbst kennen oder ihrerseits auf das Recht eines Partnerschaftsstaates weiterverweisen. Läßt auch nur das Heimatrecht eines Partners diese Verbindung nicht zu, so ist einer im Ausland registrierten Partnerschaft aus deutscher Sicht die kollisionsrechtliche Anerkennung zu versagen. Es handelt sich um eine Nicht-Partnerschaft.

4. *Stellungnahme*

Eine analoge Anwendung der Artt. 13 ff. EGBGB auf die eingetragene heterosexuelle Partnerschaft ist abzulehnen. Sie wird den besonderen kollisionsrechtlichen Interessen des Phänomens nicht gerecht. Ebenso wie die gleichgeschlechtliche Partnerschaft sieht auch ihr heterosexuelles Pendant sich – in weit größerem Maße als die Ehe – einer außerordentlichen internationalen Regelungsvielfalt gegenüber. Das Bedürfnis nach Rechtssicherheit[391] ist hier wie dort entsprechend hoch. Dem aber trägt gerade das Anknüpfungsmoment des Art. 17b Abs. 1 S. 1 EGBGB in besonderer Weise Rechnung. Es bietet den Partnern die Möglichkeit, das Recht eines *bestimmten*, nämlich des Eintragungslandes zu „ihrem Partnerschaftsstatut" zu machen, das ihnen dann – grundsätzlich unwandelbar[392] – auch über Grenzen hinweg folgt. Das kollisionsrechtliche Ordnungsziel ist hier dasselbe wie bei der homosexuellen Partnerschaft[393]. Ob ein natio-

---

[386] Vgl. *von Bar/Mankowski*, in: *Staudinger*, Anhang Art. 13 EGBGB Rnr. 57.

[387] Vgl. *Schümann*, S. 131.

[388] *Heldrich*, in: *Palandt*, Art. 17b EGBGB Rnrn. 1, 11.

[389] *Heldrich*, in: *Palandt*, Art. 17b EGBGB Rnr. 11.

[390] *Jakob*, S. 214 f.

[391] Vgl. *Wagner*, in: IPRax 2001, S. 281 (288).

[392] Vgl. BT-Drucks. 14/3751, S. 60.

[393] Natürlich darf aber auch die Kehrseite des Eintragungsortsprinzips nicht außer acht gelassen werden. Die Anwendung von Art. 17b EGBGB führt nämlich dazu, daß sich heterosexuelle Paare in Deutschland *unter gar keinen Umständen* eintragen lassen können, da ja dem inländischen Sachrecht eine entsprechende Regelung gänzlich fremd ist. Und doch scheint dieses Risiko als logische Konsequenz des oben formulierten Schutzgedankens durchaus hinnehmbar.

naler Gesetzgeber das Rechtsinstitut geschaffen hat, um den Partnern eine Alternative zu der ihnen vorenthaltenen Möglichkeit der Eheschließung zu gewähren (so im Fall der ausschließlich homosexuellen Partnerschaftsinstitute)[394] oder ob er es auch jenen Paaren eröffnet, die ebensogut eine Ehe eingehen könnten (so im Fall der geschlechtsunabhängigen Partnerschaftsinstitute), ist eine Wertungsfrage des autonomen Rechts, die im Rahmen der kollisionsrechtlichen Betrachtung nicht ausschlaggebend sein kann. Scheidet danach die Anwendung der Art. 13 ff. EGBGB auf eingetragene verschiedengeschlechtliche Partnerschaften aus, so fragt sich nur noch, ob Art. 17b EGBGB direkt oder analog anzuwenden ist.

Letztlich hängt die Frage nach den Typusgrenzen allein vom Blickwinkel des Betrachters ab: Aus Perspektive der lex fori mag man die Bestimmungen des LPartG in der Tat als typusprägend ansehen mit der Folge, daß verschiedengeschlechtliche Partnerschaften demgegenüber eigenständig anzuknüpfen wären. Rückt man dagegen das ausländische Recht in den Vordergrund, kommt man nicht umhin, homo- und heterosexuelle Partnerschaft als institutionell wie funktionell gleichberechtigte Erscheinungsformen anzusehen.

Daß § 1 Abs. 1 S. 1 LPartG dem gesamten LPartDisBG sein Gepräge verleiht, kann – zumal unter Berücksichtigung des vollen Gesetzestitels[395] – schwerlich bestritten werden. Hierin ist *Heldrich* beizupflichten[396]. Indes kann das deutsche Sachrecht allein eine im kollisionsrechtlichen Sinne taugliche Grenzziehung nicht leisten. Die Begriffsbestimmung des § 1 Abs. 1 S. 1 LPartG ist daher auch nur von eingeschränktem Aussagewert. Man wird dem Gesetzgeber aber auch gar nicht unterstellen dürfen, daß er den Systembegriff des LPartG als alleinigen kollisionsrechtlichen Maßstab verstanden wissen wollte. Wenn die Regierungsbegründung den Anknüpfungsgegenstand des Art. 17b EGBGB dahingehend beschreibt, daß dieser all jene Institute umfasse, die *„(...) mit der Eingetragenen Lebenspartnerschaft im Sinne des LPartG vergleichbar (sind)"*[397], so ist damit eben nicht die Identität der Institute, sondern vielmehr deren funktionale Gleichwertigkeit angesprochen, wie sie im Rahmen der Qualifikation ohnedies zu prüfen ist. Jedenfalls kann der Begründung zum Gesetzentwurf ebensowenig wie dem Gesetz selbst entnommen werden, daß die Kollisionsnorm nur solche Partnerschaften erfassen soll, die das Merkmal der Gleichgeschlechtlichkeit aufweisen. Der kollisionsrechtliche Begriff der Lebenspartnerschaft in

---

Wenn ein noch nichteingetragenes heterosexuelles Paar sich in ein Land begibt, in dem ihm die Eintragung rechtlich nicht möglich ist, so muß es sich diesem Rechtszustand ebenso unterwerfen wie es ja andererseits seine Partnerschaft dem Recht eines solchen Staates unterstellen kann, der entsprechende Eintragungsmöglichkeiten kennt.

394 Vgl. zu diesem Aspekt *BVerfG* vom 17.7.2002, in: BVerfGE 105, S. 313 (351).

395 Dieser lautet: „Gesetz zur Beendigung der Diskriminierung gleichgeschlechtlicher Gemeinschaften: Lebenspartnerschaften".

396 *Heldrich*, in: *Palandt*, Art. 17b EGBGB Rnr. 1.

397 BT-Drucks. 14/3751, S. 60.

Art. 17b EGBGB ist vielmehr – wie ja der Begriff der Ehe auch[398] – einer rein kollisionsrechtlichen (d.h. weiten) Auslegung zugänglich[399]. Bei der gebotenen funktionalen Betrachtung zeigt sich aber, daß die ausländischen Partnerschaftsinstitute ein dem deutschen Recht vergleichbares Ordnungsziel verfolgen, einem ähnlichen sozialen Bedürfnis dienen: Personen, die füreinander einstehen und sich rechtlich aneinander binden wollen, soll ein familienrechtlicher Rahmen zur Verfügung gestellt werden, sofern sie einen entsprechenden Willen öffentlich bekunden. Eben solche Institute hat Art. 17b EGBGB im Blick. Die Analogievorschläge verdienen nach alledem keine Zustimmung. Ihnen liegt ein durch die lex fori allzusehr verengtes Verständnis des kollisionsrechtlichen Systembegriffs zugrunde.

Das Merkmal der Verschiedengeschlechtlichkeit ist daher nicht als typusfremd anzusehen. Art. 17b EGBGB erfaßt auch eingetragene verschiedengeschlechtliche Partnerschaften in *direkter* Anwendung[400].

II. Die eingetragene verschiedengeschlechtliche Partnerschaft im Lichte des ordre public

Verfassungsrechtliche Zusammenhänge zwingen zu einem Blick auf die Frage, ob der kollisionsrechtlichen Anerkennung eingetragener verschiedengeschlechtlicher Partnerschaften nicht der deutsche ordre public entgegensteht. Sollte die Partnerschaft sich dabei aus hiesiger Sicht als unwirksam erweisen, so müßte sich dies notwendigerweise auch auf die später zu beantwortende Frage nach dem Adoptionsstatut auswirken. Wenn nämlich eine ausländische Lebenspartnerschaft zwar unter Art. 17b EGBGB zu subsumieren ist, unser ordre public aber ihre kollisionsrechtliche Anerkennung verbietet, wäre damit *eo ipso* auch die Berufung auf eine durch das Partnerschaftsstatut eingeräumte Adoptionsbefugnis ausgeschlossen[401].

1. Art. 17b Abs. 4 EGBGB und seine Auswirkungen auf die eingetragene verschiedengeschlechtliche Partnerschaft

Es ist zunächst die spezielle Ordre-public-Vorschrift[402] des Art. 17b Abs. 4 EGBGB zu prüfen[403]. Die Kappungsregel scheint gerade die verschiedengeschlecht-

[398] Vgl. dazu nur *Henrich*, Internationales Familienrecht, S. 21.
[399] Ebenso *Wagner*, in: IPRax 2001, S. 281 (288).
[400] In diesem Sinne jetzt auch *Räther*, S. 304.
[401] Damit wäre freilich noch nichts darüber gesagt, ob nicht die betreffende Rechtsordnung etwa gemäß Art. 22 Abs. 1 S. 1 EGBGB zur Anwendung berufen ist. Jedenfalls aber könnte eine Adoptionsbefugnis nicht auf die lex loci celebrationis gestützt werden.
[402] Vgl. *Kiel*, in: Hk-LPartG, Art. 17a EGBGB Rnr. 66; *Heldrich*, in: *Palandt*, Art. 17b EGBGB Rnr. 4.
[403] Dazu *Heldrich*, in: *Palandt*, Art. 17b EGBGB Rnr. 4.

liche Partnerschaft in besonderer Weise zu tangieren. Die Norm besagt, daß die Wirkungen einer im Ausland eingetragenen Partnerschaft nicht weiter reichen als nach dem deutschen Recht zur Lebenspartnerschaft vorgesehen. Da aber das LPartG verschiedengeschlechtliche Partnerschaften gar nicht kennt, so folgern *Wagner*[404] und *Finger*[405], hätte die Anwendung der Kappungsregel grundsätzlich die Unwirksamkeit der betreffenden Partnerschaften zur Folge. Die als unbefriedigend empfundene Unwirksamkeitsfolge suchen die genannten Autoren auszuschalten, indem sie Art. 17b Abs. 4 EGBGB auf verschiedengeschlechtliche Partner ausnahmsweise nicht anwenden, der Norm vielmehr nur solche Partnerschaften unterwerfen wollen, die der des deutschen Rechts entsprechen (also gleichgeschlechtlich sind)[406]. *Finger* rechtfertigt diesen Vorschlag damit, daß die Kappungsregel als spezielle Ordre-public-Norm nur „anstößige" Wirkungen einer im Ausland eingetragenen gleichgeschlechtlichen Partnerschaft abwehren wolle[407].

Letzteres trägt indes nicht. Die Kappungsregel dient vorrangig dem Zweck, den angesichts von Art. 6 Abs. 1 GG für notwendig erachteten Abstand zur Ehe sicherzustellen[408]. Wie aber das *Bundesverfassungsgericht* in seiner Entscheidung[409] zum LPartDisBG betont, haben gerade gleichgeschlechtliche Partnerschaften, da sie aufgrund der relativen Eheunfähigkeit ihrer Partner gar nicht in Konkurrenz zum Institut der Ehe treten, auch keinerlei Abstand zur Ehe zu wahren[410]. Etwas anderes gilt hinsichtlich jener Lebensgemeinschaften, deren Partnern die Ehe grundsätzlich offensteht, weil sie verschiedenen Geschlechts sind. Letztere nämlich dürften gerade keinen gegenüber der Ehe als austauschbar erscheinenden Rechtsrahmen erhalten, da andernfalls die staatliche Förderpflicht aus Art. 6 Abs. 1 GG verletzt wäre[411]. Wenn also die Anwendung des Art. 17b Abs. 4 EGBGB geboten scheint, dann vor allem im Fall der eingetragenen verschiedengeschlechtlichen Partnerschaft. Die Argumentation *Finger*s aber ist damit nachgerade auf den Kopf gestellt. Dogmatisch überzeugt der Vorschlag also keineswegs, Art. 17b Abs. 4 EGBGB ausgerechnet auf die verschiedengeschlechtliche Lebenspartnerschaft nicht anzuwenden. Im übrigen hätte die Ausschaltung der Kappungsregel auch eine nicht hinnehmbare Ungleichbehandlung gleich- und verschiedengeschlechtlicher Partnerschaften zur Folge: Wäh-

---

404 *Wagner*, in: IPRax 2001, S. 281 (292); ebenso auch *Gebauer/Staudinger*, in: IPRax 2002, S. 275 (277).

405 *Finger*, in: *Böhmer/Finger*, Art. 17b EGBGB Rnr. 57.

406 So *Wagner*, in: IPRax 2001, S. 281 (292), der vorschlägt, die Kappungsregel als „abschließende Sonderregel für diejenigen Partnerschaften anzusehen, die das deutsche Sachrecht regelt (registrierte gleichgeschlechtliche Partnerschaften)".

407 *Finger*, in: *Böhmer/Finger*, Art. 17b EGBGB Rnr. 57.

408 *Henrich*, in: FamRZ 2002, S. 137 (140); *Wagner*, in: IPRax 2001, S. 281 (291); *von Hoffmann*, IPR, § 8 E V; vgl. BT-Drucks. 14/3751, S. 33.

409 *BVerfG* vom 17.7.2002, in: BVerfGE 105, S. 313.

410 *BVerfG*, in: BVerfGE 105, S. 313 (351).

411 *BVerfG*, in: BVerfGE 105, S. 313 (353).

rend nämlich auf gleichgeschlechtliche Lebenspartnerschaften der strenge Ordre-public-Maßstab des Art. 17b Abs. 4 EGBGB anzuwenden wäre, hätten verschiedengeschlechtliche Partnerschaften nur eine Prüfung am vergleichsweise liberalen Maßstab des Art. 6 EGBGB zu bestehen[412]. Hierin läge eine dem erklärten Gesetzeszweck zuwiderlaufende (kollisionsrechtliche) Diskriminierung homosexueller Paare[413].

Allerdings ist das Konstrukt einer solchen partiellen Nichtanwendbarkeit der Kappungsregel auch gar nicht erforderlich, um ausländische heterosexuelle Partnerschaften aus Sicht des deutschen IPR nicht bereits wegen Art. 17b Abs. 4 EGBGB als unwirksam behandeln zu müssen. *Finger* und *Wagner*[414] verkennen schlicht den Anwendungsbereich des Abs. 4. Die Frage, ob verschiedengeschlechtliche Partner eine eingetragene Partnerschaft begründen können, ist in Wirklichkeit nämlich eine solche nach den Eingehungs*voraussetzungen*[415]. Die Kappungsregel aber betrifft nur die *Wirkungen* einer Lebenspartnerschaft. Zwar ist durchaus umstritten, ob hierunter nur Wirkungen und Folgen i.S. des Art. 17b Abs. 1 EGBGB zu verstehen sind[416] oder ob auch jene Wirkungen kupiert werden, die in Art. 17b Abs. 1 EGBGB gar nicht ausdrücklich angesprochen werden (wie z.B. die Sondererbfolge eines Lebenspartners in den Mietvertrag, § 563 Abs. 1 S. 2 BGB)[417]. Doch können selbst bei extensivem Begriffsverständnis die Eingehungsvoraussetzungen nicht mehr als Wirkungen i.S. des Abs. 4 angesehen werden.

Richtigerweise ist einer nach der lex loci celebrationis zulässigen heterosexuellen Partnerschaft die Anerkennung also nicht unter Hinweis auf Art. 17b Abs. 4 EGBGB zu versagen.

2. Art. 6 EGBGB

Möglicherweise aber könnte die Partnerschaft am Maßstab des allgemeinen ordre public scheitern[418]. Während Art. 17b Abs. 4 EGBGB nur einzelne Wirkun-

---

412 Vgl. *Gebauer/Staudinger*, in: IPRax 2002, S. 275 (281).

413 BT-Drucks. 14/3751, S. 1, 33.

414 *Finger*, in: *Böhmer/Finger*, Art. 17b EGBGB Rnr. 57; *Wagner*, in: IPRax 2001, S. 281 (292).

415 So auch *von Hoffmann*, IPR, § 8 E V.

416 Daß Art. 17b Abs. 4 EGBGB nur die Wirkungen i.S. des Abs. 1 S.1, nicht aber die Folgen i.S. des Abs. 1 S. 2 kupiere, wird hingegen nicht vertreten. Es wäre in der Tat nicht einzusehen, warum zwar die allgemeinen und güterrechtlichen Wirkungen einer Partnerschaft auf deutsches Maß beschränkt werden, unterhalts- und erbrechtliche Folgen dagegen nicht gekappt werden sollten. So sieht z.B. *Heldrich*, in: Palandt, Art. 17b EGBGB Rnr. 9, das Partnererbrecht selbstverständlich unter dem Vorbehalt des Abs. 4; s.a. *Gebauer/Staudinger*, in: IPRax 2002, S. 275 (276).

417 *Wagner*, in: IPRax 2001, S. 281 (291): Auch bezüglich sonstiger kollisionsrechtlicher Fragen sei „in jedem Fall Art. 17a *(heute b)* Abs. 4 EGBGB zu beachten".

418 Art. 17b Abs. 4 sperrt den Rückgriff auf Art. 6 EGBGB nicht; vgl. *Kiel*, in: Hk-LPartG, Art. 17a EGBGB Rnr. 66; *Kropholler*, § 36 VIII, *Forkert*, S. 304.

gen einer Partnerschaft kupiert, könnte Art. 6 EGBGB auch die Wirksamkeit einer Partnerschaft als solcher hindern, dann nämlich, wenn diese bereits per se als ordre-public-widrig anzusehen wäre.

Gemäß Art. 6 EGBGB sind ausländische Rechtsnormen dann nicht anwendbar, wenn ihre Anwendung zu einem Ergebnis führt, welches mit wesentlichen Grundsätzen des deutschen Rechts (S. 1) und insbesondere mit den Grundrechten (S. 2)[419] nicht vereinbar ist. Relevant ist in diesem Zusammenhang allein Art. 6 Abs. 1 GG. Er stellt das Rechtsinstitut der Ehe unter den besonderen Schutz des Staates[420]. Die sich hieraus ergebende staatliche Förderpflicht[421] hat das *Bundesverfassungsgericht* jüngst dahingehend konkretisiert, daß es dem Gesetzgeber untersagt sei, in Konkurrenz zur Ehe ein anderes Institut *mit identischer Funktion* zu schaffen[422]. Die Gefahr einer solch funktionalen Austauschbarkeit bestehe zwar hinsichtlich gleichgeschlechtlicher Partnerschaften nicht (weil diese im Verhältnis zur Ehe ein echtes *aliud* darstellen[423]), wohl aber im Falle der verschiedengeschlechtlichen Partnerschaft[424]. An der Einführung eines ehegleichen Rechtsinstituts für heterosexuelle Partner wäre der deutsche Gesetzgeber demnach von Verfassungs wegen gehindert. Eben hieran knüpfen sich auch die kollisionsrechtlichen Bedenken gegen das ausländische Phänomen einer verschiedengeschlechtlichen Partnerschaft.

Zunächst jedoch ist festzuhalten, daß die Anwendung der Ordre-public-Klausel immer einen hinreichend starken Inlandsbezug voraussetzt[425]. Dieser ist nicht generell bestimmbar, sondern insbesondere vom Maß der Grundrechtsberührung abhängig[426]. Voraussetzung für eine Korrektur des Anwendungsergebnisses am Maßstab des ordre public ist nach den Worten des *Bundesverfassungsgerichts*, daß „das betroffene spezielle Grundrecht nach Wortlaut, Inhalt und Funktion *unter Berücksichtigung der Gleichstellung anderer Staaten und der Eigenständigkeit ihrer Rechtsordnungen* für auslandsbezogene Sachverhalte

---

419 Hierzu allgemein *Kegel/Schurig*, IPR, § 16 IV; *von Hoffmann*, IPR, § 6 G II.

420 Vgl. *BVerfG* vom 17.1.1957, in: BVerfGE 6, S. 55 (71) = NJW 1957, S. 417; *BVerfG* vom 29.7.1968, in: BVerfGE 24, S. 119 (149) = NJW 1968, S. 2233.

421 *BVerfG* vom 17.1.1957, in: BVerfGE 6, S. 55 (76); vom 18.3.1970, in: BVerfGE 28, S. 104 (113); vom 28.2.1980, in: BVerfGE 53, S. 224 (248); vom 12.5.1087, in: BVerfGE 76, S. 1 (41); vom 18.4.1989, in: BVerfGE 80, S. 81 (92); vom 10.11. 1998, in: BVerfGE 99, S. 216 (231); vom 17.7.2002, in: BVerfGE 105, S. 313 (346).

422 *BVerfG*, in: BVerfGE 105, S. 313 (350 f.).

423 *BVerfG*, in: BVerfGE 105, S. 313 (351).

424 *BVerfG*, in: BVerfGE 105, S. 313 (353).

425 Hierzu *Jayme*, Methoden, S. 35; *Sonnenberger*, in: MünchKomm, Art. 6 EGBGB Rnrn. 81 ff.; *Blumenwitz*, in: *Staudinger*, Art. 6 EGBGB Rnrn. 116 ff. („örtliche Relativität" des ordre public); *Kegel/Schurig*, IPR, § 16 III 2b; *von Hoffmann*, IPR, § 6 G II 3. Um mit *Kegel*, IPR[7], § 16 VI, zu sprechen, rührt es uns nicht, „wenn hinten weit in der Türkei die Völker aufeinanderschlagen".

426 *von Hoffmann*, IPR, § 6 G II 3.

Geltung verlangt"[427]. Auch ist für den anzulegenden Maßstab von Bedeutung, ob das als grundrechtswidrig und deshalb anstößig empfundene Ergebnis durch das deutsche Gericht selbst herbeigeführt oder nur im Rahmen einer Vorfrage berücksichtigt wird[428]. Im ersten Fall ist die Anwendung der ausländischen Norm stets unzulässig. Geht es indes um die *Ableitung von Rechtsfolgen* aus einem im Ausland in zulässiger Weise begründeten, im Inland aber ordre-public-widrigen Rechtsverhältnis, liegt hierin nicht zwangsläufig auch eine beachtliche Verletzung unseres ordre public, dem in derartigen Fällen aufgrund des minder starken Inlandsbezugs lediglich abgeschwächte Wirkung zukommt (*effet atténué*)[429].

Unter Zugrundelegung der dargestellten Prinzipien scheint die Annahme der Unwirksamkeit einer im Ausland eingetragenen verschiedengeschlechtlichen Partnerschaft nicht geboten. Mögen die ausländischen Gesetzgeber auch Rechtsinstitute geschaffen haben, die sich in ihrer *Eheähnlichkeit* – man denke z.B. an die weitreichenden Vorschriften des niederländischen Rechts[430] – nach deutschen Maßstäben möglicherweise am Rande der Verfassungsmäßigkeit befinden, steht doch einem Eingreifen des ordre public jedenfalls der mangelnde Inlandsbezug entgegen: Bei den hier zu untersuchenden Partnerschaften handelt es sich stets um solche, die im Ausland begründet wurden; dies folgt zwingend aus der Geltung des Eintragungsortsprinzips[431]. Aus deutscher Sicht geht es also lediglich darum, welche *Wirkungen* der ausländischen Lebensgemeinschaft im Inland zukommen; die Frage ihrer Wirksamkeit kann dabei allein in Gestalt einer *Vorfrage* auftreten. Hierin ist aber nach dem oben Gesagten gerade kein zwingender oder auch nur hinreichender Anlaß für eine Abwehr des fremden Rechts zu sehen, die ohnehin nur als *ultima ratio*[432] in Betracht kommen kann. Angesichts des schwachen Inlandsbezugs des (lediglich vorfraglich interessierenden) Rechtsverhältnisses kann die Anwendung des Art. 6 EGBGB daher nicht zu einer Ablehnung der ausländischen Partnerschaftsinstitute führen[433].

---

[427] *BVerfG* vom 4.5.1971, in: BVerfGE 31, S. 58 (86) = NJW 1971, S. 1509 (Hervorhebung durch den Verfasser).

[428] *von Hoffmann*, IPR, § 6 G II 3.

[429] *von Hoffmann*, IPR, § 6 G II 3.

[430] *Winkler von Mohrenfels*, in Festschrift Sonnenberger (2004), S. 155 (159/160), sieht auch die heterosexuellen Partnerschaften der spanischen Rechte in so großer Nähe zur Ehe, daß der deutche Gesetzgeber ein entsprechendes Institut nicht schaffen dürfte.

[431] Vgl. *Schwander*, in: AJP 2001, S. 350 (352). In Deutschland selbst kann die Partnerschaft dagegen immer nur nach deutschem Sachrecht (LPartG) begründet werden.

[432] *Sonnenberger*, in: MünchKomm, Art. 6 EGBGB Rnr. 14 ff.; *Blumenwitz*, in: *Staudinger*, Art. 6 EGBGB Rnr. 20.

[433] Ebenso *Schwander*, in: AJP 2001, S. 350 (352).

III. Ergebnis

Auf eingetragene verschiedengeschlechtliche Partnerschaften findet Art. 17b EGBGB direkt und vollumfänglich Anwendung. Erfaßt sind die verschiedengeschlechtlichen Partnerschaften des *niederländischen* und – sofern eingetragen[434] – auch die des *katalanischen, aragonischen* und *navarresischen* Rechts[435]. Ihrer kollisionsrechtlichen Anerkennung steht auch der ordre public (Art. 17b Abs. 4 bzw. Art. 6 EGBGB) nicht im Wege.

F. Dritter Phänotyp: Die nichteingetragene (faktische) Partnerschaft

Das nun zu betrachtende Rechtsinstitut weicht in noch stärkerem Maße als das vorherige von der deutschen Konzeption ab. Es ist dadurch gekennzeichnet, daß die Partnerschaft nach einer bestimmten – im einzelnen unterschiedlich langen[436] – Dauer eheähnlichen Zusammenlebens kraft Gesetzes entsteht. Eines Registrierungsakts bedarf es hierbei also gerade nicht.

I. Lösungsmodelle

1. Direkte Anwendung des Art. 17b EGBGB

Anders als in der Frage der Einbeziehung von verschiedengeschlechtlichen Partnerschaften in den Anwendungsbereich des Art. 17b EGBGB steht im vorliegenden Fall scheinbar schon der Wortlaut der Vorschrift einer direkten Anwendung entgegen. Die Norm bestimmt das auf eine „eingetragene Lebenspartnerschaft" anwendbare Recht. Während man das Merkmal der Gleichgeschlechtlichkeit allenfalls aus dem Sachrecht des LPartG herleiten konnte[437], ist das Merkmal der Eintragung also Bestandteil des kollisionsrechtlichen ebenso wie des sachrechtlichen Systembegriffs selbst. Zu einer unmittelbaren Anwendung des Art. 17b EGBGB könnte man mithin allenfalls dann gelangen, wenn man annähme, der Gesetzgeber des LPartDisBG habe sich für Art. 17b EGBGB zwar eines dem Sachrecht entstammenden Begriffs bedient, wollte diesen aber

---

[434] Diejenigen Paare, die nach dem jeweiligen teilspanischen Foralrecht eine „unión/pareja estable" bilden, ohne eingetragen zu sein (also bereits die erforderliche Zeit zusammenleben, um das Bestehen der Partnerschaft anders als durch Eintragung beweisen zu können, dazu S. 41 ff.), zählen selbstverständlich nicht zu dieser Kategorie. Sie sind vielmehr Teil des dritten Phänomens.

[435] Zur Frage der Beachtlichkeit interlokaler Kollisionsnormen bei Eintragung der Partnerschaft in einem Mehrrechtsstaat (Art. 4 Abs. 3 S. 1 EGBGB) s.u. S. 111 f.

[436] In Portugal beträgt die erforderliche Dauer des Zusammenlebens zwei Jahre (Art. 1 Abs. 1 Lei N.° 7/2001), ebenso in Katalonien (Art. 1 Abs. 1 LUEP) und Aragonien (Art. 3 Abs. 1 LPE). Dagegen genügt in Navarra das einjährige eheähnliche Zusammenleben der Partner (Art. 2 Abs. 2 LPE).

[437] Siehe nur *Heldrich*, in: *Palandt*, Art. 17b EGBGB Rnr. 1.

inhaltlich so weit vom Sachrecht abstrahiert wissen, daß er beliebige, selbst wortlautkonträre Rechtsinstitute erfasse. Ist dieser Gedanke für sich genommen schon recht unwahrscheinlich, so verliert er doch vollends an Substanz, sobald man das der Norm zugrundegelegte Anknüpfungsmoment in die Betrachtung miteinbezieht. Begründung ebenso wie allgemeine und güterrechtliche Wirkungen der Partnerschaft richten sich nämlich nach dem Recht des registerführenden Staates, des *Eintragungsortes* also. Bestimmt der Gesetzgeber aber eine Anknüpfung an den locus celebrationis, so wird er dabei schwerlich solche Rechtsinstitute im Sinn gehabt haben, die sich gerade dadurch auszeichnen, daß sie auch ohne den förmlichen Akt einer Registrierung zur Entstehung gelangen. Das Merkmal der Eintragung muß im Gegenteil als *das* typusbestimmende Schlüsselmerkmal der eingetragenen Lebenspartnerschaft angesehen werden[438]. Von Art. 17b EGBGB erfaßt sind daher nur solche – gleich- *oder* verschiedengeschlechtlichen[439] – Partnerschaften, deren Begründung durch öffentlichen Publizitätsakt erfolgt. Formlose nichteheliche Lebensgemeinschaften dagegen sind selbständig anzuknüpfen[440].

2. *Analoge Anwendung des Art. 17b EGBGB*

In Betracht kommt also allenfalls eine analoge Anwendung des Art. 17b EGBGB. Voraussetzung hierfür ist zunächst die planwidrige Unvollständigkeit der Vorschrift. An einer solchen fehlt es aber jedenfalls dann, wenn der Gesetzgeber auf eine Normierung des fraglichen Sachbereichs ganz bewußt verzichtet hat, das Fehlen einer gesetzlichen Regelung sich also als rechtspolitisch motiviertes „beredtes Schweigen" erweist[441].

Formlose nichteheliche Lebensgemeinschaften, denen das ausländische Recht gewisse Rechtswirkungen zuerkennt, waren schon lange vor Erlaß des LPartDisBG Gegenstand der kollisionsrechtlichen Diskussion. Die oben[442] nachgezeichnete Debatte über die Qualifikation dieser Rechtsinstitute veranlaßte den deutschen Gesetzgeber jedoch bis zuletzt nicht, ihnen spezielle Kollisionsnormen zuzuweisen. Als schließlich durch das LPartDisBG das Institut der eingetragenen Lebenspartnerschaft geschaffen und diesem mit Art. 17b EGBGB eine eigene Kollisionsnorm bereitgestellt wurde, ließ der Gesetzgeber das Phänomen der nichteingetragenen Partnerschaft sowohl sach als auch kollisionsrechtlich wiederum völlig unnormiert. Wenn aber faktische Partnerschaften – bei voller Kenntnis von ihrer Existenz – vom Anwendungsbereich des Art. 17b EGBGB

---

438 Vgl. BT-Drucks. 14/3751, S. 60.
439 Dazu oben S. 70 ff.
440 So im Ergebnis auch *Wagner*, in: IPRax 2001, S. 281 (292); *Finger*, in: *Böhmer/Finger*, Art. 17b EGBGB Rnr. 9; *ders.*, in: FuR 2002, S. 342 (343); *Heldrich*, in: *Palandt*, Art. 17b EGBGB Rnrn. 1, 11.
441 *Heinrichs*, in: *Palandt*, Einleitung BGB Rnr. 47.
442 Siehe S. 56 ff.

ausgenommen wurden, so kann hierin schlechterdings nur ein bewußter Regelungsverzicht gesehen werden. Die analoge Anwendung der Vorschrift scheidet daher aus.

Mangels Eintragung der Partnerschaft wäre das gemäß Art. 17b EGBGB anzuwendende Recht des „registerführenden Staates" auch gar nicht existent[443]. Die faktische Begründung der Partnerschaft – an deren hilfsweise Heranziehung man zur Bestimmung des maßgeblichen Ortsrechts denken könnte[444] – vermag eine räumlich wie zeitlich eindeutige Fixierung des anwendbaren Rechts nicht in derselben Weise zu gewährleisten wie der öffenliche Formalakt einer Eintragung es tut. Auch in subjektiver Hinsicht aber widerspricht vieles einer Analogie. Während nämlich die Partner einer registrierten Lebenspartnerschaft sich bewußt für die Eintragung in einem bestimmten Staat entscheiden und auf diese Weise ihre Gemeinschaft gerade dem dort geltenden Recht unterwerfen, treffen die Partner einer faktischen Partnerschaft eine solche Entscheidung regelmäßig eben nicht[445]. Daher können sie – anders als registrierte Partner – auch nicht reklamieren, in ihrem Vertrauen auf einen bestimmten, im Ausland erworbenen Rechtsstatus besonders schutzwürdig zu sein.

3. Analoge Anwendung der Artt. 13 ff. EGBGB

Damit bleibt schließlich – sieht man von der ultimativen Option der Schaffung einer neuen Kollisionsnorm im Wege der Rechtsanalogie einmal ab – nur die Bildung einer Gesetzesanalogie zu den eherechtlichen Kollisionsnormen der Artt. 13 ff. EGBGB, wie sie bereits vor Erlaß des LPartDisBG für die nichteheliche Lebensgemeinschaft herrschend vertreten wurde[446]. Diese Lösung erscheint in der Tat auch hier als angemessen[447], handelt es sich doch bei der faktischen Partnerschaft um einen familienrechtlichen Typus, dessen spezifische Interessen mit denen einer Ehe durchaus vergleichbar sind. So ist es naheliegend, insofern auf das hergebrachte Familienkollisionsrecht zurückzugreifen und die Partnerschaft aus deutscher Sicht immer dann – aber auch nur dann – zuzulassen, wenn auch das Personalstatut der Partner es tut. Eine faktische Partnerschaft könnte demnach nur dann wirksam begründet werden, wenn das jeweilige Heimatrecht die Verbindung seinerseits zuläßt. Eine Rückverweisung auf deutsches Recht hätte dagegen ebenso wie die alternative Anknüpfung an deutsches Recht gemäß Art. 13 Abs. 2 EGBGB analog immer zur Folge, daß die Partnerschaft unwirksam ist, da dem deutschen Sachrecht die faktische Partnerschaft *als Rechtsinstitut* fremd ist.

443 *Wagner*, in: IPRax 2001, S. 281 (292).
444 So auch angedeutet bei *Wagner*, in: IPRax 2001, S. 281 (292).
445 Vgl. *Hausmann*, in: FS Henrich (2000), S. 241 (250).
446 Dazu oben S. 54 f.
447 S.a. *Wagner*, in: IPRax 2001, S. 281 (292); *von Hoffmann*, IPR, § 8 A VII.

Anders als eingetragene Lebenspartner sind die Partner einer faktischen Lebensgemeinschaft damit immer den Wertungen ihres Heimatrechts unterworfen. Wünschen sie den gesteigerten Bestandsschutz, den das deutsche IPR an eine Registrierung knüpft, müssen sie diese in einem Staat durchführen lassen, dessen Recht entsprechende Möglichkeiten vorsieht[448].

II. Exkurs: Die faktische Partnerschaft im Lichte des ordre public

Ein kurzer Blick gilt auch hier dem ordre public, dessen Maßstab im vorliegenden Fall, da Art. 17b EGBGB unanwendbar ist, allein Art. 6 EGBGB zu entnehmen ist. Im Unterschied zum zweiten Phänomen kann der Inlandsbezug bei faktischen Partnerschaften stärker ausgeprägt sein, bringt doch die Anwendung des Personalstatuts es mit sich, daß diese grundsätzlich auch im Inland zur Entstehung gelangen kann, sofern insbesondere nicht eines der Heimatrechte auf das Recht des Aufenthaltsortes zurückverweist. Im Hinblick auf Art. 6 Abs. 1 GG ist dabei – wie bereits erörtert wurde[449] – ausschließlich die heterosexuelle Partnerschaft von gewisser Brisanz.

Beispiel: Ein aus Zaragoza (Aragonien) stammender Spanier lebt mit einer Frau gleicher Herkunft seit zwei Jahren in Deutschland zusammen. Fraglich ist, ob zwischen beiden eine wirksame Partnerschaft begründet wurde. Gemäß Art. 13 Abs. 1 EGBGB analog entscheidet hierüber für jeden „Nupturienten" das Recht desjenigen Staates, dem er angehört. Da beide die spanische Staatsangehörigkeit besitzen, ist spanisches Recht heranzuziehen. Dabei handelt es sich um eine Gesamtverweisung (Art. 4 Abs. 1 S. 1 EGBGB), sodaß auch spanisches IPR zu berücksichtigen ist. Für die „pareja estable" zeichnet sich hier eine Tendenz zur eigenständig familienrechtlichen Qualifikation ab[450]. Gemäß Art. 9 Abs. 1 CC gelangt damit das jeweilige Personalstatut zur Anwendung. Da auch das spanische IPR hierfür an die Staatsangehörigkeit anknüpft, nimmt es die Verweisung unseres IPR an. Die Frage der Verpartnerung ist daher nach spanischem Recht zu

---

448 Für Partner, die in einer faktischen Partnerschaft des katalanischen, aragonischen oder navarresischen Rechts leben, ist es ohne weiteres möglich, dort eine Eintragung nach den entsprechenden Vorschriften zu erreichen, da sie ohnehin bereits alle Eingehungsvoraussetzungen erfüllen (die für die faktische Partnerschaft ja dieselben sind wie für die eingetragene). Schwieriger gestaltet es sich für die Partner einer portugiesischen „união de facto". Sie können sich nach dortigem Recht nicht registrieren lassen und sind damit auf das Recht eines ausländischen Staates verwiesen, der die eingetragene Partnerschaft seinerseits kennt. Auch in diesem Fall sind freilich noch die einschlägigen staatsangehörigkeitsrechtlichen bzw. inlandsbezogenen Eingehungsvoraussetzungen des fremden Rechts zu beachten (dazu das Erste Kapitel). Lediglich in Deutschland können sich ausländische (*n.b.*: homosexuelle) Paare auch ohne weitere Voraussetzungen registrieren lassen.

449 Siehe oben S. 75.

450 *González Beilfuss*, in: Revista Española de Derecho Internacional 1998, S. 311. Den prinzipiell eigenständigen Charakter des Instituts leugnen auch nicht *Fernández Rozas/Sánchez Lorenzo*, S. 489, obwohl sie im übrigen eine familienrechtliche Qualifikation ablehnen: „*Aunque la fragmentación de las soluciones de Derecho internacional privado es capaz de proporcionar un conjunto de soluciones adecuadas a los problemas derivados de la convivencia de hecho, lo cierto es que existe una tendencia inequívoca en nuestro ordenamiento a una configuracion legal autónoma de dicha institución. (...) La Ley 10/1998, de 15 de julio, de uniones estables de pareja, vigente en Cataluña, es un exponente de la tendencia citada (...)*".

beurteilen. Bei Spanien aber handelt es sich um einen Mehrrechtsstaat, sodaß gemäß Art. 4 Abs. 3 EGBGB zunächst die nach spanischem Recht anzuwendende Teilrechtsordnung zu ermitteln ist[451]. Die spanischen interregionalen Kollisionsnormen des 5. Kapitels CC sehen vor, daß sich das anwendbare Foralrecht nach der zivilen Gebietszugehörigkeit („vecindad civil", Art. 14 CC)[452] richtet, die gemäß Art. 16 Abs. 1 Nr. 1 CC insbesondere auch das Personalstatut bestimmt. Im Zweifel ist hierbei gemäß Art. 14 Abs. 6 CC auf den Geburtsort abzustellen. Damit besitzen im vorliegenden Fall beide Partner die „vecindad civil" von Aragonien. In casu ist daher aragonisches Foralrecht anzuwenden. Gemäß Art. 3 Abs. 2 LPE ist durch zweijähriges Zusammenleben der Partner eine „pareja estable" begründet worden.

Anders als im Fall der eingetragenen Partnerschaft kann das vorfragliche Rechtsverhältnis also nicht nur im Ausland, sondern ebenso auch hierzulande entstehen, sodaß eine Korrektur des Rechtsanwendungsergebnisses am Maßstab des ordre public nicht bereits wegen mangelnden Inlandsbezuges ausgeschlossen ist. Andererseits aber sind die Rechtsphänomene der dritten Gruppe doch allesamt so ausgestaltet, daß sie einen deutlichen Abstand zur Ehe einhalten[453]. Keines von ihnen erreicht das aus deutscher Sicht „kritische", weil im Grunde ehegleiche Niveau namentlich der niederländischen eingetragenen Partnerschaft. Eine Grundrechtsverletzung steht daher nicht zu befürchten.

III. Ergebnis

Zusammenfassend ist festzuhalten, daß die faktische Partnerschaft nicht als eingetragene Lebenspartnerschaft i.S. des Art. 17b EGBGB anzusehen ist. Sie stellt einen eigenständigen, gemäß Artt. 13 ff. EGBGB analog selbständig anzuknüpfenden Typus dar. Damit scheiden die Partnerschaften *Kataloniens*, *Aragoniens* und *Navarras* (freilich nur, soweit sie nicht durch Eintragung begründet wurden) sowie das *portugiesische* Rechtsinstitut aus dem Typusbegriff des Art. 17b EGBGB aus.

G. Vierter Phänotyp: Die Homo-Ehe

Die Homo-Ehe („homohuwelijk") ist ein bislang rein niederländisch-belgisches Spezifikum[454]. Hier jedoch ist allein die niederländische Regelung von Interes-

---

[451] Vgl. *Jayme*, in: RabelsZ 55 (1991), S. 303 (314); *ders.*, in: IPRax 1989, S. 287 f.; *von Hoffmann*, IPR, § 6 E I.

[452] Weiterführend *Durán Rivacoba*, S. 27 ff.; siehe auch *Rau/Daum*, in: *Bergmann/Ferid/Henrich*, Spanien S. 12 ff.

[453] Das portugiesische ebenso wie die teilspanischen Partnerschaftsinstitute bewegen sich hinsichtlich ihrer Rechtswirkungen (mit Ausnahme der adoptionsrechtlichen) sogar unterhalb des deutschen LPartG. Hatte schon der deutsche Gesetzgeber die Partnerschaft mit Abstand zur Ehe normiert, gilt dies erst recht für die iberischen Gesetzgeber.

[454] S. oben S. 20 f.

se[455]. Gegenüber den Partnerschaftsinstituten unterscheidet sie sich dadurch, daß sie gerade nicht unterhalb oder neben der bürgerlichen Ehe angesiedelt ist, sondern vielmehr identisch mit ihr ist[456].

I. Lösungsmodelle

1. Artt. 13 ff. EGBGB

Da das Strukturprinzip der Geschlechtsverschiedenheit im niederländischen Eherecht völlig aufgegeben wurde, stellt sich hier erstmals die Frage, ob nicht das Rechtsinstitut auch aus Sicht des deutschen IPR als *echte* Ehe anzusehen ist, was eine direkte Anwendung der Art. 13 ff. EGBGB zur Folge haben müßte. Nach allgemeiner Ansicht ist der kollisionsrechtliche Ehebegriff weiter als der des Sachrechts[457]. Er erfaßt auch solche ausländischen Rechtserscheinungen, die mit unserem Eheverständnis keineswegs korrespondieren[458]. Dies ist das logische Resultat einer funktionalen Qualifikation[459]. Maßgeblich ist danach nicht zuletzt, welche Ordnungsaufgabe das uns fremde Institut im ausländischen Recht selbst erfüllt[460]; ein Blick auf die lex causae ist hierzu unerläßlich[461]. Wenn aber das niederländische Recht die Homo-Ehe sowohl begrifflich-systematisch als auch in ihren wesentlichen Rechtswirkungen als echte Ehe ausgestaltet, so liegt eine entsprechende Einordnung auch für das deutsche IPR nahe[462].

---

455 Dies deshalb, weil Belgien das Adoptionsrecht gem. Art. 346 Abs. 1 und Art. 368 § 3 Abs. 1 CC allein geschlechtsverschiedenen Ehegatten vorbehält, s.o. S. 20 f.

456 Einzig im Abstammungsrecht finden sich noch Differenzierungen (vgl. hierzu *de Boer*, S. 109). Eine gemeinsame Elternschaft der gleichgeschlechtlichen Ehegatten kann aufgrund Artt. 1:198, 199 BW nur durch Adoption begründet werden (sehr kritisch hierzu *Nuytinck*, in: StAZ 2000, S. 72 (74)).

457 *Henrich*, Internationales Familienrecht, S. 20 f.; *Röthel*, in: IPRax 2002, S. 496 (498).

458 Vgl. *Striewe*, S. 371 ff.; *Henrich*, in: FS Beitzke (1979), S. 507 (511). Unter den Ehebegriff der Artt. 13 ff. EGBGB sind daher nach ganz h.M. selbst solche Rechtsinstitute zu subsumieren, die von elementaren Strukturprinzipien des deutschen Eherechts abweichen. So ist die in einigen Staaten zulässige Mehrehe mit der monogamen Ehe unseres Rechts schlicht unvereinbar. Dennoch werden beide Institute dem Ehekollisionsrecht unterstellt. Entscheidend ist nur, daß das fragliche Phänomen die „in einem bestimmten Kulturkreis als typisch angesehene Normalform des Zusammenlebens der Geschlechter" darstellt (so *Henrich*, Internationales Familienrecht, S. 21).

459 Hierzu *Sonnenberger*, in: MünchKomm, Einl. IPR Rnrn. 464 ff.

460 *Röthel*, in: IPRax 2002, S. 496 (498).

461 So auch *Gebauer/Staudinger*, in: IPRax 2002, S. 275 (277).

462 Vgl. *Kiel*, in: Hk-LPartG, Art. 17a EGBGB Rnr. 69; *Röthel*, in: IPRax 2002, S. 496 (498); *dieselbe* schon in: IPRax 2000, S. 74 (76).

2. *Art. 17b EGBGB*

Dennoch wird die eherechtliche Qualifikation der Homo-Ehe teilweise abgelehnt[463]. Begründet wird dies vor allem mit den Rechtsfolgen, die eine Anwendung der Artt. 13 ff. EGBGB hätte[464]. Tatsächlich wäre die Ehe immer dann unwirksam, wenn das gemäß Art. 13 Abs. 1 EGBGB für die Eheschliessung maßgebliche Heimatrecht auch nur eines Nupturienten die Eingehung der Homo-Ehe nicht zuläßt. Da neben den Niederlanden bisher einzig Belgien über ein entsprechendes Rechtsinstitut verfügt, sind Homo-Ehen aus deutscher Sicht vor allem zwischen niederländischen und belgischen Staatsangehörigen denkbar[465]. Daneben kommen allein solche Nupturienten in Betracht, deren Heimatrecht im Bereich des Personalstatuts eine Anknüpfung an den Wohnsitz bzw. den gewöhnlichen Aufenthalt bestimmt[466]; nur dann wäre ihre nach niederländischem Recht als *lex domicilii* begründete Ehe auch aus deutscher Sicht als wirksam anzuerkennen. Dagegen ist die Heirat beispielsweise eines Deutschen oder eines Schweden mit einem Niederländer immer eine Nicht-Ehe, da beider Heimatrecht an die Staatsangehörigkeit anknüpft und diesem die Homo-Ehe weiterhin unbekannt ist.

Vorgeschlagen wird stattdessen, Art. 17b EGBGB auch auf die Homo-Ehe anzuwenden, da die Eheschließung gleichgeschlechtlicher Paare im Grunde nur die spezielle Form der eingetragenen Lebenspartnerschaft im ausländischen Recht sei[467]. Die Anknüpfung an das Recht des Eintragungsortes hätte zur Folge, daß eine in den Niederlanden eingegangene „homohuwelijk" unabhängig von der Staatsangehörigkeit der Partner auch aus deutscher Sicht stets wirksam wäre.

3. *Stellungnahme*

Der Gedanke, homosexuelle Nupturienten vor ihrem als zu rigide empfundenen Heimatrecht zu „schützen", scheint auf den ersten Blick zwar durchaus dem Art. 17b EGBGB zugrundeliegenden Gesetzeszweck zu entsprechen: Gleichgeschlechtlich veranlagten Menschen soll unabhängig von ihrer Herkunft das

---

463 So *Henrich*, in: FamRZ 2002, S. 137 (138); auch schon *Schurig*, in: *Soergel*, Art. 13 EGBGB Rnr. 7.

464 *Henrich*, in: FamRZ 2002, S. 137 (138).

465 Das niederländische IPR nähme die Verweisung des Art. 13 Abs. 1 EGBGB seinerseits an. Gemäß Art. 2 lit. a des Gesetzes über das Kollisionsrecht der Eheschließung vom 7.9.1989, Staatsblad 1989, Nr. 392 (abgedruckt bei *Weber*, in: *Bergmann/Ferid/Henrich*, Niederlande, S. 28 f.), findet niederländisches Recht auf die Eheschließung Anwendung, wenn einer der Nupturienten die niederländische *Staatsangehörigkeit* besitzt oder seinen gewöhnlichen Aufenthalt in den Niederlanden hat.

466 Zu den international vorkommenden Anknüpfungsmomenten des Personalstatuts *Kropholler*, IPR, § 37 I.

467 *Henrich*, in: FamRZ 2002, S. 137 (138); *Heldrich*, in: *Palandt*, Art. 17b EGBGB Rnr. 3.

Recht gegeben sein, ihre Verbindung einem bestimmten Recht zu unterstellen[468]. Im Rahmen der Qualifikation kann diese Erwägung indes nicht allein den Ausschlag geben. Letztlich kommt es entscheidend darauf an, wie das betreffende Rechtsinstitut konkret ausgestaltet ist, insbesondere, ob es alternativlos ist. Das niederländische Recht aber trennt deutlich zwischen dem Institut der registrierten Partnerschaft einerseits und dem der Ehe andererseits[469]. Die Partnerschaft ist keine Ehe, die Ehe ist keine bloße Partnerschaft[470]. Es trifft also nicht zu, daß die Eingehung der gleichgeschlechtlichen Ehe nur die in den Niederlanden eben vorgesehene spezielle Form der „Verpartnerung" sei[471]. Die Homo-Ehe kann deshalb auch kollisionsrechtlich nicht auf eine Partnerschaft sui generis herabgestuft werden. Dies hieße, die Gestaltungen der *lex causae* – auf welche zum Zweck der Qualifikation unbekannter Rechtsinstitute anerkanntermaßen zu rekurrieren ist[472] – völlig außer acht zu lassen.

Auch aus subjektiven Gründen vermag der Vorschlag nicht zu überzeugen, die Homo-Ehe dem Eintragungslandprinzip des Art. 17b Abs. 1 S. 1 EGBGB zu unterstellen. Wenn Homosexuelle in den Niederlanden die Ehe eingehen, so ist ihnen bewußt, daß es sich dabei um ein international bisher beispielloses Phänomen handelt. Wenn sie das damit verbundene kollisionsrechtliche Risiko akzeptieren[473], besteht aber kein Grund, ihre Ehe aus deutscher Sicht unter den besonderen Schutz des Art. 17b EGBGB zu stellen. Dieses Privileg ist allein der eingetragenen Lebenspartnerschaft vorbehalten, bei der es sich nach dem Willen des deutschen Gesetzgebers ja auch kollisionsrechtlich um ein *aliud* zur Ehe handelt. Stellt der ausländische Gesetzgeber homosexuellen Lebensgemeinschaften den Rechtsrahmen der bürgerlichen Ehe zur Verfügung, so sind auch in kollisionsrechtlicher Hinsicht allein eherechtliche Maßstäbe heranzuziehen. Die Geltung des Staatsangehörigkeitsprinzips erscheint hier nur als konsequent. Schließlich könnte man mit dem angeführten Schutzargument auch andere „problematische Ehen" dem Anwendungsbereich des Art. 17b EGBGB überant-

---

[468] BT-Drucks. 14/3751, S. 60.

[469] Dazu oben S. 37 ff.; Hieran ändert auch die gesetzlich vorgesehene Möglichkeit, die Partnerschaft in eine Ehe, bzw. die Ehe in eine Partnerschaft umwandeln zu lassen, nichts. Sie spricht zwar für die Nähe der Institute zueinander, betont aber gleichzeitig ihre institutionelle Eigenständigkeit.

[470] Vgl. *de Boer*, S. 385: „Het als partner geregistreerd zijn is naast het gehuwd zijn *een nieuwe burgerlijke staat*" (Hervorhebung durch den Verfasser).

[471] Die gegenteilige Auffassung (*Henrich*, in: FamRZ 2002, S. 137 (138); *Heldrich*, in: *Palandt*, Art. 17b EGBGB Rnr. 3) begegnet schon deswegen Bedenken, weil sie den in den Niederlanden vorhandenen – und zumindest bis auf weiteres auch noch fortdauernden – Dualismus von registrierter Partnerschaft und Ehe nicht berücksichtigt. Wenn die Homo-Ehe die in den Niederlanden vorgesehene Form der „Verpartnerung" sein sollte, was ist dann die eigentliche Partnerschaft? Im Ergebnis läuft ein solcher Ansatz darauf hinaus, beide Institute trotz ihres fundamental unterschiedlichen Charakters zu einem Typus zu verschmelzen.

[472] Vgl. oben S. 66.

[473] Vgl. hierzu *de Boer*, S. 111; *Röthel*, in: IPRax 2002, S. 496 (498).

worten, um die Ehegatten vor ihrem Heimatrecht zu bewahren, so etwa im Fall der polygamen Ehe[474]. Art. 17b EGBGB würde so zum Auffangtatbestand für eigentlich typusfremde Erscheinungen. Ein solches Vorgehen aber müßte die Systembegriffe des internationalen Familienrechts bis zur Unkenntlichkeit verwischen und ist daher abzulehnen[475]. Die Homo-Ehe ist als echte Ehe auch im kollisionsrechtlichen Sinne anzusehen. Anzuwenden sind auf sie die Artt. 13 ff. EGBGB.

II. Exkurs: Die Homo-Ehe im Lichte des ordre public

Möglicherweise steht der Wirksamkeit einer Homo-Ehe aber Art. 6 EGBGB i.V.m. Art. 6 Abs. 1 GG entgegen. Nach dem Eheverständnis des Grundgesetzes ist das Merkmal der Geschlechtsverschiedenheit eines der „prägenden Merkmale der Ehe“[476]. Nach bisher ganz herrschender Meinung soll daher die Eheschließung zweier Personen gleichen Geschlechts gegen den deutschen ordre public verstoßen[477].

Dieses Verdikt indes ist einzuschränken. Es besteht Übereinstimmung darüber, daß der Ordre-public-Vorbehalt des Art. 6 EGBGB nur dann durchschlägt, wenn der zu betrachtende Sachverhalt einen hinreichenden Inlandsbezug aufweist[478]. Eine unterschiedslose Nichtanerkennung kommt schon aus diesem Grunde nicht in Betracht. Die (Vor-) Frage, ob eine Homo-Ehe im Ausland wirksam begründet wurde, ist vielmehr strikt zu unterscheiden von der (Haupt-) Frage, ob etwa zwei Niederländer auch hierzulande die Ehe miteinander eingehen können. Im erstgenannten Fall scheitert die Anwendung von Art. 6 EGBGB bereits am schwachen Inlandsbezug des vorfraglichen Sachverhalts[479], sodaß die

[474] Vgl. *Gebauer/Staudinger*, in: IPRax 2002, S. 275 (277, dort Fn. 46).

[475] Etwas dunkel bleibt insofern der Ansatz von *Wasmuth*, in: FS Kegel (2002), S. 237 (239 ff.). Dieser will die Homo-Ehe gemäß Art. 17b EGBGB anknüpfen, läßt dabei aber offen, ob er die direkte oder analoge Anwendung der Vorschrift befürwortet. Angesichts der derzeit stark im Fluß befindlichen Typusgrenzen des internationalen Familienrechts ist dies eine beklagenswerte Ungenauigkeit. Wendet man Art. 17b EGBGB direkt an, so rechnet man die Homo-Ehe zum Typus der eingetragenen Partnerschaft. Zieht man die Vorschrift dagegen nur analog heran, so sieht man die Homo-Ehe als eigenen Typus; sie wäre dann weder Partnerschaft noch Ehe, sondern vielmehr ein Institut sui generis. Klarer – wenn auch abzulehnen – ist dagegen der Ansatz von *Henrich*, in: FamRZ, S. 137 (138), der die Homo-Ehe als eine Form der eingetragenen Partnerschaft ansieht und damit deutlich macht, daß er sie direkt zum Typus des Art. 17b EGBGB rechnet.

[476] *BVerfG* vom 17.11.1992, in: FamRZ 1993, S. 164 (168); *BVerfG* vom 4.10.1993, in: FamRZ 1993, S. 1419; *Brudermüller*, in: *Palandt*, vor § 1297 BGB Rnr. 1; *Di Fabio*, in: NJW 2003, S. 993 (994); zweifelnd *Bruns/Beck*, in: MDR 1991, S. 832 (834) sowie *Schimmel*, S. 66 ff.

[477] *Coester*, in: MünchKomm, Art. 13 EGBGB Rnr. 38.

[478] Vgl. nur *Blumenwitz*, in: *Staudinger*, Art. 6 EGBGB, Rnrn. 116 ff.

[479] Vgl. *Rigaux*, in: FS Siehr (2000), S. 647 (655).

Ehe als wirksam anzusehen ist[480]. Dieses Ergebnis korrespondiert mit den zum Parallelfall einer polygamen Ehe entwickelten Grundsätzen von Rechtsprechung[481] und Literatur[482]. Eine in den Niederlanden eingegangene Homo-Ehe ist danach grundsätzlich anzuerkennen[483].

Was hingegen den Fall einer im Inland zu begründenden Homo-Ehe betrifft, liegen die Dinge anders. Hierbei geht es um die Frage, ob ein deutscher Standesbeamter die nach fremdem Recht zulässige Homo-Ehe ins Leben rufen darf. Zwar hat der Gesetzgeber mit Erlaß des LPartDisBG unzweifelhaft zum Ausdruck gebracht, daß auch gleichgeschlechtliche Personenverbindungen rechtlichen Schutz genießen, andererseits jedoch hat er ihnen das Institut der Ehe explizit vorenthalten[484]. Das Ehebild des Art. 6 Abs. 1 GG bleibt das einer Verbindung von Mann und Frau. Eine homosexuelle Eheschließung im Inland ist hiermit unvereinbar[485] und würde die eheliche Institutsgarantie in verfassungswidriger Weise verletzen. Die Grundrechtsbindung deutscher Behörden (Art. 1 Abs. 3 GG, Art. 6 Satz 2 EGBGB) macht es folglich unmöglich, in Deutschland eine Homo-Ehe zu begründen. Stattdessen sind homosexuelle Paare hierzulande auf die Eingehung einer eingetragenen Lebenspartnerschaft verwiesen.

---

480 Damit ist freilich nicht gesagt, daß eine solche Ehe in Deutschland auch tatsächlich alle Rechtswirkungen entfaltet. Bezüglich einzelner Ehewirkungen kann vielmehr eine erneute Ordre-public-Kontrolle anzustellen sein. Das gesetzliche Erbrecht eines gleichgeschlechtlichen Ehegatten z.B. könnte aber nicht unter Berufung auf den ordre public abgewehrt werden. Hierin läge ein Wertungswiderspruch, gewährt doch auch das LPartG gleichgeschlechtlichen Partnern ein entsprechendes Recht (gesetzliches Erbrecht des überlebenden Lebenspartners gemäß § 10 LPartG). Vorgeschlagen wird, den Grundgedanken des Art. 17b Abs. 4 EGBGB insofern als Richtschnur der Ordre-public-Kontrolle heranzuziehen, vgl. *Röthel*, in: IPRax 2002, S. 496 (499); *Kiel*, in: Hk-LPartG, Art. 17a EGBGB Rnr. 69.

481 *LG Frankfurt a.M.* vom 12.1.1976, in: FamRZ 1976, S. 217; *BVerwG* vom 30.4. 1985, in: BVerwGE 71, 228 (230).

482 Vgl. *Jayme*, Methoden, S. 34; *Blumenwitz*, in: *Staudinger*, Art. 6 EGBGB Rnr. 118; *Spickhoff*, in: JZ 1991, S. 323 (327).

483 So jetzt auch *Wasmuth*, in: FS Kegel (2002), S. 237 (247 ff.).

484 Diesen Aspekt verkennt *Kiel*, in: Hk-LPartG, Art. 17a EGBGB Rnr. 69, wenn er davon spricht, der bloße Umstand, daß ein ausländischer Gesetzgeber in der Gleichstellung hetero- und homosexueller Paare weiter vorangeschritten sei als der deutsche, vermöge die Abwehr des an sich anwendbaren ausländischen Rechts nicht mehr zu begründen. Es geht hierbei aber nicht bloß um unterschiedliche Gestaltungen des einfachen Sachrechts (in diesem Fall kann in der Tat nicht schon jede Abweichung eine Abwehr des ausländischen Rechts zur Folge haben). Vielmehr steht hier das *verfassungsmäßig* geschützte Institut der Ehe in Rede. Zu dessen Wesensmerkmalen gehört aber neben der Monogamie auch die Geschlechtsverschiedenheit der Partner. Ebenso wie ein deutscher Standesbeamter durch das Grundgesetz, das über Art. 6 Satz 2 EGBGB auch in das IPR ausstrahlt, gehindert ist, eine Mehrehe ins Leben zu rufen, kann er deshalb auch eine Homo-Ehe nicht wirksam begründen. So i.E. auch *Röthel*, in: IPRax 2002, S. 496 (499).

485 So auch *Wasmuth*, in: FS Kegel (2002), S. 237 (238).

III. Ergebnis

Die Homo-Ehe ist nach alledem als echte Ehe i.S. der Artt. 13 ff. EGBGB zu qualifizieren. Der deutsche ordre public steht zwar ihrer wirksamen Begründung im Inland, nicht aber der bloß vorfraglichen Anerkennung einer andernorts eingegangenen Ehe im Wege. Die im Ausland geschlossene Homo-Ehe ist aus deutscher Sicht nur dann eine Nichtehe, wenn das Heimatrecht eines Nupturienten sie nicht zuläßt.

H. Zusammenfassung: Typusmerkmale der eingetragenen Lebenspartnerschaft

Nachdem die vier oben isolierten Phänotypen im einzelnen der Qualifikation unterzogen worden sind, ist nunmehr eine abschließende Aussage darüber möglich, welcher Typus von Lebensgemeinschaft der gesetzlichen Regelung des Art. 17b EGBGB eigentlich zugrundeliegt. Vom Systembegriff der eingetragenen Lebenspartnerschaft umfaßt ist danach jede *eingetragene, d.h. durch öffentlichen Formalakt begründete, nichteheliche Lebensgemeinschaft zweier gleich- oder verschiedengeschlechtlicher Personen*[486]. Nicht mehr zum Inhalt des Typusbegriffs der eingetragenen Lebenspartnerschaft gehören dagegen die faktischen Partnerschaften sowie all jene Rechtsinstitute, die aufgrund ihrer Ausgestaltung durch das fremde Recht als echte Ehen anzusehen sind.

Im weiteren Verlauf der Untersuchung wird sich der Blick auf jene Rechtsinstitute konzentrieren, welche die Typusmerkmale des Art. 17b EGBGB erfüllen. Nur insofern stellt sich die Kernfrage des Dritten Kapitels, ob nämlich Personen, deren Verbindung als lebenspartnerschaftlich im Sinne des Art. 17b EGBGB zu qualifizieren ist, in Fragen der Adoption dem Recht ihres Eintragungsortes (Art. 17b EGBGB) oder dem ihres Heimatstaates (Art. 22 Abs. 1 S. 1 EGBGB) unterliegen. Es sind dies die registrierten Partnerschaften des schwedischen, dänischen, norwegischen, niederländischen, katalanischen, aragonischen und navarresischen Rechts. Lediglich zur Abrundung des Bildes wird jeweils am Ende der folgenden Kapitel ein exkursiver Blick auf die als typusfremd erkannten faktischen Partnerschaften des katalanischen, aragonischen, navarresischen und portugiesischen Rechts sowie auf die niederländische Homo-Ehe zu werfen sein.

---

486 Die Bestimmung dessen, was *nicht Ehe* ist, ist durch eine rein tatsächliche Beschreibung schlechterdings nicht zu leisten. Da die Ehe als *negativ-normatives Merkmal* der Typusbeschreibung mithin unentbehrlich ist, kann die gefundene Formel folglich immer nur eine unselbständige sein.

Drittes Kapitel

Das Adoptionskollisionsrecht der eingetragenen Lebenspartnerschaft

A. Direkte Anwendung des Art. 17b Abs. 1 S. 1 EGBGB

Eine ausdrückliche Anknüpfung adoptionsrechtlicher Fragen enthält Art. 17b EGBGB – wie einleitend bereits festgestellt[487] – nicht. Seine direkte Anwendung käme allenfalls dann in Betracht, wenn auch die partnerschaftliche Adoption, d.h. die Frage, ob und unter welchen Voraussetzungen eingetragenen Lebenspartnern die gemeinsame oder Stiefkindadoption möglich ist, unter den Begriff der allgemeinen Wirkungen einer Lebenspartnerschaft zu subsumieren wäre, die ihrerseits gemäß Art. 17b Abs. 1 S. 1 EGBGB dem Partnerschaftsstatut unterliegen. Zu ermitteln ist also die Grenzlinie zwischen dem Anwendungsbereich des Art. 17b Abs. 1 S. 1 einerseits und dem des Art. 22 Abs. 1 EGBGB andererseits. Dabei ist es gerade die scheinbare Selbstverständlichkeit einer adoptionsrechtlichen Qualifikation von Partnerschaftsadoptionen[488], die eine besonders aufmerksame Betrachtung der aufgeworfenen Frage provoziert, unterliegt doch das Kollisionsrecht der eingetragenen Lebenspartnerschaft auch in anderer Hinsicht durchaus eigenen Wertungen.

I. Die „allgemeinen Wirkungen" der eingetragenen Lebenspartnerschaft

Das Gesetz gebraucht in Art. 17b Abs. 1 S. 1 EGBGB denselben Begriff wie in Art. 14 Abs. 1 EGBGB, der die „allgemeinen Wirkungen der Ehe" zum Gegenstand hat. Eine Legaldefinition findet sich in beiden Normen nicht. Welche Rechtswirkungen im einzelnen zu den *allgemeinen* Wirkungen einer eingetragenen Lebenspartnerschaft bzw. Ehe zählen, ist daher nur durch Qualifikation zu ermitteln[489].

1. Rekurs auf das Ehekollisionsrecht?

Im internationalen Eherecht erfaßt der Begriff der „allgemeinen Wirkungen" all jene Wirkungen, die auf der Ehe als solcher beruhen, soweit für sie nicht spezielle Kollisionsnormen eingreifen[490]. Einen Anhaltspunkt zur Bestimmung der

---

487 Oben S. 25.

488 Vgl. z.B. *Kiel*, in: Hk-LPartG, Art. 17a EGBGB Rnr. 29.

489 Vgl. *Heldrich*, in: *Palandt*, Art. 14 EGBGB Rnr. 17.

490 *Heldrich*, in: *Palandt*, Art. 14 EGBGB Rnr. 17. Überspitzt ist gesagt worden, für alles Wichtige gelte nicht Art. 14 EGBGB, sondern ein Sonderstatut; s. *von Bar*, IPR II, § 2 IV 1b. Derartige Sonderanknüpfungen finden sich – neben dem Adoptionsrecht, s.o. – im Bereich des Namens-, Güter-, Scheidungsfolgen-, Unterhalts- und Erbrechts (Artt. 10, 15, 17, 18 sowie 25 f. EGBGB). Tatsächlich erhält Art. 14 EGBGB seine praktische Bedeutung als Grundnorm

„allgemeinen Wirkungen der Ehe" i.S. des Art. 14 Abs. 1 EGBGB liefern – da grundsätzlich vom Maßstab der lex fori auszugehen ist[491] – die Regelungen der §§ 1353-1362 BGB[492]. Zum unmittelbaren Anwendungsbereich des Art. 14 EGBGB gehören damit insbesondere Fragen der ehelichen Lebensgemeinschaft[493], der Haushaltsführung[494], der Schlüsselgewalt[495], des Haftungsmaßstabs[496] und der Eigentumsvermutung[497]. Zur Adoption durch einen oder beide Ehegatten enthält das „Wirkungsrecht" der §§ 1353 ff. BGB dagegen keine Vorschriften. Das Sachrecht normiert es an anderer Stelle, nämlich in § 1741 Abs. 2 BGB. Spricht schon die separate Regelung der Ehegattenadoption im Sachrecht gegen ihre Qualifikation als wirkungsrechtlich i.S. des Art. 14 Abs. 1 EGBGB, so beseitigt die ausdrückliche Sonderanknüpfung des Art. 22 Abs. 1 S. 2 EGBGB schließlich jeden Zweifel. Die Adoptionsbefugnis von Ehegatten zählt damit jedenfalls nicht zu den „allgemeinen Wirkungen der Ehe" i.S. des Art. 14 Abs. 1 S. 2 EGBGB.

Es fragt sich, ob diese Grundsätze auch auf die eingetragene Lebenspartnerschaft übertragbar sind. Ausgehend vom Maßstab der *lex fori* wären zur näheren Bestimmung des Begriffs der „allgemeinen Wirkungen" gemäß Art. 17b Abs. 1 EGBGB zunächst die in Abschnitt 2 des LPartG normierten „Wirkungen der Lebenspartnerschaft"[498] zu berücksichtigen. Tatsächlich muß ihre entsprechende Qualifikation als sinnvoll erscheinen[499], ist doch das Vertrauen der eingetragenen Lebenspartner auf die Weitergeltung „ihrer" *lex loci celebrationis* gerade in bezug auf jene *persönlichen* Wirkungen zweifellos besonders ausgeprägt[500].

Was nun die Qualifikation der partnerschaftlichen Adoption betrifft, so fällt zunächst ins Auge, daß es an einer der Regelung des Art. 22 Abs. 1 S. 2 EGBGB entsprechenden Sonderanknüpfung fehlt. Dies aber spricht keineswegs gegen die Qualifikation der partnerschaftlichen Adoption als „adoptionsrechtlich": Auch vor Einführung des Art. 22 Abs. 1 S. 2 EGBGB durch das IPR-Neu-

---

des internationalen Eherechts erst dadurch, daß zahlreiche andere Kollisionsnormen auf ihn verweisen.

491 Vgl. *von Hoffmann*, IPR, § 6 A III 1; s. auch oben S. 65 f.

492 *Kegel/Schurig*, IPR, § 20 V 3; *Heldrich*, in: *Palandt*, Art. 14 EGBGB Rnr. 17.

493 Vgl. § 1353 BGB.

494 Vgl. § 1356 BGB.

495 Vgl. § 1357 BGB.

496 Vgl. § 1359 BGB.

497 Vgl. § 1362 BGB.

498 Namentlich also Fürsorge und Unterstützung (§ 2 LPartG), Haftungsmaßstab (§ 4 LPartG), Schlüsselgewalt und Eigentumsvermutung (§ 8 LPartG).

499 In diesem Sinne auch *Kiel*, in: Hk-LPartG, Art. 17a EGBGB Rnr. 21; *Heldrich*, in: *Palandt*, Art. 17b EGBGB Rnr. 4; *Finger*, in: *Böhmer/Finger*, Art. 17b EGBGB, Rnr. 26.

500 Vgl. BT-Drucks. 14/3751, S. 60. Auch wird auf diese Weise die prinzipiell wünschenswerte Kongruenz zwischen Sach- und Kollisionsrecht hergestellt und schließlich die systematische Übereinstimmung mit dem Ehekollisionsrecht erreicht.

regelungsgesetz 1986[501] wurde nämlich die Frage der Ehegattenadoption dem nach Art. 22 Abs. 1 EGBGB a.F. berufenen Recht[502] – nicht etwa dem Wirkungsstatut des Art. 14 Abs. 1 EGBGB[503] – unterstellt[504]. Die Sonderanknüpfung ist also ohne Einfluß auf die Qualifikation der Ehegattenadoption. So aber kann auch ihr Fehlen im Fall der partnerschaftlichen Adoption keinen Hinweis geben. Maßgebliche Bedeutung darf dagegen der systematischen Stellung des § 1741 Abs. 2 BGB im materiellen Adoptionsrecht zugeschrieben werden. Anders im Fall der Lebenspartnerschaft: Weder das Wirkungsrecht des LPartG noch das Adoptionsrecht des BGB enthalten Vorschriften (seien es positive oder negative) über die partnerschaftliche Adoption. Die sachrechtliche Fixierung des Phänomens kann – da inexistent – also keinerlei Hinweis auf eine entsprechende Qualifikation im IPR geben. Erforderlich ist eine weitergehende Untersuchung der kollisionsrechtlichen Frage. Nach den Grundsätzen zur Beurteilung unbekannter Rechtsinstitute (hier also des partnerschaftlichen Adoptionsrechts) ist zu diesem Zweck eine funktionelle Qualifikation vorzunehmen, die nicht zuletzt auch das fremde Sachrecht zu berücksichtigen hat[505].

2. *Qualifikation*

a) Die Adoptionsbefugnis als Recht im Interesse des Kindes

Gemäß Art. 17b Abs. 1 S. 1 EGBGB bestimmt das Partnerschaftsstatut über die *allgemeinen Wirkungen* der Lebenspartnerschaft, das durch Art. 22 Abs. 1 EG-

---

501 Gesetz zur Neuregelung des Internationalen Privatrechts vom 25.7.1986, BGBl. I, S. 1142.

502 Vgl. *Heldrich*, in: *Palandt*[43], Art. 22 EGBGB Anm. 2a.

503 Art. 14 Abs. 1 EGBGB bestimmte damals noch das auf die *„persönlichen Rechtsbeziehungen der Ehegatten zueinander"* anzuwendende Recht. Dieser Begriff läßt eine Einbeziehung der Ehegattenadoption geradezu als abwegig erscheinen. Es ist vermutlich also nicht zuletzt auf den Wortlaut des Art. 14 Abs. 1 EGBGB a.F. zurückzuführen, daß die Adoption durch Ehegatten von Anbeginn dem Anwendungsbereich des Art. 22 EGBGB zugeordnet wurde. Dagegen ließen die „allgemeinen Wirkungen" des Art. 14 Abs. 1 EGBGB n.F. eine Einbeziehung der Ehegattenadoption schon eher zu. Dem stand aber die neugeschaffene Sonderanknüpfung im Wege. Man könnte daher auch sagen, daß die Ehegattenadoption vor der IPR-Reform von 1986 in Ermangelung eines konkurrierenden Anknüpfungsgegenstands, nach der Reform dagegen wegen der in Art. 22 Abs. 1 S. 2 EGBGB bestimmten Sonderanknüpfung als adoptionsrechtlich qualifiziert wurde.

504 Vor der Reform von 1986 hatte Art. 22 Abs. 1 EGBGB folgenden Wortlaut: „Die Legitimation eines nichtehelichen Kindes sowie die Annahme als Kind bestimmt sich, wenn der Vater zur Zeit der Legitimation oder der Annehmende zur Zeit der Annahme die Reichsangehörigkeit besitzt, nach den deutschen Gesetzen." Die ihrem Wortlaut nach einseitige Kollisionsnorm wurde allerdings im Wege der Auslegung allseitig ausgebaut, vgl. schon *Planck*, Art. 22 EGBGB Anm. 5; *KG* vom 10.3.1933, in: JW 1933, S. 2066; *BGH* vom 5.2.1975, in: BGHZ 64, S. 19 (23 f.). Adoptionsstatut war demnach das Recht des Staates, dem der Annehmende bzw. die Annehmenden zur Zeit der Annahme angehörte/-n; vgl. *Heldrich*, in: *Palandt*[43], Art. 22 EGBGB Anm. 2a.

505 Vgl. *von Hoffmann*, IPR, § 6 A III 4.

BGB berufene Recht dagegen über die *Annahme als Kind*. Schon der Systembegriff des Art. 22 Abs. 1 EGBGB führt damit eines vor Augen: Im Mittelpunkt des rechtlichen Interesses steht zunächst und vor allem das Kind[506]. Tatsächlich stellt sein Wohl den alles dominierenden Zentralgedanken, gleichsam das Leitmotiv des inländischen[507] – und zumindest weit überwiegend auch des ausländischen[508] – Adoptionsrechts dar. Zweck der Adoption ist es eben nicht (mehr[509]), lang gehegte Wünsche des oder der Annehmenden nach einem Kind zu erfüllen. Die Hauptfunktion der Adoption besteht im Gegenteil darin, dem Kind jene elterliche *Fürsorge* angedeihen zu lassen, die es zu seiner persönlichen Entwicklung benötigt[510]. Die Schaffung eines künstlichen Eltern-Kind-Verhältnisses zwischen dem oder den Annehmenden und dem Kind durch Adoption dient somit allein der Verbesserung der individuellen Situation des Kindes[511].

Während also die allgemeinen Wirkungen der Ehe bzw. eingetragenen Partnerschaft im wesentlichen persönliche und vermögensrechtliche Beziehun-

---

506 Daß die Adoption gemäß Art. 22 Abs. 1 EGBGB dem Heimatrecht des oder der Annehmenden bzw. dem Ehewirkungsstatut des oder der annehmenden Ehegatten unterliegt, widerspricht dem nur scheinbar. Eine generelle Anknüpfung an das Heimatrecht des Kindes oder an das Recht seines gewöhnlichen Aufenthalts wäre ja nicht zwangsläufig stärker kindeswohlorientiert. Da das Kind nach der Adoption regelmäßig im Rechtskreis der Adoptiveltern lebt, ist die Anknüpfung an die Person des Annehmenden prinzipiell sogar besser geeignet, das Kind in seine postadoptive Umwelt zu integrieren. Lediglich für eventuelle Zustimmungserfordernisse erklärt daher Art. 23 EGBGB das Heimatrecht des Kindes für anwendbar.

507 Vgl. § 1741 Abs. 1 S. 1 BGB: Die Annahme als Kind ist demnach nur zulässig, wenn sie dem Wohl des Kindes dient und zu erwarten ist, daß zwischen dem Annehmenden und dem Kind ein Eltern-Kind-Verhältnis entsteht. Zum Zweck der Adoption auch *Maurer*, in: MünchKomm, vor § 1741 BGB Rnrn. 3, 4; *Frank*, in: *Staudinger*, § 1741 BGB Rnr. 3.

508 Wichtige Standards hat insofern das UN-Übereinkommen vom 20. November 1989 über die Rechte des Kindes (BGBl. 1992 II, S. 121) gesetzt. Die Konvention betont in Art. 21 ausdrücklich den Grundsatz der Kindeswohlprüfung im Rahmen des Adoptionsverfahrens. Einen rechtsvergleichenden Überblick gibt *Henrich*, in: Staudinger, vor Art. 22 EGBGB Rnrn. 5 f.

509 Für den BGB-Gesetzgeber des Jahres 1896 standen die Interessen der bzw. des Annehmenden dagegen noch wesentlich stärker im Vordergrund, wie ein Blick in die Motive zeigt (Mot. IV, S. 952). So sei die Annahme an Kindes Statt „*namentlich für wohlhabende, edeldenkende Personen, welche in kinderloser Ehe leben, ein erwünschtes Mittel, diesem Mangel abzuhelfen*". Zudem werde „*durch die Annahme von Kindern sehr häufig ein tief empfundenes geistiges Bedürfnis der Adoptiveltern befriedigt und das Glück ihrer Ehe gefestigt*". Auch bei Einzelpersonen könne aber der berechtigte Wunsch entstehen, „*Kinder anzunehmen, um in deren Erziehung und Versorgung eine Lebensaufgabe zu finden oder um auf diesem Wege das Andenken an ihren Namen und ihre Familie fortzupflanzen*". Nur daneben sollte die Adoption auch dem Zweck dienen, „*mittellosen, aber von Natur begabten Kindern eine große Wohltat in materieller wie in geistiger Beziehung*" zuteil werden zu lassen.

510 Vgl. *Schlüter/Heckes/Stommel*, in: DEuFamR 2000, S. 1 (11).

511 Dies gilt für die gemeinsame Adoption natürlich in stärkerem Maße als für die Stiefkindadoption. Auch letztere verfolgt aber den Zweck, die geistigseelische Entwicklung des Kindes durch eine volle rechtliche Eingliederung in seine Stieffamilie zu befördern; vgl. *Frank*, in: *Staudinger*, § 1741 BGB Rnr. 14, § 1748 BGB Rnr. 45.

gen der Partner zueinander sowie zu Dritten betreffen[512], geht die Frage der Adoptionsbefugnis hierüber bei weitem hinaus. Das Recht der Partner einer (sei es ehelichen oder nichtehelichen) Personenverbindung, gemeinsam ein fremdes bzw. das Recht eines Partners, das Kind des anderen anzunehmen, betrifft eben nicht den Status der Partner an sich, sondern die Frage, ob aus der fraglichen Lebensgemeinschaft auch eine Eltern-Kind-Beziehung hervorgehen können soll. Im Kern handelt es sich dabei um ein *Recht im Interesse des Kindes*. Insofern scheint es auch nur sinnvoll, die Adoptionsbefugnis der Partner gegenüber sonstigen Wirkungen ihrer Partnerschaft grundsätzlich eigenständig – d.h. gemäß Art. 22 Abs. 1 EGBGB – anzuknüpfen.

b) Wertungen des fremden Sachrechts

Ein Blick in das ausländische Sachrecht vermag diese Überlegung zu stützen. Deutliche Hinweise geben zunächst die Bestimmungen der *teilspanischen* Partnerschaftsgesetze. Sowohl Art. 6 LUEP-Katalonien, als auch Art. 10 LPE-Aragonien und Art. 8 LPE-Navarra widmen der Adoption eigene, auch systematisch völlig selbständige Regelungen, die sich ausschließlich mit der Frage des partnerschaftlichen Adoptionsrechts befassen. Rechtstechnisch wird so die Eigenständigkeit adoptionsrechtlicher Fragen gegenüber den sonstigen Wirkungen einer „unión estable"/„pareja estable" betont. Als allgemeine oder persönliche Partnerschaftswirkung kann die partnerschaftliche Adoptionsbefugnis in den spanischen Rechten demnach jedenfalls nicht angesehen werden.

Die *nordischen* Partnerschaftsgesetze zeigen demgegenüber eine grundlegend andere Regelungsstruktur. Sie alle verweisen bezüglich der Rechtswirkungen einer Partnerschaft zunächst pauschal auf das Eherecht[513]. Schweden beläßt es auch hinsichtlich der Adoption bei dieser Generalverweisung, sodaß für registrierte Partner die Adoptionsvorschriften des Elterngesetzes ebenso wie für Ehegatten vollumfänglich Anwendung finden[514]. § 4 Abs. 1 S. 2 DänPartnerG dagegen schränkt die Generalverweisung des Partnerschaftsgesetzes insofern ein, als er den Partnern nur eine Stiefkindadoption nach den Bestimmungen des Adoptionsgesetzes erlaubt. Ebenso wie das dänische verfährt das norwegische Recht in § 4 NorwPartnerG. Obwohl also die nordischen Gesetze die Adoption im Zusammenhang mit den *Rechtswirkungen* der Partnerschaft behandeln, bewirkt doch die Verweisung auf das Eherecht, daß dessen Regelungsstruktur letztlich auch auf die registrierte Partnerschaft durchschlägt. In allen drei Ländern aber ist die Frage der Adoption durch Ehegatten nicht etwa in den Gesetzen über die Ehe[515], sondern in denen über die Adoption normiert[516]. Hieran wird

[512] S. oben S. 89 ff.

[513] Kapitel 3 § 1 SchwedPartnerG; § 4 DänPartnerG; § 3 NorwPartnerG.

[514] Dazu schon oben S. 36.

[515] Schweden: Ehegesetz vom 14.5.1987, abgedruckt bei *Carsten*, in: *Bergmann/Ferid/Henrich*, Schweden S. 51 ff.; Dänemark: Ehewirkungsgesetz vom 5.1.1995, abgedruckt bei *Dopffel/*

deutlich, daß auch die nordischen Rechtsordnungen das Adoptionsrecht als eigenständige Materie verstehen. Zwar kommt der Beziehung der Annehmenden zueinander – ihrem familienrechtlicher Status also – maßgebliche Bedeutung zu, doch wird das Adoptionsrecht als kindeswohlorientiertes Recht vom allgemeinen Sachrecht der Ehe bzw. Partnerschaft deutlich abgehoben.

Die *Niederlande* schließlich liefern ein Beispiel für die völlige Eigenständigkeit adoptionsrechtlicher Bestimmungen. Wie bereits dargestellt[517], trennt nälich das niederländische Recht die Frage der Adoptionsbefugnis gänzlich vom Personenstand der potentiellen Adoptiveltern. Erforderlich ist gemäß Art. 1:227 Abs. 2 i.V.m. Art. 1:228 Abs. 1 lit. f BW lediglich, daß beide seit mindestens drei zusammenhängenden, der Antragstellung unmittelbar vorausgehenden Jahren zusammengelebt und das Kind mindestens ein Jahr lang gemeinsam versorgt und erzogen haben. An der Konzeption dieser Normen zeigt sich sehr deutlich, daß das niederländische Recht die Adoption eigenen, vom rechtlichen Status der Annehmenden völlig unabhängigen Regeln unterwirft. So führt die Tatsache, daß die Befugnis zur gemeinsamen ebenso wie zur Stiefkindannahme an rein faktisch-soziale Kriterien geknüpft wird, sogar dazu, daß hier auch der umgekehrte Fall denkbar ist: der nämlich von Ehegatten bzw. eingetragenen Partnern, die *trotz* ihres personenstandsrechtlichen Status nicht adoptionsbefugt sind, weil sie die Anforderungen des Adoptionsgesetzes im Hinblick auf ihren faktischen Status nicht erfüllen.

c) Fazit

Alle hier in Betracht kommenden *leges causae* bestätigen damit die Annahme, daß Sinn und Zweck der Kollisionsnorm verfehlt würden, wollte man die Frage der Adoptionsbefugnis unmittelbar dem Wirkungsstatut des Art. 17b Abs. 1 EGBGB zuordnen[518]. Sie ist vielmehr als adoptionsrechtlich zu qualifizieren und daher grundsätzlich gemäß Art. 22 EGBGB zu beantworten. Eine abweichende Qualifikation muß auch deshalb ausscheiden, weil sonst erhebliche Wertungs-

---

Scherpe, in: *Bergmann/Ferid/Henrich*, Dänemark S. 56 ff.; Norwegen: Ehegesetz vom 4.7.1991, bei *Frantzen*, in: *Bergmann/Ferid/Henrich*, Norwegen S. 50 ff.

516 So für Schweden: Kapitel 4 § 3 Elterngesetz (Föräldrabalken) vom 10.6.1949, Nr. 381, abgedruckt bei *Carsten*, in: *Bergmann/Ferid/Henrich*, Schweden S. 63 ff.; Dänemark: § 5 Abs. 1 Adoptionsgesetz vom 7.6.1972, Nr. 278, abgedruckt bei *Dopffel/Scherpe*, in: *Bergmann/Ferid/Henrich*, Dänemark S. 99 ff.; Norwegen: Kapitel 1 § 5 Adoptionsgesetz vom 28.2.1986, Nr. 8, abgedruckt bei *Frantzen*, in: *Bergmann/Ferid/Henrich*, Norwegen S. 84 ff.

517 Oben S. 39.

518 Gestützt werden kann dieses Ergebnis schließlich auf eine hypothetische Überlegung: Sollte der deutsche Gesetzgeber sich zur Einführung partnerschaftlicher Adoptionsbefugnisse entschließen, würde er diese wohl dort normieren, wo auch die Adoption durch Ehegatten ihren Platz gefunden hat. Diese potentielle sachrechtliche Kategorisierung liefert zumindest ein weiteres Indiz für die Herausnahme des partnerschaftlichen Adoptionsrechts aus den allgemeinen Wirkungen des Art. 17b EG BGB.

widersprüche zum Ehekollisionsrecht aufträten, wo es nur durch die Verweisung des Art. 22 Abs. 1 S. 2 EGBGB zur Anwendung des einheitlichen Ehestatuts[519] gemäß Art. 14 Abs. 1 EGBGB kommt. Eine Qualifikation der partnerschaftlichen Adoptionsbefugnis als „wirkungsrechtlich" i.S. des Art. 17b EGBGB aber würde sogleich – d.h. ohne den gesetzestechnischen Umweg der Verweisung – zur Anwendung des Partnerschaftsstatuts führen. Eine solche Privilegierung der eingetragenen Lebenspartnerschaft gegenüber der Ehe kann nicht beabsichtigt sein.

Die partnerschaftliche Adoptionsbefugnis stellt nach alledem keine allgemeine Wirkung der Partnerschaft dar, sondern ist gemäß Art. 22 Abs. 1 EGBGB anzuknüpfen[520].

B. Art. 22 Abs. 1 EGBGB

I. Regelungssystematik

Art. 22 Abs. 1 EGBGB beruht in seiner heutigen Fassung auf dem IPR-Neuregelungsgesetz vom 25.7.1986[521]. Die Norm trifft für das Adoptionsstatut in ihren Sätzen 1 und 2 eine grundlegende Differenzierung:

Art. 22 Abs. 1 S. 2 EGBGB regelt die Annahme als Kind durch *Ehegatten*. Die Vorschrift ist insofern lex specialis gegenüber der Bestimmung des ersten Satzes. Über die Ehegattenadoption entscheidet demzufolge das im Zeitpunkt der Annahme[522] gemäß Art. 14 Abs. 1 EGBGB für die allgemeinen Wirkungen der Ehe geltende Recht, das Ehewirkungsstatut also[523]. Nach früherem Recht dagegen mußten die Heimatrechte beider Ehegatten ggf. kumulativ herangezogen

---

519 *von Hoffmann*, IPR, § 8 B I 2, bezeichnet Art. 14 EGBGB als Grundnorm des internationalen *Familien*rechts. Man wird sich aber daran gewöhnen müssen, daß der Ehe mit der eingetragenen Lebenspartnerschaft ein weiteres familienrechtliches Institut zur Seite gestellt wurde.

520 Ebenso *Finger*, in: *Böhmer/Finger*, Art. 17b EGBGB Rnr. 48; *Kiel*, in: Hk-LPartG, Art. 17a EGBGB Rnr. 29; *Wagner*, in: IPRax 2001, S. 282 (291); *Meyer/Mittelstädt*, Lebenspartnerschaftsgesetz, S. 157.

521 Nachweis oben Fn. 501.

522 Daß es auf den Zeitpunkt der Annahme ankommt, findet in Art. 22 Abs. 1 S. 2 EGBGB zwar keine ausdrückliche Erwähnung, ergibt sich jedoch nach allgemeiner Auffassung zwanglos aus Art. 22 Abs. 1 S. 1 EGBGB; s. *Henrich*, in: *Staudinger*, Art. 22 EGBGB Rnr. 7; *von Hoffmann*, IPR, § 8 G VI 2; *Klinkhardt*, in: MünchKomm, Art. 22 EGBGB Rnr. 15. Das Adoptionsstatut ist damit unwandelbar.

523 Da die Verweisung nur Art. 14 Abs. 1 EGBGB zur Anwendung bringt, ist eine eventuell erfolgte Rechtswahl der Ehegatten gemäß Art. 14 Abs. 2-4 EGBGB unbeachtlich. Es gilt mithin nicht das Wahlstatut, sondern dasjenige Ehewirkungsstatut, welches mangels einer Rechtswahl gelten würde.

werden[524]. Die Norm erfaßt ausdrücklich nicht nur die gemeinsame, sondern auch die Adoption durch einen der Ehegatten.

Demgegenüber regelt Satz 1 der Vorschrift den Fall der Annahme als Kind durch *unverheiratete Personen*. Abgestellt wird dabei auf das Recht des Staates, dem der Annehmende im Zeitpunkt der Annahme angehört. Es fällt auf, daß der Normtext von dem Annehmenden im Singular spricht. Dies hat seinen Grund im deutschen Sachrecht, welches gemäß § 1741 Abs. 2 S. 1 BGB die gemeinsame Adoption ausschließlich Ehegatten vorbehält. Eine gemeinsame Annahme durch Unverheiratete soll aber nach herrschender Meinung ebenfalls in den Anwendungsbereich des Art. 22 Abs. 1 S. 1 EGBGB fallen[525].

Wie nun das Phänomen der Adoption durch eingetragene Lebenspartner sich in das System des geltenden internationalen Adoptionsrechts einordnen läßt, ist im folgenden zu prüfen.

II. Qualifikation

1. Art. 22 Abs. 1 S. 2 EGBGB

Art. 22 Abs. 1 S. 2 EGBGB findet allein auf die Adoption durch Ehegatten Anwendung. Ob eine bestimmte Personenverbindung sich als Ehe i.S. der Norm darstellt, ist im Wege der Qualifikation zu ermitteln.

Im Zweiten Kapitel wurden die unterschiedlichen Partnerschaftsinstitute auf ihre jeweilige Typuszugehörigkeit hin untersucht. Als Ehe i.S. der Artt. 13 ff. EGBGB hat sich dabei allein die Homo-Ehe des niederländischen Rechts erwiesen, während alle übrigen Phänotypen entweder als eingetragene Lebenspartnerschaft i.S. des Art. 17b EGBGB oder als entsprechend Artt. 13 ff. EGBGB anzuknüpfende Partnerschaft sui generis qualifiziert wurden. Diese Typusgrenzen gilt es auch vor dem Hintergrund des Art. 22 Abs. 1 S. 2 EGBGB zu beachten. Der Ehebegriff des Art. 22 Abs. 1 S. 2 EGBGB ist kein anderer als der der Artt. 13 ff. EGBGB; der kollisionsrechtliche Typus der Ehe kann nur einheitlich gedacht werden. Finden aber die Artt. 13 ff. EGBGB auf die eingetragene Lebenspartnerschaft keine Anwendung, weil die Partnerschaft nach der Konzeption des geltenden Familienkollisionsrechts einen eigenen, von der Ehe klar abgegrenzten Typus bildet, so scheidet auch eine Anknüpfung partner-

[524] Auch unter dem alten Recht gab es allerdings Ansätze, die kumulative Rechtsanwendung i.R. des Art. 22 EGBGB bei Ehegatten verschiedener Staatsangehörigkeit zu vermeiden. So schlug *Lüderitz*, in: FS Beitzke (1979), S. 589 (591 ff.), vor, in diesen Fällen stattdessen an das Recht des gewöhnlichen Aufenthalts anzuknüpfen; ebenso *AG Bielefeld* vom 12.5.1986, in: IPRax 1986, S. 389 (mit Anm. *E.J.*) und *AG Tecklenburg* vom 19.11.1984, in: IPRax 1985, S. 167 (mit Anm. *E.J.*). Diese Vorwegnahme der Reform vermochte sich indes nicht durchzusetzen.

[525] So *Klinkhardt*, in: MünchKomm, Art. 22 EGBGB Rnr. 67; *Henrich*, in: *Staudinger*, Art. 22 EGBGB Rnr. 6; *Lüderitz*, in: *Soergel*, Art. 22 EGBGB Rnr. 8.

schaftlicher Adoptionen nach Art. 22 Abs. 1 S. 2 EGBGB – jedenfalls in direkter Anwendung der Norm – aus.

2. Art. 22 Abs. 1 S. 1 EGBGB

Einschlägig scheint stattdessen Art. 22 Abs. 1 S. 1 EGBGB, der den verbleibenden Fall der Adoption durch unverheiratete Personen regelt. Dies soll nach herrschender Meinung sowohl für die Annahme durch Einzelpersonen als auch für die gemeinsame Annahme durch ein unverheiratetes Paar gelten[526]. Sowohl die Stiefkind- als auch die gemeinsame Adoption durch eingetragene Lebenspartner wären demzufolge der durch diese Norm bestimmten Anknüpfung an das Heimatrecht der Annehmenden unterworfen.

a) Konsequenz der Anknüpfung

Eine gemeinsame Adoption wäre also nur dann zulässig, wenn das Heimatrecht *beider* Partner diese Möglichkeit vorsieht. Sind verschiedene Rechtsordnungen berufen, sind sie kumulativ anzuwenden. Die Stiefkindadoption ist als Einzeladoption dagegen immer dann möglich, wenn das Heimatrecht des Stiefelternteils sie zuläßt[527]. Im einfachsten Fall nimmt die nach Art. 22 Abs. 1 S. 1 EGBGB berufene Rechtsordnung die Verweisung an, die partnerschaftliche Adoptionsbefugnis ist entsprechend dortigem Sachrecht entweder zu verneinen oder zu bejahen. Anders dagegen, falls das Heimatrecht eines oder beider Annehmenden einen Renvoi ausspricht, etwa weil es selbst nicht an das Merkmal der Staatsangehörigkeit anknüpft. In diesem Fall ist eine Adoptionsbefugnis nur dann gegeben, wenn das Heimatrecht des/der Annehmenden auf ein solches Recht weiterverweist, welches das partnerschaftliche Adoptionsrecht seinerseits kennt. Die Länge einer solchen Verweisungskette ist realiter indes schon deshalb begrenzt, weil die Zahl der international vorkommenden Anknüpfungs-

---

[526] S. oben S. 96.

[527] Man könnte daran denken, im Fall der Stiefkindadoption ebenso wie bei der gemeinsamen Adoption kumulativ anzuknüpfen, neben dem Heimatrecht des Annehmenden also stets auch das Heimatrecht des leiblichen Elternteils zu befragen. Die Stiefkindadoption stellt insofern sicherlich einen Sonderfall gegenüber der normalen Einzeladoption dar, als der leibliche Elternteil – der eingetragene Partner des anderen also – an ihr in besonderer Weise beteiligt ist. In der Tat müßte es befremden, wenn das Erfordernis seiner Zustimmung nur i.R. des Art. 23 EGBGB Berücksichtigung fände. Dem ist indes nicht so: Schon das Heimatrecht des Annehmenden trägt den Besonderheiten der Stiefkindadoption Rechnung, indem es stets auch die Zustimmung des eingetragenen Partners des Annehmenden verlangt; s. nur Dänemark: § 4 Abs. 1 S. 2 DänPartnerG i.V.m. § 5 Abs. 1 S. 2 Adoptionsgesetz vom 7.6.1972, Nr. 278 und Katalonien: Art. 122 Abs. 1 lit. a Ley 9/1998, de 15 de julio de 1998, Código de Familia. Die Interessen des eingetragenen Lebenspartners des Annehmenden sind also auch im Fall der Stiefkindadoption durch die alleinige Anwendung des Heimatrechts des Annehmenden hinlänglich gewahrt.

momente des Adoptionskollisionsrechts sehr begrenzt ist[528]. Ein Renvoi aufgrund abweichender Qualifikation schließlich wäre nur dann denkbar, wenn das Kollisionsrecht eines Staates die partnerschaftliche Adoption überhaupt nicht dem Adoptionsstatut zuordnet.

b) Kritik

Die Antwort darauf, ob partnerschaftliche Adoptionen tatsächlich nach Maßgabe des Art. 22 Abs. 1 S. 1 EGBGB anzuknüpfen sind, kann gewiß nicht davon abhängig gemacht werden, ob das der Norm zugrundeliegende Anknüpfungsmoment dem/den Lebenspartner/-n im Ergebnis zur Adoptionsbefugnis verhilft oder nicht. Das Ziel der Qualifikation darf gerade nicht darin bestehen, ein bestimmtes Rechtsanwendungsergebnis zu erzielen oder zu verhindern, sondern allein darin, die jeweils sach- und interessengerechte Anknüpfung aufzufinden[529]. Im Hinblick auf die besonderen kollisionsrechtlichen Interessen der eingetragenen Lebenspartnerschaft bestehen aber durchaus Zweifel, ob die Anwendung der allgemeinen Adoptionskollisionsnorm des Art. 22 Abs. 1 S. 1 EGBGB der Natur der eingetragenen Partnerschaft als eines Rechtsinstituts *sui generis* wirklich gerecht wird[530].

aa) Die eingetragene Lebenspartnerschaft als familienrechtliches Institut

Bei der eingetragenen Lebenspartnerschaft handelt es sich nach den ausdrücklichen Feststellungen der Begründung zum Gesetzentwurf um ein familienrechtliches Institut[531]. Familienrechtlichen Charakter besitzen auch die ausländischen Rechtsinstitute[532]. Als familienrechtliches Institut aber tritt die eingetragene Lebenspartnerschaft neben die Ehe – eine Grundsatzwertung, die nicht nur das Sach-, sondern ebenso das Kollisionsrecht der eingetragenen Lebenspartnerschaft beherrscht. Sie verleiht Art. 17b EGBGB den Rang einer Parallelnorm zu den Artt. 13 ff. EGBGB.

---

528 Denkbar sind im wesentlichen folgende Anknüpfungsmomente: 1.) das Heimatrecht des Annehmenden; 2.) das Recht des gewöhnlichen Aufenthalts bzw. Wohnsitzes des Annehmenden; auch 3.) das Heimatrecht des Kindes oder 4.) das Recht des gewöhnlichen Aufenthalts bzw. Wohnsitzes des Kindes. Möglich ist natürlich auch die Kumulierung mehrerer Anknüpfungsmomente.

529 In der Tat eine Forderung, die „leichter aufgestellt als erfüllt ist" (*Kegel*, IPR[7], § 2 I), die es jedoch gerade deshalb in Erinnerung zu rufen gilt.

530 *Henrich*, in: *Staudinger*, Art. 22 EGBGB Rnr. 6, geht dagegen ohne weiteres davon aus, daß die partnerschaftliche Adoption – worunter er indes nur die Adoption durch gleichgeschlechtliche Paare versteht – gemäß Art. 22 Abs. 1 S. 1 EGBGB anzuknüpfen sei; ebenso *Forkert*, S. 316.

531 BT-Drucks. 14/3751, S. 33.

532 Siehe schon oben S. 61.

Im Rahmen des Art. 22 Abs. 1 EGBGB indes findet dies scheinbar keinerlei Niederschlag. Während Art. 22 Abs. 1 S. 2 EGBGB die Adoption durch Ehegatten dem gemäß Art. 14 Abs. 1 EGBGB zu ermittelnden Ehewirkungsstatut unterstellt, bleibt es für eingetragene Lebenspartner – folgt man dem Wortlaut des Gesetzes – gemäß Art. 22 Abs. 1 S. 1 EGBGB beim Grundsatz der (ggf. kumulativen) Heimatrechtsanknüpfung. Damit aber unterlägen Lebenspartner denselben Regeln wie solche Personen, die völlig außerhalb jeder institutionalisierten familienrechtlichen Gemeinschaft leben. Ein Ergebnis, das überraschen muß, betrachtet man den ansonsten ausgesprochen großen Anwendungsbereich des Partnerschaftsstatuts[533]. Möglicherweise muß also die Eigenschaft der eingetragenen Lebenspartnerschaft als familienrechtliches Institut dazu führen, auch im Adoptionskollisionsrecht der Lebenspartnerschaft sonderanzuknüpfen. Jedenfalls aber macht die Überlegung deutlich, daß eine Subsumtion der partnerschaftlichen Adoption unter die Norm des Art. 22 Abs. 1 S. 1 EGBGB auf Bedenken stößt.

bb) Der Vertrauensschutz als Regelungsprinzip des Partnerschaftskollisionsrechts

Die vorgetragenen Zweifel werden noch verstärkt durch einen zweiten, das IPR der eingetragenen Lebenspartnerschaft charakterisierenden Gedanken: den des *Vertrauensschutzes*. Angesichts der sachrechtlichen Regelungsvielfalt – so die Gesetzesbegründung – diene die Eintragungsortsanknüpfung nämlich gerade dazu, das Vertrauen der Beteiligten zu schützen, die sich im Zweifel auf das am Registrierungsort geltende Recht einstellen würden[534]. Im Bereich des Adoptionsrechts aber ist das Ausmaß der internationalen Differenzen besonders groß. Die Wahl des Registrierungsstaates fällt hier umso schwerer ins Gewicht. So ist auch das potentielle Interesse der Partner, das am Eintragungsort geltende Recht „mit sich zu nehmen", in dieser Hinsicht *besonders* groß. Eine Ausdehnung des in Art. 17b Abs. 1 S. 1 EGBGB enthaltenen Schutzgedankens auf den Bereich des internationalen Adoptionsrechts trüge dem Rechnung, Art. 22 Abs. 1 S. 1 EGBGB vermag dies hingegen nicht.

c) Zwischenergebnis

Nach alledem darf bezweifelt werden, ob das Bestehen einer eingetragenen Lebenspartnerschaft adoptionskollisionsrechtlich tatsächlich als unbeachtlich ange-

[533] Dem Partnerschaftsstatut unterliegen Begründung, allgemeine und güterrechtliche Wirkungen sowie Auflösung der Partnerschaft (Art. 17b Abs. 1 S. 1 EGBGB), hilfsweise auch das Erb- und das Unterhaltsrecht der Lebenspartnerschaft (Art. 17b Abs. 1 S. 2 H.S. 2 EGBGB).

[534] BT-Drucks. 14/3751, S. 60. Die Formulierung „im Zweifel" macht deutlich, daß das Vertrauen schlechthin („abstrakt") und nicht etwa nur das tatsächliche Vertrauen im Einzelfall („konkret") geschützt werden soll.

sehen werden kann[535]. Einiges spricht im Gegenteil dafür, die partnerschaftliche Adoption der *lex loci celebrationis*, nicht jedoch dem Heimatrecht der Partner zu unterstellen. Damit steht die Frage einer Analogie zu Art. 22 Abs. 1 S. 2 i.V.m. Art. 17b Abs. 1 S. 1 EGBGB im Raum[536].

C. Analoge Anwendung des Art. 22 Abs. 1 S. 2 i.V.m. Art. 17b Abs. 1 S. 1 EGBGB

Als Mittel der Rechtsfortbildung kommt die Bildung einer Analogie allerdings nur unter engen methodischen Voraussetzungen in Betracht. Erforderlich ist zum einen das Vorliegen einer planwidrigen Lücke des Gesetzes, zum anderen die grundsätzliche Vergleichbarkeit der betrachteten Sachverhalte[537].

I. Planwidrige Regelungslücke

In bezug auf die partnerschaftliche Adoption müßte also zunächst eine Gesetzeslücke bestehen; das positive Recht muß mit anderen Worten unvollständig sein[538]. Art. 22 Abs. 1 S. 2 EGBGB enthält in der Tat keine Bestimmung über die Annahme als Kind durch eingetragene Lebenspartner. Hierin liegt aber nur dann eine Lücke, wenn das Gesetz nach seiner eigenen Teleologie eine solche Regel gerade enthalten sollte[539]. Daß das vorhandene Kollisionsrecht andererseits mit Art. 22 Abs. 1 S. 1 EGBGB einen Auffangtatbestand zur Verfügung stellt, der – wie gezeigt – auch den Fall der partnerschaftlichen Adoption grundsätzlich zu erfassen vermag, schließt das Vorliegen einer Lücke nicht etwa aus. Wenn Sinn und Zweck des Ausnahmetatbestands seine Ausdehnung auf andere (aber gleichgelagerte) Sachverhalte verlangen, so ist damit zugleich gesagt, daß eine Anknüpfung nach der Generalnorm dem Gesetzeszweck zuwiderläuft[540].

---

535 Darauf nämlich läuft die Anwendung des Art. 22 Abs. 1 S. 1 EGBGB hinaus.

536 Es könnte nun eingewandt werden, Ausnahmevorschriften wie Art. 22 Abs. 1 S. 2 EGBGB seien prinzipiell nicht analogiefähig *(singularia non sunt extendenda!)*. Diese rein formalistische Erwägung verkennt aber das eigentliche Wesen der Analogie: das Auffinden eines allgemeinen Rechtsprinzips. Welcher Art von Norm dieses Prinzip innewohnt, ist gar nicht maßgeblich. Wenn Sinn und Zweck gerade der Ausnahmevorschrift ihre Anwendung in anderen (aber gleichgelagerten) Fällen verlangen, ist nicht einzusehen, warum man dem nicht folgen sollte. Entscheidend für die Bildung einer Analogie sind letztlich immer nur wertend-vergleichende Überlegungen. Ebenso *Kramer*, Methodenlehre, S. 155 ff.; *Larenz/Canaris*, S. 202.

537 Zur Analogiebildung im allgemeinen *Larenz/Canaris*, S. 191 ff., 202 ff.

538 *Canaris*, Die Feststellung von Lücken im Gesetz, S. 39.

539 Sind diese Voraussetzungen erfüllt, so spricht man vom Vorliegen einer sogenannten „offenen" Lücke des Gesetzes; vgl. *Larenz/Canaris*, S. 198.

540 Eigentlich ist in diesem Fall also zugleich auch die lex generalis lückenhaft. Eine Regelungslücke liegt nämlich nicht nur dann vor, wenn für einen Sachverhalt kein Normbefehl existiert („offene" Lücke), sondern auch dann, wenn das Gesetz zwar eine dem möglichen Wortsinn zufolge anwendbare Regel enthält, diese aber nach ihrem Sinn und Zweck auf den speziellen

Mit anderen Worten: Ergibt die Untersuchung, daß eine Anwendung der lex specialis teleologisch „gewollt ist", so folgt hieraus zwangsläufig und denknotwendig auch, daß die Anwendung der lex generalis gerade „nicht gewollt ist". Die hier vorzunehmende Prüfung hat sich mithin darauf zu beschränken festzustellen, welcher Gesetzeszweck der Regelung des Art. 22 Abs. 1 S. 2 EGBGB zugrundeliegt und ob dieser Zweck nach einer Ausweitung des Ausnahmetatbestands auf die partnerschaftliche Adoption verlangt.

1. Ratio des Art. 22 Abs. 1 S. 2 EGBGB

Bis zu der IPR-Reform des Jahres 1986 stellte Art. 22 Abs. 1 S. 1 EGBGB die einzige Adoptionskollisionsregel des EGBGB dar. Erst im Zuge der Reform fand eine spezielle Regelung über die Ehegattenadoption Eingang in das Gesetz, Art. 22 Abs. 1 S. 2 EGBGB nämlich.

a) Entstehung der Norm

Seinen Ursprung hat der Gedanke einer Sonderanknüpfung für Ehegattenadoptionen – soweit ersichtlich – in den Vorschlägen des Deutschen Rates für IPR aus den Jahren 1965/66[541]. Der 1979 vorgelegte IPR-Gesetzentwurf von *Kühne*[542] griff ihn seinerseits auf. Gemäß § 25 Abs. 1 S. 2 des *Kühne*-Entwurfs soll über die Annahme als gemeinschaftliches Kind durch Ehegatten dasjenige Recht bestimmen, dem auch die persönlichen Wirkungen der Ehe unterliegen[543]. Zur Begründung wurde angeführt, diese Anknüpfung entspreche dem Gedanken der

---

Fall nicht paßt; s. hierzu *Kramer*, Methodenlehre, S. 143 ff. Die gesetzliche Regel bedarf hier einer im Gesetz nicht enthaltenen, durch sein telos aber geforderten Einschränkung, deren Fehlen als Lücke (wenn auch nur als „verdeckte"; *Larenz/Canaris*, S. 198) anzusehen ist. Die „verdeckte" Lücke der Generalnorm hat vorliegend aber neben der „offenen" Lücke der Spezialnorm keine eigenständige Bedeutung; sie ist vielmehr nur deren logische Folge.

541 *Lauterbach* (Hrsg.), Vorschläge und Gutachten zur Reform des deutschen internationalen Kindschafts-, Vormundschafts- und Pflegschaftsrechts, S. 4; vgl. auch *Beitzke* (Hrsg.), Vorschläge und Gutachten zur Reform des deutschen internationalen Personen-, Familien und Erbrechts, S. 60.

542 *Kühne*, IPR-Gesetz-Entwurf, S. 9. Bei der Publikation aus dem Jahre 1980 handelt es sich um die Wiedergabe eines 1979 von *Kühne* im Auftrag des Bundesjustizministeriums vorgelegtes Gutachtens mit dem Titel „Entwurf eines Gesetzes zur Reform des internationalen Privat- und Verfahrensrechts".

543 Da sich die vorgeschlagene Norm auf die Adoption als *gemeinschaftliches* Kind beschränkt, ist die schlichte Einzeladoption eines fremden Kindes durch einen der Ehegatten (sofern ausnahmsweise zulässig) von der Sonderanknüpfung nicht erfaßt, anders die Stiefkindadoption, da sie zur gemeinsamen Elternschaft der Ehegatten führt. Der Vorschlag des deutschen Rates von 1965/66 lautete dagegen noch, nur die „gemeinschaftliche Annahme" sonderanzuknüpfen (s. *Lauterbach* (Hrsg.) a.a.O., Fn. 541). Diese Formulierung wurde in den Vorschlägen des Rates von 1979 klarstellend geändert in „Annahme als gemeinschaftliches Kind", die sich wiederum mit der *Kühne*s deckt (s. *Beitzke* (Hrsg.), Vorschläge und Gutachten zur Reform des deutschen internationalen Personen-, Familien und Erbrechts, S. 60).

Familieneinheit und berücksichtige, daß das Ehewirkungsstatut den Parteiinteressen beider Ehegatten am ehesten gerecht werde[544]. Zudem werde auf diese Weise der materiellrechtlichen Adoptionsbegünstigungstendenz Rechnung getragen, der die kumulative Anwendung der Heimatrechte gerade nicht mehr entspreche[545].

Der von der Bundesregierung schließlich eingebrachte „Entwurf eines Gesetzes zur Neuregelung des Internationalen Privatrechts"[546] folgt im wesentlichen den Vorschlägen *Kühne*s und setzt sie in Art. 22 S. 2 EGBGB-E entsprechend um[547]. Über *Kühne* hinausgehend weitet aber der Regierungsentwurf die Sonderanknüpfung auf alle Adoptionen durch Ehegatten aus, indem er sich nicht auf die Annahme als gemeinschaftliches Kind beschränkt[548]. In der Begründung der Einführung einer Sonderanknüpfung für Ehegatten schließt sich der Gesetzentwurf der Argumentation des *Kühne*-Entwurfs an und wiederholt die drei vorgenannten Argumente[549].

Herausragende Bedeutung für die Wahl der Sonderanknüpfung im Rahmen des Art. 22 Abs. 1 S. 2 EGBGB besitzt nach alledem der Gedanke der Familieneinheit: Möglichst alle Rechtsfragen der Familie sollen grundsätzlich *einer* Rechtsordnung unterstellt werden[550]. Diesem Erfordernis hat der Regierungsentwurf – und ihm folgend das spätere Reform-Gesetz[551] – auch dadurch Rechnung getragen, daß er über das Adoptionsrecht hinaus weitere Verweisungen auf das Ehewirkungsstatut vorsieht. So im Güterrecht (Art. 15 Abs. 1 EGBGB), im Scheidungsrecht (Art. 17 Abs. 1 EGBGB), im Abstammungsrecht (Art. 19 Abs.

---

544 *Kühne*, IPR-Gesetz-Entwurf, S. 143.

545 *Kühne*, IPR-Gesetz-Entwurf, S. 144.

546 BR-Drucks. 222/83 = BT-Drucks. 10/504.

547 Repliken auf den Entwurf von *Kühne* blieben dagegen (zumindest in bezug auf das Kollisionsrecht der Adoption) wirkungslos. So hatten *Neuhaus* und *Kropholler* in einem eigenen Entwurf vorgeschlagen, die Adoption stets dem Heimatrecht des Kindes zu unterstellen; s. *Neuhaus/Kropholler*, in: RabelsZ 44 (1980), S. 326 = StAZ 1981, S. 173. *Dopffel/Scherpe et alt.*, in: RabelsZ 44 (1980), S. 348 = StAZ 1981, S. 174, wollten dagegen inländische Dekretadoptionen immer nach der lex fori ausgesprochen sehen. Zu anderen Ansätzen, die kumulative Anwendung der Heimatrechte schon vor der Reform zu vermeiden, s. bereits oben Fn. 524.

548 Art. 22 S. 2 EGBGB-E unterstellt mithin (sofern ausnahmsweise zulässig) sogar die *schlichte Einzel*adoption durch einen Ehegatten dem Sonderstatut. Zum abweichenden Vorschlag durch *Kühne* s. schon Fn. 543. Abweichungen bestehen auch in einem weiteren Punkt. Während *Kühnes* Entwurf vorsah, daß die Verweisung auch das durch Rechtswahl gemäß Art. 14 Abs. 2, 3 EGBGB bestimmte Wirkungsstatut umfaßt, beschränkt der Regierungsentwurf den Verweisungsumfang auf das gesetzliche Wirkungsstatut des Art. 14 Abs. 1 EGBGB.

549 Vgl. BR-Drucks. 222/83, S. 72.

550 Vgl. *Jayme*, in: IPRax 1983, S. 274; *ders.*, in: IPRax 1986, S. 265 (266).

551 Gesetz zur Neuregelung des Internationalen Privatrechts vom 25.7.1986, BGBl. I, S. 1142.

1 EGBGB[552]) sowie im Recht der Legitimation (Art. 21 Abs. 1 EGBGB[553])[554]. Dem Ehewirkungsstatut kommt damit die Bedeutung eines *Familienstatuts* zu – ein Umstand, der seinerseits wiederum auf die Anknüpfungen im einzelnen zurückgewirkt hat[555] und als das zentrale Regelungsmotiv des Art. 22 Abs. 1 S. 2 EGBGB gelten muß. Sinn und Zweck der Norm bestehen darin, die familienrechtliche Institution der Ehe auch im Bereich der Adoption ihrem „eigenen", nämlich dem Ehewirkungsstatut zu unterstellen.

b) Typenspezifische Sonderanknüpfung als allgemeiner Rechtsgedanke des Adoptionskollisionsrechts?

Fraglich ist nun, ob hieraus ein allgemeiner Rechtsgedanke des Inhalts gefolgert werden kann, daß auch andere institutionalisierte Lebensgemeinschaften in Adoptionssachen ihrem „eigenen" Recht unterliegen sollen. Dem könnte entgegengehalten werden, daß gerade deswegen, weil das Gesetz die Anwendbarkeit des „eigenen" Rechts (nur) an das Vorliegen einer Ehe knüpft, diese Rechtsfolge für andere Gemeinschaften nicht eintreten soll (*argumentum e contrario*).

Tatsächlich stellte die Ehe im Zeitpunkt der IPR-Reform von 1986 den einzigen „lebensgemeinschaftlichen" Anknüpfungsgegenstand des EGBGB dar, sodaß die Sonderanknüpfung des Art. 22 Abs. 1 S. 2 EGBGB im Ursprung zweifellos exklusiven Charakters war[556]. Spätestens die Gesetzesänderungen durch das LPartDisBG mußten diese Ausschließlichkeit dann aber in Frage stellen. So beherrscht heute das Prinzip der Rechtseinheit die neugeschaffene Institution der eingetragenen Lebenspartnerschaft mindestens ebenso stark wie ehedem schon die Ehe: Es umfaßt gemäß Art. 17b Abs. 1 S. 1 EGBGB die Auflösung der Partnerschaft genauso wie ihre allgemeinen sowie güterrechtlichen Wirkungen. Insofern deckt sich also der Anwendungsbereich des Partnerschaftsstatuts mit dem des ehelichen Familienstatuts. Darüber hinaus aber wurde es auf Anknüpfungsgegenstände ausgeweitet, die *nicht einmal* für Ehegatten dem Familienstatut unterliegen. So gelangt das Partnerschaftsstatut außerdem auch auf die Begründung der Partnerschaft (Art. 17b Abs. 1 S. 1 EGBGB), ja sogar im Erb- und Unterhaltsrecht zur Anwendung, sofern das allgemeine Erb- bzw. Un-

552 Durch das Kindschaftsrechtsreformgesetz vom 16.2.1997, BGBl. I, S. 2942, ist Art. 19 Abs. 1 EGBGB erneut geändert worden. Gemäß Art. 19 Abs. 1 S. 3 EGBGB n.F. ist das Ehewirkungsstatut nun nur noch alternativ berufen.

553 Den Anknüpfungsgegenstand der Legitimation hat das Kindschaftsrechtsreformgesetz 1997 (vorherige Fn.) vollständig beseitigt.

554 Darüber hinaus wollte *Kühne* auch die Rechtsnachfolge von Todes wegen dem Ehewirkungsstatut unterwerfen, so § 30 des Entwurfs. Diesem Vorschlag wurde nicht gefolgt.

555 *Kühne*, IPR-Gesetz-Entwurf, S. 90.

556 Es handelt sich also hier jedenfalls nicht um eine primäre, d.h. anfängliche Lücke des Gesetzes; vgl. *Kramer*, Methodenlehre, S. 145 f; *Canaris*, Feststellung von Lücken im Gesetz, S. 135.

terhaltsstatut der Artt. 18 und 25 f. EGBGB den Lebenspartnern keinerlei Rechte gewährt (Art. 17b Abs. 1 S. 2 H.S. 2 EGBGB). Es ist also kaum zu übersehen, daß der Grundsatz der Familieneinheit das IPR der eingetragenen Lebenspartnerschaft in ganz besonderer Weise dominiert und es sich dabei gerade nicht um ein auf das Kollisionsrecht der Ehe beschränktes Regelungsprinzip handelt. Die Nicht-Normierung der partnerschaftlichen Adoption im Rahmen des Art. 22 Abs. 1 EGBGB erscheint deshalb zunächst als planwidrig.

2. *Kein bewußter Regelungsverzicht*

Ein logisches „nur" könnte der Sonderanknüpfung des Satz 2 allein dann entnommen werden, wenn der Gedanke der Familieneinheit sich – entgegen der soeben dargestellten Systematik des internationalen Familienrechts im übrigen – gerade im Kontext *dieser* Norm als exklusiv eherechtlich erwiese. Letzteres könnte darin zum Ausdruck kommen, daß der Gesetzgeber eine Normierung des fraglichen Sachverhalts bewußt unterlassen, sich also in „beredtes Schweigen"[557] gehüllt hat. Im Fall eines solchen gesetzgeberischen Regelungsverzichts nämlich fehlt es an der erforderlichen Lücke[558].

Die Begründungen zum Entwurf des LPartDisBG enthalten keinerlei Ausführungen zur Frage des internationalen Adoptionsrechts[559]. In der Anhörung des Rechtsauschusses[560] wurde die Problematik ebensowenig thematisiert wie in seiner abschließenden Beschlußempfehlung[561]. Hinweise auf einen bewußten gesetzgeberischen Unterlassungsakt existieren also nicht – eine Erkenntnis, die andererseits auch kaum überraschen kann, beachtet man den internationalen Kontext, in dem das deutsche Gesetz entstand. So bestanden Adoptionsmöglichkeiten für homosexuelle Paare im zweiten Halbjahr 2000 – dem entscheidenden Stadium des Gesetzgebungsverfahrens – ausschließlich in Dänemark (*Stiefkindadoption* seit 2.6.1999[562]). Die niederländische Regelung (*Stiefkind-* und *gemeinsame Adoption*[563]) folgte erst am 21.12.2000 und konnte die deutsche Debatte nicht mehr prägen. Die navarresischen, norwegischen und schwedischen Vorschriften über die partnerschaftliche Adoption schließlich wurden erst weit

---

[557] *Larenz/Canaris*, S. 191.

[558] Vgl. *Kramer*, Methodenlehre, S. 139.

[559] Vgl. BT-Drucks. 14/3751, S. 60 f.

[560] S. dazu die Stellungnahmen der Sachverständigen im Rahmen der Anhörung vor dem Rechtsausschuß am 19.9.2000, Protokoll 14/59, insbesondere *Coester-Waltjen* (S. 119 ff.) und *Kötz* (S. 136 ff.).

[561] Beschlußempfehlung des Rechtsausschusses vom 9.11.2000, BT-Drucks. 14/ 4550.

[562] Gesetz vom 2.6.1999, Nr. 360 (vgl. oben Fn. 4).

[563] Gesetz vom 21.12.2000, Staatsblad 2001, Nr. 10 (vgl. oben Fn. 157). Die niederländische Regelung beschränkt sich – wie einleitend dargestellt – ohnehin nicht auf registrierte Partner und Eheleute.

nach Abschluß des deutschen Gesetzgebungsverfahrens erlassen[564]. Dagegen bestand die Möglichkeit der *gemeinsamen Adoption* für heterosexuelle Partnerschaften in Katalonien schon seit 1998, in Aragonien seit 1999[565]. Sie spielte aber in der Auseinandersetzung hierzulande schon deshalb keine Rolle, weil der rechtspolitische Blick – entsprechend der Konzeption des Sachrechts – stark auf die homosexuelle Partnerschaft verengt war. Das kollisionsrechtliche Problem der partnerschaftlichen Adoption ist nach alledem gar nicht ins Bewußtsein des Gesetzgebers gedrungen; es fand im Prozeß der Gesetzgebung schlicht keinen Niederschlag. Von einer rechtspolitischen Entscheidung, die Materie ungeregelt zu lassen, kann nach dem bisher Gesagten mithin keine Rede sein.

Mittelbar könnte ein Regelungsverzicht allenfalls aus der Tatsache hergeleitet werden, daß das LPartDisBG ganz bewußt keine *sachrechtlichen* Vorschriften über die partnerschaftliche Adoption enthält[566]. Diese gesetzgeberische Grundsatzentscheidung hindert zweifellos jeden Versuch, die sachrechtlichen Vorschriften über die Ehegattenadoption (§ 1741 Abs. 2 S. 2 und 3 BGB) analog auf die eingetragene Partnerschaft anzuwenden. Der eindeutige sachrechtliche Regelungsverzicht führt aber nicht zwangsläufig auch im IPR zu einem Analogiehindernis[567]. Sachrecht und IPR besitzen divergierende Regelungsinteressen: materielle Gestaltung der Rechtslage auf der einen, Berufung des sachnächsten Rechts auf der anderen Seite. Die gewollte Lückenhaftigkeit des materiellen Adoptionsrechts läßt deswegen noch keinen Schluß darauf zu, daß der Gesetzgeber sich auch im Kollisionsrecht einer speziellen Regelung enthalten wollte. Ein willentlicher, d.h. rechtspolitisch motivierter Verzicht auf die Schaffung einer speziellen Kollisionsnorm für die Adoption durch eingetragene Lebenspartner kann demzufolge nicht festgestellt werden.

Das Prinzip der Familieneinheit stellt sich nach alledem als allgemeingültiger Rechtsgrundsatz des internationalen Familienrechts dar, der Geltung inbesondere auch im Bereich des Adoptionsrechts beansprucht. Die Frage nach Sinn und Zweck des Art. 22 Abs. 1 S. 2 EGBGB ist also zusammenfassend so zu beantworten, daß institutionalisierte Lebensgemeinschaften in bezug auf die Adoption grundsätzlich demjenigen Recht unterliegen sollen, welches als Familienstatut auch die Mehrzahl der übrigen Rechtsfragen beherrscht. Art. 22 Abs. 1 S. 1 EGBGB dagegen erfaßt nur solche Adoptionen, die keiner typenspezifischen Sonderanknüpfung unterliegen.

---

564 Navarra *(gemeinsame Adoption)*: Gesetz vom 3.7.2000 (oben Fn. 22); Norwegen *(Stiefkindadoption)*: Gesetz vom 15.6.2001 (oben Fn. 7); Schweden *(gemeinsame* und *Stiefkindadoption)*: Gesetz vom 5.6.2002 (oben Fn. 8).

565 Gesetz vom 15.7.1998 bzw. 26.3.1999 (vgl. oben Fn. 20, 21).

566 Vgl. ausdrücklich die Begründung der Beschlußempfehlung des Rechtsausschusses vom 9.11. 2000, BT-Drucks. 14/4550, S. 6: „Der Gesetzentwurf enthält keine Möglichkeit der gemeinschaftlichen Adoption (...). Die bereits nach geltendem Recht (§ 1741 BGB) bestehende Möglichkeit der Einzeladoption durch einen Lebenspartner bleibt selbstverständlich bestehen".

567 Vgl. *Röthel*, in: IPRax 2000, S. 74 (77).

3. *Zwischenergebnis*

Da Sinn und Zweck der Norm einerseits der Anwendung des – seinem möglichen Wortsinn nach anwendbaren – Art. 22 Abs. 1 S. 1 EGBGB auf die partnerschaftliche Adoption zuwiderlaufen und andererseits die entsprechende Anwendung des – seinem Wortlaut nach gerade nicht anwendbaren – Art. 22 Abs. 1 S. 2 (i.V.m. Art. 17b Abs. 1 S. 1) EGBGB verlangen, haben wir es hier mit einer *Lücke des Gesetzes* zu tun. Sie besteht in dem Fehlen einer typenspezifischen Sonderanküpfung für die Adoption durch eingetragene Lebenspartner. Auszufüllen wäre sie im Wege der analogen Anwendung des Art. 22 Abs. 1 S. 2 (i.V.m. Art. 17b Abs. 1 S. 1) EGBGB.

II. *Vergleichbarkeit*

Die Übertragung der für einen bestimmten Tatbestand gegebenen Regel auf einen anderen ist aber nur dann zulässig, wenn beide ähnlich, d.h. wertungsmäßig gleich sind[568]. Eingetragene Lebenspartnerschaft und Ehe müßten in dem hier zu betrachtenden Zusammenhang also auch tatsächlich vergleichbar sein. Insbesondere dürfen nicht gegenläufige Rechtsprinzipien die eingetragene Lebenspartnerschaft vom Geltungsbereich des oben gefundenen Rechtsgrundsatzes ausnehmen.

Im Rahmen der Lückenfeststellung wurde bereits darauf hingewiesen, daß die eingetragene Lebenspartnerschaft ebenso wie die Ehe vom Grundsatz der Familieneinheit beherrscht wird. Beide Formen der Lebensgemeinschaft haben ein berechtigtes Interesse daran, möglichst alle sie betreffenden Rechtsfragen einheitlich einer Rechtsordnung unterstellt zu sehen. Der Gesetzgeber selbst trägt dem Rechnung, indem er die Artt. 14 und 17b Abs. 1 EGBGB zu Zentralnormen des Familienkollisionsrechts ausgestaltet hat. Hierin kommt die grundsätzliche internationalprivatrechtliche Gleichbewertung beider Institute zum Ausdruck. Im Bereich des internationalen Adoptionsrechts aber gibt es keinen einsichtigen Grund, diese Wertung aufzugeben. Zwar existiert für eingetragene Partnerschaften anders als für Ehegatten keine „materiellrechtliche Adoptionsbegünstigungstendenz“[569], die nachzuvollziehen das IPR sich angelegen sein lassen könnte[570], doch erscheint ein solcher Rekurs auf Motive des eigenen Sachrechts bei der Ableitung kollisionsrechtlicher Interessen ohnehin als recht fragwürdig, respektiert man die grundsätzliche Eigenständigkeit des IPR. Im übrigen aber stellte der Gedanke einer sachrechtskonformen Adoptionsbegünstigung durch das IPR – soweit er denn überhaupt vertreten wurde[571] – einen gegenüber dem Hauptargument der Familieneinheit durchaus nachrangigen Ge-

[568] Vgl. *Larenz/Canaris*, S. 202.
[569] *Kühne*, IPR-Gesetz-Entwurf, S. 144; BR-Drucks. 222/83, S. 72.
[570] Vgl. schon S. 102.
[571] Vgl. *Kühne*, IPR-Gesetzentwurf, S. 144.

sichtspunkt dar[572]. So können derartige Überlegungen auch im Hinblick auf die partnerschaftliche Adoption nicht ausschlaggebend sein.

Tatsächlich sehen sich die Phänomene im wesentlichen in derselben Interessenlage. In gewisser Hinsicht trifft auf die eingetragene Lebenspartnerschaft sogar erst recht zu, was für die Ehe gilt. So scheint die Schutzbedürftigkeit eingetragener Lebenspartner in ihrem Vertrauen auf die Geltung des jeweiligen Familienstatuts die von Ehegatten gerade im Bereich der Adoption sogar noch bei weitem zu übersteigen. In viel stärkerem Maße als Ehegatten sehen sich die Partner hier internationalen Regelungsdifferenzen gegenüber. Während die vergleichsweise uniforme Ausgestaltung der Ehe und ihrer adoptionsrechtlichen Folgen es häufig als nachrangig erscheinen läßt, welches Recht zur Anwendung gelangt[573], liegen für die eingetragene Partnerschaft zwischen einzelnen Rechtsordnungen regelmäßig „Welten". Umso sachgerechter ist es, die Partner der eingetragenen Lebenspartnerschaft in ihrem Vertrauen darauf zu schützen, daß nicht ihr Heimatrecht, sondern das Recht des Ortes, an dem sie sich bewußt haben eintragen lassen, als typenspezifisches Familienstatut die wesentlichen Fragen ihrer Partnerschaft bestimmt[574]. Dies ist der zutreffende, der Regelung des Art. 17b Abs. 1 S. 1 EGBGB zugrundeliegende Rechtsgedanke[575]. Gerade im international stark diversifizierten Recht der (partnerschaftlichen) Adoption aber sollte ihm zum Durchbruch verholfen werden, erfährt er doch hier eine besondere Aktualisierung.

Die analoge Anwendung des Art. 22 Abs. 1 S. 2 i.V.m. Art. 17b Abs. 1 S. 1 EGBGB hätte freilich zur Folge, daß eingetragene Partner ihr Adoptionsstatut durch indirekte Rechtswahl (nämlich durch die Wahl des Eintragungsortes) bestimmen können, während Ehegatten diese Möglichkeit gemäß Art. 14 Abs. 1 EGBGB nur mangels gemeinsamen Heimatrechts besitzen (nur dann nämlich entscheidet die Wahl des gewöhnlichen Aufenthalts)[576]. Art. 6 Abs. 1 GG wird

[572] Vgl. *Kühne*, IPR-Gesetzentwurf, S. 144; BR-Drucks. 222/83, S. 72.

[573] Was natürlich nicht bedeutet, daß das Adoptionsrecht von Ehegatten nicht auch erhebliche internationale Differenzen aufweist. Man denke etwa an islamisch geprägte Rechtsordnungen, die bereits die Adoption als solche ablehnen (s. den Überblick bei *Henrich*, in: *Staudinger*, vor Art. 22 EGBGB Rnr. 4). Verglichen mit jener Regelungsvielfalt, der sich eingetragene Partnerschaften *zusätzlich* dazu gegenübersehen, scheint das Problem bei Ehegatten aber ungleich kleiner.

[574] Das subjektive Vertrauensmoment korrespondiert unmittelbar mit dem objektiven Moment der Rechtsvielfalt. Das international vergleichsweise einheitliche Eherecht macht ein rechtliches Bewußt-Sein der Ehegatten über den Ort ihrer Eheschließung oder den ihres späteren Aufenthalts unwahrscheinlich. Die Partner einer eingetragenen Lebenspartnerschaft (zumal einer homosexuellen) werden sich dagegen viel stärker vergegenwärtigen, welchen Rechtszuschnitt ihnen die konkret eingegangene Partnerschaft bringt.

[575] BT-Drucks. 14/3751, S. 60.

[576] Die Rechtswahlmöglichkeiten gemäß Art. 14 Abs. 2 u. 3 EGBGB sind ihnen dagegen aufgrund der beschränkten Verweisung des Art. 22 Abs. 1 S. 2 EGBGB von vornherein verschlossen.

hierdurch dennoch nicht verletzt[577]; eine Benachteiligung von Ehegatten[578] gegenüber eingetragenen Lebenspartnern wäre allenfalls dann zu bejahen, wenn die Ausgangslage für beide Institute im übrigen die gleiche wäre. Es sind aber gerade die gegenüber der Ehe *noch größeren* internationalen Regelungsdifferenzen, die eine spezielle Anknüpfungstechnik im IPR der eingetragenen Lebenspartnerschaft erforderlich machen.[579]

Es liegt nach alledem kein Grund vor, eingetragene Lebenspartnerschaften von dem oben gefundenen Regelungsprinzip einer typenspezifischen Sonderanknüpfung in Fragen der Adoption entsprechend Art. 22 Abs. 1 S. 2 EGBGB auszunehmen. Partnerschaftliche und Ehegattenadoption unterliegen denselben kollisionsrechtlichen Wertungen. Die Voraussetzungen einer Analogiebildung sind damit erfüllt.

III. Zwischenergebnis

Die partnerschaftliche Adoption ist ebenso wie die Ehegattenadoption nicht dem allgemeinen Adoptionsstatut des Art. 22 Abs. 1 S. 1 EGBGB, sondern vielmehr dem einschlägigen Familienstatut, d.h. Art. 17b Abs. 1 S. 1 EGBGB, zu unterwerfen[580]. Die Geltung des Partnerschaftsstatuts im Bereich des internationalen Adoptionsrechts führt dazu, daß auch diesbezüglich allein das (Sach-[581]) Recht des Eintragungsortes zur Anwendung gelangt. Kennt die lex loci celebrationis ein Recht der eingetragenen Lebenspartner zur gemeinsamen oder Stiefkindadoption, so besitzen die Partner es daher – wenigstens aus Sicht des deutschen IPR – unabhängig von ihrer Staatsangehörigkeit und unabhängig von der Qualifikationsentscheidung des verwiesenen Rechts. Ist dem Eintragungsortsrecht die partnerschaftliche Adoptionsbefugnis hingegen fremd, so besitzen die Partner

[577] Vgl. *Kiel*, in: Hk-LPartG, Art. 17a EGBGB Rnr. 13.

[578] Dazu *BVerfG* vom 17.7.2002, in: BVerfGE 105, S. 313 (346 f.).

[579] Keine Rolle darf schließlich spielen, ob sich das Recht zur partnerschaftlichen Adoption am Ende möglicherweise als ordre-public-widrig erweist. Der Schluß, daß – sollte dies der Fall sein – auch eine spezielle Anknüpfung der partnerschaftlichen Adoption abzulehnen sei, ist unzulässig. Ordre-public-Erwägungen nämlich spielen im Prozeß der Qualifikation gerade keine Rolle (*Weber*, Qualifikation, S. 236). Selbst wenn sich also erwiese, daß auch die Adoptionsbefugnis eingetragener Lebenspartner eine überschießende Wirkung im Sinne des Art. 17b Abs. 4 EGBGB darstellt oder etwa gegen Art. 6 EGBGB verstößt, hätte dies keine Rückwirkung auf die zugrundeliegende Qualifikationsentscheidung. Zwar ist es durchaus denkbar, daß das durch die Kollisionsnorm berufene sachnächste Recht schlußendlich am Maßstab des ordre public scheitert, doch ändert dies nichts daran, daß die zuvor zu treffende Qualifikationsentscheidung völlig eigenen methodischen Gesetzen zu folgen hat.

[580] Die kumulative Anknüpfung an das Heimatrecht des Kindes in Fragen der Zustimmung gemäß Art. 23 S. 1 EGBGB bleibt hiervon natürlich unberührt.

[581] Hier vom Prinzip der Sachnormverweisung (Art. 17b Abs. 1 S. 1 EGBGB) abzuweichen, besteht kein Anlaß. Der Grundsatz der unbedingten Verweisung stellt gerade ein prägendes Moment der Partnerschaftskollisionsnorm dar; vgl. BT-Drucks. 14/3751, S. 60.

eine solche auch hierzulande unter keinen Umständen, selbst wenn die lex patriae beider Partner sie gewährt.

Beispiel I: Begründen ein Niederländer und ein Schwede die eingetragene Lebenspartnerschaft gemäß § 1 LPartG und beantragen sie anschließend hierzulande die gemeinsame Adoption eines fremden Kindes, so gelangen nicht die beiden adoptionsfreundlichen Heimatrechte[582], sondern es gelangt gemäß Art. 22 Abs. 1 S. 2 analog i.V.m. Art. 17b Abs. 1 S. 1 EGBGB allein das deutsche materielle Adoptionsrecht zur Anwendung. Gemäß § 1741 Abs. 2 S. 1 BGB kann eine nichtverheiratete Person „ein Kind nur allein annehmen". Hieraus folgt ein Verbot der gemeinsamen Adoption durch andere als Ehegatten[583]. Die gemeinsame Adoptionsbefugnis der Partner besteht daher nicht.

Beispiel II: Gehen dagegen ein Franzose und ein Deutscher in den Niederlanden die registrierte Partnerschaft gemäß Art. 1:80a BW ein, so findet, wenn sie später in Deutschland die gemeinsame Adoption eines fremden Kindes beantragen, gemäß Art. 22 Abs. 1 S. 2 analog i.V.m. Art. 17b Abs. 1 S. 1 EGBGB niederländisches Sachrecht, d.h. Art. 1:227 f. BW, Anwendung. Die Adoptionsbefugnis der Partner ist damit – vorbehaltlich unseres ordre public – zu bejahen.

Die Anwendung des Eintragungslandprinzips auf die partnerschaftliche Adoption ist per se mithin weder adoptionsfreundlich, noch adoptionsfeindlich. Die Anknüpfung kennzeichnet sich vielmehr gerade dadurch aus, daß sie den Rechtsstatus der Partner nur insoweit respektiert, als diese ein schützenswertes Vertrauen hierauf besitzen. Ausdruck dieses Vertrauens aber ist gerade die Registrierung der Partnerschaft in einem *bestimmten* Staat, der der Partnerschaft einen *bestimmten* Rechtsrahmen zur Verfügung stellt. Im Bereich der Adoption ergibt sich auf diese Weise eine interessengerechte Synthese des Prinzips der Familieneinheit (Rechtsgedanke des Art. 22 Abs. 1 S. 2 EGBGB) mit dem des Vertrauensschutzes (Rechtsgedanke des Art. 17b Abs. 1 S. 1 EGBGB).

IV. Insbesondere: Schlichte Einzeladoptionen

Zu klären bleibt, wie mit der Adoption eines fremden Kindes durch nur einen eingetragenen Lebenspartner zu verfahren ist. Anders als die Stiefkindadoption schafft diese Form der Einzeladoption keine gemeinsamen Rechtsbeziehungen der eingetragenen Lebenspartner zum angenommenen Kind. Sofern sie grundsätzlich möglich ist[584], stellt sich deshalb die Frage ihrer Anknüpfung.

---

582 Das schwedische IPR nähme die Verweisung allerdings wohl nur dann an, wenn auch das Kind die schwedische Staatsangehörigkeit besitzt, ansonsten versteckte Rückverweisung auf deutsches Recht als Recht des Wohnsitzes des/der Annehmenden; vgl. *Hausmann*, in: *Staudinger*, Anhang Art. 4 EGBGB Rnr. 130.

583 Vgl. *Frank*, in: *Staudinger*, § 1741 BGB Rnr. 10.

584 Wie z.B. in Deutschland (§ 1741 Abs. 2 S. 1 BGB) oder in Frankreich (Art. 343-1 CC, dazu oben S. 20 f.). In jenen Staaten dagegen, in denen die eingetragenen Partner ein gemeinsames Adoptionsrecht besitzen, ist ihnen die schlichte Einzeladoption regelmäßig verboten. Nur wenn der andere Partner von unbekanntem Aufenthalt ist oder an einer psychischen Störung leidet, erlaubt bspw. Kap. 4 § 3 S. 2 des schwedischen Elterngesetes die Einzeladoption durch eingetragene Partner (und Ehegatten). Anders in den Niederlanden: Da das Bestehen einer Ehe

Im Fall der Ehegattenadoption umfaßt der Wortlaut des Art. 22 Abs. 1 S. 2 EGBGB auch eine schlichte Einzeladoption[585]. Er läuft damit den Gesetzesvorschlägen der Literatur zuwider, die ausdrücklich nur die *gemeinsame* und die *Stiefkind*adoption erfaßt sehen wollten[586]. Eine solche Eingrenzung wäre m.E. auch nur sachgerecht, beschränkt sie doch die Sonderanknüpfung konsequent auf jene Adoptionen, die tatsächlich einen Bezug zur jeweiligen Partnerschaft aufweisen, indem sie das Kind zu einem *gemeinsamen* machen. Die schlichte Einzeladoption dagegen betrifft nicht eigentlich die Lebensgemeinschaft in ihrer familiären Funktion, sondern tatsächlich nur einen der Partner als Individuum. Ihre Anknüpfung unter dem Aspekt der Familieneinheit erscheint daher als unangemessen.

Ist mit der ausdrücklich gegenteiligen Entscheidung des Gesetzgebers die Möglichkeit einer restriktiven Auslegung des Art. 22 Abs. 1 S. 2 EGBGB in bezug auf Ehegattenadoptionen im Sinne der ursprünglichen Literaturvorschläge auch verbaut, so scheint es im Rahmen der hier vertretenen Analogielösung doch möglich, die Sonderanknüpfung auf *echt* partnerschaftliche Adoptionen zu beschränken. Der Rechtsfortbilder jedenfalls ist nicht gezwungen, die zur Analogie herangezogene Norm en détail zu kopieren. Die teleologische Einschränkung der Analogie ist vielmehr auch dort zuzulassen, wo die zur Lückenfüllung herangezogene Norm selbst sich wie hier einer solchen Reduktion verschließt. Der Sonderanknüpfung nach Art. 22 Abs. 1 S. 2 analog i.V.m. Art. 17b Abs. 1 S. 1 EGBGB sind daher allein die *gemeinsame* und die *Stiefkind*adoption durch eingetragene Lebenspartner zu unterwerfen, während es in Fällen der schlichten Einzeladoption bei Art. 22 Abs 1 S. 1 EGBGB bleibt. Über letztere entscheidet einzig das Heimatrecht des annehmenden eingetragenen Lebenspartners.

V. Die wirksame Begründung der Partnerschaft als Vorfrage

Die oben entwickelte Adoptionskollisionsnorm (Art. 22 Abs. 1 S. 2 analog i.V.m. Art. 17b Abs. 1 S. 1 EGBGB) kommt nur dann zum Tragen, wenn eine eingetragene Lebenspartnerschaft auch tatsächlich begründet wurde. Das Zustandekommen der Partnerschaft stellt sich dabei als Vor-[587] (bzw. Erst-[588]) Frage[589] dar. Als solche wäre sie nach überwiegender Auffassung *selbständig*, hier

bzw. registrierten Partnerschaft nicht Voraussetzung der Adoption ist, existiert umgekehrt auch kein Verbot der Einzelannahme bei Bestehen einer Ehe bzw. registrierten Partnerschaft.

585 Vgl. *Henrich*, in: *Staudinger*, Art. 22 EGBGB Rnr. 7.

586 *Kühne*, IPR-Gesetz-Entwurf, S. 9; *Beitzke* (Hrsg.), Vorschläge und Gutachten zur Reform des deutschen internationalen Personen-, Familien- und Erbrechts, S. 60.

587 *Henrich*, Internationales Familienrecht, S. 303; *ders.*, in: *Staudinger*, Art. 22 EGBGB Rnr. 26; *Kegel/Schurig*, IPR, § 20 XII 2b; *Klinkhardt*, in: MünchKomm, Art. 22 EGBGB Rnr. 25.

588 *von Hoffmann*, IPR, § 8 G VI 2.

589 Die h.M. (*Kegel/Schurig*, IPR, § 9 I; *von Bar/Mankowski*, IPR I, § 7 III 1) unterscheidet bekanntlich nicht zwischen Vor- und Erstfrage. Sie benutzt den Begriff der Vorfrage in einem umfassenden Sinn, unabhängig davon, ob die Frage des präjudiziellen Rechtsverhältnisses

also gemäß Art. 17b Abs. 1 S. 1 EGBGB so anzuknüpfen als wäre sie selbst Hauptfrage[590]. Nach anderer Ansicht soll die Anknüpfung i.R. des Art. 22 Abs. 1 S. 2 EGBGB *in favorem matrimonii* erfolgen[591]. Wollte man dementsprechend hier einen *favor registrationis* zugrundelegen, so wäre eine wirksame Partnerschaft nicht nur dann anzunehmen, wenn das durch Art. 17b Abs. 1 S. 1 EGBGB berufene Recht zu diesem Ergebnis gelangt (selbständige Anknüpfung), sondern *alternativ* auch dann, wenn eine wirksame Verpartnerung nur aus Sicht des IPR[592] der in der Hauptfrage berufenen Rechtsordnung gegeben ist (unselbständige Anknüpfung).

Allerdings kommt im Falle der partnerschaftlichen Adoption eine unselbständige Anknüpfung schon deswegen nicht in Betracht, weil in der Hauptfrage gemäß Art. 22 Abs. 1 S. 2 analog i.V.m. Art. 17b Abs. 1 S. 1 EGBGB allein fremdes *Sach*recht zur Anwendung gelangt. Ist aber das Kollisionsrecht des Registrierungsstaates in der Hauptfrage ohne Belang, so kann es auch nicht zum Maßstab einer (unselbständigen) Vorfragenanknüpfung erhoben werden[593]. Welches Recht über das Bestehen der Partnerschaft befindet, bestimmt sich allein nach Art. 17b Abs. 1 S. 1 EGBGB[594].

VI. Insbesondere: Eintragung innerhalb eines Mehrrechtsstaates

Art. 17b Abs. 1 S. 1 EGBGB beruft das Sachrecht des registerführenden Staates. Damit ist die anzuwendende Rechtsordnung regelmäßig bereits bestimmt. Näheres Hinsehen verdient aber der Fall, daß der verwiesene Staat ein räumlich gespaltenes Familienrecht besitzt. So nämlich verhält es sich mit Spanien, dann

(hier der Ehe bzw. eingetragenen Lebenspartnerschaft) vom Tatbestand einer in- oder ausländischen Norm aufgeworfen wird. Die M.M. (*von Hoffmann*, IPR, § 6 C II, III, ebenso *Kropholler*, IPR, § 18 II) bezeichnet dagegen die vom Tatbestand der inländischen Kollisionsnorm aufgeworfene Frage als Erst-, alle übrigen präjudiziellen Fragen (sei es des fremden IPR oder des anwendbaren Rechts) als Vorfragen.

590 Für die Ehegattenadoption *Henrich*, in: *Staudinger*, Art. 22 EGBGB Rnr. 31; *ders.*, Internationales Familienrecht, S. 307 f.; *von Hoffmann*, IPR, § 8 G VI 2; *Kegel/Schurig*, IPR, § 20 XII 2b, § 9 II 1; *Lüderitz*, in: *Soergel*, Art. 22 EGBGB Rnr. 22.

591 *Klinkhardt*, in: MünchKomm, Art. 22 EGBGB Rnr. 25.

592 Nicht das Sachrecht der lex causae, sondern zunächst ihr Kollisionsrecht ist nämlich bei der unselbständigen Anknüpfung einer Vorfrage zu betrachten; vgl. *Kegel/Schurig*, IPR, § 9 II 1; *von Hoffmann*, IPR, § 6 C III 2b; *Sonnenberger*, in: MünchKomm, Einleitung IPR Rnr. 504.

593 Ebenso *von Bar*, IPR I[1], § 7 III 2 (Rnr. 615): „(...) haben wir nur eine Verweisung auf ausländisches *Sach*recht vor uns, bleibt unerklärbar, wie man überhaupt dazu kommen kann, ausländisches *IPR* über seine Ansicht über den Bestand eines präjudiziellen Rechtsverhältnisses anzuhören".

594 Setzt das Adoptionsstatut seinerseits das Bestehen einer eingetragenen Partnerschaft voraus (allein das niederländische Adoptionsrecht tut dies nicht, da die Adoptionsbefugnis der Partner dort *nicht* an ihre Eintragung gebunden ist), so ist diese neuerliche Vorfrage ebenso zu beantworten wie die zuvor schon durch unser IPR aufgeworfene; vgl. *von Hoffmann*, IPR, § 6 C III 2b bb). Substitutionsprobleme treten dabei nicht auf, da Partnerschafts- und Adoptionsstatut identisch sind

also, wenn eine in Katalonien, Aragonien oder Navarra registrierte Partnerschaft in Rede steht[595]. Auszugehen ist hierbei grundsätzlich von Art. 4 Abs. 3 EGBGB. Danach erfolgt die Unteranknüpfung in erster Linie durch unser IPR selbst (Art. 4 Abs. 3 S. 1 EGBGB: „ohne die maßgebende zu bezeichnen"), hilfsweise durch das interlokale Privatrecht des verwiesenen Staates (S. 1) und in Ermangelung dessen schließlich anhand der engsten Verbindung (S. 2). Es fragt sich, ob Art. 17b Abs. 1 S. 1 EGBGB eine unmittelbar anzuwendende Teilrechtsordnung bezeichnet.

Der Begriff des „registerführenden Staates" ist insofern irreführend, als „Staat" im Sinne des IPR ja stets der fremde *Gesamt*staat ist[596]. Das aber ist im vorliegenden Fall Spanien, dessen Recht selbst gar keine eingetragene Partnerschaft kennt. Lediglich die Partikularrechte einiger seiner autonomen Gemeinschaften[597] verfügen über entsprechende Rechtsinstitute. Das scheinbare Paradoxon ist aufzulösen, indem man auf das eigentliche Regelungsmotiv der Vorschrift zurückkommt: Die Partnerschaft soll dem Recht unterliegen, nach dem sie registriert wurde[598]. Ob es sich dabei um das Recht eines Staates, eines Teilstaates oder eines autonomen Gebietes handelt, kann hierfür keine Rolle spielen. Wie es im Anschluß an den Wortlaut der Gesetzesbegründung[599] auch im Schrifttum[600] üblich geworden ist, sollte man der Klarheit wegen daher vorzugsweise vom Eintragungsort als maßgeblichem Anknüpfungsmoment der Norm sprechen. Registerführender Staat im Sinne des Art. 17b Abs. 1 S. 1 EGBGB kann demzufolge auch eine Gebietseinheit innerhalb des Gesamtstaates sein, deren autonomes Recht eine Eintragung zuläßt. Der demnach maßgebliche *locus celebrationis* aber ist ein räumlich bezogenes Kriterium, das die unmittelbare Unteranknüpfung im Sinne des Art. 4 Abs. 3 S. 1 EGBGB grundsätzlich erlaubt[601].

Die Regelung ist indes nicht unangefochten. Sie wurde vielfach kritisiert und einschränkend ausgelegt[602]. Die mit ihr bezweckte Ausschaltung des frem-

---

595 Dazu S. 41 ff.

596 Vgl. *Kegel/Schurig*, IPR, § 11 I.

597 Die autonomen Gemeinschaften selbst besitzen i.ü. auch nach spanischem Verfassungsrecht keine Staatsqualität, sondern lediglich den Status politisch dezentralisierter Einheiten des Gesamtstaates; vgl. *Ibán*, Einführung in das spanische Recht, S. 84. Von Teil- oder Bundesstaaten zu sprechen, wäre daher falsch.

598 BT-Drucks. 14/3751, S. 60.

599 BT-Drucks. 14/3751, S. 60; dort ist ausdrücklich vom Eintragungs- bzw. Registrierungsort die Rede.

600 S. nur *von Hoffmann*, IPR, § 8 E II 1; *Kiel*, in: Hk-LPartG, Art. 17a EGBGB Rnr. 3 *et passim*; *Süß*, in: DNotZ 2001, S. 168 (170); *Heldrich*, in: *Palandt*, Art. 17b EGBGB Rnr. 3; früher schon *Hausmann*, in: FS Henrich (2000), S. 241 (255).

601 Vgl. *Hohloch*, in: *Erman*, Art. 4 EGBGB Rnr. 22.

602 So durch *Jayme*, in: IPRax 1989, S. 287 (288); *Rauscher*, in: IPRax 1987, S. 206 ff.; *Otto*, in: IPRax 1994, S. 1 ff.; Kritik auch bei *Ferid*, IPR, Rnr. 2-38,1. Keinen Korrekturbedarf sehen

den interlokalen Kollisionsrechts wurde als unbefriedigend und sachfremd empfunden[603]. Ausgenommen von der Kritik wird allerdings der Fall der *Sachnorm*verweisung[604]. In der Tat erweist sich hier der Durchgriff auf die fremde Teilrechtsordnung im Gegenteil als sachgerecht. Spricht das deutsche Kollisionsrecht eine Sachnormverweisung aus, so wird der Gedanke der Entscheidungsharmonie[605], welchen die Rückverweisungsprüfung fördern soll, aus besseren Sachgerechtigkeitserwägungen beiseitegelassen. Hier bestehen dann auch keine rechtspolitischen Bedenken[606], die als sachgerecht erkannte Anwendung eines bestimmten materiellen Rechts durchzusetzen. Gibt das deutsche Recht die Entscheidung nicht dem fremden IPR in die Hand, so darf es dies auch nicht gegenüber dem fremden interlokalen Recht tun[607]. Häufig wird das fremde Kollisionsrecht in diesem Fall auch gar keine interlokale Unteranknüpfung bereithalten[608].

Da es sich bei der durch Art. 17b Abs. 1 S. 1 EGBGB ausgesprochenen Verweisung um eine räumlich bestimmte *Sachnorm*verweisung handelt, ist der Verweisungsdurchgriff auf die durch die Vorschrift selbst bezeichnete Teilrechtsordnung gemäß Art. 4 Abs. 3 S. 1 EGBGB zu bejahen. Gilt es eine in Katalonien, Aragonien oder Navarra registrierte Partnerschaft zu beurteilen, so verweist Art. 22 Abs. 1 S. 2 analog i.V.m. Art. 17b Abs. 1 S. 1 i.V.m. Art. 4 Abs. 3 S. 1 EGBGB direkt auf das dort geltende Sachrecht.

VII. Gegenstände des Adoptionsstatuts

Das gemäß Art. 22 Abs. 1 S. 2 analog i.V.m. Art. 17b Abs. 1 S. 1 EGBGB anwendbare Recht des Eintragungsortes befindet nicht nur über die Frage, ob der/die annehmende/-n eingetragene/-n Lebenspartner überhaupt die Befugnis zur gemeinsamen oder Stiefkindadoption besitzen, sondern auch über *Adoptionsvoraussetzungen*[609] wie das Mindestalter des Annehmenden, einen etwa einzuhaltenden Altersunterschied zwischen Annehmendem und Kind, das Höchst-

---

dagegen *Heldrich*, in: *Palandt*, Art. 4 EGBGB Rnr. 14; *Ebenroth/Eyles*, in: IPRax 1989, S. 1 (6).

603 Vgl. *Jayme*, in: IPRax 1989, S. 287 (288), der das interlokale Privatrecht des Gesamtstaates daher auch im Fall der Teilgebietsverweisung über Art. 4 Abs. 1 S. 1 EGBGB berücksichtigen will.

604 Vgl. *Rauscher*, in: IPRax 1987, S. 206 (208); *Otto*, in: IPRax 1994, S. 1 (2 f.).

605 Auf diesen gründet auch *Jayme*, in: IPRax 1989, S. 287 (288), seine Kritik an Art. 4 Abs. 3 S. 1 EGBGB.

606 *Ferid*, IPR, Rnr. 2-38,1.

607 *Rauscher*, in: IPRax 1987, S. 206 (208).

608 Wenn nämlich zuvor die internationalprivatrechtlichen Maßstäbe des fremden Rechts außer acht gelassen wurden – und das ist bei der Sachnormverweisung ja gerade der Fall – dann gelangen auch all jene Rechtsfragen zur Unteranknüpfung, die das fremde Recht gar nicht beantworten will, in denen also sein IPR zuvor einen Renvoi ausgesprochen hätte.

609 Vgl. *Kropholler*, IPR, § 49 III 2; *von Hoffmann*, IPR, § 8 G VI 3; *Henrich*, in: *Staudinger*, Art. 22 EGBGB Rnr. 23.

alter des Angenommenen, die Zustimmung Dritter (beachte aber auch Art. 23 S. 1 EGBGB[610]), das Erfordernis einer der Adoption vorausgehenden Aufnahme des Kindes durch die Annehmenden[611] usw. Dasselbe gilt für die *Art des Zustandekommens*[612]: So bestimmt das Adoptionsstatut, ob die Annahme durch Vertrag oder – wie in den hier betrachteten Rechtsordnungen – per Dekret erfolgt[613]. Weiter entscheidet es über *Nichtigkeit*, *Anfechtung* und *Aufhebung* der Adoption[614]. *Statusbegründende* und *statuslösende Adoptionswirkungen* wie die Schaffung oder die Aufhebung von Verwandtschaft und Schwägerschaft unterliegen gemäß Art. 22 Abs. 2 EGBGB ebenfalls dem Adoptionsstatut[615]. Hinsichtlich der *erbrechtlichen Statusfolgen* einer Adoption hat der Gesetzgeber eine lange geführte Kontroverse beendet[616], indem er auch diese nun dem Bereich des Adoptionsstatuts unterstellt (Art. 22 Abs. 3 S. 1 EGBGB)[617]. Anders der *Name* des Kindes, welcher sich nach dem gemäß Art. 10 Abs. 1 EGBGB anwendbaren Recht bestimmt[618], sowie seine *Staatsangehörigkeit*, für die allein das Staatsangehörigkeitsrecht eines jeden Staates maßgebend ist[619]. Auch Fragen

---

610 Hierzu *Jayme*, in: IPRax 1989, S. 157.

611 Etwa die „acogita preadoptiva" des katalanischen (oben S. 46) oder die „confiança" des portugiesischen Rechts (oben S. 51).

612 *Hohloch*, in: *Erman*, Art. 22 EGBGB Rnr. 15; *Heldrich*, in: *Palandt*, Art. 22 EGBGB Rnr. 5; *Henrich*, in: *Staudinger*, Art. 22 EGBGB Rnr. 33.

613 Vgl. die Darstellungen im Ersten Kapitel. So kommt es auch auf die Streitfrage, ob deutsche Vormundschaftsgerichte dann, wenn das Adoptionsstatut die gerichtliche Bestätigung einer vertraglichen Annahme vorsieht, die Adoption entsprechend §§ 1752 Abs. 1 BGB durch *Verfügung* (so *Heldrich*, in: *Palandt*, Art. 22 EGBGB Rnr. 5, der § 1752 Abs. 1 BGB insofern verfahrensrechtlichen Charakter beimißt) oder aber entsprechend dem ausländischen Recht durch *Bestätigung* zu vollziehen haben (so *Henrich*, in: *Staudinger*, Art. 22 EGBGB Rnr. 78; *Hohloch*, in: *Erman*, Art. 22 EGBGB Rnr. 16), nicht an.

614 *Henrich*, in: *Staudinger*, Art. 22 EGBGB Rnrn. 35 ff.; *Heldrich*, in: *Palandt*, Art. 22 EGBGB Rnr. 4.

615 Vgl. *Henrich*, in: *Staudinger*, Art. 22 EGBGB Rnr. 44; *Heldrich*, in: *Palandt*, Art. 22 EGBGB Rnr. 6.

616 Die Auseinandersetzung braucht hier nicht nachgezeichnet zu werden; stattdessen sei auf *von Hoffmann*, IPR, § 8 G VI 3, und *Henrich*, in: *Staudinger*, Art. 22 EGBGB Rnrn. 64 ff., verwiesen.

617 Was nicht bedeutet, daß sich das Erbrecht selbst nach Adoptionsstatut beurteilt. Sieht aber das gemäß Art. 25 EGBGB zu ermittelnde Erbstatut ein gesetzliches Erbrecht des Angenommenen vor, so entscheidet das Adoptionsstatut darüber, ob die vorgenommene Adoption überhaupt zu erbrechtlich relevanten Verwandtschaftsverhältnissen führt (Substitution). Über die Höhe eines ggf. bestehenden Anspruchs befindet dann wieder allein das Erbstatut; vgl. *von Hoffmann*, IPR, § 8 G VI 3.

618 H.M.; vgl. *Henrich*, in: *Staudinger*, Art. 22 EGBGB Rnr. 47; *Hohloch*, in: *Erman*, Art. 22 EGBGB Rnr. 18; *Heldrich*, in: *Palandt*, Art. 22 EGBGB Rnr. 6; *BayObLG* vom 7.5.1986, in: StAZ 1986, S. 318.

619 *Hohloch*, in: *Erman*, Art. 22 EGBGB Rnr. 17; *Henrich*, in: *Staudinger*, Art. 22 EGBGB Rnr. 57. Nach deutschem Recht erwirbt das Kind die deutsche Staatsangehörigkeit gemäß § 3 i.V.m. § 6 StAG, wenn einer der Annehmenden Deutscher ist. Da die Annahme durch Lebenspartner immer nur nach ausländischem Recht erfolgen kann, stellt sich die Frage, ob die jeweilige Adoption nach Maßstab des StAG wirksam, d.h. substitutionsfähig ist (dazu näher *Hen-*

des *Unterhalts* und der *Wirkungen des Eltern-Kind-Verhältnisses* werden gesondert angeknüpft (Artt. 18, 21 EGBGB).

D. Exkurs

I. Adoption durch faktische Partner

1. Anknüpfung

Wurde im Wege der Qualifikation oben die analoge Anwendung des Ehekollisionsrechts auf die faktische Partnerschaft bejaht, so ist damit nicht notwendigerweise über das einschlägige Adoptionskollisionsrecht entschieden. Zwar scheint es durchaus naheliegend, auch hier die Vorschriften über die Ehegattenadoption entsprechend heranzuziehen, doch gilt es zu berücksichtigen, daß mit Art. 22 Abs. 1 S. 1 EGBGB eine Alternativnorm zur Verfügung steht, die ja grundsätzlich alle Arten nichtehelicher Lebensgemeinschaften zu erfassen vermag. Die analoge Anwendung des Satz 2 kommt daher nur dann in Betracht, wenn sich erweist, daß der Regelungszweck gerade dieser Spezialnorm auf faktische Partnerschaften ebenso zutrifft wie auf die Ehe.

Wie bereits gezeigt, bezweckt Art. 22 Abs. 1 S. 2 eine *typenspezifische Sonderanknüpfung für institutionalisierte Lebensgemeinschaften*[620]. Zur Wahrung der Familieneinheit werden Ehe und eingetragene Lebenspartnerschaft auch in Adoptionssachen allein ihrem Familien- d.h. dem jeweiligen Wirkungsstatut unterstellt. Zwar hat die faktische Partnerschaft – anders als Ehe und eingetragene Lebenspartnerschaft – im deutschen Sachrecht keinerlei Institutionalisierung erfahren; die Tatsache aber, daß ausländische Rechtsordnungen inzwischen über entsprechende Rechtsinstitute verfügen, führt dazu, daß das deutsche internationale Familienrecht die faktische Partnerschaft heute als zum Typus verdichteten ungeschriebenen Anknüpfungsgegenstand anzuerkennen hat (dazu oben S. 77 ff.). Die entsprechende Anwendung der Artt. 13 ff. EGBGB führt dazu, daß auch diese Form der Partnerschaft hinsichtlich der meisten ihrer Rechtsfragen *einheitlich* einem bestimmten Recht, ihrem Familienstatut nämlich, unterliegt. Ist die faktische Partnerschaft aber ebenso wie Ehe und eingetragene Lebenspartnerschaft vom kollisionsrechtlichen Grundsatz der Familieneinheit bestimmt, so spricht einiges dafür, diesem Prinzip auch im internationalen Adoptionsrecht zum Durchbruch zu verhelfen.

Die (ggf. kumulative) Heimatrechtsanknüpfung des Art. 22 Abs. 1 S. 1 EGBGB sollte daher auf jene Fälle beschränkt werden, in denen die Lebensge-

---

rich, in: *Staudinger*, Art. 22 EGBGB Rnr. 59 ff.); zu dieser Problematik im allgemeinen siehe das Achte Kapitel.

620 Siehe dazu S. 103 ff.

meinschaft der Annehmenden gar keinen institutionellen Rahmen gefunden hat. Sofern aber nach dem gemäß Artt. 13 ff. EGBGB analog ermittelten Recht eine faktische Partnerschaft entstanden ist, die Heimatrechte der Partner also eine Institutionalisierung der Gemeinschaft zulassen, sollte auch unser Adoptionskollisionsrecht dem Rechnung tragen und die Partner dieser Lebensgemeinschaft nicht wie Statuslose behandeln[621]. Demzufolge muß auf die gemeinsame und die Stiefkindadoption durch die Partner einer faktischen Partnerschaft gemäß Art. 22 Abs. 1 S. 2 analog i.V.m. Art. 14 Abs. 1 EGBGB analog das *allgemeine Partnerschaftswirkungsstatut* Anwendung finden. Auch hier ist zu betonen, daß mit dieser Anknüpfung nicht notwendig eine Adoptionsbegünstigung verbunden ist: So ist es durchaus möglich, daß das Heimatrecht eines Partners die Befugnis zur Stiefkindadoption kennt (was gemäß Art. 22 Abs. 1 S. 1 EGBGB ja bereits ausreichend wäre), während sie dem Recht des gewöhnlichen Aufenthalts als maßgeblichem Familienstatut gemäß Art. 14 Abs. 1 EGBGB fremd ist.

2. Anwendung

Die Umsetzung der gefundenen Anknüpfung soll hier anhand des kollisionsrechtlichen Regelfalls zweier Personen mit gewöhnlichem Aufenthalt in Deutschland illustriert werden. Relevant wird der Typus der faktischen Partnerschaft nur in bezug auf die dargestellten *iberischen* Rechte. Ist danach eine Partnerschaft wirksam begründet (Art. 13 Abs. 1 EGBGB analog, dazu das Beispiel oben S. 80 f.), kann gemäß Art. 22 Abs. 1 S. 2 EGBGB analog i.V.m. Art. 14 EGBGB analog allein das gemeinsame Heimatrecht der Partner, nicht aber das Recht ihres gemeinsamen gewöhnlichen Aufenthalts (deutsches Recht) zu einer partnerschaftlichen Adoptionsbefugnis führen. Im Fall zweier Spanier kommt es zur versteckten Rückverweisung durch das spanische IPR[622], sodaß ihnen die Adoptionsbefugnis abzusprechen ist. Handelt es sich dagegen um zwei Portugiesen, nimmt das portugiesische IPR die deutsche Verweisung gemäß Art. 60 Abs. 1, 2 CC an[623]. Sind beide verschiedenen Geschlechts, so ist ihre Adoptions-

---

[621] Anders *Lüderitz*, in: *Soergel*, Art. 22 EGBGB Rnr. 8; *Jakob*, S. 349.

[622] Gemäß Art. 9 Abs. 5 CC richtet sich die von einem spanischen Richter begründete Adoption nach spanischem Recht. Dem Zusammenspiel von Zuständigkeit und Anwendung der lex fori einerseits sowie der Anerkennungsregel des Art. 952 Ley de Enjuiciamiento Civil andererseits (zu dieser Norm s. *Vázquez Iruzubieta*, LEC, S. 1192) kann ein versteckter Renvoi auf die *lex fori*, hier also deutsches Recht, entnommen werden. Die Rechtsfigur der versteckten Rückverweisung ist zwar umstritten, wird aber von der h.L. ebenso wie der Rechtsprechung bejaht; vgl. *RG* vom 2.6.1932, in: RGZ 136, S. 361 (365); *Jayme*, in: ZfRV 1970, S. 253 (258 ff.); *Kegel*, in: *Soergel*, Art. 4 EGBGB Rnr. 16; *Kegel/Schurig*, IPR, § 10 VI; *Hanisch*, in: NJW 1966, S. 2085 (2089). Kritisch *Wengler*, in: NJW 1959, S. 127; *Beitzke*, in: NJW 1960, S. 248; *ders.*, in: RabelsZ 48 (1984), S. 623 (627 ff.); *Sonnenberger*, in: MünchKomm, Art. 4 EGBGB Rnrn. 42 ff.

[623] Abgedruckt bei *Albuquerque-Pinto*, in: *Bergmann/Ferid/Henrich*, Portugal S. 40. Art. 60 Abs. 1 CC entspricht inhaltlich Art. 22 Abs. 1 S. 1 EGBGB, indem er die Adoption durch Einzelpersonen dem Personalstatut des Annehmenden unterstellt, während Art. 60 Abs. 2 CC ebenso

befugnis – vorbehaltlich des ordre public – gemäß Art. 7 Lei N.° 7/2001 i.V.m. Art. 1979, 1992 CC zu bejahen.

II. Adoption durch Partner einer Homo-Ehe

Für die Homo-Ehe stellt sich die Situation anders dar. Da der Typusbegriff der Ehe ein einheitlicher ist, zwingt die im Zweiten Kapitel vorgenommene Qualifikation der Homo-Ehe als echte Ehe i.S. der Artt. 13 ff. EGBGB dazu, jede Adoption durch die Partner einer solchen Verbindung gemäß Art. 22 Abs. 1 S. 2 EGBGB anzuknüpfen. Für wertende Betrachtungen ist dabei kein Raum. Über die Adoption durch homosexuelle Ehegatten entscheidet folglich stets das Ehewirkungs- und Familienstatut des Art. 14 Abs. 1 EGBGB. Wiederum ist es im Regelfall allein das gemeinsame Heimatrecht, das zu einer Adoptionsbefugnis führen kann. Praktisch bedeutet dies, daß bislang nur niederländische Ehegatten in Deutschland zur gemeinsamen oder Stiefkindadoption befugt sind, da das niederländische als einziges der möglichen Heimatrechte sowohl die homosexuelle Eheschließung als auch eine Adoption durch homosexuelle Paare zuläßt.

---

wie Art. 22 Abs. 1 S. 2 EGBGB die Ehegattenadoption entsprechend der *Kegel*schen Leiter anknüpft. Die Qualifikation der partnerschaftlichen Adoption im portugiesischen IPR darf vorliegend also offenbleiben, da nach beiden Vorschriften das gemeinsame portugiesische Heimatrecht der Partner anzuwenden ist.

Viertes Kapitel

Das fremde Adoptionsrecht im Lichte des ordre public

Nachdem feststeht, wie das partnerschaftliche Adoptionsstatut zu bestimmen ist, gilt es nun, die bei seiner Anwendung auftretenden Probleme zu untersuchen. Läßt das berufene ausländische Recht die gemeinsame bzw. Stiefkindadoption durch eingetragene Lebenspartner zu, so provoziert diese krasse Abweichung[624] vom Anwendungsergebnis des deutschen Rechts notwendigerweise die Frage nach einer kollisionsrechtlichen Abwehr der fremden Norm (*negativer ordre public*[625]). Darf also ein deutsches Vormundschaftsgericht die gemeinsame bzw. Stiefkindadoption durch eingetragene Lebenspartner aussprechen? Dabei gilt es, sich vorschneller Urteile – sei es pro oder contra partnerschaftliche Adoption – zu enthalten und die Betrachtung auf jenen Aspekt zurückzuführen, der letzlich im Mittelpunkt der Auseinandersetzung stehen muß: das Kindeswohl[626].

A. Spezieller ordre public – Art. 17b Abs. 4 EGBGB

Vorderhand ist die spezielle Ordre-public-Norm des Art. 17b Abs. 4 EGBGB zu betrachten. Als solche geht sie Art. 6 EGBGB grundsätzlich vor. Fraglich ist zunächst die Anwendbarkeit der Vorschrift im internationalen Adoptionsrecht. Das Problem des Anwendungsbereichs des Art. 17b Abs. 4 EGBGB war bereits oben Gegenstand der Untersuchung[627]. Demzufolge sind die Eingehungs*voraussetzungen* einer Lebenspartnerschaft vom Wirkungsbegriff der Norm nicht erfaßt[628]. Andererseits konnte festgestellt werden, daß die Kappungsregel zumindest Wirkungen *und* Folgen im Sinne des Art. 17b Abs. 1 S. 1 und S. 2 EGBGB unterdrückt[629]. Offenbleiben durfte dagegen die Entscheidung darüber, ob auch solche Wirkungen und Folgen der Partnerschaft unterdrückt werden, die keiner der Anknüpfungen des Art. 17b Abs. 1 EGBGB unterliegen. Diese Frage wird nun zu entscheiden sein, da es sich – wie gezeigt[630] – bei dem partnerschaftlichen Adoptionsrecht nicht um eine originäre Partnerschaftswirkung im Sinne des Art. 17b Abs. 1 S. 1 EGBGB handelt, sondern das Partnerschaftsstatut hier

---

[624] Vgl. *Jayme*, Methoden, S. 33.

[625] Vgl. *Blumenwitz*, in: *Staudinger*, Art. 6 EGBGB Rnr. 18; *von Hoffmann*, IPR, § 6 G I 3.

[626] Vgl. *Schlüter/Heckes/Stommel*, in: DEuFamR 2000, S. 1 (11).

[627] Oben S. 61 ff.

[628] Hierin wurden *Wagner*, in: IPRax 2001, S. 281 (292), und *Finger*, in: *Böhmer/Finger*, Art. 17b EGBGB Rnr. 57, widerlegt.

[629] Ebenso *Heldrich*, in: *Palandt*, Art. 17b EGBGB Rnr. 9; *Henrich*, in: FamRZ 2002, S. 137 (144), der allerdings im Ergebnis eine Kupierung des Partnererbrechts ablehnt; *Gebauer/Staudinger*, in: IPRax 2002, S. 275 (276).

[630] Oben S. 89 ff.

nur kraft analoger Verweisung gemäß Art. 22 Abs. 1 S. 2 EGBGB Anwendung findet.

I. Extensives Normverständnis

Vergleichsmaßstab für die ausländischen Regelungen sind nach dem Wortlaut des Art. 17b Abs. 4 EGBGB die gesamten „Vorschriften des Bürgerlichen Gesetzbuchs und des Lebenspartnerschaftsgesetzes". Hieraus folgern etwa *Wagner*[631] und *Kiel*[632], daß die Kappungsregel schlechterdings *alle* überschiessenden Partnerschaftseffekte des ausländischen Rechts unterdrücken soll, nicht nur jene, die zu den Wirkungen und Folgen i.S. des Art. 17b Abs. 1 EGBGB zählen. Auch *Henrich* befürwortet ausdrücklich eine Kupierung adoptionsrechtlicher Folgen des ausländischen Rechts gemäß Art. 17b Abs. 4 EGBGB[633]. Der Wortlaut der Norm läßt eine solche Interpretation ohne Frage zu; der Begriff der Wirkung – ohnehin weiter als der in Absatz 1 gebrauchte – könnte in der Tat jedweden Effekt, jede Auswirkung der Partnerschaft bezeichnen. Folgt man dieser extensiven Auslegung, so ist eine kollisionsrechtliche Anerkennung des partnerschaftlichen Adoptionsrechts ausgeschlossen, da das deutsche Sachrecht entsprechende Regelungen gerade nicht enthält[634].

Da der mögliche Wortsinn eine solche Interpretation also zuließe, ist zu fragen, was darüber hinaus sie zu stützen vermag. Deutlich äußert sich *Kiel*, der sogar den Hauptzweck der Norm darin sieht, ausländische Regeln über die kindschaftsrechtlichen Folgen einer Lebenspartnerschaft abzuwehren, namentlich solche auf dem Gebiet des Sorge- und des Adoptionsrechts[635]. Der von *Kiel* gemutmaßte Gesetzeszweck aber findet in den Gesetzesmaterialien keinerlei Niederschlag. Dort heißt es vielmehr schlicht, die Vorschrift bezwecke einen *„(...) Kompromiß zwischen Vertrauensschutz für die Beteiligten einerseits und Sicherheit und Leichtigkeit des Rechtsverkehrs im Inland andererseits"*[636]. Daß dieses Prinzip aber eine Unterdrückung der partnerschaftlichen Adoptionsbefugnis begründen sollte, scheint nicht plausibel: Sicherheit und Leichtigkeit des Rechts-

---

631 *Wagner*, in: IPRax 2001, S. 281 (292).
632 *Kiel*, in: Hk-LPartG, Art. 17a EGBGB Rnr. 65.
633 *Henrich*, in: *Staudinger*, Art. 22 EGBGB Rnr. 6; *ders.*, in: FamRZ 2002, S. 137 (140).
634 Allein die *niederländische* Regelung könnte einer solch weiten Auslegung der Kappungsregel wohl noch widerstehen: Die Adoptionsbefugnis ist nach niederländischem Recht gerade keine Folge der Partnerschaft (ebensowenig wie der Ehe), sondern resultiert – statusunabhängig – einzig aus der Tatsache dauerhaften Zusammenlebens der Annehmenden (vgl. Artt. 1:227 Abs. 2 und 1:228 Abs. 1 lit. f BW). Angesichts dessen von einer Partnerschaftswirkung zu sprechen, scheint selbst bei weitestem Begriffsverständnis äußerst problematisch. Das entsprechende Beispiel von *Henrich*, in: *Staudinger*, Art. 22 EGBGB Rnr. 6, stößt deswegen auf erhebliche Bedenken.
635 *Kiel*, in: Hk-LPartG, Art. 17a EGBGB Rnr. 67; zustimmend *Forkert*, S. 301 f.
636 BT-Drucks. 14/3751, S. 61.

verkehrs sind dort von Bedeutung, wo die Interessen Dritter tangiert werden[637], zweifellos also dann, wenn es um den Inhalt des Statusverhältnisses geht; nicht jedoch, wenn allein die Möglichkeit seiner Begründung in Rede steht. Tatsächlich ist es für Dritte prinzipiell ohne Belang, ob eine Person adoptionsbefugt ist oder nicht; von Interesse sind lediglich die Wirkungen der einmal erfolgten Annahme, etwa die Frage, ob es sich dabei um eine schwache oder eine Volladoption handelt. Insofern aber stellt sich die Situation nicht anders dar, als bei der Adoption durch andere als eingetragene Lebenspartner. Auch der mitangesprochene Gedanke der *Rechtsanwendungs*sicherheit trägt in diesem Zusammenhang nicht. Ist seine Verwirklichung durch Art. 17b Abs. 4 EGBGB angesichts des mitunter enorm diffizilen Wirkungsvergleichs ohnehin schon fraglich[638], so muß seine Daseinsberechtigung im Kindschaftsrecht auch ganz grundsätzlich angezweifelt werden. Hier gebührt dem Aspekt des Kindeswohls der *absolute* Vorrang; für Zweckmäßigkeitserwägungen ist dabei kein Platz.

Für eine umfassende Anwendung des Art. 17b Abs. 4 EGBGB spräche möglicherweise aber ein zweiter Grundgedanke des Gesetzes. So galt die besondere Aufmerksamkeit des LPartDisBG-Gesetzgebers der Wahrung eines hinreichenden Abstands zum Rechtsinstitut der Ehe[639]. Auf kollisionsrechtlicher Ebene ist es vor allem Art. 17b Abs. 4 EGBGB, der die Durchsetzung dieses (angenommenen[640]) Abstandsgebots sicherstellen soll[641].

II. Restriktive Auslegung

Besteht hierin der eigentliche Zweck der Norm, so scheint es aber nur folgerichtig, all jene – aber auch *nur* jene[642] – Wirkungen der Partnerschaft abzuwehren,

---

637 Gerade diesbezüglich trifft schon Art. 17b Abs. 2 S. 2 EGBGB besondere Drittschutzbestimmungen, indem er die deutschen Sachvorschriften zur Eigentumsvermutung (§ 8 Abs. 1 LPartG) und zur Schlüsselgewalt (§ 8 Abs. 2 LPartG i.V.m. § 1357 BGB) dann für anwendbar erklärt, wenn sie für gutgläubige Dritte günstiger sind als das gemäß Art. 17b Abs. 1 S. 1 EGBGB für die allgemeinen Wirkungen maßgebliche Recht.

638 Vgl. *Süß*, in: DNotZ 2001, S. 168 (170 f.).

639 BT-Drucks. 14/3751, S. 33.

640 Das „Abstandspostulat" hat zwischenzeitlich eine höchstrichterliche Relativierung erfahren: Da die *gleichgeschlechtliche* Partnerschaft in jedem Fall ein aliud zur Ehe darstellt, kommt es auf ihre rechtliche Minderausstattung gegenüber der Ehe gar nicht an; vgl. *BVerfG* vom 17.7. 2002, in: BVerfGE 105, S. 313 (351). Damit hat sich eine „Urangst" des Gesetzgebers als unbegründet erwiesen; auch die Kappungsregel verliert insoweit ihren eigentlichen Sinn. Nach Abstand verlangt demnach allenfalls die *verschiedengeschlechtliche* Partnerschaft; sie allein birgt die Gefahr der Austauschbarkeit gegenüber der Ehe; zu letzterem *BVerfG*, in: BVerfGE 105, S. 313 (353).

641 *Henrich*, in: FamRZ 2002, S. 137 (140, 144); *von Hoffmann*, IPR, § 8 E V; *Finger*, in: *Böhmer/Finger*, Art. 17b EGBGB Rnr. 57.

642 In diesem Sinne *Henrich*, in: FamRZ 2002, S. 137 (140, 144); *von Hoffmann*, IPR, § 8 E V. *Henrich* (a.a.O.) schlägt dezidiert eine am Gesetzeszweck (Abstandsgebot) orientierte restriktive Auslegung des Art. 17b Abs. 4 EGBGB vor: Habe der deutsche Gesetzgeber in bestimm-

die dieses Gebot verletzen könnten. Ist nun aber das Recht zur partnerschaftlichen Adoption überhaupt ein solches, das zur institutionellen Abgrenzung gegenüber der Ehe geeignet ist? Stellt also, anders gewendet, das Recht der Ehegatten zur gemeinsamen und zur Stiefkindadoption eigentlich ein das Rechtsinstitut der Ehe prägendes, diese institutionell determinierendes Recht dar? Hier ist zurückzukommen auf eine Überlegung, die bereits in anderem Zusammenhang von Bedeutung war: Das Ehegattenadoptionsrecht – so wurde oben festgestellt[643] – ist nicht eigentlich als Ausfluß des Eherechts zu betrachten; es handelt sich dabei um eine ausschließlich am *Fürsorgegedanken* orientierte Wertung des (deutschen wie ausländischen) Adoptionsrechts. Nicht der Status der Ehegatten ist damit angesprochen, sondern die ihnen abstrakt zugeschriebene Eignung, den Belangen des Kindes zu dienen. Adoptionsbefugnisse der Ehegatten vermögen daher das Rechtsinstitut der Ehe auch nicht vom Rechtsinstitut der Lebenspartnerschaft abzugrenzen[644]: Sie sind *Reflex* und eben nicht Wesensmerkmal der Ehe. Der Abstand zweier Rechtsinstitute zueinander wird durch das Vorliegen oder Nicht-Vorliegen entsprechender Adoptionsmöglichkeiten weder verringert noch vergrößert[645]. Das gesetzgeberische „Abstandsmotiv" – soweit es überhaupt noch als tragend angesehen werden darf[646] – gebietet die Anwendung der speziellen Kappungsregel hier also gerade nicht[647].

Nach alledem wird eine extensive Auslegung des Art. 17b Abs. 4 EGBGB in bezug auf die partnerschaftliche Adoptionsbefugnis nicht durch den Gesetzeszweck gestützt. Generelle Zweifel bestehen aber auch aus anderen Gründen. So herrscht weitgehend Einigkeit darüber, daß es sich bei der Kappungsregel um eine „Ausreißer-Norm"[648] handelt. Sie scheint sich schlechterdings nicht in das innere System des Kollisionsrechts zu fügen und mutet uneinsichtig inkonsistent an. So kritisiert *Kegel*, hier würden Wirkungen von Lebenspartnerschaften „mit

---

ten Bereichen gar keinen Abstand zur Ehe wahren wollen (Güterrecht, Erbrecht), so komme hier auch eine Kappung ausländischer Rechtsfolgen von vornherein nicht in betracht, also auch dann nicht, wenn sie über deutsches Niveau hinausreichen. Für die normzweckorientierte restriktive Auslegung auch *von Hoffmann* (a.a.O.). Für eine Kappung auch der Höhe nach dagegen *Gebauer/Staudinger*, in: IPRax 2002, S. 275 (277).

643 S. 91 ff.

644 A.A. *Henrich*, in: FamRZ 2002, S. 137 (140), der ausdrücklich meint, auch das Verbot der Adoption grenze die Lebenspartnerschaft von der Ehe ab.

645 Anders *von Hoffmann*, IPR, § 8 E V, der zwar eine teleologische Reduktion der Vorschrift erwägt, sich aber dezidiert für eine Abwehr des partnerschaftlichen Adoptionsrechts gemäß Art. 17b Abs. 4 EGBGB ausspricht.

646 Zum beschränkten Geltungsbereich des verfassungsrechtlichen Abstandsgebot siehe schon S. 75.

647 Anders als im Bereich des Adoptionsrechts könnte die Kappung etwa in bezug auf *versorgungsausgleichsrechtliche* Wirkungen einer Partnerschaft (letztere z.B. nach niederländischem Recht: Gesetz vom 28.4.1994, Staatsblad Nr. 342) wenigstens theoretisch durch das Abstandsgebot motiviert sein. Hierbei geht es tatsächlich um den Status der Partner und nicht nur um einen Reflex desselben.

648 Ein Begriff von *Kramer*, Methodenlehre, S. 157 (dort allgemein verwendet).

dem Holzhammer“ unterdrückt[649]. *Siehr* findet, die Vorschrift „schießt über das Ziel hinaus“[650]. *Gebauer/Staudinger* halten die Norm für „verfehlt“[651], während *Jakob* meint, Deutschland geriere sich damit als „Wächter von Europas Sittengrenzen“[652]. Der Kritik ist zuzustimmen. Die undifferenzierte Wirkungskappung erweist sich in der Tat als unnötig schematisch und unflexibel[653]. Mehr noch als im Falle anderer spezieller Vorbehaltsklauseln[654] drängt sich hier der Eindruck einer Überschätzung nationaler Wertungen und Interessen auf[655]. Solange die Norm gilt[656], kann man aus dem Gesagten nur den Schluß ziehen, daß wenigstens ihre extensive Anwendung abzulehnen ist. Art. 17b Abs. 4 EGBGB bis an die Grenze des möglichen Wortsinns auszuweiten, besteht jedenfalls keinerlei Veranlassung[657]. Vorzugswürdig ist vielmehr die teleologisch *enge* Auslegung der Vorschrift. Sinn und Zweck der Norm (Abstandsgebot) verlangen aber gerade nicht die Abwehr des partnerschaftlichen Adoptionsrechts.

Die Befugnis eingetragener Lebenspartner, gemeinsam ein fremdes bzw. einer das Kind des anderen zu adoptieren, unterliegt damit nicht dem speziellen ordre public des Art. 17b Abs. 4 EGBGB.

---

649 *Kegel/Schurig*, IPR, Nachtrag S. 6.

650 *Siehr*, IPR, S. 82. Es sei – fährt *Siehr* fort – gar nicht einsichtig, warum deutsches Recht für alle Personen ein Maximum darstellen solle.

651 *Gebauer/Staudinger*, in: IPRax 2002, S. 275 (282). Neben der unklaren tatbestandlichen Reichweite des Art. 17b Abs. 4 EGBGB kritisieren die Autoren v.a. das fehlende Erfordernis eines Inlandsbezugs (a.a.O. S. 280) sowie Wertungswidersprüche, die u.a. daraus resultieren, daß die Klausel nur auf *im Ausland* eingetragene Partnerschaften Anwendung findet, nicht jedoch, wenn das überschiessende ausländische Recht gemäß Art. 17b Abs. 1 S. 2 i.V.m. Art. 18 bzw. Art. 25 f. EGBGB auf eine *im Inland* begründete Partnerschaft angewendet wird (a.a.O. S. 281). *Gebauer/Staudinger* ausdrücklich zustimmend *Wasmuth*, in: FS Kegel (2002), S. 237 (244): gesetzgeberisch handele es sich bei Art. 17b Abs. 4 EGBGB um eine klare Fehlleistung. Überraschend findet die Norm auch *Dorsel*, in: RNotZ 2001, S. 151 (154).

652 *Jakob*, S. 186. Im Ergebnis laufe die Norm daher auf einen „deutschen (...) Partnerschaftsoctroi“ hinaus (ebda. S. 233).

653 Wie jede spezielle Vorbehaltsklausel bringt sie eine gravierenden Verlust an Geschmeidigkeit mit sich; vgl. *Kropholler*, IPR, § 36 VIII. Daß dem ein Gewinn an Entscheidungssicherheit gegenüberstehe, wird man ebenfalls nicht behaupten können (anders *Jakob*, S. 233). So kann der Wirkungsvergleich zwischen ausländischem und deutschem Partnerschaftsrecht mitunter hochkompliziert sein; vgl. *Süß*, in: DNotZ 2001, S.168 (170); *Wagner*, in: IPRax 2001, S. 281 (292); *Gebauer/Staudinger*, in: IPRax 2002, S. 275 (280).

654 Vgl. Artt. 9 S. 2, 10 Abs. 2 S. 1 Nr. 2, 13 Abs. 2, Abs. 3 S. 1, 16, 17 Abs. 1 S. 2, Abs. 3 S. 2 Nr. 1, 40 Abs. 3 EGBGB. Art. 17b Abs. 4 EGBGB hebt sich insofern ab, als er *ganze familienrechtliche Institute* des ausländischen Rechts auf deutsches Maß zurechtstutzt.

655 Vgl. *Kropholler*, IPR, § 36 VIII.

656 Mit *Gebauer/Staudinger*, in: IPRax 2002, S. 275 (282), ist allerdings auf ihre ersatzlose Streichung zu hoffen.

657 Allgemein zur restriktiven Anwendung „querstehender Normen“ auch *Kramer*, Methodenlehre, S. 157.

B. Art. 6 EGBGB

So verbleibt als einziger Ordnungsmaßstab der des allgemeinen ordre public[658], der zum einen die Grundrechte (Art. 6 S. 2 EGBGB), zum anderen die wesentlichen Grundsätze des deutschen Rechts (Art. 6 S. 1 EGBGB) umfaßt, stets jedoch einen hinreichenden Inlandsbezug voraussetzt[659].

I. Inlandsbezug

Das erforderliche Maß des Inlandsbezugs ist nicht abstrakt bestimmbar[660]. Die Zuständigkeitskriterien des § 43b FGG bringen es jedoch mit sich, daß entweder das Kind oder der Annehmende Deutscher ist oder seinen gewöhnlichen Aufenthalt im Inland hat. Ein ausreichender Inlandsbezug ist damit jedenfalls gegeben.

II. Grundrechtskonformität

1. Art. 6 Abs. 1 GG

Als betroffenes Grundrecht kommt hier Art. 6 Abs. 1 GG in Betracht. Er stellt die Ehe unter den besonderen Schutz der staatlichen Ordnung. Nach ständiger Rechtsprechung des Bundesverfassungsgerichts[661] besteht der Schutzauftrag des Staates darin, einerseits alles zu unterlassen, was die Ehe schädigt oder sonst beeinträchtigt, und sie andererseits durch geeignete Maßnahmen zu fördern[662].

Das eherechtliche *Benachteiligungsverbot* kann durch Anerkennung einer partnerschaftlichen Adoptionsbefugnis schlechterdings nicht verletzt sein. Rechtspositionen von Ehegatten werden hierdurch in keiner Weise geschmälert. Bleibt allein die staatliche *Förderpflicht*. Aus ihr kann zunächst kein Benach-

---

658 Zum Verhältnis des speziellen (Art. 17b Abs. 4 EGBGB) zum allgemeinen ordre public (Art. 6 EGBGB) siehe *Kiel*, in: Hk-LPartG, Art. 17a EGBGB Rnr. 66.

659 *Jayme*, Methoden, S. 35; *Sonnenberger*, in: MünchKomm, Art. 6 EGBGB Rnrn. 81 ff.; *Blumenwitz*, in: *Staudinger*, Art. 6 EGBGB Rnrn. 116 ff.; *Kegel/Schurig*, IPR, § 16 II, III 2b; *von Hoffmann*, IPR, § 6 G II 3. Das Erfordernis des Inlandsbezugs gilt auch für den grundrechtlichen ordre public, da selbst das Grundgesetz für seine Anwendung eine gewisse Binnenbeziehung voraussetzt; vgl. *BVerfG* vom 4.5.1971, in: BVerfGE 31, S. 58 (77), demzufolge „ein Grundrecht wesensgemäß eine bestimmte Beziehung zur Lebensordnung im Geltungsbereich der Verfassung voraussetzen (kann), so daß eine uneingeschränkte Durchsetzung in ganz oder überwiegend auslandsbezogenen Sachverhalten den Sinn des Grundrechtsschutzes verfehlen würde".

660 Vgl. *von Hoffmann*, IPR, § 6 G II 3.

661 *BVerfG* vom 17.1.1957, in: BVerfGE 6, S. 55 (76); vom 18.3.1970, in: BVerfGE 28, S. 104 (113); vom 28.2.1980, in: BVerfGE 53, S. 224 (248); vom 12.5.1087, in: BVerfGE 76, S. 1 (41); vom 18.4.1989, in: BVerfGE 80, S. 81 (92); vom 10.11. 1998, in: BVerfGE 99, S. 216 (231); vom 17.7.2002, in: BVerfGE 105, S. 313 (346).

662 So auch *Pieroth*, in: *Jarass/Pieroth*, Art. 6 GG Rnr. 9.

teiligungsgebot für andere Lebensformen als die Ehe gefolgert werden[663]. Ein generelles Abstandsgebot existiert mithin nicht[664]. Ausnahmen gelten – wie bereits festgestellt[665] – allein in bezug auf die heterosexuelle Partnerschaft. Anders als ihr gleichgeschlechtliches Pendant vermag diese sich gegenüber der Ehe als *funktional austauschbar* und damit verfassungswidrig zu erweisen[666]. Funktionale Identität indes könnte nur aus dem Gesamtcharakter eines Instituts, aus seinen Rechtswirkungen in toto resultieren; Art. 6 Abs. 1 GG reserviert nicht *einzelne* Strukturelemente allein für die Ehe[667]. Die Anerkennung des partnerschaftlichen Adoptionsrechts verstößt mithin nicht gegen Art. 6 Abs. 1 GG.

2. Art. 2 Abs. 1 i.V.m. Art. 1 Abs. 1 GG

Als Grundrechtsposition des Kindes ist dessen allgemeines Persönlichkeitsrecht aus Art. 2 Abs. 1 i.V.m. Art. 1 Abs. 1 GG zu berücksichtigen. Dieses verlangt insbesondere die (vorrangige) Beachtung des *Kindeswohls* in allen Bereichen des Kindschaftsrechts[668], so auch dem der Adoption. Wann indes die Adoption dem Wohl des Kindes dient, ist von Verfassungs wegen nicht vorgegeben. Vielmehr ist das Kindeswohl ein den wechselnden Anschauungen offener, in sich unbestimmter Rechtsbegriff[669]. Seine Ausfüllung bleibt der einfachen Gesetzgebung und, wo diese keine konkretisierenden Bestimmungen trifft, dem Rechtsanwender überlassen[670]. Ein verfassungsrechtliches Verbot partnerschaftlicher Adoptionen kann Art. 2 Abs. 1 i.V.m. Art. 1 Abs. 1 GG jedenfalls nicht entnommen werden. Die Anerkennung eines derartigen Rechts stellt demnach keine Grundrechtsverletzung dar.

---

663 *BVerfG*, in: BVerfGE 105, S. 313 (348).

664 *BVerfG*, in: BVerfGE 105, S. 313 (348). Anders jedoch die abweichende Meinung der Richterin *Haas*, a.a.O., S. 361. Wie die Senatsmehrheit schon früher die Existenz des Abstandsgebots verneinend *Muscheler*, Rnrn. 18, 26; *Fountoulakis*, in: AJP 2001, S. 307 (317).

665 Oben S. 75.

666 *BVerfG*, in: BVerfGE 105, S. 313 (353).

667 *BVerfG* vom 17.7.2002, BVerfGE 105, S. 313 (351). Für das IPR bedeutet dies, daß das Abstandsgebot des Art. 6 Abs. 1 GG ausschließlich im Rahmen der *Vorfrage* nach dem Bestehen einer eingetragenen Lebenspartnerschaft zu prüfen ist. Hier allein könnte das besagte Gebot zur Abwehr eines ausländischen Partnerschaftsinstituts führen. Anders als das in Art. 17b Abs. 4 EGBGB enthaltene *konkrete* Abstandsgebot wirkt das *abstrakt-institutionelle* Abstandsgebot des Art. 6 Abs. 1 GG i.V.m. Art. 6 EGBGB dabei immer bezüglich der Partnerschaft *als solcher*, nicht nur hinsichtlich einzelner ihrer Wirkungen. Diese Totalabwehr scheitert im Fall der eingetragenen Partnerschaft – wie oben, S. 76, gezeigt – indes daran, daß es sich stets um im Ausland bereits begründete Partnerschaften handelt, denen insofern der erforderliche Inlandsbezug fehlt.

668 Vgl. *Jarass*, in: *Jarass/Pieroth*, Art. 2 GG Rnr. 37; *BVerfG* vom 14.4.1987, in: BVerfGE 75, S. 201 (218); vom 12.10.1988, in: BVerfGE 79, S. 51 (63).

669 Vgl. *Jayme*, in: IPRax 1996, S. 237 (238).

670 Auch unterliegt der Begriff des Kindeswohls durchaus dem Wandel der Anschauungen; vgl. *Jayme*, in: IPRax 1996, S. 237 (238).

Scheitern könnte das partnerschaftliche Adoptionsrecht daher nur dann, wenn es sich gemäß Art. 6 S. 1 EGBGB als mit wesentlichen Grundsätzen des deutschen Rechts offensichtlich unvereinbar erwiese. Unter den „wesentlichen Grundsätzen des deutschen Rechts“ sollten die in Art. 30 EGBGB a.F. enthaltenen Begriffe der guten Sitten und des Zwecks eines deutschen Gesetzes zusammengefaßt werden[671]. Als Maßstab dafür, wann ein Verstoß gegen den Zweck eines deutschen Gesetzes anzunehmen ist, hatte schon der *Bundesgerichtshof* darauf abgestellt, „ob das Ergebnis der Anwendung des ausländischen Rechts zu den Grundgedanken der deutschen Regelung und der in ihnen liegenden Gerechtigkeitsvorstellungen in so starkem Widerspruch steht, daß es von uns für untragbar gehalten wird“[672]. Im Bemühen um die methodische Konkretisierung des ordre public hat *Jayme*[673] – dabei ausgehend von dem genannten Urteil des *Bundesgerichtshofes*[674] – insbesondere die Bedeutung rechtsvergleichender bzw. internationaler Standards[675] sowie der rechtspolitischen Erschütterung[676] der zu betrachtenden Rechtssätze hervorgehoben. Beide Untersuchungsschritte dienen dazu, Indizien für oder gegen das Eingreifen des ordre public zu gewinnen, bevor abschließend die Wesentlichkeit des eigenen Rechtssatzes zu beurteilen ist.

1. Rechtspolitische Stabilität des ausländischen Rechtssatzes

Es scheint leichter, einen vom eigenen Recht abweichenden fremden Rechtssatz dann abzuwehren, wenn dieser im dortigen System bereits angegriffen ist[677]. Was jene fremden Normen betrifft, die ein partnerschaftliches Adoptionsrecht zulassen, so haben sie ihre frühesten Wurzeln im Jahre 1999 (Stiefkindadoption in Dänemark[678]). Das bisher letzte Reformgesetz dieser Art erging 2002 (gemeinsame und Stiefkindadoption in Schweden[679]). Die fraglichen Regelungen verkörpern also jedenfalls den aktuellen gesetzgeberischen Willen. Zudem sind sie – wenn auch bisweilen gegen anfängliche Widerstände – von gesellschaftlichem Konsens getragen[680]. Von einer rechtspolitischen Erschütterung der fremden Norm kann demnach keine Rede sein; ihre Verankerung im ausländischen Recht steht außer Frage. Beruht aber das unserem Recht widersprechende

---

671 BR-Drucks. 222/83, S. 43.
672 *BGH* vom 17.9.1968, in: BGHZ 50, S. 370 (376).
673 *Jayme*, Methoden.
674 *BGH* vom 17.9.1968, in: BGHZ 50, S. 370 ff.
675 Vgl. *Jayme*, Methoden, S. 49 ff.
676 Vgl. *Jayme*, Methoden, S. 59 ff.
677 Vgl. *Jayme*, Methoden, S. 43.
678 Dazu oben S. 31.
679 Dazu oben S. 36.
680 S. nur *Bech*, in: AJP 2001, S. 264 (268) zur gesellschaftlichen Akzeptanz der registrierten Partnerschaft in Dänemark.

Rechtsanwendungsergebnis auf national stabilen Normen, so kann hieraus kein Argument für das Eingreifen unseres ordre public gewonnen werden.

2. *Internationale Standards*

Entsprechende Hinweise könnten sich aber aus international vereinheitlichten Rechtssätzen und sonstigen internationalen Regeln[681] ergeben. Stimmt der ausländische Rechtssatz mit ihnen nicht überein, stehen sie aber im Einklang mit dem inländischen Recht, so liegt ein Eingreifen des ordre public zumindest nahe[682].

Außer Betracht bleiben müssen dabei wohl das Haager Adoptionsübereinkommen 1965[683] und das Europäische Adoptionsübereinkommen 1967[684]. Soweit beide Abkommen von der gemeinsamen Adoption allein durch Ehegatten ausgehen[685], spiegeln sie den internationalen Ist-Zustand einer Zeit wieder, in der ein rechtlich institutionalisiertes Zusammenleben zweier Personen außerhalb der Ehe ohnehin völlig unbekannt war[686]. Den Rang eines Standards wird man ihnen daher jedenfalls abzusprechen haben. Als erster Ansatzpunkt kommt dagegen die UN-Kinderrechtskonvention von 1989[687] in Betracht, die sich in ihrem Art. 21 ausdrücklich mit der Adoption befaßt. Die Vorschrift enthält indes keinerlei Aussagen über den Personenstand der Annehmenden, sondern beläßt es

---

681 Der internationale Standard ist hier nicht im Sinne eines vom nationalen Recht gelösten *internationalen ordre public* (dazu *Schütz*, S. 69 f.) zu verstehen. Er stellt vielmehr nur ein Hilfsmittel bei der Unterscheidung wesentlicher und unwesentlicher Sätze des deutschen Rechts dar; vgl. *Jayme*, Methoden, S. 53. Der internationale Rechtssatz wird lediglich als *pursuasive authority* (*Mankowski*, in: IPRax 2003, S. 21) bzw. *ratio scripta* (*Jayme*, in: FS Broggini (1997), S. 211 (217 f.)) bemüht.

682 *Jayme*, Methoden, S. 45, 51 f.

683 Nachweis oben Fn. 38.

684 Europäisches Übereinkommen über die Adoption von Kindern vom 24.4.1967, BGBl. 1980 II, S. 1094.

685 Art. 6 Abs. 1 des Abkommens von 1967 erhebt die Beschränkung gemeinsamer Adoptionsbefugnisse auf verheiratete Personen („*two persons married to each other*“; „*deux personnes unies en mariage*“) ausdrücklich zum rechtsvereinheitlichenden Standard, enthält also eine völkerrechtliche Verpflichtung, innerstaatlich entsprechend zu legiferieren.
Auch Art. 1 des Abkommens von 1965 geht davon aus, daß nur Ehegatten gemeinsansam adoptieren können, enthält damit aber kein Ge- oder Verbot, sondern spricht – ebenso wie das HAdoptÜ 1993, dazu unten – lediglich eine Begrenzung seines Anwendungsbereichs aus.

686 Der Vorschrift könnte also allenfalls entnommen werden, daß solche Personen, die *ohne institutionellen Rahmen* zusammenleben, nicht gemeinsam adoptieren dürfen. Problematisch wäre dies allein im Fall des niederländischen Rechts, da es ausschließlich auf faktisch-soziale Kriterien abstellt. Im Rahmen dieser Arbeit liegt indes auch darin kein Problem, da hier überhaupt nur solche Paare in betracht kommen, die in eingetragener Lebenspartnerschaft miteinander leben. Eine andere Auffassung vertritt dagegen *Bogdan*, in: IPRax 2002, S. 534 (535), der das schwedische Recht, soweit es die Adoption durch eingetragene Lebenspartner erlaubt, für unvereinbar mit dem Europäischen Abkommen von 1967 und deswegen die Kündigung der Konvention durch Schweden für erforderlich hält.

687 Übereinkommen über die Rechte des Kindes, BGBl. 1989 II, S. 122.

neben einigen speziellen Feststellungen bei der grundsätzlichen Aussage, „*daß dem Wohl des Kindes bei der Adoption die höchste Bedeutung zugemessen wird*"[688]. Zweiter Ansatzpunkt ist das HAdoptÜ 1993[689]. Einen Hinweis könnte Art. 2 Abs. 1 des Übereinkommens geben. Er bezieht sich auf die internationale Adoption „*durch Ehegatten oder eine Person*" und scheint damit zumindest die gemeinsame[690] Adoption durch andere als Ehegatten nicht zu erfassen. Unabhängig davon, ob dieser erste Anschein einer näheren Betrachtung standhält (dazu dann das Neunte Kapitel der Arbeit), kann dem aber allenfalls entnommen werden, daß das Abkommen auf andere als (internationale) gemeinsame Ehegattenadoptionen *keine Anwendung* finden soll[691]. Ein Unwerturteil über die *Zulässigkeit* (internationaler) gemeinsamer Adoptionen durch Unverheiratete ist hierin jedenfalls nicht zu sehen. Das Abkommen will die Freiheit der Staaten bei der Ausgestaltung ihrer Adoptionsregeln nicht beschränken[692]. Eine andere Wertentscheidung hingegen ist auch diesem Abkommen unzweideutig zu entnehmen: Wie seine Präambel statuiert, dient die internationale Adoption in erster Linie dem Wohl des Kindes.

Hinzuweisen ist schließlich noch auf zwei Entschließungen des Europäischen Parlaments (EP). Erstmals sah sich das EP im Jahr 1994 veranlaßt, die Mitgliedstaaten dazu aufzurufen, das Recht von Homosexuellen auf Elternschaft bzw. Adoption gesetzlich zu ermöglichen[693]. Vom 3.9.2003 datiert die „Entschließung des Europäischen Parlaments zu der Lage der Grundrechte in der Europäischen Union"[694]. Unter dem Gliederungspunkt „Diskriminierung aufgrund der sexuellen Ausrichtung" (dort Nr. 77) fordert das EP die Mitgliedstaaten auf, „*jede Form der – gesetzlichen oder tatsächlichen – Diskriminierung abzuschaffen, unter der Homosexuelle insbesondere im Bereich des Rechts der Eheschließung und auf Adoption von Kindern noch immer leiden*". Damit sprechen sich die Entschließungen zwar prinzipiell gegen die Beibehaltung des adoptionsrechtlichen Eheprivilegs aus; indes können die Resolutionen des EP in ihrer rechtlichen Unverbindlichkeit als schlichte Parlamentsbeschlüsse wohl nicht den Rang internationaler Standards beanspruchen. Allenfalls kommt ihnen eine gewisse Indizwirkung für die zukünftige Entwicklung der mitgliedstaatlichen Rechtsordnungen zu. Es bleibt daher festzuhalten, daß verläßliche internatio-

---

688 So Art. 21 H.S. 1 UN-Kinderrechtekonvention.

689 Übereinkommen über den Schutz von Kindern und die Zusammenarbeit auf dem Gebiet der internationalen Adoption, Nachweis oben Fn. 40.

690 Zu den Besonderheiten der *Stiefkind*adoption vor dem Hintergrund des Art. 2 Abs. 1 HAdoptÜ ausführlich im Neunten Kapitel.

691 Dies wohl vor allem deshalb, weil einige Staaten die automatische Anerkennung derartiger Adoptionen gemäß Art. 23 HAdoptÜ fürchteten, was angesichts des ausdrücklichen Ordre-public-Vorbehalts in Art. 24 HAdoptÜ jedoch eigentlich grundlos war; vgl. *Parra-Aranguren*, Rapport explicatif, Nr. 79.

692 So auch *Bogdan*, in: IPRax 2002, S. 534 (535).

693 BT-Drucks. 12/7069.

694 (2002/2013(INI)), siehe unter <http://www.europarl.eu.int>.

nale Maßstäbe in der Frage der Zulässigkeit der gemeinsamen und Stiefkindadoption durch Unverheiratete nicht bestehen.

3. Rechtsvergleichende Standards

Im Rahmen der nun vorzunehmenden Rechtsvergleichung stellt sich zunächst die Frage nach dem richtigen Referenzkreis. Das *Bundesverfassungsgericht* hat ihn in einer Entscheidung zum Schadensersatz bei Persönlichkeitsrechtsverletzungen auf die „Länder der westlichen Welt“ begrenzt[695]. Diese Einschränkung schien sinnvoll, da das Phänomen des immateriellen Schadensersatzes außerhalb des westlichen Rechtskreises ohnehin weitgehend unbekannt war[696]. Zwar wird im Familienrecht der Kreis grundsätzlich weiter zu ziehen sein[697], doch ist auch im vorliegenden Zusammenhang eine gewisse Einschränkung angezeigt: Vom Referenzkreis auszuschießen sind all jene – islamisch geprägten – Rechtsordnungen, denen bereits das Rechtsinstitut der Adoption als solches fremd ist[698], und denen deshalb auch keinerlei Aussage über spezielle Formen der Adoption entnommen werden kann.

Unter jenen Staaten nun, welche die Adoption grundsätzlich zulassen[699], behält die große Mehrzahl das Recht der gemeinsamen bzw. Stiefkindadoption allein Ehegatten vor. Außerhalb Europas finden sich abweichende Regelungen wohl nur in *Nicaragua, Kolumbien, New South Wales*[700] sowie den meisten *US-Bundesstaaten*[701]. In Europa hingegen stellt sich die Situation anders dar. Fol-

---

695 *BVerfG* vom 14.2.1973, in: NJW 1973, S. 1221 (1225).

696 Dies galt namentlich für die meisten sozialistischen Staaten.

697 *Jayme*, Methoden, S. 45.

698 Dazu der Überblick bei *Henrich*, in: *Staudinger*, vor Art. 22 EGBGB Rnr. 4. Allerdings lassen einige islamisch geprägte Rechte die Adoption örtlich kraft Gewohnheitsrechts zu; regelmäßig gilt das Adoptionsverbot zudem nur für die islamischen Bevölkerungsteile.

699 Eine weitere Eingrenzung des Referenzkreises ist nicht angezeigt. Zwar könnte man vermuten, daß sich die Frage der Adoption durch andere als Ehegatten nur dort stellt, wo auch alternative Rechtsinstitute neben der Ehe bestehen. Dies trifft indes nicht zu, wie ein Blick auf einzelne Rechtsordnungen zeigt: So besitzen unverheiratete Paare in den Niederlanden und in Spanien Adoptionsrechte, ohne daß sie in einer institutionalisierten Statusbeziehung zusammenleben müßten. Auch in den USA ist die Adoptionsfrage von der Partnerschaftsfrage völlig abgekoppelt (vgl. *Jakob*, S. 104). Ein logisches Junktim existiert also keineswegs, wenngleich es häufig gerade „Partnerschaftsstaaten“ sind, die entsprechende Adoptionsmöglichkeiten vorsehen.

700 In allen drei Rechten ist die gemeiname Adoption durch unverheiratete heterosexuelle Paare zugelassen; vgl. *Lüderitz*, in: *Soergel*, Art. 22 EGBGB, Rnr. 8 Fn. 10.

701 Einzig in Florida sind die Möglichkeiten der gemeinsamen und der Stiefkindadoption unverheirateten, namentlich homosexuellen Paaren ausdrücklich vorenthalten; s. Fla. Stat. Ann. § 63.042 (3). In allen anderen Bundesstaaten ist die Adoption durch homosexuelle Paare de lege lata wohl zumindest theoretisch möglich; zu positiven Entscheidungen von *Appelate State Courts* siehe *Maxwell/Mattijssen/Smith*, Legal Protection for All the Children: Dutch-American Comparison of Lesbian and Gay Parent Adoptions, in: vol. 3.1 Electronic Journal of Comparative Law (August 1999), 2.1.1, 2 <http://www.ejcl.org./31/abs31-2.html>. Im Bun-

gende Rechtsordnungen sehen hier die Möglichkeit der gemeinsamen bzw. Stiefkindadoption durch Unverheiratete vor: *Dänemark*, *Schweden*, *Norwegen*, *England* und *Wales*[702] des weiteren die *Niederlande*, *Spanien*[703] und *Portugal*.[704]

Rechtsvergleichend läßt sich nach alledem feststellen, daß zwar eine Mehrzahl von Staaten bis heute am Privileg der Ehegattenadoption festhält, speziell im europäischen Rechtsraum aber eine deutlich gegenläufige Tendenz zur *Öffnung* des Adoptionsrechts auch für unverheiratete Paare zu beobachten ist. Es fragt sich, welche Schlüsse aus diesem ambivalenten Befund zu ziehen sind. Dabei ist neben einer quantitativen sicherlich auch eine qualitative Bewertung, das heißt eine gewisse Abschichtung der Referenzstaaten vorzunehmen. So wird man gerade den Staaten der europäischen Rechtsfamilie aus deutscher Sicht ein besonderes Gewicht beizumessen haben – umso mehr, als es sich bei der hier zu beobachtenden Entwicklung um ein sehr dynamisches Geschehen handelt, dessen Triebkraft noch keineswegs erschöpft scheint. Mit den Mitteln der Rechtsvergleichung kann in der vorliegenden Frage ein klarer Standard daher nicht definiert werden.

4. Wesentlichkeit des eigenen Rechtssatzes

Nachdem die vorangegangenen Untersuchungsschritte kein eindeutiges Indiz für das Eingreifen des ordre public zu liefern vermochten, kommt es nun allein darauf an, ob das Privileg der Ehegattenadoption als wesentlicher Bestandteil des deutschen Rechts angesehen werden muß. Dabei ist auch hier zunächst nach seiner rechtspolitischen Stabilität zu fragen. Erweist sich nämlich die inländische Norm als rechtspolitisch erodiert, so wird man sie kaum als wesentlich ansehen können[705]. Ist also das Verbot der partnerschaftlichen Adoption oder treffender:

---

desstaat New Jersey ist sogar die gemeinschaftliche Adoption eines Kindes durch zwei homosexuelle Partner unter den gleichen Umständen zulässig wie die durch zwei heterosexuelle Partner; hierzu *Maxwell/Mattijssen/Smith* a.a.O., 2.1.2.

702 Vgl. Adoption and Children Act 2002 ss. 49, 50.

703 Spanien darf in diesem Zusammenhang als Gesamtstaat genannt werden. Ergänzend zu den autonomen Regelungen der Teilgebiete sieht nämlich das gemeinspanische Recht selbst die Möglichkeit der gemeinsamen Adoption für eheähnliche heterosexuelle Gemeinschaften vor; dazu oben S. 4, Fn. 29. Dem gehen zwar die speziellen Adoptionsvorschriften der LUEP-Katalonien, LPE-Aragonien und LPE-Navarra vor, in allen übrigen Autonomiegebieten jedoch gilt die gemeinspanische Vorschrift, sodaß in der Tat ganz Spanien über entsprechende Regelungen verfügt.

704 Die gesetzgeberischen Einzelentscheidungen sind dabei freilich denkbar unterschiedlich: So gewähren einige dieser Staaten nur das Recht der gemeinsamen Adoption (Spanien mit Ausnahme Kataloniens), andere ausschließlich das Recht der Stiefkindadoption (so Dänemark und Norwegen), während wieder andere beides zulassen (Niederlande, Schweden, Katalonien). Zum Teil wird nur heterosexuellen Paaren die Adoption erlaubt (so Katalonien, Aragonien sowie Gesamtspanien ohne Navarra), während andere Rechtsordnungen homo- und heterosexuelle Paare insofern vollkommen gleichstellen (Niederlande und Navarra).

705 Vgl. *Jayme*, Methoden, S. 46.

das Privileg der Ehegattenadoption in § 1741 Abs. 2 S. 1, 3 BGB heute (noch) als gefestigter Bestandteil unserer Rechtsordnung anzusehen? Man muß auch dies bejahen. Der Gesetzgeber des LPartDisBG hat – ausweislich der Begründung zur Beschlußempfehlung des Rechtsausschusses[706] – ganz bewußt auf die Schaffung partnerschaftlicher Adoptionsbefugnisse verzichtet. Auch hierzulande spiegelt der heutige Rechtszustand also durchaus den aktuellen gesetzgeberischen Willen wieder. Dies allein vermag indes noch nicht die Wesentlichkeit des Ehegattenprivilegs zu belegen. Wesentlich sind vielmehr nur diejenigen (rechtspolitisch stabilen) Normen, deren Beobachtung schlechterdings unabdingbar ist.[707]

Zum unverzichtbaren Normbestand des deutschen Adopionsrechts zählt unbestritten das von Verfassungs wegen geforderte[708], dazu durch starke internationale Standards[709] gestützte Erfordernis der Kindeswohlprüfung, wie § 1741 Abs. 1 S. 1 BGB es für das deutsche Adoptionsverfahren zwingend festschreibt. Es berührt den Dreh- und Angelpunkt des Kindschaftsrechts und ist schlechthin indisponibel. Dagegen scheint das Ehegattenprivileg des § 1741 Abs. 2 S. 1, 3 BGB weniger essentiell[710]; insbesondere kann es wohl nicht als besondere Ausprägung des Kindeswohlvorbehalts angesehen werden: Das Kindeswohl ist immer eine Frage des Einzelfalls[711]; es kann daher weder *für* die Ehe noch *gegen* die eingetragene Partnerschaft ins Feld geführt werden[712]. Im Falle heterosexueller Partnerschaften ist dies besonders augenfällig: Warum sollte unterstellt werden können, ein heterosexuelles *verheiratetes* Paar – dessen Adoptionsbefugnis unser ordre public ja zweifellos nicht entgegensteht – könne dem Kindeswohl besser gerecht werden als ein heterosexuelles Paar, das in *registrierter Partnerschaft* zusammenlebt? Angesichts heutiger Ehescheidungsraten wäre es überaus realitätsblind zu unterstellen, die Ehe biete eher als andere Lebensgemeinschaften Gewähr für ein stabiles Familienumfeld. Ehe wie registrierte Partnerschaft sind vom Grundsatz her auf Dauer angelegt. Beiden indes ist keine lebenslange Stabilität garantiert[713].

---

706 BT-Drucks. 14/4550, S. 6.

707 Von indizieller Bedeutung für die Frage der Wesentlichkeit kann des weiteren sein, ob die deutsche Norm einem internationalen bzw. rechtsvergleichenden Standard entspricht; vgl. *Jayme*, Methoden, S. 52/53. Da ein solcher vorliegend nicht existiert, sind aber auch insofern keinerlei Erkenntnisse zu gewinnen. Abzustellen ist vielmehr ganz auf die immanenten Wertungen des deutschen Rechts.

708 Dazu oben S. 125.

709 Dazu oben S. 127 ff.

710 Wie hier *Jakob*, S. 352; skeptisch *Hohloch*, in: *Erman*, Art. 22 EGBGB Rnr. 10: „(Einer Annahme durch mehrere unverheiratete Personen) dürfte jedoch, solange der Grundsatz der Einzeladoption des § 1741 I-III BGB noch gilt, Art. 6 (EGBGB) entgegenstehen".

711 Vgl. *Maurer*, in: MünchKomm, § 1741 BGB Rnr. 27.

712 So zutreffend *Jakob*, S. 352.

713 Am ehrlichsten erkennt dies das niederländische Regelungsmodell: Nicht der familienrechtliche Status der Annehmenden entscheidet über ihre Adoptionsbefugnis, sondern der faktisch-

Soweit speziell die Möglichkeit der Adoption durch homosexuelle Paare als ordre-public-widrig angesehen wird[714], ist diese Differenzierung kaum haltbar[715]. Das deutsche Sachrecht verwehrt Unverheirateten die gemeinsame und Stiefkindadoption nicht unter Hinweis auf ihr Geschlecht, sondern allein aufgrund ihres Personenstands. Auch dem LPartDisBG sind insofern keine besonderen Vorbehalte gegenüber Homosexuellen zu entnehmen. So heißt es in der Begründung zur Beschlußempfehlung des Rechtsausschusses ausdrücklich:

> „Selbstverständlich ist mit der Ausklammerung der Möglichkeit der gemeinschaftlichen Adoption keine Negativaussage über die Erziehungsfähigkeit gleichgeschlechtlich orientierter Personen intendiert“[716].

Damit ist klargestellt, daß Homosexualität keine personale Eigenschaft ist, die per se Erziehungs*un*fähigkeit begründet, ebenso wie auch Heterosexualität nicht zwangsläufig Erziehungsfähigeit begründet[717]. Verwehrt das deutsche Sachrecht Homosexuellen die Herstellung gemeinsamer Elternschaft mittels gemeinsamer bzw. Stiefkindadoption, so ist zu vermuten, daß hiermit vor allem politischen Vorbehalten Rechnung getragen werden sollte. Die gesellschaftlichen Widerstände scheinen dagegen sehr viel schwächer ausgeprägt[718]. Auch vom soziologischen und sexualwissenschaftlichen Standpunkt aus betrachtet, sind derartige Bedenken äußerst zweifelhaft[719]. Der US-amerikanische Psycho-

---

soziale Status. Danach ist beispielsweise ein „frisch verheiratetes“ Paar, das erst seit wenigen Monaten zusammenlebt, nicht adoptionsbefugt, während die Partner einer langjährigen nichtehelichen (Zusammen-) Lebensgemeinschaft es im Gegenteil sind.

714 So *Hausmann*, in: FS Henrich (2000), S. 241 (252) Fn. 55.

715 *Dannecker*, in: Rechtsstellung gleichgeschlechtlicher Lebensgemeinschaften, S. 335 (347), nennt die Betrachtung der Homosxualität als personale Eigenschaft „eine schlechte, nach wie vor aber äußerst wirkungsmächtige Abstraktion“; die auf einer schlechten Abstraktion aufbauende Frage nach der Erziehungsfähigkeit homosexueller Männer und Frauen sei eine schlechte Frage, und auf schlechte Fragen könne es keine sinnvollen Antworten geben.

716 BT-Drucks. 14/4550, S. 6.

717 Vgl. *Muscheler*, S. 159.

718 So sprachen sich bei einer im Jahre 2000 durchgeführten Forsa-Umfrage von 1000 Befragten 50 % gegen ein Adoptionsrecht homosexueller Paare, 44 % dafür aus. Dabei zeigt sich eine deutlich geschlechtsspezifische Wahrnehmung: Während nur 42 % der befragten Frauen ein solches Recht ablehnten, betrug die Quote unter den männlichen Befragten immerhin 59 % („Die Woche“ vom 23.11.2000). Von den Gegnern der (gemeinsamen) homosexuellen Elternschaft wird dabei häufig Bezug genommen auf schädliche Einflüsse, die homosexuelle Väter und Mütter auf ihre Kinder ausübten. Die Kinder liefen Gefahr, selbst homosexuell zu werden. Sie hätten Schwierigkeiten mit der Entwicklung ihrer Geschlechtsidentität und unterlägen einer erhöhten Gefahr, vor allem von ihren homosexuellen Vätern sexuell belästigt bzw. mißbraucht zu werden. Darüber hinaus würden sie einem sozialen Stigmatisierungsprozeß durch gleichaltrige Freunde ausgesetzt. Auch der psychische Gesundheitszustand der Eltern wird bisweilen angezweifelt; vgl. *Fthenakis*, in: Rechtsstellung gleichgeschlechtlicher Lebensgemeinschaften, S. 351 (379 f.); *Muscheler*, S. 157 f.

719 Eine Darstellung der bislang durchgeführten Studien zur homosexuellen Elternschaft findet sich bei *Fthenakis*, in: Rechtsstellung gleichgeschlechtlicher Lebensgemeinschaften, S. 351 (377 ff.). Danach sind die gängigen (Vor-) Urteile über die kindeswohlgefährdenden Auswirkungen homosexueller Elternschaft empirisch unbelegt, zum Teil auch widerlegt. Siehe auch

loge *Basile* faßte seine Erkenntnisse 1974 so zusammen: „Wenn etwas im Interesse des Kindes steht, dann nicht heterosexuelle oder homosexuelle Eltern, sondern liebende Eltern“[720]. Von einer *abstrakt-generellen* Gefahr für das Kindeswohl kann demzufolge auch bei homosexuellen Annehmenden keine Rede sein[721]. *Konkrete* Gefahren für das Kindeswohl hingegen können bei homosexuellen ebenso wie bei heterosexuellen, bei verheirateten ebenso wie bei unverheirateten Adoptanten bestehen[722]. Dem aber trägt das ausländische Sachrecht wie auch das deutsche dadurch Rechnung, daß es den Ausspruch der Adoption in jedem Einzelfall von einer eingehenden Kindeswohlprüfung abhängig macht[723].

Ist nach alledem das Adoptionsverbot für homo- und heterosexuelle Lebenspartner nicht durch das kindschaftsrechtliche Zentralmotiv des Kindeswohls motiviert[724], kann es aber auch nicht als wesentlicher Grundsatz des deutschen Rechts angesehen werden. Die Tatsache allein, daß eine ausländische Rechtsordnung die partnerschaftliche Adoption im Gegensatz zum deutschen Recht zuläßt, führt daher nicht zu einem Konflikt, der die Abwehr des fremden Rechts als *ultima ratio* unseres IPR rechtfertigen könnte. Die kollisionsrechtliche Anerkennung einer nach Adoptionsstatut gegebenen Adoptionsbefugnis eingetragener Lebenspartner scheitert damit nicht an Art. 6 EGBGB.

Dannecker, in: Rechtsstellung gleichgeschlechtlicher Lebensgemeinschaften, S. 335 (345 ff.). Ein kindeswohlgestütztes – dabei allerdings leidlich polemisches – Plädoyer gegen die homosexuelle Elternschaft liefert indes der Bremer Geschlechterforscher *Amendt*, in: Der Standard, Album, vom 11. August 2001. Noch weitergehend *Braun*, in: JZ 2002, S. 23 (28 ff.), der – nicht minder polemisch – bereits das LPartG als „Einstieg in die Normalisierung der Pädophilie“ betrachtet; s. hierzu die Erwiderung von *Bruns*, in: JZ 2002, S. 291 ff.

720 *Basile*, Lesbian mothers, in: Women's Rights Law Reporter 2, S. 3 ff., zitiert nach *Fthenakis*, in: Rechtsstellung gleichgeschlechtlicher Lebensgemeinschaften, S. 351 (388). Zu derselben Einschätzung gelangt *Muscheler*, S. 159.

721 Ebenso *Schimmel*, S. 106 ff.

722 Aus diesem Grunde hält *Maurer*, in: MünchKomm, § 1741 BGB Rnr. 27, den pauschalen Ausschluß eingetragener Lebenspartner von der gemeinsamen und Stiefkindadoption für verfassungsrechtlich bedenklich.

723 Siehe für Portugal Art. 1974 Abs. 1 CC; für Spanien Art. 176 Abs. 1 CC; für Schweden Kap. 4 § 6 Elterngesetz; für Dänemark § 2 Adoptionsgesetz; für Norwegen § 2 Adoptionsgesetz; für die Niederlande Art. 1:227 Abs. 3 BW. Aus diesem Grunde hält auch *Wasmuth*, in: FS Kegel, S. 237 (258 f.), die Adoption durch gleichgeschlechtliche Partner (speziell nach niederländischem Recht) nicht für ordre-public-widrig, wobei unklar bleibt, ob er sich hierbei auf die Inlandsadoption nach niederländischem Recht oder die Anerkennung einer niederländischen Adoption bezieht.

724 Siehe hierzu die bereits oben (S. 132) zitierte Begründung zur Beschlußempfehlung des Rechtsausschusses, BT-Drucks. 14/4550, S. 6, wonach eine Negativaussage über die Erziehungsfähigkeit gleichgeschlechtlicher Personen nicht intendiert war.

C. Exkurs: *Ordre public bei Adoption durch faktische Partner und Partner einer Homo-Ehe*

I. Faktische Partnerschaft

Die Frage, ob die Adoptionsbefugnis faktischer Partner den deutschen *ordre public* verletzt, richtet sich allein nach Art. 6 EGBGB, da Art. 17b Abs. 4 EGBGB insofern bereits institutionell unanwendbar ist (Drittes Kapitel). Die Ordre-public-Prüfung kann hier im Ergebnis nicht anders ausfallen als oben bereits dargestellt[725]: Da das Privileg der Ehegattenadoption nicht zu den wesentlichen Grundsätzen des deutschen Rechts gehört, ist die nach ausländischem Recht gegebene Adoptionsbefugnis faktischer Partner auch aus deutscher Sicht anzuerkennen.

II. Homo-Ehe

Art. 6 EGBGB vermag auch im Falle der Homo-Ehe nicht zur Abwehr einer nach ausländischem Recht gegebenen Adoptionsbefugnis zu führen. Zwar kann die fremde Homo-Ehe im materiellen deutschen Adoptionsrecht nicht als Substitut der Ehe i.S. der §§ 1303 ff. BGB angesehen werden, sodaß zweifellos auch sie dem Ehegattenprivileg des § 1741 Abs. 2 S. 1, 3 BGB nicht genügen könnte, wäre in casu deutsches Adoptionsrecht anwendbar; doch ist hierin eben kein Verstoß gegen *wesentliche* Grundsätze des deutschen Rechts zu sehen.

[725] Dazu oben S. 124 ff.

Fünftes Kapitel

Internationale Zuständigkeit

A. Allgemeines

Die internationale Zuständigkeit zur Entscheidung in Adoptionsangelegenheiten normiert § 43b Abs. 1 FGG. Gemäß § 43b Abs. 1 S. 1 FGG sind deutsche Gerichte zuständig, wenn der Annehmende, einer der annehmenden Ehegatten oder das Kind Deutscher ist (Nr. 1) oder wenn einer dieser Beteiligten seinen gewöhnlichen Aufenthalt im Inland hat (Nr. 2). Auf sonstige zuständigkeitsbegründende Anknüpfungspunkte – wie den des schlichten Aufenthalts oder eines besonderen Fürsorgebedürfnisses im Einzelfall – wurde bewußt verzichtet, da anders als bei vorläufigen Maßnahmen zum Schutz des Kindes ein schnelles Eingreifen der Behörden nicht erforderlich ist[726].

Darüber, wen er als seinen Staatsangehörigen betrachtet, entscheidet jeder Staat selbst[727]. Ob ein Beteiligter Deutscher ist, bestimmt sich deswegen nach deutschem Recht als dem Recht des Staates, um dessen Angehörigkeit es geht. Maßgeblich sind die §§ 3 ff. StAG. Hierbei genügt der Besitz der deutschen Staatsangehörigkeit; es muß sich nicht auch um die effektive Zugehörigkeit handeln (vgl. Art. 5 Abs. 1 S. 2 EGBGB)[728]. Der Begriff des gewöhnlichen Aufenthalts knüpft an den Lebensmittelpunkt einer Person an[729]. Dieser ist dort anzunehmen, wo sich der Betreffende unter Umständen aufhält, die erkennen lassen, daß er an diesem Ort nicht nur vorübergehend verweilt[730].

§ 43b Abs. 1 S. 2 FGG stellt klar, daß die Zuständigkeit keine ausschließliche ist. Sachlich gilt § 43b FGG für alle Verrichtungen im Zusammenhang mit dem Annahmeverfahren[731]. Neben dem Ausspruch der Annahme und der Aufhebung des Annahmeverhältnisses erfaßt die Zuständigkeitsregel des § 43b FGG gemäß § 5 Abs. 1 S. 2 AdWirkG auch die Anerkennungs- und Wirkungsfeststellung gemäß § 2 AdWirkG sowie den Umwandlungsausspruch nach § 3 AdWirkG.

Hinsichtlich der *Stiefkindadoption* durch Ehegatten trifft die Vorschrift keine besonderen Regelungen. Zwar genügt es, wenn „einer der annehmenden Ehegatten" eines der zuständigkeitsbegründenden Kriterien in seiner Person erfüllt;

---

[726] BR-Drucks. 222/83, S. 95.
[727] Vgl. *Kegel/Schurig*, IPR, § 13 II 4; *von Hoffmann*, IPR, § 5 A IV.
[728] Vgl. *Bassenge*, in: *Bassenge/Herbst/Roth*, § 43b FGG Rnr. 3.
[729] *von Hoffmann*, IPR, § 5 C II 2.
[730] So die auch über die Materie hinaus brauchbare Definition in § 9 S. 1 Abgabenordnung vom 16.3.1976 (BGBl. I, S. 613); vgl. *Kegel/Schurig*, IPR, § 13 III 3a.
[731] Vgl. *Kuntze*, in: *Keidel/Kuntze/Winkler*, § 43b FGG Rnr. 2; *Bumiller/Winkler*, § 43b FGG Anm. 1.

im Fall der Stiefkindadoption indes ist allein der Stiefelternteil als Annehmender an der Adoption beteiligt, nicht auch der leibliche Elternteil. Es kommt daher einzig auf die Person des Stiefelternteils bzw. die des Kindes an. Hinsichtlich der Stiefkindadoption durch eingetragene Lebenspartner im Sinne des Art. 17b EGBGB gilt dasselbe. Besonderheiten ergeben sich erst im Fall der *gemeinschaftlichen Adoption*. An ihr nämlich sind beide Ehegatten als Annehmende beteiligt, sodaß es gemäß § 43b Abs. 1 S. 1 FGG bereits genügt, wenn nur *einer* von ihnen (oder das Kind) die Zuständigkeitskriterien erfüllt. Keine ausdrückliche Regelung enthält die Vorschrift dagegen für den Fall der gemeinsamen Adoption durch zwei nicht miteinander verheiratete Personen. Wie bereits im Ersten Kapitel gezeigt, kann es aber bei fremdem Adoptionsstatut durchaus zu einer gemeinsamen Kindesannahme durch eingetragene Lebenspartner kommen, sodaß die internationale Zuständigkeit hier nur gegeben zu sein scheint, wenn *beide* Annehmenden (oder das Kind) eines der Zuständigkeitskriterien des § 43b Abs. 1 S. 1 Nr. 1, 2 FGG erfüllen. Ob es stattdessen auch in diesem Fall ausreichen sollte, wenn *einer* der Partner (oder das Kind) Deutscher ist bzw. seinen gewöhnlichen Aufenthalt in Deutschland hat, die spezielle Zuständigkeitsvorschrift über die gemeinsame Ehegattenadoption hinaus hier also entsprechend anzuwenden ist, gilt es zu prüfen.

B. § 43b Abs. 1 S. 1 FGG analog: „einer der annehmenden eingetragenen Lebenspartner"?

I. Planwidrige Regelungslücke

Eine analoge Anwendung der genannten Spezialnorm setzt zunächst voraus, daß selbige im Hinblick auf die gemeinsame Adoption durch eingetragene Lebenspartner auch planwidrig unvollständig, das festgestellte Regelungsdefizit mithin nicht rechtspolitisch motiviert ist[732].

Die Bestimmung über die internationale Zuständigkeit bei Ehegattenadoptionen gelangte erst 1986 im Zuge der IPR-Reform in das FGG[733]. Sie geht –

---

[732] Zu den Voraussetzungen einer Analogie s. bereits oben S. 100 f.

[733] Gesetz zur Neuregelung des Internationalen Privatrechts vom 25.7.1986, BGBl. I, S. 1142. Zuvor bestimmte der durch das Adoptionsrechtsänderunggesetz vom 2.7.1976, BGBl. I, S. 1749, eingeführte § 43b FGG nur eine örtliche Zuständigkeit, aus der allerdings die internationale abgeleitet wurde. Deutsche Gerichte waren demnach zuständig, wenn der Annehmende in Deutschland gewöhnlichen Aufenthalt hat bzw. wenn der Annehmende oder das Kind Deutscher ist; daneben wurde eine Zuständigkeit kraft Fürsorgebedürfnisses zugelassen; *Kegel*, in: *Soergel*[11], Art. 22 EGBGB Rnrn. 57, 59. Obwohl der Wortlaut der Norm keinerlei Anhaltspunkt hierfür enthielt, wurde bereits unter dem alten Recht vereinzelt vertreten, im Falle der Annahme durch ein Ehepaar solle genügen, daß *einer* der Ehegatten diese Voraussetzungen erfüllt; *Kegel*, a.a.O., Rnr. 58.

ebenso wie die Regelung in Art. 22 Abs. 1 S. 2 EGBGB – zurück auf die Vorschläge des deutschen Rates für internationales Privatrecht aus den Jahren 1965/66[734]. § 33 des *Kühne*-Entwurfs[735] von 1979 folgt dem Vorschlag des deutschen Rates ebenso wie der 1983 schließlich eingebrachte Gesetzentwurf der Bundesregierung[736]. Zur Begründung der Regelung enthalten Literatur und Gesetzesmaterialien kaum Hinweise. In der Erläuterung zum Reformvorschlag des deutschen Rates findet sich lediglich die Aussage, der gewöhnliche Aufenthalt bzw. die Staatsangehörigkeit *eines Beteiligten* reichten als zuständigkeitsbegründend aus[737]. Aus dieser Grundaussage folgt zum einen die anknüpfungstechnische Gleichberechtigung von Annehmendem und Kind[738], zum anderen, daß, wenn zwei Annehmende an der Adoption beteiligt sind, nur einer von ihnen die erforderlichen Voraussetzungen erfüllen muß. Konstellationen der letztgenannten Art indes konnten aus Sicht des deutschen Rechts ebenso wie nahezu aller ausländischen Rechte überhaupt nur im Fall der Ehegattenadoption auftreten. Die gewählte Formulierung „oder einer der annehmenden Ehegatten" stellte sich daher als praktisch erschöpfende Regelung über die gemeinschaftliche Adoption dar. So kann aber aus dem Umstand, daß der Wortlaut des § 43b Abs. 1 S. 1 FGG nicht auch andere Fälle der Annahme durch zwei Personen antizipiert, schwerlich der Schluß gezogen werden, Ehegatten sollten nach dem Willen des Reformgesetzgebers tatsächlich bessere Rechtsschutzmöglichkeiten genießen als unverheiratete Paare; eine Negativaussage über andere als Ehegattenadoptionen kann der gesetzgeberischen Wortwahl – wenigstens anfänglich – gerade nicht beigelegt werden. Als allgemeiner Grundsatz des § 43b Abs. 1 S. 1 FGG ließe sich vielmehr festhalten, daß, wenn auch nur einer der an der Adoption Beteiligten durch seine Staatsangehörigkeit oder seinen gewöhnlichen Aufenthaltsort einen Bezug zum Inland aufweist, die internationale Zuständigkeit deutscher Gerichte stets gegeben sein soll[739]. Im Hinblick auf partnerschaftliche Adoptionen erscheint die Vorschrift daher vordergründig als lückenhaft.

Etwas anderes hätte freilich zu gelten, wenn das Schweigen der Norm zur gemeinsamen Adoption durch andere als Ehegatten im nachhinein Bestätigung erfahren, der Gesetzgeber es also ganz bewußt unterlassen hätte, die Vorschrift den zwischenzeitlich veränderten Umständen anzupassen. Stellt sich nämlich heraus, daß eine Beschränkung der alternativen Anknüpfung des § 43b Abs. 1 S.

[734] *Lauterbach* (Hrsg.), Vorschläge und Gutachten zur Reform des deutschen internationalen Kindschafts-, Vormundschafts- und Pflegschaftsrechts, S. 4; *Beitzke* (Hrsg.), Vorschläge und Gutachten zur Reform des deutschen internationalen Personen-, Familien- und Erbrechts, S. 61.

[735] *Kühne*, IPR-Gesetz-Entwurf, S. 13.

[736] BR-Drucks. 222/83 = BT-Drucks. 10/504.

[737] *Lauterbach* (Hrsg.), Vorschläge und Gutachten zur Reform des deutschen internationalen Kindschafts-, Vormundschafts- und Pflegschaftsrechts, S. 36.

[738] Vgl. auch *Kühne*, IPR-Gesetz-Entwurf, S. 199.

[739] *Baumann*, S. 12.

1 FGG auf gemeinsame *Ehegatten*adoptionen rechtspolitisch motiviert ist, die Vorschrift heute also tatsächlich eine Andersbehandlung unverheirateter Paare mit entsprechendem Adoptionsrecht bezweckt, so liegt gerade keine Lücke des Gesetzes, sondern im Gegenteil ein analogiehindernder Regelungsverzicht vor[740]. Wie schon an früherer Stelle erwähnt[741], finden sich in den Gesetzesmaterialien zum LPartDisBG keinerlei Hinweise zum Kollisionsrecht der partnerschaftlichen Adoption; dasselbe gilt im Hinblick auf verfahrensrechtliche Fragestellungen. Verwundern kann dies kaum: Angesichts fehlender materiellrechtlicher Regelungen im In- und Ausland – es ist zu erinnern, daß die gemeinsame Adoption durch homosexuelle Paare erstmals überhaupt durch das niederländische Gesetz vom 21.12.2000[742], d.h. in der Endphase des deutschen Gesetzgebungsverfahrens, ermöglicht wurde[743] – bestand keinerlei Veranlassung, entsprechende Vorschriften zu beraten. Die Frage der internationalen Adoptionszuständigkeit wurde folglich nicht berührt. Ist nach alledem aber kein rechtspolitischer Wille feststellbar, die Regelungslücke des § 43b Abs. 1 S. 1 FGG aufrechtzuerhalten, kann diese heute nur als planwidrig angesehen werden.

II. Vergleichbarkeit

Die Rechtsfortbildung durch Analogie setzt weiter die Vergleichbarkeit der zu betrachtenden Phänomene voraus. Die verfahrensrechtliche Situation eingetragener Lebenspartner bei gemeinschaftlicher Adoption müßte derjenigen von Ehegatten wenigstens wertungsmäßig entsprechen[744].

Sowohl Ehe als auch eingetragene Lebenspartnerschaft genießen als institutionalisierte Lebensgemeinschaften den besonderen Schutz der Familienrechtsordnung, der deutschen ebenso wie der betreffenden ausländischen. Gegenüber anderen Paarverbindungen erfahren sie eine bewußte Privilegierung. Im Hinblick auf die Ehe trägt das geltende deutsche Verfahrensrecht dieser Tatsache dadurch Rechnung, daß es in § 43b Abs. 1 S. 1 FGG insofern den Grundsatz der *positiven Gleichberechtigung*[745] festschreibt („was einer hat, bekommt auch der andere"), nicht dem umgekehrten Ansatz einer negativen Gleichberechtigung folgt („was nur der eine hat, soll keiner von beiden geltend machen können"). Auf diese Weise wird jeder Ehegatte, der die Zuständigkeitskriterien erfüllt, zur stellvertretenden Anknüpfungsperson des anderen und damit zum

---

740 Vgl. oben S. 104.

741 S. 104 f.

742 Staatsblad 2001, Nr. 10 (vgl. oben Fn. 157).

743 Die daneben bereits seit längerer Zeit bestehenden Adoptionsmöglichkeiten für unverheiratete *heterosexuelle* Paare etwa in Nicaragua, Kolumbien und New South Wales (vgl. oben S. 129), seit 1998/99 auch in Katalonien bzw. Aragonien, spielten in der stark auf die homosexuelle Partnerschaft konzentrierten deutschen Debatte ohnehin keine Rolle.

744 Vgl. *Larenz/Canaris*, S. 202.

745 Vgl. *Kegel*, in: *Soergel*[11], Art. 22 EGBGB Rnr. 58.

Exponenten der ehelichen Lebensgemeinschaft insgesamt. Die eingetragene Lebenspartnerschaft stellt nun gegenüber der Ehe gewiß ein aliud[746], in ihrer Eigenschaft als familienrechtliches Institut jedoch ein dieser grundsätzlich gleichzuachtendes Phänomen dar. Die verfahrensrechtlichen Interessen jedenfalls sind in beiden Fällen identisch. So ist das Rechtsschutzbedürfnis eingetragener Lebenspartner in Fragen der gemeinschaftlichen Adoption durchaus nicht schwächer ausgeprägt als das von Ehegatten. Auch maßgebliche Ordnungsinteressen stehen einer Gleichbehandlung eingetragener Lebenspartner mit Ehegatten nicht im Wege. Mag auch die partnerschaftliche Adoption in Deutschland ein sachrechtliches Nullum sein, so kann doch hieraus nicht gefolgert werden, daß das Verfahrensrecht diese Weichenstellung nachzuvollziehen und die Geltendmachung anderslautenden ausländischen Adoptionsrechts etwa durch entsprechend restriktive Zuständigkeitsanknüpfungen zu erschweren hätte. Ebenso wie das Kollisionsrecht verfolgt auch das internationale Verfahrensrecht völlig eigenständige, vom Ergebnis der Rechtsanwendung ebenso wie vom eigenen Sachrecht grundsätzlich unabhängige Interessen. Angesichts dessen aber wäre es unangemessen, den oben ermittelten Grundgedanken des Gesetzes umzukehren und für eingetragene Lebenspartner stattdessen an einer kumulativen Anknüpfung festzuhalten. Richtigerweise muß es vielmehr auch hier genügen, daß *einer* der annehmenden eingetragenen Lebenspartner (oder aber das Kind) die Zuständigkeitsvoraussetzungen des § 43b Abs. 1 S. 1 Nr. 1, 2 FGG erfüllt.

Bei gemeinschaftlicher Adoption durch eingetragene Lebenspartner sind die Bestimmungen des § 43b Abs. 1 S. 1 FGG über die Ehegattenadoption daher analog heranzuziehen. Die internationale Zuständigkeit deutscher Gerichte ist auch dann als gegeben anzusehen, wenn nur einer der Partner Deutscher ist oder aber seinen gewöhnlichen Aufenthalt in Deutschland hat.

C. Exkurs: Adoption durch faktische Partner und Partner einer Homo-Ehe

Im Hinblick auf die internationale Zuständigkeit bei der Adoption durch faktische Partner und Partner einer Homo-Ehe ist zu klären, wie sich das Bestehen der jeweiligen Lebensgemeinschaft im Rahmen des § 43b Abs. 1 S. 1 FGG auswirkt. Wie gesehen, differenziert die Norm zwischen der gemeinsamen Adoption durch unverheiratete und durch verheiratete Paare. Während im letztgenannten Fall auf *beide* Partner (oder das Kind) abzustellen ist, genügt es bei der Annahme durch Ehegatten, wenn nur *einer* der Partner (oder das Kind) Deutscher ist bzw. seinen gewöhnlichen Aufenthalt im Inland hat.

746 *BVerfG* vom 17.7.2002, in: BVerfGE 105, S. 313 (351).

Für die faktische Partnerschaft kommt – ebenso wie für die eingetragene Lebenspartnerschaft auch – allenfalls eine *analoge* Anwendung der eherechtlichen *lex specialis* in Betracht. Unter Berücksichtigung des der Vorschrift zugrundeliegenden Gedankens, daß es genügt, wenn nur einer der an der Adoption Beteiligten die Voraussetzungen des § 43b Abs. 1 S. 1 Nrn. 1, 2 FGG erfüllt, kann auch hier nur von einer planwidrigen Regelungslücke ausgegangen werden. Als familienrechtlich institutionalisierte Verbindung sieht sich die faktische Partnerschaft zudem in einer der Ehe vergleichbaren Interessenlage. Ebenso wie bei Ehegatten sollte daher im Rahmen der Zuständigkeitsnorm von einer *positiven Gleichberechtigung*[747] der Partner ausgegangen werden[748].

Hinsichtlich der Adoption durch homosexuelle Ehegatten stellt sich die Frage dagegen anders. Hier ist zunächst zu klären, ob der Begriff der Ehegatten in § 43b Abs. 1 S. 1 FGG[749] auf heterosexuelle Ehegatten beschränkt ist oder auch die Partner einer Homo-Ehe einschließt. Entspricht es aber dem Rechtsgedanken der Norm, in Fällen der gemeinsamen Adoption die Erfüllung der Zuständigkeitsvoraussetzungen in der Person nur eines der Annehmenden ausreichen zu lassen, so bestehen auch keine Bedenken dagegen, den Begriff der Ehegatten von vornherein weit auszulegen und auf gleichgeschlechtliche Partner zu erstrecken, die im Ausland die Ehe geschlossen haben. Sinn und Zweck der Vorschrift sprechen im Gegenteil dafür.

747 *Kegel*, in: *Soergel*[11], Art. 22 EGBGB Rnr. 58.

748 So für die gemeinsame Adoption durch unverheiratete Paare generell *Baumann*, S. 12.

749 Vorrangige Normen des Gemeinschaftsrechts existieren nicht. Zwar wurde bisweilen vertreten, die Brüssel II-VO sei auch auf *Homo*-Ehen anwendbar (so vorsichtig *Gebauer/Staudinger*, in: IPRax 2002, S. 275 (277; Fn. 48); generell skeptisch zur Einbeziehung der Homo-Ehe in den Ehebegriff des geltenden Gemeinschaftsrechts dagegen *Jakob*, S. 369), doch erfaßte die Verordnung nur Verfahren über die elterliche Verantwortung aus Anlaß der Scheidung. Daß auch die neue Brüssel IIa-VO keine Anwendung auf Adoptionsentscheidungen findet, wurde bereits dargestellt.

Sechstes Kapitel

Anerkennung ausländischer Adoptionsentscheidungen

A. Allgemeines

Ist die partnerschaftliche Adoption im Ausland vollzogen worden, so zeitigt sie Wirkungen zunächst nur in dem betreffenden Staat[750]. Aus dem Prinzip der staatlichen Souveränität ergibt sich, daß einzelstaatliche Gerichtsbarkeit grundsätzlich auf die eigenen Staatsgrenzen beschränkt ist[751]. Soll die fremde Adoptionsentscheidung dagegen Wirkungen auch im Inland erzeugen, setzt dies ihre Anerkennung, d.h. die Anordnung ihrer Wirksamkeit durch die inländische Rechtsordnung voraus. Indem die Anerkennung Wirkungen des erststaatlichen Hoheitsakts auf das Gebiet des Anerkennungsstaates erstreckt, dient sie zugleich dem zweckmäßigen Abbau der erwähnten Souveränitätsschranken[752].

I. Gegenstand der Anerkennung

Gegenstand der Anerkennung können stets nur *Entscheidungen* einer ausländischen staatlichen Stelle sein[753]. Darunter sind all jene Akte zu verstehen, die bestimmt und geeignet sind, eine rechtliche Wirkung für die Beteiligten durch Begründung, Aufhebung, Änderung oder Feststellung von Rechten oder durch sonstige Einwirkungen auf rechtlich geschützte Interessen zu äußern[754]. Handelt es sich dagegen um die Frage der Wirksamkeit von privaten Rechtsgeschäften im Ausland oder nach ausländischem Recht, so ist hierfür allein das nach deutschem Kollisionsrecht anwendbare Sachrecht maßgeblich[755]. Die Wirksamkeit hängt in diesen Fällen also von einer materiellrechtlichen Prüfung anhand des anwendbaren Rechts ab[756]. *Reine* Vertragsadoptionen – also solche, die keinerlei Überprüfung durch staatliche Stellen unterliegen[757] – wären daher nach dem

---

[750] Vgl. *von Hoffmann*, IPR, § 3 D I.

[751] Vgl. *Benicke*, Typenmehrheit, S. 168.

[752] Vgl. *Habscheid*, in: FamRZ 1973, S. 431 (431).

[753] Vgl. *von Hoffmann*, IPR, § 3 D I. Es muß sich hierbei nicht um ein Gericht handeln. Auch der Ausspruch durch eine andere Behörde wird erfaßt, sofern die Behörde nach ihrer Funktion und dem angewandten Verfahren einem Gericht der freiwilligen Gerichtsbarkeit vergleichbar ist; s. *Henrich*, in: *Staudinger*, Art. 22 EGBGB Rnr. 85.

[754] BR-Drucks. 222/83, S. 93.

[755] Vgl. *Henrich*, in: *Staudinger*, Art. 22 EGBGB Rnr. 85.

[756] Vgl. *Benicke*, Typenmehrheit, S. 168.

[757] Wird dagegen nach ausländischem Recht die Vertragsadoption durch ein Gericht überprüft und nach dieser Überprüfung bestätigt, so steht diese gerichtliche „Bestätigung" einer Adoptionsverfügung gleich und kann ebenso wie diese unter den Voraussetzungen des § 16a FGG anerkannt werden. Dasselbe gilt, wenn der Adoptionsvertrag eine gerichtliche „Bewilligung" voraussetzt (so in Österreich) oder mit gerichtlicher „Genehmigung" erfolgt (so in der Türkei) und diese Bewilligung oder Genehmigung insbesondere an eine Kindeswohlprüfung gebunden

gemäß Art. 22 Abs. 1 S. 2 analog i.V.m. Art. 17b Abs. 1 S. 1 und gemäß Art. 23 EGBGB anwendbaren Sachrecht zu prüfen[758]. Indes kennt heute keiner der hier interessierenden „Partnerschaftsstaaten“ die Annahme als Kind durch Vertrag[759] und auch darüber hinaus kommt zumindest die reine Vertragsadoption kaum noch vor[760]. Partnerschaftliche Adoptionen, die nach dem reinen Vertragsmodell vorgenommen werden, sind also praktisch ausgeschlossen, sodaß sich die hier anzustellende Untersuchung auf die Anerkennung ausländischer Adoptions*entscheidungen* beschränken kann.

II. § 16a FGG

Die Anerkennung von Entscheidungen der freiwilligen Gerichtbarkeit unterliegt nach autonomem deutschen Recht der Regelung des durch die Reform von 1986 eingeführten § 16a FGG. Zwar ist der genaue Grenzverlauf zwischen streitiger und freiwilliger Gerichtsbarkeit durchaus umstritten[761]; dem allgemeinen Grundsatz folgend, daß verfahrensrechtliche Fragen lege fori zu qualifizieren sind, kann indes unproblematisch festgestellt werden, daß es sich jedenfalls bei Adoptionsentscheidungen stets um Akte der freiwilligen Gerichtsbarkeit handelt[762]. § 16a FGG ist daher auch dann einschlägig, wenn der ausländische Staat die Adoptionsentscheidung seinerseits der streitigen Gerichtsbarkeit zuordnet und das dortige Gericht die Adoption durch Urteil ausgesprochen hat[763].

Obwohl § 16a FGG nur einen Katalog von Anerkennungsversagungsgründen beinhaltet, ist er doch als positive Anerkennungsregel zu verstehen[764]. Voraussetzung für die Anerkennung einer ausländischen Entscheidung der freiwilligen Gerichtsbarkeit ist demnach, daß das ausländische Gericht nach deutschem Recht internationale Zuständigkeit besitzt (Nr. 1), daß gewisse verfahrensrechtliche Voraussetzungen des ordre public eingehalten wurden (Nr. 2), daß die Entscheidung nicht mit inländischen oder anzuerkennenden frühereren ausländischen Entscheidungen bzw. mit früher rechtshängig gewordenen Verfahren unvereinbar ist (Nr. 3) und daß schließlich auch kein Verstoß gegen den ordre pub-

ist; s. *Henrich*, in: *Staudinger*, Art. 22 EGBGB Rnr. 98. Einzig dann, wenn die behördliche Mitwirkung sich in einem bloßen Registrierungsakt ohne Prüfung der Sach- und Rechtslage erschöpft, ist sie nicht mehr als anerkennungsfähige Entscheidung anzusehen.

[758] Vgl. *Henrich* in: *Staudinger*, Art. 22 EGBGB Rnr. 84; *Siehr*, in: StAZ 1982, S. 61 (62).

[759] Vgl. dazu die Darstellung im Ersten Kapitel.

[760] In diesem Sinne auch *Benicke*, Typenmehrheit, S. 168, sowie *Henrich*, in: *Staudinger*, Art. 22 EGBGB Rnr. 98.

[761] *Kegel/Schurig*, IPR, § 22 V 1b; s. auch *Kegel*, in: *Soergel*[11], vor Art. 7 EGBGB Rnr. 653.

[762] Vgl. *Henrich*, in: *Staudinger*, Art. 22 EGBGB Rnr. 85; *Benicke*, Typenmehrheit, S. 169; ebenso auch die Regierungsbegründung, BR-Drucks. 222/83, S. 93.

[763] *BayObLG* vom 21.6.2001, in: StAZ 2000, S. 300.

[764] *von Bar/Mankowski*, IPR I, § 5 V 1a; BR-Drucks. 222/83, S. 93.

lic vorliegt (Nr. 4). Weitergehende Anforderungen enthält das Gesetz nicht[765]. Insbesondere die Anwendung des nach deutschem IPR maßgeblichen, d.h. des „richtigen“ Rechts gehört daher grundsätzlich[766] nicht zu den Anerkennungsvoraussetzungen[767].

B. Natur und Umfang der Anerkennung

Anerkennung bedeutet nach herrschender Auffassung die Erstreckung der prozeßrechtlichen Wirkungen einer Entscheidung auf das Inland[768]. Dies soll indes nicht unumschränkt gelten. Vielmehr werden nur solche Wirkungen für anerkennungsfähig gehalten, die auch einer entsprechenden inländischen Entscheidung zukommen[769]; mindestens aber müßten die fraglichen Wirkungen dem deutschen Recht ihrer Art nach bekannt sein[770]. Andere wollen die ausländische Entscheidung dagegen einer inländischen gleichstellen, ihre prozessualen Wirkungen also nicht nach dem angewandten ausländischen, sondern vielmehr gemäß deutschem Recht beurteilen[771]. Die erststaatliche Entscheidung bliebe zwar eine fremde, doch vermittelte der Transformationsakt ihr dieselben prozeßrechtlichen Wirkungen wie der Adoptionsentscheidung eines deutschen Gerichts. Eine solche „Nostrifizierung“[772] des fremden Dekrets hätte freilich auch zur Folge, daß der ausländischen Entscheidung hierzulande weitergehende Wirkungen zukommen könnten als im Entscheidungsstaat selbst[773].

---

765 Als eigentlich selbstverständliche und daher zu Recht ungeschriebene Anerkennungsvoraussetzungen sind weiter die Wirksamkeit der Entscheidung im Erststaat selbst („keine Anerkennung von Nicht-Entscheidungen“) und die Gerichtsbarkeit des Erststaates anerkannt; vgl. *Kropholler*, IPR, § 60 IV 1a.

766 Zu der z.T. vertretenen kollisionsrechtlichen Anerkennung speziell von *Gestaltungswirkungen* siehe unten.

767 Vgl. BR-Drucks. 222/83, S. 88; *Richardi*, Anerkennung und Vollstreckung, S. 46; *Benicke*, Typenmehrheit, S. 180 f.; *Kropholler*, IPR, § 60 IV 7; *Hohnerlein*, Internationale Adoption, S. 59.

768 *Nagel/Gottwald*, IZPR, § 11 Rnr. 111; *Zimmermann*, in *Keidel/Kuntze/Winkler*, § 16a FGG Rnr. 3; *Henrich*, in: IPRax 1982, S. 140; *von Hoffmann*, IPR, § 3 D III 1; *Spellenberg*, in: IPRax 1984, S. 304 (306); *Jayme*, in: IPRax 1983, S. 169 (170); *Benicke*, Typenmehrheit, S. 174 f; *von Bar/Mankowski*, IPR I, § 5 V 1b; *Heldrich*, in: *Palandt*, Art. 22 EGBGB Rnr. 14; *Kronke*, in: *Soergel*, Anhang IV zu Art. 38 EGBGB Rnr. 141; *Richardi*, Anerkennung und Vollstreckung, S. 89; *Geimer*, in: FS Ferid (1988), S. 89 (90).

769 Vgl. *von Bar*, IPR I, § 5 V 1b.

770 Vgl. *von Hoffmann*, IPR, § 3 D III 1; *Zimmermann*, in: *Keidel/Kuntze/Winkler*, § 16a FGG Rnr. 3; *Spellenberg*, in: IPRax 1984, S. 304 (306); *Nagel/Gottwald*, IZPR, § 11 Rnr. 114; *Kropholler*, IPR, § 60 V 1b.

771 *Habscheid*, in: FamRZ 1970, S. 558 (559); *Matscher*, in: FS Schima (1969), S. 265 (277); *König*, Annahme im Ausland, S. 71 ff.

772 *Habscheid*, in: FamRZ 1970, S. 558 (559).

773 Diese sukzessive Ausweitung aber würde die Beteiligten häufig überraschen. Die Gleichstellungstheorie wird daher überwiegend abgelehnt; vgl. *Schack*, IZVR, § 17 I 3; *Spellenberg*, in: IPRax 1984, S. 304 (306).

Unstreitig jedoch beschränkt sich die Anerkennung gemäß § 16a FGG ebenso wie die nach § 328 ZPO auf die *prozeßrechtlichen Wirkungen* einer Entscheidung[774]. Vorderhand gilt es deshalb aufzuklären, was eigentlich hierunter zu verstehen ist. Unstreitig zu den prozeßrechtlichen Wirkungen zählt die materielle Rechtskraft[775] der Entscheidung[776]. Ihre objektiven und subjektiven Grenzen richten sich daher allein nach dem Recht des Erststaates[777]. Zu unterscheiden sind die prozeßrechtlichen von den sogenannten Tatbestandswirkungen einer Entscheidung[778]. Über letztere hat allein das durch unser Kollisionsrecht berufene Sachrecht zu befinden[779]; es bestimmt, ob bzw. welche Tatbestandswirkungen im einzelnen zur Entfaltung gelangen[780]. Nur soweit die Entscheidung für die materielle Norm als Tatbestandsmerkmal ausreichend ist, kann die Tatbestandswirkung, wie diese Norm sie vorsieht, eintreten. Es handelt sich dabei um das Problem der Substitution. Ob nun einzelne Entscheidungswirkungen als prozessual oder vielmehr als materiellrechtlich zu qualifizieren sind, bestimmt die lex fori des Anerkennungsstaates[781]. Auf der Scheidelinie zwischen materiellem und Prozeßrecht liegt die Einordnung der *Gestaltungswirkungen* einer Entscheidung.

I. Anerkennung von Gestaltungswirkungen

Gestaltungsentscheidungen sind Entscheidungen, denen ein Verfahren zugrundeliegt, das auf die richterliche Gestaltung der materiellen Rechtslage abzielt[782]. Um eine solche handelt es sich folglich auch bei dem Adoptionsdekret: Es verändert den Status des Kindes, indem es dessen familienrechtlichen Bande zur leiblichen Familie löst, während es neue zwischen Annehmendem und Kind begründet[783]. Zur Frage der Anerkennung von Gestaltungswirkungen werden im wesentlichen zwei Ansätze vertreten.

---

774 Vgl. *Geimer*, in: Zöller, § 328 ZPO, Rnr. 26.

775 Im klassischen Bereich der freiwilligen Gerichtsbarkeit spielt die Rechtskraftwirkung freilich keine entscheidende Rolle; vgl. *Geimer*, in: FS Ferid (1988), S. 89 (91).

776 Vgl. *Schack*, IZVR, § 17 I 1b; *Nagel/Gottwald*, IZPR, § 11 Rnr. 124.

777 *Nagel/Gottwald*, IZPR, § 11 Rnr. 125.

778 Hierbei werden bestimmte Rechtsfolgen, die selbst nicht Bestandteil der Entscheidung sind, an den Erlaß derselben geknüpft, so beispielsweise die Verjährung eines rechtskräftig festgestellten Anspruchs (§ 197 Abs. 1 Nr. 3 BGB); die Entscheidung ist also Tatbestandsvoraussetzung einer Norm des Sachrechts.

779 Vgl. *Hausmann*, Kollisionsrechtliche Schranken, S. 186; *Richardi*, Anerkennung und Vollstreckung, S. 48.

780 Vgl. *Benicke*, Typenmehrheit, S. 175; *Geimer*, in: FS Ferid (1988), S. 89 (117, Fn. 21).

781 *Geimer*, in: FS Ferid (1988), S. 89 (117, Fn. 21).

782 Vgl. *Vollkommer*, in: *Zöller*, vor § 300 ZPO Rnr. 9.

783 Vgl. *Benicke*, Typenmehrheit, S. 175.

1. Meinungsstand

Der prozeßrechtlichen Auffassung zufolge stellen die verfahrensrechtlichen Anerkennungsvorschriften die *ausschließliche* Grundlage auch für die Anerkennung von Gestaltungswirkungen dar[784]. Sofern die Voraussetzungen der verfahrensrechtlichen Anerkennung erfüllt sind, wird neben den prozeßrechtlichen Entscheidungswirkungen zugleich auch die durch das erststaatlich angewandte Recht vorgesehene materielle Gestaltung anerkannt.

Anders die Vertreter einer internationalprivatrechtlichen Lösung[785]. Sie stützen die Anerkennung von Gestaltungswirkungen auf das kollisionsrechtlich zu ermittelnde Sachstatut (daher auch materiellrechtliche oder Lex-causae-Theorie)[786]. Die Entscheidung muß in dem Staat wirksam sein, dessen Recht gemäß Art. 22 Abs. 1 S. 2 analog i.V.m. Art. 17b Abs. 1 S. 1 EGBGB zur Gestaltung der Rechtslage berufen ist. Möglich ist dies nur, wenn die Entscheidung entweder in diesem Staat selbst erging oder die in einem anderen Staat erlassene Entscheidung von Seiten der nach inländischem IPR maßgebenden lex causae anerkannt wird und die dort vorgesehenen Gestaltungswirkungen auszulösen vermag[787]. Falls ja, ist die Adoption nach Adoptionsstatut eingetreten, andernfalls nicht[788]. Es geht dabei allein um die Erfüllung von Tatbestandsmerkmalen durch ausländische Akte, um die materiellrechtliche Frage der Substitution also. Die Gestaltungswirkung unterscheidet sich nach dieser Auffassung strukturell nicht von einer Tatbestandswirkung. Ebenso wie diese ist sie nicht prozessuale Wirkung der Entscheidung, sondern materielle Wirkung der Sachnorm.

2. Stellungnahme

Mit den Intentionen des Gesetzgebers ist der Ansatz einer kollisonsrechtlichen Anerkennung von Gestaltungswirkungen indes heute nur noch schwer zu vereinbaren. Indem der IPR-Reformgesetzgeber des Jahres 1986 die in § 328 Abs. 1 Nr. 3 ZPO a.F. vorgesehene Abhängigkeit der Anerkennung von Statusentschei-

---

[784] *Geimer*, in: Zöller, § 328 ZPO Rnrn. 44 f.; *Schurig*, in: IPRax 1986, S. 221 (223); *Schack*, IZVR, § 17 I 1d; *Matscher*, in: FS Schima (1969), S. 265 (284); *Kropholler*, IPR, § 60 V 2e; *Zimmermann*, in: *Keidel/Kuntze/Winkler*, § 16a FGG Rnr. 3.

[785] *Jonas*, in: JW 1934, S. 2556; *ders.*, in: JW 1936, S. 283; *Hausmann*, Kollisionsrechtliche Schranken, S. 198.

[786] Ob es allein auf das berufene Sachrecht oder zusätzlich noch auf die Voraussetzungen des § 16a FGG ankommen soll, ist innerhalb dieser Auffassung umstritten. Die gemischt prozessual-kollisionsrechtliche Auffassung findet sich bei *Raape*, IPR, S. 314, der formuliert: „Den § 328 ZPO darf man, wenn es sich um Scheidungen handelt, nur durch die Brille des Art. 17 EGBGB lesen". Dagegen verfolgt *Hausmann*, Kollisionsrechtliche Schranken, S. 205 f., einen rein kollisionsrechtlichen Ansatz.

[787] § 16a FGG käme demzufolge nur dann zur Anwendung, wenn – was nach hier vertretener Auffassung bei partnerschaftlichen Adoptionen ausgeschlossen ist – deutsches Recht Adoptionsstatut ist.

[788] Vgl. *Schurig*, in: IPRax 1986, S. 221 (222).

dungen von der Beachtung des anwendbaren Rechts beseitigte und zugleich auf die Einführung entsprechender Einschränkungen im Rahmen des neugeschaffenen § 16a FGG verzichtete, hat er den Streit praktisch zugunsten einer rein prozessualen Anerkennung von Gestaltungswirkungen entschieden[789]. Ein deutlicher Hinweis ist auch § 606a Abs. 2 ZPO zu entnehmen: Die Vorschrift läßt die Anerkennung von Scheidungsurteilen ausnahmsweise auch dann zu, wenn zwar das erststaatliche Gericht nicht spiegelbildlich zu § 606a Abs. 1 S. 1 Nrn. 1-3 ZPO zuständig war, die Heimatrechte der Ehegatten aber die Gestaltungsentscheidung anerkennen. Hieraus muß gefolgert werden, daß die Anerkennung einer ausländischen Entscheidung im Grundsatz gerade *nicht* von der Haltung der *lex causae* abhängig sein soll[790].

Gegen die kollisionsrechtliche Anerkennung speziell der Gestaltungswirkungen einer Adoptionsentscheidung spricht aber auch, daß diese als unmittelbarer Bestandteil des staatlichen Schöpfungsakts[791] selbst anzusehen sind. Das künstliche Statusverhältnis „Adoption“ ist nicht – wie die Lex-causae-Theorie annimmt – bloßes formelles Tatbestandsmerkmal einer Anzahl von Wirkungsnormen, sondern wird durch die aus ihm fließenden Rechtswirkungen überhaupt erst definiert. So ist der Ausspruch der Adoption nicht zuletzt auch von den mit der Entscheidung verbundenen Gestaltungswirkungen abhängig. In der zentralen Frage nämlich, ob die Adoption dem Wohl des Kindes dient, kommt es für die mit der Sache befaßte staatliche Stelle ganz maßgeblich darauf an, welche grundsätzliche Rechtsstellung das Kind durch den Ausspruch erlangen wird[792]. Sind aber die Gestaltungswirkungen nach alledem auf so charakteristische Weise mit der Adoptionsentscheidung selbst verwoben, erschiene es kaum als sachgerecht, sie einem anderen als dem in casu angewandten Recht zu unterwerfen.

Vorzuziehen ist daher die international*verfahrensrechtliche* Anerkennung von Gestaltungswirkungen[793]. Ebenso wie die prozessualen Wirkungen der Ent-

---

[789] In diesem Sinne auch *Kropholler*, IPR, § 60 V 2e; *Benicke*, Typenmehrheit, S. 180 f.; *Richardi*, Anerkennung und Vollstreckung, S. 73.

[790] Vgl. *Geimer*, in: FS Ferid (1988), S. 89 (92); *Schack*, IZVR, § 17 I 1d.

[791] *Schurig*, in: IPRax 1986, S. 221 (223).

[792] Vgl. *Griep*, S. 51 f.

[793] Nimmt man die übrigen Entscheidungswirkungen in den Blick, wird außerdem deutlich, daß die unterschiedliche Beurteilung prozessualer und Gestaltungswirkungen unter Umständen zu nachgerade sinnwidrigen Ergebnissen führt. Ist die ausländische Entscheidung der materiellen Rechtskraft fähig, so richtet sich deren Anerkennung unstreitig allein nach § 16a FGG (vgl. nur *Schack*, IZVR, § 17 I 1). So kann es nach der kollisionsrechtlichen Theorie etwa dazu kommen, daß die Entscheidung aufgrund ihrer Nichtanerkennung durch den Staat der *lex causae* im Inland zwar keinerlei *Gestaltungswirkungen* äußert, die nach dem Recht des Erststaates vorgesehene *materielle Rechtskraft* aber gemäß § 16a FGG dennoch eintritt. Kuriose Folge dieser Divergenz wäre z.B., daß ein ausländisches Scheidungsurteil, dem aus inländischer Sicht keine Gestaltungswirkung beizumessen ist, eine Scheidung im Inland verhindert, da die Rechtskraftwirkung des Drittstaatsurteils entgegensteht. Die Ehe wäre *ungeschieden* und trotzdem *unscheidbar*. Die kollisionsrechtliche Vorgehensweise bei der Anerkennung von Gestal-

scheidung unterliegen sie allein den Maßstäben des § 16a FGG. Erfüllt die fragliche Adoptionsentscheidung die Voraussetzungen der Norm, so sind die ihr nach dem angewandten Recht zukommenden Gestaltungswirkungen ohne Rücksicht auf die Position, die das berufene Sachrecht hierzu einnimmmt, anzuerkennen. Genügt aber der ausländische Akt den Anforderungen des § 16a FGG nicht, so bleibt die Anerkennung der ihm zugrundeliegenden Gestaltungswirkungen auch dann ausgeschlossen, wenn die lex causae die Entscheidung ihrerseits anerkennt.

II. Wirkung der Anerkennung

1. Rezeption von Gestaltungswirkungen

Sieht man in der Anerkennung einer Entscheidung die Erstreckung ihrer prozessualen Wirkungen auf das Inland (Rezeption), so folgt hieraus, da Gestaltungswirkungen sich nach dem zuvor Gesagten von den prozessualen Entscheidungswirkungen strukturell nicht unterscheiden, daß auch die Gestaltungswirkungen der Entscheidung in dem Umfang anerkannt werden, wie das der Entscheidung zugrundeliegende Recht sie vorsieht[794]. Ist also die anzuerkennende Adoption wirkungsschwächer als eine solche des deutschen Rechts, muß dies nach der Rezeptionstheorie hingenommen werden[795]. Verleiht das angewandte Recht ihr dagegen Gestaltungswirkungen, die über die nach deutschem Recht vorgesehenen hinausgehen, so sind auch diese nicht auf inländisches Maß herabzustutzen; auf den Grad der Abweichung vom inländischen Recht bzw. die Vergleichbarkeit mit ihm kommt es entgegen dem allgemeinen Grundsatz[796] hier also nicht an. Von Gestaltungsentscheidungen „ein Stück abzuschneiden, den Rest dagegen bei der Anerkennungskontrolle passieren zu lassen, macht wenig Sinn“[797].

---

tungswirkungen erweist sich hier als fragwürdig und unpraktikabel; vgl. *Richardi*, Anerkennung und Vollstreckung, S. 75. *Hausmann*, Kollisionsrechtliche Schranken, S. 207, will die auftretenden Ungereimtheiten dadurch überwinden, daß neben den Gestaltungswirkungen auch die materielle Rechtskraft kollisionsrechtlich relativiert wird. Sie soll einer inländischen Zweitentscheidung nur dann entgegenstehen, wenn das erststaatliche Gericht das richtige, also das nach deutschem IPR berufene Recht angewandt hat. Dem kann nicht gefolgt werden. Die Abhängigkeit der materiellen Rechtskraft vom angewandten Recht bedeutet in der Regel schlicht ihre Ausschaltung. Der als notwendig erkannte Gleichlauf von Gestaltungswirkungen und materieller Rechtskraft würde also erkauft durch erhebliche Unsicherheiten über die tatsächlichen Rechtsfolgen einer Entscheidung; vgl. *Nagel/Gottwald*, IZPR, § 11 Rnr. 125. Das aber scheint ein allzu hoher Preis.

[794] Vgl. *Schack*, IZVR, § 17 I 3.

[795] Vgl. *Jayme*, in: IPRax 1983, S. 169 (170); *Klinkhardt*, in: IPRax 1987, S. 158 (159); *Hohloch*, in: *Erman*, Art. 22 EGBGB Rnr. 28; *Benicke*, Typenmehrheit, S. 183; *Hepting*, in: StAZ 1986, S. 305 (308); *Beitzke*, Auslandsadoptionen, S. 8.

[796] Siehe oben S. 143 f.

[797] *Geimer*, in: *Zöller*, § 328 ZPO Rnr. 20.

Dabei bedeutet die Erstreckung der Gestaltungswirkungen auf das Inland natürlich nicht, daß das angewandte Recht über alle mit der Adoption verbundenen Rechtsfolgen zu entscheiden hätte. Das Recht des Entscheidungsstaates gibt lediglich die Obergrenze der Wirkungen an. Die besagte Grenze wird bestimmt durch das Ausmaß der nach dem angewandten Recht hergestellten und abgeschnittenen Beziehungen des Angenommenen zu seiner Wahlfamilie einerseits und seiner Ursprungsfamilie andererseits. Innerhalb der so definierten Grenzen bleibt aber dasjenige Recht maßgebend, auf welches unser internationales Privatrecht für die fragliche Wirkung verweist.[798]

2. Transformation von Gestaltungswirkungen

Komplizierter gestaltet sich der Meinungsstand hinsichtlich derer, die die Anerkennung als einen Prozeß der Transformation begreifen. Zu einer Transformation speziell der Gestaltungswirkungen einer Entscheidung gelangen zunächst jene Autoren, die eine *kollisionsrechtliche* Anerkennung von Gestaltungswirkungen befürworten[799]. Anerkennt nämlich das kollisionsrechtlich berufene Recht die fremde Adoptionsentscheidung, ruft diese allein jene Gestaltungswirkungen hervor, die das Adoptionsstatut selbst einer Adoption verleiht: Die Wirkungen nach angewandtem Recht werden ersetzt durch die nach dem Adoptionsstatut vorgesehenen. Nur falls angewandtes Recht und Adoptionsstatut im Einzelfall identisch sind, bleibt es auch nach dieser Auffassung bei den Adoptionswirkungen des der erststaatlichen Adoptionsentscheidung zugrunde liegenden Rechts. Da indes der Theorie einer internationalprivatrechtlichen Anerkennung von Gestaltungswirkungen bereits oben widersprochen wurde, ist diese Art der Wirkungstransformation jedenfalls abzulehnen.

Begreift man die Transformation einer Entscheidung dagegen als Folge ihrer *verfahrensrechtlichen* Anerkennung gemäß § 16a FGG, so ist dieser Ansatz nach dem bisher Gesagten noch nicht widerlegt. Transformation in diesem Sinne bedeutet Gleichstellung der prozessualen und Gestaltungswirkungen einer anzuerkennenden Entscheidung mit denen des deutschen Rechts. Materielle Rechtskraft etwa käme der erststaatlichen Entscheidung ebenso wie einer inländischen nur in den durch das deutsche Verfahrensrecht vorgesehenen objektiven und subjektiven Grenzen zu. Wie dagegen nach diesem Ansatz eine Gleichstellung von Gestaltungswirkungen zu erfolgen hätte, ist nicht ohne weiteres klar: Da hiesige Vormundschaftsgerichte nicht in jedem Fall deutsches, sondern vielmehr das jeweils berufene Adoptionsrecht anwenden, fragt sich zunächst, welchem Recht der Transformationstheorie zufolge die ausländische Gestaltungswirkung eigentlich „gleichzustellen" ist. Transformation könnte hier zunächst heißen, daß das Dekret im Inland die Wirkungen desjenigen Rechts entfaltet, das ein deut-

[798] *Klinkhardt*, in: IPRax 1987, S. 157 (158).
[799] Dazu soeben.

sches Gericht gemäß Art. 22 EGBGB der eigenen Annahmeentscheidung zugrundegelegt hätte[800]; diese Auffassung wird indes – soweit ersichtlich – nicht vertreten. Stattdessen will *König* der anzuerkennenden Adoptionsentscheidung in jedem Fall die Wirkungen einer Adoption des deutschen Rechts verleihen, auch dann also, wenn deutsches Recht in casu gar nicht Adoptionsstatut ist[801]. So würde auch eine gegenüber den §§ 1754 ff. BGB wirkungsschwächere Adoption immer in eine deutsche Volladoption umgewandelt.

3. *Stellungnahme*

Es liegt auf der Hand, daß das Modell einer automatischen Transformation auf tiefgreifende Bedenken stößt[802]. Nach diesem Ansatz nämlich bleibt völlig außer acht, ob eine Nostrifizierung des Dekrets im Einzelfall tatsächlich dem Kindeswohl entspricht und ob die regelmäßig erforderliche Zustimmung der leiblichen Eltern die starken Adoptionsfolgen des deutschen Rechts überhaupt abdeckt[803]. Desungeachtet ist die Transformationstheorie im Sinne *König*s aber spätestens[804] mit Erlaß des AdWirkG unvertretbar geworden. Wenn § 2 Abs. 1, 2 AdWirkG (dazu näher im Achten Kapitel) eine vormundschaftsgerichtliche Feststellung über Wirkungsumfang und Substitutionsfähigkeit der anzuerkennenden ausländischen Adoption vorsieht, so ist damit eindeutig zum Ausdruck gebracht, daß die Adoption grundsätzlich eben nur jene Wirkungen entfaltet, die das fremde Recht ihr beilegt[805]. Führte die Anerkennung schon per se zur wirkungsmäßigen Nostrifizierung des fremden Dekrets, wäre die Regelung überflüssig. Daß eine automatische Transformation gerade nicht gewollt war, zeigt schließlich auch § 3 Abs. 1 S. 1 AdWirkG, der ein eigenes Verfahren zur Umwandlung schwacher auslandsrechtlicher Adoptionen in Volladoptionen des deutschen Rechts vorsieht; ohne entsprechenden Umwandlungsbeschluß – so ergibt sich aus der Regelung – sind allein die schwachen Wirkungen des der anzuerkennenden Entscheidung zugrundeliegenden Rechts maßgebend.

III. Zusammenfassung

Es bleibt festzuhalten, daß die Anerkennung eines fremden Adoptionsdekrets sich auch hinsichtlich der Gestaltungswirkungen der Entscheidung allein nach §

---

[800] Diese Auffassung käme der internationalprivatrechtlichen Anerkennungstheorie zwar sehr nahe, unterschiede sich von dieser jedoch dadurch, daß kollisionsrechtliche Konformität nicht Voraussetzung der Anerkennung, sondern nur deren Folge wäre.

[801] *König*, Annahme im Ausland, S. 71 ff.; auch *Schurig*, in: IPRax 1986, S. 221 (222, Fn. 20) versteht *König* in dem hier wiedergegebenen Sinne.

[802] Vgl. *Jayme*, in: IPRax 1983, S. 169 (70).

[803] *Benicke*, Typenmehrheit, S. 183; *Jayme*, in: IPRax 1983, S. 169 (170).

[804] Die Gesetzesmaterialien zeigen, daß man bei Einführung des § 16a FGG bereits vom Modell der Wirkungserstreckung ausgegangen war; vgl. BT-Drucks. 222/83, S. 93.

[805] Vgl. BT-Drucks. 14/6011, S. 30 f.

16a FGG beurteilt und die danach anzuerkennende Auslandsadoption im Inland keine weitergehenden Wirkungen entfaltet, als das erststaatlich angewandte Recht ihr beilegt.

C. Einzelfragen der Adoption durch eingetragene Lebenspartner im Rahmen des § 16a FGG

Von den Anerkennungsvoraussetzungen des § 16a FGG sind im Zusammenhang mit der Adoption nur die Anerkennungszuständigkeit des erststaatlichen Gerichts (Nr. 1) und der ordre public (Nr. 4) von wirklichem Interesse. Den Vorschriften der Nrn. 2 und 3 über spezielle Fragen des verfahrensrechtlichen ordre public kommt dagegen keine praktische Bedeutung zu[806].

I. Anerkennungszuständigkeit

Die internationale Zuständigkeit des ausländischen Gerichts richtet sich spiegelbildlich nach § 43b Abs. 1 FGG[807]. Hierbei ist die oben[808] gefundene Analogie zur Ehegattenadoption zu berücksichtigen, derzufolge auch die gemeinsame Adoption durch eingetragene Lebenspartner einer personalen Alternativanknüpfung unterliegt. Handelt es sich also um die gemeinsame Annahme eines Kindes durch eingetragene Lebenspartner, so genügt es, wenn einer der Partner oder das Kind die Staatsangehörigkeit des Erststaates besitzt oder dort seinen gewöhnlichen Aufenthalt hatte. Im Fall der Stiefkindadoption müssen die genannten Voraussetzungen in der Person des Annehmenden oder des Kindes vorgelegen haben. Als Erststaaten kommen vorrangig jene Staaten in Betracht, deren Sachrecht eingetragenen Lebenspartnern das Recht der Adoption zugesteht. Ihre Anerkennungsvorschriften sind hier kurz zu beleuchten, um festzustellen, ob dortige Gerichte nach Maßgabe des § 43b Abs. 1 FGG als international zuständig anzusehen sind.

Für *Schweden* bestimmt § 1 des Gesetzes über internationale Adoptionsverhältnisse[809] eine Zuständigkeit schwedischer Gerichte, wenn der oder die Gesuchsteller die schwedische Staatsangehörigkeit besitzen oder ihren Wohnsitz im Inland haben. § 17 des *norwegischen* Adoptionsgesetzes[810] stellt dagegen e-

---

806 So auch *Henrich*, in: *Staudinger*, Art. 22 EGBGB Rnr. 88.

807 BR-Drucks. 222/83, S. 93.

808 S. 136 ff.

809 Gesetz vom 19.11.1971, Nr. 796, abgedruckt bei *Carsten*, in: *Bergmann/Ferid/Henrich*, Schweden S. 50 f., dazu *Bogdan*, IPR, S. 206 ff.

810 Gesetz über die Adoption vom 28.2.1986, Nr. 8, abgedruckt bei *Frantzen*, in: *Bergmann/Ferid/Henrich*, Norwegen S. 84 ff., dazu *Marcus*, in: RabelsZ 38 (1974), S. 194.

benso wie § 28 Abs. 1 des *dänischen* Adoptionsgesetzes[811] allein auf den inländischen Wohnsitz des Antragstellers ab. Die „internationale bevoegtheid" *niederländischer* Gerichte in Angelegenheiten betreffend Minderjährige[812] setzt gemäß Art. 429c Abs. 4 Zivilprozeßordnung[813] den inländischen Wohnsitz oder tasächlichen Aufenthalt des Kindes voraus. Art. 22 Nr. 3 des *spanischen* Gerichtsverfassungsgesetzes[814] schließlich enthält dieselben Zuständigkeitsvoraussetzungen wie § 43b FGG.

Da § 43b FGG gegenüber allen betrachteten Verfahrensrechten weitergehende oder jedenfalls identische Zuständigkeiten vorsieht, sind Fälle der spiegelbildlichen Unzuständigkeit des ausländischen Gerichts insofern nicht denkbar. Handelt es sich bei der zu prüfenden Entscheidung um die eines oben nicht betrachteten Staates, lassen aber die weiten Voraussetzungen des § 43 FGG eine fehlende Anerkennungszuständigkeit des ausländischen Gerichts ebensowenig erwarten.

II. Ordre public

1. Inhalt des anerkennungsrechtlichen ordre public

Die Annahme eines Verstoßes gegen den anerkennungsrechtlichen *ordre public* setzt voraus, daß die Anerkennung der betreffenden ausländischen Adoptionsentscheidung zu einem Ergebnis führt, das aus Sicht des deutschen Rechts zu mißbilligen ist. Voraussetzung ist die offensichtliche Unvereinbarkeit mit wesentlichen deutschen Rechtsgrundsätzen, insbesondere den Grundrechten. Ein bloßer Verstoß gegen zwingende Vorschriften des deutschen Rechts genügt nicht.[815] Im übrigen besitzt der materiellrechtliche *ordre public* hier ebenso wie im Rahmen der Vorfragenprüfung – dazu schon oben – lediglich einen *effet atténué*[816], da das vermeintlich anstößige Rechtsverhältnis im Inland nicht erst verwirklicht, sondern das bereits verwirklichte nur hingenommen wird[817].

Außerdem kann der *Ordre-public*-Verstoß auch jenseits des § 16a Nr. 2, 3 FGG auf dem durch das ausländische Gericht angewandten Verfahren beruhen

---

811 Gesetz über die Adoption vom 7.6.1972, Nr. 278, abgedruckt bei *Dopffel/Scherpe*, in: *Bergmann/Ferid/Henrich*, Dänemark S. 99 ff.

812 Nach niederländischem Recht, das von niederländischen Gerichten auch in Fällen mit Auslandsberührung regelmäßig angewandt wird (vgl. *Lüderitz*, in: RabelsZ 45 (1981), S. 604 (608 ff.)), ist ja überhaupt nur die Annahme Minderjähriger gestattet, Art. 228:1 Abs. 1 lit. a BW.

813 Wetboek van Burgerlijke Rechtsvordering vom 1.10.1838, auszugsweise (Art. 429c) abgedruckt bei *Weber*, in: *Bergmann/Ferid/Henrich*, Niederlande S. 43 f.

814 Ley Orgánica 6/1985 del Poder Judicial de 1 de julio, s. *Rau/Daum*, in: *Bergmann/Ferid/Henrich*, Spanien S. 17 f.

815 *von Hoffmann*, IPR, § 3 D III 2e bb); *BGH* vom 18.6.1970, in: BGHZ 54, S. 123 (130, 132, 140); siehe i.ü. schon oben zum kollisionsrechtlichen *ordre public* S. 127 ff.

816 Vgl. *BGH* vom 21.4.1998, in: BGHZ 138, S. 331.

817 Vgl. *Kropholler*, IPR, § 60 IV 2.

(verfahrensrechtlicher *ordre public*). Ebenso wie im Hinblick auf das materielle Recht stellt auch hier das deutsche Recht keinen festen Mindeststandard dar. Vielmehr ist die Anerkennung wegen eines Verfahrensverstoßes nur zu versagen, wenn die Entscheidung auf einem Verfahren beruht, das von den Grundprinzipien des deutschen Verfahrensrechts derart abweicht, daß sie nicht mehr als in rechtsstaatlicher Weise ergangen angesehen werden kann.[818]

2. Anwendung

Vorliegend sind allein Aspekte des materiellrechtlichen ordre public von Interesse. Zu den wesentlichen Grundsätzen des materiellen deutschen Rechts gehören zunächst einige *Adoptionsvoraussetzungen*. So muß der Auslandsadoption ein unbedingter und unbefristeter, regelmäßig auch persönlicher Antrag zugrundeliegen (§ 1752 BGB)[819]. Auch muß sie wirklich die Begründung eines Eltern-Kind-Verhältnisses bezwecken[820]. Die Zustimmung der Eltern des Angenommenen ist dagegen nicht in jedem Fall zu verlangen; ein Ordre-public-Verstoß liegt nur vor, wenn plausible Gründe für ein Absehen von der Einholung nicht vorlagen[821]. Ebenso verstößt die Nichteinholung der Zustimmung des Kindes nicht generell gegen den ordre public[822], sondern nur dann, wenn etwa ein einsichtsfähiges Kind im Verfahren übergangen und zum Objekt desselben degradiert worden ist[823]. Nicht zum Kernbestand des deutschen Adoptionsrechts gehört ferner das Alterserfordernis des § 1743 BGB[824]. Hinsichtlich der *Wirkungen* der Adoption war traditionell strittig, ob auch ausländische schwache Adoptionen anzuerkennen sind[825]. Heute ist die Antwort hierauf dem Gesetz selbst zu entnehmen. Da § 2 Abs. 1 AdWirkG die gerichtliche Feststellung erlaubt, daß die anzuerkennende Adoption das Eltern-Kind-Verhältnis des Kindes zu seinen bisherigen Eltern *nicht* zum Erlöschen gebracht hat, kann die schwache Adoption heute jedenfalls nicht mehr als ordre-public-widrig angesehen werden.

---

818 *Kropholler*; IPR, § 60 IV 2.

819 *Beitzke*, Auslandsadoptionen, S. 3.

820 *Henrich*, in: *Staudinger*, Art. 22 EGBGB Rnr. 95.

821 *Henrich*, in: *Staudinger*, Art. 22 EGBGB Rnr. 91.

822 So aber früher noch *Kegel*, in: *Soergel*[11], Art. 22 EGBGB Rnr. 67.

823 Vgl. *Beitzke*, Auslandsadoptionen, S. 5.

824 *Henrich*, in: *Staudinger*, Art. 22 EGBGB Rnr. 94; *Beitzke*, Auslandsadoptionen, S. 5.

825 Für Ordre-public-Verstoß bei schwacher Adoption *Ferid*, IPR, Rnr. 8-382; *AG St. Ingbert* vom 2.8.1983, in: StAZ 1983, S. 317. Gegen ein Eingreifen des ordre public bei schwacher Adoption aber *Hepting*, in: StAZ 1986, S. 308; *Henrich*, in: *Staudinger*, Art. 22 EGBGB Rnrn. 96 f. Bisweilen wurde aber die Vergleichbarkeit der fremden Adoption mit einer deutschen Volladoption auch zu einer eigenständigen Anerkennungsvoraussetzung erhoben; so z.B. *LG Tübingen* vom 30.5. 1984, in: StAZ 1986, S. 42 (43). Dieser Ansatz überzeugt indes nicht, da der enumerative Katalog des § 16a FGG die Aufstellung zusätzlicher Anerkennungsvoraussetzungen grundsätzlich ausschließt (vgl. *BayVGH* vom 9.11.1988, in: StAZ 1989, S. 287 (289).

Fraglich ist, ob das *Ehegattenprivileg* des § 1741 Abs. 2 S. 1, 3 BGB als Bestandteil des deutschen ordre public zu gelten hat. Wurde dies schon bei der Prüfung des kollisionsrechtlichen ordre public verneint, so muß dasselbe aber hier erst recht gelten. Kommt dem *ordre public* im Rahmen der Anerkennung ohnehin nur ein *effet atténué* zu, so kann die Anerkennung der fremden Partnerschaftsadoption schwerlich scheitern, wenn selbst deutsche Gerichte eine solche auszusprechen nicht gehindert sind.

Möglicherweise aber ist das Eingreifen des ordre public hier aus anderen Gründen geboten. Anders als bei der Inlandsadoption wird bei Anerkennung einer Auslandsadoption nicht geklärt, ob die eingetragene Lebenspartnerschaft aus deutscher Sicht überhaupt wirksam begründet wurde, da die fremde Entscheidung keiner *révision au fond* unterzogen wird[826]. So könnte es theoretisch dazu kommen, daß ausländische Adoptionen durch solche Paare Wirksamkeit entfalten, deren Partnerschaft in Deutschland gar nicht anerkannt wird. Zur Vermeidung derartiger Wertungswidersprüche schlägt *Jakob* vor, dann, wenn aus deutscher Sicht eine Nichtpartnerschaft vorliegt, den ordre public eingreifen zu lassen und der fremden Adoptionsentscheidung die Anerkennung zu versagen[827]. Der Ansatz stößt zunächst deshalb auf Bedenken, weil er die Anerkennung der fremden Entscheidung wiederum kollisionsrechtlich relativieren würde, die Anerkennung – wie gezeigt[828] – aber von kollisionsrechtlichen Überlegungen gerade unabhängig sein muß.

Der Vorschlag *Jakob*s beruht zudem auf der Grundannahme, daß eingetragene Lebenspartnerschaften gemäß Art. 13 EGBGB anzuknüpfen seien. Bei Maßgeblichkeit des Heimatrechts wäre es zwar in der Tat häufig so, daß eine nach dem Recht des Eintragungsortes wirksame Partnerschaft aus deutscher Sicht als Nichtpartnerschaft zu gelten hätte. Nach der heute für eingetragene Lebenspartnerschaften geltenden Eintragungsortanknüpfung gemäß Art. 17b Abs. 1 S. 1 EGBGB hingegen treten die von *Jakob* befürchteten Wertungswidersprüche nicht auf: Eine am Eintragungsort wirksam begründete eingetragene Lebenspartnerschaft ist danach aus deutscher Sicht *stets* wirksam; „großzügiger“ kann auch das IPR des die Adoption aussprechenden Forums schlechterdings nicht sein. Die Ablehnung der Anerkennung einer Auslandsadoption durch eingetragene Lebenspartner ist auch unter diesem Gesichtspunkt nicht angezeigt. Gegen die Anerkennung ausländischer Adoptionen durch eingetragene Lebenspartner bestehen nach alledem also keine Bedenken[829]. Zu beachten sind lediglich die allgemeinen Anerkennungsversagungsgründe.

---

826 Vgl. *Kropholler*, IPR, § 60 IV 1c.

827 *Jakob*, S. 355.

828 Dazu S. 143, 147 ff.

829 Aus israelischer Sicht wie hier gegen ein Eingreifen des ordre public im Fall der Auslandsadoption durch Homosexuelle *Shapira*, in: FS von Mehren (2002), S. 219 (226).

D. *Verfahren*

I. Grundsatz der Inzidentanerkennung

Sind die gesetzlichen Voraussetzungen für eine Anerkennung des ausländischen Adoptionsakts gegeben, so entfaltet dieser seine Rechtswirkung von Anfang an auch im Inland, ohne daß hierfür ein spezielles Delibationsverfahren notwendig wäre[830]. Ob die Voraussetzungen des § 16a FGG erfüllt sind, wird in jedem Verfahren, in dem sich die Frage der Anerkennung einer Adoption stellt, *inzident* geprüft. Da die präjudizielle Frage nicht bindend entschieden, sondern von allen mit ihr befaßten Stellen stets neu geprüft wird, kann es hierbei zu divergierenden Entscheidungen kommen[831].

Für die Beteiligten wie auch für den Rechtsverkehr war hiermit ein Zustand permanenter Rechtsunsicherheit verbunden (verstärkt noch durch die wirkungsrechtlichen Unwägbarkeiten einer Auslandsadoption, dazu unten). Häufig – namentlich im Fall der Auslandsadoption durch Deutsche – wurde deshalb eine Nachadoption des Kindes im Inland betrieben[832], bei der die vorangegangene Auslandsadoption rechtlich vollkommen ausgeblendet wurde[833]. Da dieses Prozedere in vielerlei Hinsicht nicht befriedigen konnte[834], wurde schon früh die Einführung eines besonderen Anerkennungsverfahrens verlangt[835], das eine *verbindliche* Feststellung über die Anerkennung der Auslandsadoption erlaubt. Während sich der Gesetzgeber dieser Forderung 1986 noch ausdrücklich ver-

---

830 Vgl. *Geimer*, in: FS Ferid (1988), S. 89 (98).

831 Ein besonders eindringliches, wenn auch seltenes Beispiel für divergierende Beurteilungen der Anerkennungsfähigkeit einer Auslandsadoption nennt *Busch*, in: IPRax 2002, S. 13 (Fn. 5): Dem Sachverhalt lag eine unter zweifelhaften Umständen vorgenommene Adoption von Zwillingen zugrunde. Während die *Ausländerbehörde* die Annahme nicht anerkannte und daher die Ausweisung der Kinder verfügte, nahm der *Standesbeamte* die Beischreibung der Kinder in das Familienbuch der Annehmenden vor und stellte die *Staatsangehörigkeitsbehörde* den Kindern deutsche Ausweispapiere aus.

832 Vgl. *Busch*, in: IPRax 2003, S. 13 (13 f.)

833 Wurde die Möglichkeit der Zweitadoption zunächst als Notlösung angesehen, stellte sie doch in praxi bald den Regelfall dar. Anfängliche Bedenken, so wegen fehlenden Rechtsschutzbedürfnisses (noch verneint von *AG Fürth* vom 6.12.1971, in: StAZ 1973, S. 144) oder einer etwaigen vorherigen Aufhebung der Erstadoption (gefordert von *Schurig*, in: StAZ 1973, S. 144 (145)) wurden unter dem Zwang der Notwendigkeiten bald zerstreut.

834 Die Ausblendung der erststaatlichen Adoption im deutschen Nachadoptionsverfahren führte zu erheblichen Problemen. So war es Adoptionsvermittlungsstellen und Gerichten regelmäßig nicht möglich, die erneute Einwiligung der leiblichen Eltern herbeizuführen, weil aus Sicht des angewandten Rechts die Adoption ja bereits erfolgt war. Einziger Ausweg war häufig das Absehen von der Einwilligung gemäß § 1747 Abs. 4 BGB. Handelte es sich bei der erststaatlichen Adoption gar um eine Volladoption, so trat zudem die paradoxe Situation auf, daß die Einwilligung von Personen einzuholen war, die selbst aus Sicht des deutschen Rechts (§ 16a FGG) nicht mehr mit dem Kind verwandt waren; vgl. *Busch*, in: IPRax 2003, S. 13 (14).

835 Siehe nur *Schurig*, in: StAZ 1973, S. 144 (145); *Baer*, in: StAZ 1973, S. 33 (38); *Jayme*, in: IPRax 1983, S. 274 (275).

schloß[836], sah er sich doch schließlich zu einer Reform der Materie veranlaßt. Anstoß hierzu gab die beabsichtigte Ratifizierung des HAdoptÜ (dazu das Neunte Kapitel). Gleichwohl beschränkt sich der Anwendungsbereich des AdWirkG nicht auf Adoptionen nach dem Abkommen[837].

II. Anerkennungsfeststellungsverfahren gemäß § 2 Abs. 1 AdWirkG

§ 2 Abs. 1 AdWirkG sieht nun die Möglichkeit eines speziellen Delibationsverfahrens vor. Es erlaubt die abschließende Klärung der Anerkennungsfrage durch das Vormundschaftsgericht mit Wirkung *erga omnes* (§ 4 Abs. 2 S. 1 AdWirkG)[838]. Die Durchführung des Verfahrens ist fakultativ, läßt den Grundsatz der inzidenter zu berücksichtigenden automatischen Anerkennung (s.o.) also unberührt[839]. Antragsbefugt sind gemäß § 4 Abs. 1 S. 1 Nr. 1 AdWirkG der Annehmende, im Fall der Annahme durch Ehegatten (*analog*: durch eingetragene Lebenspartner) jeder von ihnen, das Kind sowie ein bisheriger Elternteil[840]. Da das AdWirkG insofern keine abweichenden Maßstäbe beinhaltet, ist für die Prüfung der ausländischen Adoption auch im Delibationsverfahren gemäß § 2 Abs. 1 AdWirkG allein § 16a FGG maßgeblich.

E. Exkurs: Anerkennung von Adoptionen durch faktische Partner und Partner einer Homo-Ehe

Bei der Anerkennung ausländischer Adoptionsentscheidungen ist der Status der Annehmenden wie gezeigt ohne Belang. Auch der Adoption durch faktische Partner oder Partner einer Homo-Ehe ist deshalb die Anerkennung nicht etwa unter Berufung auf den Ordre-public-Vorbehalt des § 16a Nr. 4 FGG zu versagen. Hier wie dort gilt, daß, wenn eine entsprechende Entscheidung schon durch den inländischen Richter getroffen werden kann, eine Auslandsadoption erst recht hinzunehmen ist, da der anerkennungsrechtliche ordre public lediglich *effet atténué* besitzt. Der Vorschlag, die Wirksamkeit der betreffenden Partnerschaft zur Vorbedingung einer Anerkennung der Adoption zu erheben, ist auch hier abzulehnen, da eine kollisionsrechtliche Relativierung der Anerkennung den oben entwickelten Grundsätzen widerspricht[841].

---

[836] Vgl. BR-Drucks. 222/83, S. 93.

[837] Vgl. BT-Drucks. 14/6011, S. 46.

[838] Gegenüber den bisherigen Eltern des Kindes wirkt der Beschluß allerdings nur, sofern sie am Verfahren nach § 2 AdWirkG beteiligt waren (§ 4 Abs. 2 S. 3 AdWirkG).

[839] Vgl. BT-Drucks. 14/6011, S. 32. Ein zwingendes Delibationsverfahren hätte ohnehin nur für Adoptionen vorgesehen werden können, die nicht in den Anwendungsbereich des HAdoptÜ fallen, s. Art. 23 Abs. 1 HAdoptÜ.

[840] Die übrigen Alternativen der Vorschrift (§ 4 Abs. 1 Nr. 1 lit. d, e AdWirkG) sind hier ohne Relevanz, da sie nur in Fällen der Ehegattenadoption zum Tragen kommen.

[841] Vgl. S. 143, 147 ff.

Siebentes Kapitel

Entwicklungen des Gemeinschaftsrechts

Im Zuge der justitiellen Zusammenarbeit in Zivilsachen nach Art. 65 EGV gewinnt das sekundäre Gemeinschaftsrecht zunehmend auch im Bereich des Familienrechts an Bedeutung[842]. Obgleich der Katalog des Art. 65 EGV auch kollisionsrechtliche Kompetenzen beinhaltet (lit. b 1. Alt.), beschränkt sich die Rechtssetzungstätigkeit des Rates bislang noch auf das internationale Verfahrensrecht (lit. a 3. Spiegelstrich und lit. b 2. Alt.)[843]. Die einschlägigen Rechtsakte der Gemeinschaft gilt es hier in den Blick zu nehmen.

A. Von „Brüssel II" zu „Brüssel IIa"

I. Brüssel II-VO

Die Verordnung (EG) Nr. 1347/2000 des Rates über die Zuständigkeit und die Anerkennung und Vollstreckung von Entscheidungen in Ehesachen und in Verfahren betreffend die elterliche Verantwortung für die gemeinsamen Kinder der Ehegatten vom 29.5.2000[844] (Brüssel II-VO) hatte zum Ziel, eine durch die divergierende Beurteilung von Statusfragen bedingte Behinderung des *freien Personenverkehrs* zu vermeiden[845]. Sie entfaltete unmittelbare Wirkung für die Mitgliedstaaten der Europäischen Union mit Ausnahme Dänemarks[846], galt also auch nicht im Verhältnis zu Norwegen.

Anwendung fand die Verordnung zum einen auf zivilgerichtliche Verfahren, die die Ehescheidung, die Trennung ohne Auflösung des Ehebandes oder die Ungültigerklärung einer Ehe zum Gegenstand hatten (Art. 1 Abs. 1 lit. a)[847], zum anderen auf Verfahren, welche die elterliche Verantwortung für die gemeinsamen Kinder der Ehegatten betrafen *und* aus Anlaß eines der genannten Verfahren in Ehesachen betrieben wurden (Art. 1 Abs. 1 lit. b). Für Ehesachen hielt Art. 2 Abs. 1 litt. a, b Brüssel II-VO nicht weniger als sieben Zustän-

---

842 Vgl. *Pintens*, Over de europeanisatie van het familierecht, in: FJR 1999, S. 238; allgemein *Kropholler*, IPR, § 10 II.

843 In Zukunft ist dagegen verstärkt auch mit Rechtsakten auf dem Gebiet des IPR zu rechnen, so etwa zum Kollisionsrecht der Ehescheidung („Rom III"); *Jayme/Kohler*, in: IPRax 2002, S. 461.

844 ABl.EG L 160 vom 30.6.2000, S. 19; *Jayme/Hausmann*, Nr. 161.

845 Vgl. Erwägungsgründe 1, 2 und 7.

846 Vgl. Erwägungsgrund 25 sowie Art. 1 Abs. 3 EGV.

847 Aus deutscher Sicht fallen hierunter das Scheidungs- und das Eheaufhebungsurteil (§§ 1564, 1313 BGB).

digkeitsgründe bereit[848]. Die Annexzuständigkeit in Verfahren über die elterliche Verantwortung war gemäß Art. 3 Abs. 1 Brüssel II-VO dann gegeben, wenn das Kind seinen gewöhnlichen Aufenthalt in demjenigen Mitgliedstaat hatte, dessen Gerichte in der Ehesache zuständig sind; war dies nicht der Fall, begründete Art. 3 Abs. 2 eine entsprechende Zuständigkeit nur in sehr engen Grenzen[849]. Die Anerkennung positiver Ehescheidungsurteile[850] und Sorgerechtsentscheidungen geschah gemäß Art. 14 Abs. 1 Brüssel II-VO automatisch, ohne daß es hierfür eines Delibationsverfahrens bedurfte[851]. Eine abschließende Aufzählung von Anerkennungsversagungsgründen fand sich in Art. 15 Abs. 1, 2 Brüssel II-VO[852].

Die Verordnung enthielt keine Bestimmung darüber, was unter elterlicher Verantwortung zu verstehen ist. Auch der *Erläuternde Bericht* zum vorangegangenen Brüssel II-Übereinkommen[853] äußerte sich hierzu nicht[854]. Da die VO aber von vornherein nur solche Verfahren über die elterliche Verantwortung betraf, die aus Anlaß der Ehescheidung betrieben wurden, war die Reichweite des Begriffs ohnehin stark eingeengt. So beschränkte sich der Anwendungsbereich der Verordnung auf Verfahren, die mit oder während eines Verfahrens zur Ehescheidung, Trennung oder Ungültigerklärung anhängig gemacht werden, namentlich also solche zum Sorge- und Umgangsrecht betreffend das gemeinsame Kind[855]. Die Adoption hingegen kam als kindschaftsrechtliche Annexsache eines Scheidungsverfahrens naturgemäß nicht in Frage. Im übrigen aber scheiterte die Anwendung der Verordnung hier bereits deswegen, weil – wie der *EuGH* in seiner Entscheidung *D und Schweden gegen den Rat der Europäischen Union* vom

---

848 Die in Art. 2 Abs. 1 lit. a Spiegelstrich 1-6 enthaltenen Zuständigkeiten stützen sich – in Variationen – sämtlich auf den gewöhnlichen Aufenthalt, während lit. b an die gemeinsame Staatsangehörigkeit der Ehegatten anknüpft.

849 Nämlich dann, wenn das Kind seinen gewöhnlichen Aufenthalt in einem anderen Mitgliedstaat hat und einer der Ehegatten die elterliche Verantwortung für das Kind besitzt (lit. a) oder die Annexzuständigkeit des Forums der Ehesache durch die Ehegatten anerkannt worden ist (lit. b).

850 Auf status*erhaltende*, d.h. klageabweisende Scheidungs-/Trennungsurteile ist die automatische Anerkennung nach der VO dagegen nicht anzuwenden; vgl. Erwägungsgrund 15.

851 Im Anwendungsbereich der Brüssel II-VO entfällt daher das Verfahren nach Art. § 1 FamRÄndG.

852 Ausdrücklich nicht nachgeprüft werden darf die Zuständigkeit des erststaatlichen Gerichts; Art. 17 Brüssel II-VO. Ausgeschlossen ist gemäß Art. 18 Brüssel II-VO ferner die kollisionsrechtliche Kontrolle eines statuslösenden Urteils. Das generelle Verbot einer *révision au fond* betont Art. 19 Brüssel II-VO.

853 Das gleichlautende Übereinkommen wurde durch Inkrafttreten des Vertrags von Amsterdam und den damit eingetretenen Säulenwechsel überholt. Es trat als solches nie in Kraft. Erläuternder Bericht zum Übereinkommen von *Borrás*, ABl.EG 1998 C 221, S. 27 ff.

854 Zum Fehlen einer Definition s. *Jäntera-Jareborg*, in: Yearbook 1999, S. 1 (14).

855 Vgl. *Busch*, in: IPRax 2003, S. 218 (220), *Niklas*, S. 52; *Vogel*, in: MDR 2000, S. 1045 (1047).

31.5.2001[856] klargestellt hat – die Einbeziehung eingetragener Partnerschaften in den Ehebegriff des europäischen Gemeinschaftsrechts de lege lata ausscheidet. Auch im Hinblick auf die Brüssel II-VO wurde diese Auffassung ganz überwiegend geteilt[857]. Bedingt durch den erforderlichen Zusammenhang der Kindschaftssache mit einem *Ehe*scheidungsverfahren, waren daher Verfahren über die elterliche Verantwortung eingetragener Lebenspartner dem Anwendungsbereich der Verordnung von vornherein entzogen.

II. Brüssel IIa-VO

1. Ausweitung des Brüssel-II-Regimes

Eine Entkoppelung der Bereiche des Kindschafts- und des Scheidungsrechts bewirkt dagegen die „Verordnung (EG) Nr. 2201/2003 des Rates vom 27.11.2003 über die Zuständigkeit und die Anerkennung und Vollstreckung von Entscheidungen in Ehesachen und in Verfahren betreffend die elterliche Verantwortung und zur Aufhebung der Verordnung (EG) 1347/2000“ (Brüssel IIa-VO)[858].

Das Verfahren über Gegenstände der elterlichen Verantwortung wird der neuen Verordnung zufolge völlig vom Ehescheidungsverfahren emanzipiert. Zuständig sind gemäß Art. 10 Abs. 1 Brüssel IIa-VO die Gerichte desjenigen Mitgliedstaates, in dem das Kind zum Zeitpunkt der Antragstellung seinen gewöhnlichen Aufenthalt hat[859]. Die Anerkennungsvorschriften der Artt. 26, 27 Brüssel IIa-VO entsprechen denen der Brüssel-II-VO. Durch Aufhebung des Junktims zwischen Kindschafts- und Ehesache erfährt der Anwendungsbereich der neuen Regelung gegenüber Brüssel II eine beträchtliche Ausweitung. So unterfallen der Verordnung nicht mehr nur solche Verfahren betreffend die elterliche Verantwortung, die im Zusammenhang mit einer Ehescheidung stehen können; neben Sorge- und Umgangsrechtsentscheidungen sind vielmehr auch solche Maßnahmen erfaßt, die nicht die Zuordnung des Kindes zu einem Elternteil, sondern

---

856 Rs. C-122/99 P und C-125/99 P, Slg. 2001, S. I-4319, auch unter <http://www.curia.eu.int/de/jurisp/index.htm>.

857 Gegen die Anwendung der Brüssel II-VO auf Verfahren zur Auflösung einer eingetragenen Lebenspartnerschaft *Schack*, in: RabelsZ 65 (2001), S. 615 (620 f.); *Kohler*, in: NJW 2001, S. 10 (15); *Wagner*, in: IPRax 2001, S. 281 (282); *Heldrich*, in: *Palandt*, Art. 17b EGBGB Rnr. 10; *Henrich*, in: FamRZ 2002, S. 137 (141); *Niklas*, S. 34 ff; *Helms*, in: FamRZ 2002, S. 1593 (1594); dafür aber *Räther*, S. 30 ff.; 144 ff.

858 ABl.EG L 338 vom 23.12.2003. Dazu *Stalford/Donnelly*, in: Family Law 2002, S. 904 ff.; *Wagner*, in: NJW 2003, S. 2344 (2346 f.); *Helms*, in: FamRZ 2002, S. 1593 (1594 f.).

859 Da die Vorschrift auf den Zeitpunkt der Antragstellung abstellt, führt sie zu einer *perpetuatio fori*. Noch weitergehend sieht Art. 11 Brüssel IIa-VO vor, daß die Zuständigkeit der Gerichte eines bisherigen Aufenthaltsstaates auch nach einer dort ergangenen Entscheidung über einen Zeitraum von sechs Monaten bestehenbleibt. Art. 12 Abs. 1 Brüssel IIa-VO verknüpft schließlich die Zuständigkeit für eine Entscheidung über die elterliche Verantwortung mit der Zuständigkeit für einen Antrag auf Scheidung oder Trennung, sofern die Ehegatten, von denen einer die elterliche Verantwortung innehat, hiermit einverstanden sind.

gerade seinen Schutz vor den Eltern zum Gegenstand haben[860]. Zum anderen rücken auch jene Fälle in den Anwendungsbereich der Brüssel IIa-VO, in denen die Eltern des Kindes unverheiratet sind oder eben in eingetragener Lebenspartnerschaft leben. Hätte also ein mitgliedstaatliches Gericht über Regelungen zur elterlichen Verantwortung eingetragener Lebenspartner zu entscheiden, so richtete sich seine Zuständigkeit – die Anwendbarkeit der Brüssel IIa-VO einmal vorausgesetzt – nach Artt. 10 ff. und wäre die Entscheidung des Gerichts gemäß Art. 26 Abs. 1 Brüssel IIa-VO auch in den übrigen Mitgliedstaaten anzuerkennen.

2. *Die Adoption als Verfahren über die elterliche Verantwortung im Sinne des Art. 1 Abs. 1 lit. b Brüssel IIa-VO?*

Zu untersuchen ist, ob in den gegenständlich erweiterten Anwendungsbereich der neuen Verordnung auch Verfahren über die Annahme als Kind fallen, ob also die Begründung des Eltern-Kind-Verhältnisses durch Adoption Gegenstand eines Verfahrens über die elterliche Verantwortung im Sinne der neuen Verordnung sein kann. Gemäß Art. 1 Abs. 1 lit. b Brüssel IIa-VO erfaßt die Verordnung auch die Zuweisung der elterlichen Verantwortung. Zum Begriff der „elterlichen Verantwortung" enthält Art. 2 Nr. 6 Brüssel IIa-VO erstmals folgende Legaldefinition:

> „Unter „elterlicher Verantwortung" sind die Rechte und Pflichten zu verstehen, die einer natürlichen oder juristischen Person durch Entscheidung oder kraft Gesetzes oder durch eine rechtlich verbindliche Vereinbarung betreffend die Person oder das Vermögen eines Kindes übertragen worden sind. Der Begriff „elterliche Verantwortung" umfaßt insbesondere das Sorge- und Umgangsrecht".

Zwar bezweckt die Adoption ihrer Funktion nach eine Zuweisung von Rechten und Pflichten in bezug auf das Kind; so bewirkt die Annahme als Kind u.a. die Entstehung der Personen- und Vermögenssorge der Adoptiveltern für den Angenommenen[861], begründet also elterliche Verantwortung der Annehmenden für das Kind. Allerdings gilt dies nur mittelbar: Gegenstand der Entscheidung selbst ist ja zunächst nur der Status des Kindes, die Herstellung eines Adoptionsverhältnisses zwischen ihm und den Annehmenden, während die aus dem Status fließenden, das Adoptionsverhältnis ausgestaltenden Einzelwirkungen dann *ex lege* eintreten, ihrerseits im rechtstechnischen Sinne also nicht Bestandteil der Adoptionsentscheidung sind. In der Verfügung der Adoption

---

[860] *Busch*, in: IPRax 2003, S. 218 (220), der als Beispiele nennt: Regelungen bei der Gefährdung des Kindeswohls, die Entziehung oder Einschränkung der elterlichen Sorge (§ 1666 BGB), Anordnungen zum Verbleib bei Pflegeeltern (§ 1632 Abs. 4 BGB) sowie Maßnahmen im Rahmen von Beistandschaft oder Vormundschaft, Anordnungen bei der Vermögenssorge und Streitigkeiten zur religiösen Erziehung.

[861] Im deutschen Recht siehe § 1754 Abs. 1, 3 BGB; vgl. i.ü. die Darstellungen des Ersten Kapitels.

scheint daher keine Zuweisung elterlicher Verantwortung i.S.d. Art. 1 Abs. 1 lit b Brüssel IIa-VO, sondern lediglich die Schaffung ihrer rechtlichen Voraussetzungen zu liegen.

Diese Auslegung deckt sich mit der Bedeutung des Begriffs der elterlichen Verantwortung in Art. 3 lit. a des von der Bundesrepublik Deutschland noch nicht gezeichneten Haager Kinderschutzübereinkommens (KSÜ)[862] im Sinne der Begriffsbestimmung des Art. 1 Abs. 2 KSÜ[863]. Vom Anwendungsbereich des Abkommens ausgeschlossen sind – wie Art. 4 lit. b KSÜ explizit klarstellt – Verfahren über die Adoption, Adoptionsvorbereitung, Ungültigerklärung und den Widerruf der Adoption[864]. Damit formuliert die Vorschrift einen bereits unter dem MSA[865] anerkannten Grundsatz[866]. Das Begriffsverständnis der geplanten Verordnung aber ist nach dem oben Gesagten kein weiterreichendes. Unter „Verfahren über die Zuweisung der elterlichen Verantwortung an eine Person" im Sinne des Art. 1 Abs. 1 lit. b Brüssel-IIa-VO sind daher nur solche Verfahren zu verstehen, die die Begründung oder Entziehung konkreter Fürsorgebefugnisse zum Gegenstand haben, nicht jedoch solche über eine bloße Statusbegründung, -aufhebung oder -feststellung[867]. Entscheidungen, die wie die Adoption allein das Eltern-Kind-Verhältnis selbst betreffen, sind demnach auch von der Brüssel IIa-VO nicht erfaßt.

B. Ausblick: Statusfreizügigkeit im Binnenmarkt?

Die europäische Integration erfaßt zunehmend auch die Sphäre des Bürgers. Die Freiheit des Personenverkehrs verlangt eine Anerkennung gerichtlicher Statusentscheidungen im gesamten Binnenmarkt[868]. Mit Brüssel II und Brüssel IIa

[862] Haager Übereinkommen über die Zuständigkeit, das anzuwendende Recht, die Anerkennung, Vollstreckung und Zusammenarbeit auf dem Gebiet der elterlichen Verantwortung und der Maßnahmen zum Schutz von Kindern vom 19.10.1996; *Jayme/Hausmann*, Nr. 55. Das Abkommen ist für Deutschland nicht in Kraft. Zum Vorrang der Verordnung Brüssel II ebenso wie der späteren Brüssel IIa gegenüber dem KSÜ siehe Art. 52 Abs. 2, 3 KSÜ; auch *Busch*, in: IPRax 2003, S. 218 (222).

[863] Im Sinn des KSÜ umfaßt der Begriff der elterlichen Verantworung danach die elterliche Sorge und jedes andere entsprechende Sorgeverhältnis, das die Rechte, Befugnisse und Pflichten der Eltern, des Vormunds oder eines anderen gesetzlichen Vertreters in bezug auf die Person oder das Vermögen des Kindes bestimmt.

[864] Ebenso sind auch Verfahren über Feststellung und Anfechtung des Eltern-Kind-Verhältnisses vom Anwendungsbereich des KSÜ ausgenommen, Art. 4 lit. a KSÜ. Leibliche und Adoptivkindschaft werden also gleichermaßen ausgeblendet.

[865] Haager Übereinkommen über die Zuständigkeit der Behörden und das anzuwendende Recht auf dem Gebiet des Schutzes von Minderjährigen vom 5.10.1961; BGBl. 1971 II, S. 217; *Jayme/Hausmann*, Nr. 54.

[866] *Kropholler*, in: *Staudinger*[1994], vor Art. 19 EGBGB, Rnr. 110.

[867] Vgl. *Vogel*, in: MDR 2000, S. 1045 (1047).

[868] *von Hoffmann*, IPR, § 3 E I 4.

scheint ein Weg eingeschlagen, an dessen Ende schließlich die generelle Freizügigkeit positiver wie negativer Statusentscheidungen stehen könnte. In der Tat leuchtet kaum ein, warum Ehescheidungs-, nicht aber Partnerschaftsauflösungsverfahren in den Anwendungsbereich der Verordnung fallen sollen, obwohl bereits heute eine ganze Reihe von Mitgliedstaaten über entsprechende Partnerschaftsinstitute verfügen[869]. Vor allem aber muß die Berechtigung der verordnungsgeberischen Entscheidung bezweifelt werden, einerseits zwar Entscheidungen über die elterliche Verantwortung anzuerkennen, nicht aber auch solche über die Annahme als Kind (bzw. über das Bestehen/Nichtbestehen eines Eltern-Kind-Verhältnisses)[870]. Angesichts der weitgehenden – und dabei namentlich über die des MSA und des KSÜ deutlich hinausreichenden – Regelungszwecke der Verordnung vermag eine solche Beschränkung ihres Anwendungsbereichs kaum zu überzeugen: Erreicht werden soll der Abbau jener Freizügigkeitshindernisse im Personenverkehr, die auf eine divergierende Beurteilung von Statusfragen zurückzuführen sind[871]. Ganz im Sinne jenes ausdrücklich erklärten Primärziels müßte aber gerade auch die Anerkennung von Adoptions- und Adoptionsaufhebungsentscheidungen befürwortet werden, sind diese doch im Hinblick auf die Freizügigkeit der Beteiligten sicher nicht weniger relevant als solche über die elterliche Verantwortung (entsprechendes gilt freilich auch für status*feststellende* Entscheidungen betreffend das Eltern-Kind-Verhältnis). Die Anerkennung lediglich einzelner kindschaftsrechtlicher Entscheidungen läßt dagegen potentielle Hindernisse im Rechts- und Personenverkehr auch wieterhin bestehen. Ob die Gemeinschaft in Zukunft Schritte auf dem Weg zur Statusfreizügigkeit im Kindschaftsrecht unternehmen wird, gilt es abzuwarten[872]. De lege lata jedenfalls ist festzustellen, daß ihre Rechtsakte das internationale Verfahrensrecht der Adoption weiterhin ungeregelt lassen.

---

869 Die VO bleibt insofern hinter der gesellschaftlichen Entwicklung zurück. Die rechtliche Bewertung des Bestandes und der Auflösung derartiger Partnerschaften interessiert die Personenfreizügigkeit im Binnenmarkt in gleicher Weise wie herkömmliche Statusfragen; vgl. *Heß*, in: JZ 2001, S. 573 (575); *Kohler*, Status als Ware, S. 41 (53); *Helms*, in: FamRZ 2002, S. 1593 (1594); ferner *Jessurun d'Oliveira*, in: FS Siehr (2000), S. 527 ff.

870 Ein europäisches (internationales) Familienrecht fordert *Martiny*, in: RabelsZ 59 (1995), S. 419 (431; 453), der ausdrücklich auch auf das Bedürfnis der Anerkennung von Adoptionsentscheidungen hinweist; ebenso *Pirrung*, in: RabelsZ 57 (1993), S. 124 (130).

871 Erwägungsgründe 1, 2 und 7 Brüssel-II-VO.

872 Kritisch schon zum bisherigen Grad der Statusfreizügigkeit unter der Verordnung Brüssel II aber *Jayme*, in: IPRax 2000, S. 165 (168): Gefördert werde die Zirkulation, nicht die Beständigkeit. Die Kritik läßt sich indes nur auf *negative* Statusentscheidungen beziehen, Ehescheidungen also bzw. Partnerschaftsauflösungen (sofern letztere in den Anwendungsbereich der VO aufgenommen werden). Zur Behandlung des Status als Ware auch *Kohler*, in: NJW 2001, S. 10 (15), der meint, die Ehe erscheine im Lichte der Verordnung als ein *„jedenfalls kollisionsrechtlich unerwünschter Zustand, dessen Entstehung erschwert und dessen Beseitigung erleichtert werden soll"*. Einen favor divortii bezwecke die VO keineswegs, meint dagegen *Niklas*, S. 132 ff.

Achtes Kapitel

Das Recht der Adoptionswirkungen

Wie bereits an anderer Stelle hervorgehoben[873], unterliegen die meisten Adoptionswirkungen nicht dem Adoptions- bzw. dem Adoptionsbegründungsstatut, sondern richten sich nach den einschlägigen speziellen Wirkungsstatuten. Knüpft nun eine Norm des berufenen Sachrechts direkt oder indirekt Rechtsfolgen an das Bestehen eines Adoptionsverhältnisses an, so ergeben sich zwei Fragen: die sogenannte Vorfrage[874] und die der Substitution. Deutsches Recht kommt dabei als Wirkungsstatut in erster Linie gemäß Artt. 10, 18, 21 und 25 EGBGB sowie im Hinblick auf die Staatsangehörigeit des Kindes in Betracht.

A. Vorfrage

Da die Adoption zu ihrer Begründung eines staatlichen Gestaltungsakts bedarf[875], stellt sich das Problem einer selbständigen oder unselbständigen Vorfragenanknüpfung[876] hier eigentlich nicht. Wollte man die Frage der Anerkennung vom Standpunkt des in der Hauptfrage maßgeblichen Rechts abhängig machen, sie also unselbständig anknüpfen, so hätte dies potentielle Widersprüche zu Entscheidungen der eigenen Vormundschaftsgerichte oder zu gemäß § 16a FGG an sich anzuerkennenden Entscheidungen eines fremden Staates zur Folge[877]. Beides erscheint als nicht tragbar. Die Gestaltungswirkungen einer Adoptionsentscheidung müssen daher unabhängig von kollisionsrechtlichen Überlegungen allein nach dem im Inland geltenden Verfahrensrecht beurteilt werden[878].

Adoptionsentscheidungen deutscher Gerichte begründen daher stets eine wirksame Adoption im Sinne der Vorfrage. Für ausländische Adoptionsentscheidungen gelten demgegenüber allein die oben (Sechstes Kapitel) erarbeiteten Maßstäbe: Liegt ein Beschluß nach § 2 Abs. 1 AdWirkG vor, so sind dessen Feststellungen im Rahmen der Vorfrage zwingend zu beachten; wurde dagegen ein Delibationsverfahren nicht oder noch nicht durchgeführt, sind die Anerkennungsvoraussetzungen des § 16a FGG jeweils inzident zu prüfen.

---

873 S. oben S. 113 ff.

874 Die Vorfragenproblematik tritt freilich auch dann auf, wenn eine Norm des in- oder ausländischen *Kollisionsrechts* eine wirksame Annahme als Kind voraussetzt. So findet beispielsweise Art. 21 EGBGB nur dann Anwendung, wenn auch ein Eltern-Kind-Verhältnis besteht. Ob das präjudizielle Rechtsverhältnis durch Adoption entstanden ist, gilt es hier vorfraglich zu klären (*Henrich*, in: *Staudinger*, Art. 21 EGBGB Rnr. 12).

875 Vgl. die Darstellungen des Ersten Kapitels.

876 Dazu oben S. 110 f.

877 Vgl. *Kropholler*, IPR, § 32 V.

878 So auch *Benicke*, Typenmehrheit, S. 218 f.; *Kropholler*, IPR, § 32 V.

B. *Subsitution*

I. *Allgemeines*

Scharf zu trennen von der Vorfragenproblematik ist die ihr gedanklich nachgeordnete, dabei inhaltlich völlig unabhängige[879] Frage der Substitution. Setzt eine Norm des berufenen Sachrechts direkt oder indirekt das Bestehen eines Adoptionsverhältnisses voraus, so betrifft die damit aufgeworfene Vorfrage zunächst nur das „Ob“ des betreffenden Status. In einem zweiten Schritt jedoch ist zu prüfen, ob die mit der Adoption begründete Rechtsstellung des Kindes in der Lage ist, den vom Sachrecht vorausgesetzten Adoptionsbegriff auch inhaltlich auszufüllen[880]. Selbstverständlich ist dies keineswegs, geht doch die inländische Norm grundsätzlich von einem nach inländischem Recht begründeten Status aus. Zur Substitution – d.h. zur tatbestandlichen Ersetzung des inländischen Status durch einen auslandsrechtlichen – kann es nur dann kommen, wenn der nach fremdem Recht begründete Status mit seinem inländischen Pendant hinreichend vergleichbar ist[881].

II. *Die sachrechtliche Korrelation zwischen Status und Wirkung als Ursache des Substitutionsproblems*

Innerhalb jeder Rechtsordnung stehen „Status“ und „Wirkung“ zueinander in einem charakteristischen Verhältnis der Interdependenz. So stellt sich einerseits der Status „Adoptionsverhältnis“ als Tatbestandsmerkmal einer Reihe von Wirkungsnormen dar, zugleich aber beziehen sich die Wirkungsnormen auf den Status zurück, gestalten ihn überhaupt erst näher aus[882]. Da mithin jede Wirkung den Status einerseits voraussetzt, ihn andererseits aber auch mitdefiniert[883], kann der Status auch als die Verselbständigung eines Tatbestandsmerkmals innerhalb einer Rechtsordnung beschrieben werden[884]. Nun sehen sich zwar die meisten der durch das Adoptionsbegründungsstatut vorgesehenen Adoptionswirkungen durch Sonderanknüpfungen unseres IPR überlagert[885], doch bleiben sie der aus-

---

879 *Hepting*, in: StAZ 1986, S. 305 (310).

880 Dazu *Ehrenzweig*, Conflicts, § 37 S. 120: „The court must ask the question whether the particular foreign transaction (...) is sufficiently similar in form and local effect to the institution which is treated as adoption in the law applicable to the incident in issue (…)”.

881 Vgl. *Kropholler*, IPR, § 33 II 2, der Gleichwertigkeit annimmt, wenn das fremde Institut mit dem inländischen in wesentlichen Merkmalen übereinstimmt; *Hepting*, in: StAZ 1986, S. 305 (310).

882 Vgl. *König*, Annahme im Ausland, S. 62 f. Gegen eine Überbetonung des Statusbegriffs daher *Ehrenzweig/Jayme*, Private International Law II, Nr. 321 S. 237: Im Einzelfall gehe es stets nur um „incidents“; diese freilich setzten das Adoptionsverhältnis, den Status also, als „factual datum“ voraus. Ebenso *Beitzke*, in: FS Firsching (1985), S. 9 (10).

883 Vgl. *Beitzke*, in: FS Firsching (1985), S. 9 (10).

884 Vgl. *Benicke*, Typenmehrheit, S. 212.

885 Zur Reichweite des Adoptionsstatuts oben S. 113 ff.

gesprochenen Adoption auf andere Weise untrennbar verhaftet: Im Rahmen der Substitution nämlich sind es vor allem auch jene wirkungsrechtlich „ineffektiven“ Normen des Adoptionsbegündungsstatuts, denen das rechtsvergleichend zu betrachtende Datenmaterial zu entnehmen ist[886].

Die Wechselbezüglichkeit von Status und Wirkung bringt es mit sich, daß ein spannungsfreier Gleichlauf nur dann gewährleistet ist, wenn Adoptionsbegründungs- und Wirkungsstatut im Einzelfall identisch sind. Ist die Adoption beispielsweise nach schwedischem Recht erfolgt – sei es durch inländische oder eine anzuerkennende ausländische Entscheidung – und besitzt das Kind die schwedische Staatsangehörigkeit, so bestimmt gemäß Art. 10 Abs. 1 EGBGB schwedisches Recht auch über die namensrechtlichen Folgen der Adoption. Da Adoptionsbegründungs- und Namensstatut hier identisch sind, Status und Wirkung mithin derselben Rechtsordnung unterliegen, können Reibungen nicht auftreten. Die Substitutionsfrage stellt sich nicht.

Häufig indes führt die getrennte Anknüpfung von Status (Adoptionsbegründungsstatut) und Wirkung (Sachstatut) dazu, daß beide auseinanderfallen, ihre ursprüngliche Korrelation also durch das IPR aufgebrochen wird. Ist z.B. das gesetzliche Erbrecht eines nach schwedischen Vorschriften[887] vom deutschen Erblasser adoptierten Kindes zu untersuchen, so ist Erbstatut deutsches Recht (Art. 25 Abs. 1 EGBGB). Adoptivkinder sind hier gemäß § 1754 Abs. 2 i.V.m. § 1924 Abs. 1 BGB zur gesetzlichen Erbfolge berufen. Es fragt sich, ob die „schwedische“ Adoption ein Adoptionsverhältnis deutschen Rechts für die Zwecke der Erbfolge zu substituieren vermag, ob also der nach fremdem Recht begründete Status dieselbe Wirkung auslösen kann wie ein Adoptionsverhältnis deutschen Rechts.

III. Typenmehrheit

Bei der Ausgestaltung künstlicher Statusverhältnisse wie der Adoptivkindschaft kann der Status in unterschiedlichen Rechtssystemen höchst verschiedene Formen annehmen[888]. Das deutsche Recht – als maßgebender Bezugspunkt der Substitutionsprüfung bei deutschem Wirkungsstatut – folgt heute dem Modell der *Volladoption.* Es verleiht dem adoptierten Minderjährigen die Rechtsstellung eines leiblichen Kindes (§ 1754 Abs. 1, 2 BGB), was u.a. zur Folge hat, daß der Angenommene nicht nur im Hinblick auf die elterliche Sorge[889], sondern ebenso unterhalts-[890], erb-[891] und namensrechtlich[892] völlig in seine Wahlfamilie inte-

---

886 Vgl. *von Bar*, IPR II, § 2 VIII 3c (3).

887 Sei es, daß schwedisches Recht vom schwedischen Gericht als *lex fori*, sei es daß eben dieses Recht vom deutschen Vormundschaftsgericht gemäß Art. 22 Abs. 1 S. 2 analog i.V.m. Art. 17b Abs. 1 S. 1 EGBGB als *lex loci celebrationis* angewendet wurde.

888 Vgl. *Ehrenzweig/Jayme*, PIL II, S. 232; *Schurig*, in: IPRax 1986, S. 221 (223).

889 § 1754 Abs. 3 BGB.

890 § 1754 Abs. 1, 2 i.V.m. § 1601 BGB.

griert wird. Zugleich führt die Adoption gemäß § 1755 Abs. 1 S. 1 BGB zur Durchtrennung sämtlicher Bande zwischen dem Kind und seiner Ursprungsfamilie (einzige Ausnahme: Verwandten- und Stiefkindadoption, § 1756 BGB). Gemäß § 3 Nr. 3 i.V.m. § 6 StAG erwirbt der Minderjährige durch Adoption außerdem die deutsche Staatsangehörigkeit des Annehmenden. Dieses starke Adoptionsmodell aber wird nach dem oben Gesagten grundsätzlich auch im Tatbestand aller übrigen Normen des deutschen Rechts vorausgesetzt, die Rechtsfolgen an eine Adoption (oder ein durch sie begründetes Verwandtschaftsverhältnis) knüpfen.

Spannungen müssen folglich immer dann auftreten, wenn das fremde Adoptionsstatut die Adoption weniger stark ausgestaltet, ihr also schwächere Statuswirkungen verleiht als das deutsche Recht. So mag das auf die Adoption angewandte Recht etwa vorsehen, daß einzelne Beziehungen des Kindes zu seinen leiblichen Verwandten im Gegensatz zum deutschen Modell auch nach der Adoption bestehenbleiben und es nur partiell in die neue Familie eingegliedert wird (*schwache* Adoption). Die Grenzziehung zwischen starker und schwacher Adoption ist dabei durchaus fließend[893]. Was – so ist jeweils zu fragen – ist aus deutscher Sicht noch (zu) schwach, was schon stark (genug)?

Ob der fremde den inländischen Status tatsächlich zu substituieren vermag, ist grundsätzlich nur vor dem Hintergrund der konkreten Norm zu beantworten[894]. Mag der auslandsrechtliche Status auch den Tatbestand einer bestimmten inländischen Norm ausfüllen, so kann er sich doch im Rahmen einer anderen Vorschrift durchaus als substitutionsunfähig erweisen, da diese möglicherweise völlig andere Regelungszwecke verfolgt. Eine solche Substitutionsprüfung gleichsam „von Fall zu Fall“ hat indes den Nachteil, daß die Annehmenden in ständiger Ungewißheit darüber leben, ob der Angenommene vom deutschen Recht in der einen oder anderen Hinsicht auch tatsächlich als *ihr Kind* angesehen wird. Auch und vor allem im Interesse des Kindes, das zu seiner ungestörten Entwicklung einer – nicht zuletzt auch rechtlich – stabilen und auf Integration bedachten Lebensumwelt bedarf, gilt es derartige Unwägbarkeiten aber möglichst zu vermeiden[895]. Dem Bedürfnis der Beteiligten wie auch des Rechtsverkehrs Rechnung tragend, hat sich der deutsche Gesetzgeber daher zu einer Regelung des Adoptionswirkungsrechts entschlossen, die ein hohes Maß an Rechtssicherheit garantiert.

---

891 § 1754 Abs. 1, 2 i.V.m. § 1925 Abs. 1 BGB.
892 § 1757 Abs. 1 BGB.
893 Vgl. *Schurig*, in: IPRax 1986, S. 221 (223).
894 Vgl. *Hepting*, in: StAZ 1986, S. 305 (310); *Benicke*, S. 221.
895 Vgl. die Begründung zum Regierungsentwurf des AdWirkG, BT-Drucks. 14/6011, S. 30.

IV. Abstrakte Substitutionsprüfung gemäß § 2 Abs. 3 S. 1 i.V.m. § 2 Abs. 2 AdWirkG

Um zu verhindern, daß die Substitutionsfrage im Rahmen verschiedenster Normen stets neu aufzuwerfen und dabei ggf. völlig unterschiedlich zu beantworten ist, sieht § 2 Abs. 3 S. 1 i.V.m. § 2 Abs. 2 AdWirkG vor, daß das eine Minderjährigenadoption nach ausländischem Recht aussprechende deutsche Gericht festzustellen hat, daß,

- wenn das ursprüngliche Eltern-Kind-Verhältnis erloschen ist, das Annahmeverhältnis einem nach den deutschen Sachvorschriften begründeten Annahmeverhältnis gleichsteht (Fall des § 2 Abs. 2 S. 1 Nr. 1) bzw.
- wenn das ursprüngliche Eltern-Kind-Verhältnis nicht erloschen ist, das Annahmeverhältnis in Ansehung der elterlichen Sorge und der Unterhaltspflicht des Annehmenden einem nach den deutschen Sachvorschriften begründeten Annahmeverhältnis gleichsteht (Fall des § 2 Abs. 2 S. 1 Nr. 2).

Sinn der Wirkungsfeststellung gemäß § 2 Abs. 2 AdWirkG ist es, eine verbindliche Aussage über die Substitutionsfähigkeit der auslandsrechtlichen Adoption herbeizuführen. Gemäß § 4 Abs. 2 S. 1 wirkt die Feststellung erga omnes. Da sie abstrakt – d.h. nicht vor dem Hintergrund einer bestimmten Norm – getroffen wird, kann die erforderliche Gleichwertigkeitsprüfung nur eine generalisierende, von den Regelungszwecken einzelner Vorschriften grundsätzlich unabhängige sein. Angesichts dessen war sicherzustellen, daß die uneingeschränkte, für alle Bereiche des deutschen Rechts geltende Substitutionsfeststellung gemäß § 2 Abs. 2 S. 1 Nr. 1 AdWirkG nur dann ergeht, wenn die fremde Adoption tatsächlich das Wesen einer *Voll*adoption besitzt. Erfüllt sie diese Voraussetzung nicht, ist aber zumindest ihre eingeschränkte (nämlich sorge- und unterhaltsrechtliche) Substitutionsfähigkeit festzustellen, ohne daß es hierfür auf eine gesonderte Prüfung ankäme (§ 2 Abs. 2 S. 1 Nr. 2 AdWirkG).

Das maßgebliche Unterscheidungsmerkmal gibt das Gesetz selbst vor: Die uneingeschränkte Substitutionsfähigkeit ist nur dann gegeben, wenn das *Eltern-Kind-Verhältnis des Kindes zu seinen bisherigen Eltern durch die Annahme erloschen* ist. Das Eltern-Kind-Verhältnis ist dabei nicht auf den Aspekt der Verwandtschaft zu beschränken: Manche Rechtsordnungen mögen nach der Adoption noch von einer verwandtschaftlichen Beziehung zu den leiblichen Eltern sprechen, ohne dem konkrete Rechte und Pflichten zuzuordnen, während andere zwar die Verwandtschaft des Kindes zur Ursprungsfamilie beseitigen, gewisse Rechte und Pflichten aber weiterhin bestehenlassen[896]. Man wird daher auf die Gesamtheit der den ursprünglichen Status charakterisierenden Wirkungen abzustellen und den Abbruch aller wesentlichen Rechtsbeziehungen zu verlangen ha-

[896] *Busch*, in: IPRax 2003, S. 13 (17).

ben[897]. Von Interesse sind also nicht nur die dem Adoptionsstatut unterliegenden unmittelbaren Statusveränderungen; dem auf die Adoption angewandten Recht sind vielmehr all jene „rechtsvergleichenden Daten“[898] zu entnehmen, auf deren Basis die Substitutionsentscheidung im Sinne einer Gleichwertigkeitsprüfung überhaupt erst möglich ist[899]. Als äquivalent wird man den fremden Status nur dann ansehen dürfen, wenn er das ursprüngliche Eltern-Kind-Verhältnis insgesamt in einem dem deutschen Recht vergleichbaren Maße beseitigt.

1. Die Adoptionstypen der Partnerschaftsstaaten

a) Nordische Rechte

Nach den im Ersten Kapitel im einzelnen dargestellten Adoptionsvorschriften Dänemarks, Norwegens und Schwedens führt die Annahme als Kind zu einem vollständigen Abbruch der rechtlichen Beziehungen des Angenommenen zu seiner natürlichen Familie. Einzig im Fall der Stiefkindadoption bleibt die Beziehung zu dem mit dem Adoptanten verpartnerten Elternteil bestehen, was aber im Sinne des § 2 Abs. 2 S. 1 Nr. 1 AdWirkG für das Wesen der Adoption selbstverständlich ohne Belang ist.

b) Niederlande

Mit Ausnahme der Stiefkindannahme führt auch die Adoption des niederländischen Rechts zum kompletten Erlöschen des ursprünglichen Eltern-Kind-Verhältnisses. Auf richterliche Anordnung kann allerdings ein Umgangsrecht der leiblichen Eltern bestehenbleiben.

c) Spanische Rechte

Ein vollständiges Wirkungsrecht beinhalten nur die katalanischen Adoptionsnormen. Danach kommt es – ausgenommen auch hier den Fall der Stiefkindadoption – zum völligen Erlöschen der Rechtsbeziehung des Kindes zu seinen leiblichen Eltern. Die navarresischen Vorschriften dagegen befassen sich nur lückenhaft mit dem ursprünglichen Eltern-Kind-Verhältnis, indem sie einzig das Erlöschen der elterlichen Gewalt, insbesondere also den Wegfall des Sorge-

---

897 Vgl. *Steiger*, in: DNotZ 2002, S. 184 (199); *Busch*, in: IPRax 2003, S. 13 (17). Bleiben hier nicht unwesentliche Verbindungen bestehen, fällt es andererseits auch nicht ins Gewicht, wenn mit der Annahme die vollständige rechtliche Integration des Kindes in die Wahlfamilie verbunden ist. Auch wenn derartige Adoptionstypen nicht dem klassischen Bild der schwachen Adoption entsprechen, müßte doch die Feststellung ihrer uneingeschränkten Substitutionsfähigkeit gemäß § 2 Abs. 2 S. 1 Nr. 1 AdWirkG zu einer vom Gesetz nicht intendierten Äquivalenz*fiktion* führen, die wesentliche „Daten“ des Adoptionsstatuts außer acht ließe.

898 *von Bar*, IPR II, § 2 VIII 3c (3).

899 So auch *Schurig*, in: IPRax 1986, S. 221 (223); *Benicke*, Typenmehrheit, S. 235; *Steiger*, in: DNotZ 2002, S. 184 (199).

rechts und der Unterhaltspflicht vorsehen. Über das Schicksal der übrigen Rechtsbeziehungen dagegen schweigen sie sich aus, sodaß diesbezüglich gemeinspanisches Recht maßgebend ist. Letzteres gilt in vollem Umfang auch für die Adoption des aragonischen Rechts, da hier autonome Normen über die Adoptionswirkungen im ursprünglichen Eltern-Kind-Verhältnis gänzlich fehlen.

Das im Falle einer Adoption navarresischen oder aragonischen Rechts insofern allein bzw. ergänzend heranzuziehende gemeinspanische Recht sieht seinerseits den völligen Abbruch der Rechtsbeziehungen im Verhältnis des Adoptivkindes zu seiner früheren Familie vor. Für alle teilspanischen Rechte gilt somit, daß die Adoption – sei es kraft foralen oder kraft gemeinspanischen Rechts – die ursprüngliche Eltern-Kind-Beziehung restlos beseitigt.

2. *Substitutionsfähigkeit im einzelnen*

Alle im Hinblick auf eine partnerschaftliche Adoption in Betracht kommenden Rechte gestalten die Adoption strukturell sehr stark aus, indem sie den vollständigen Abbruch der ursprünglichen Eltern-Kind-Beziehung vorsehen. Ohne Einschränkungen gilt dies zumindest für die nordischen und die teilspanischen Adoptionsrechte. Sie sind daher ohne weiteres dem in § 2 Abs. 2 S. 1 Nr. 1 AdWirkG vorausgesetzten Typus der Volladoption zuzuordnen. Durch entsprechenden Beschluß ist ihre *uneingeschränkte* Substitutionsfähigkeit für das deutsche Recht festzustellen.

Eine Besonderheit weist allein das niederländische Recht auf. Es sieht die Möglichkeit vor, das bestehende Umgangsrecht eines leiblichen Elternteils von der statusbeendenden Wirkung der Adoption auszunehmen. Fraglich ist nun, ob dieses umgangsrechtliche Rudiment der Annahme einer vollständigen Beendigung des ursprünglichen Eltern-Kind-Verhältnisses i.S. des § 2 Abs. 2 Nr. 1 AdWirkG entgegensteht. Zweifellos kann das erforderliche Erlöschen der Beziehung nicht erst bei völligem Abbruch des Eltern-Kind-Verhältnisses, sondern auch bei Fortbestehen einzelner untergeordneter Rechtsbeziehungen bejaht werden[900], da andernfalls die gewünschte Rechtssicherheit praktisch nur in ohnehin völlig unzweifelhaften Fällen zu erreichen wäre. Zu den in diesem Sinne unbeachtlichen Restbeziehungen wird man etwa gesetzliche Erbrechte oder beispielsweise auch Unterhaltsverpflichtungen sicher nicht mehr zählen dürfen, verkörpern sie doch ein allzu starkes Element der Eltern-Kind-Beziehung. Im Falle des hier in Rede stehenden persistenten Umgangsrechts scheint dagegen eine andere Bewertung angezeigt. Es handelt sich dabei dem Wesen nach um eine besondere, gerichtlich angeordnete *Fürsorgemaßnahme*, die nur dann getroffen wird,

[900] Vgl. *Busch*, in: IPRax 2003, S. 13 (17, Fn. 32), welcher als Beispiel für unerhebliche Rechtsbeziehungen zur Ursprungsfamilie die Hindu-Adoption des indischen Rechts nennt, die eine – allerdings nur auf vor der Adoption überlassene Vermögensgegenstände begrenzte – Unterhaltspflicht fortdauern läßt.

wenn dies nach Auffassung des Gerichts im Einzelfall dem Interesse des Kindes entspricht. Als flexibles, den sozialen Gegebenheiten des Falles Rechnung tragendes Instrument vermag sie der ansonsten wirkungsstarken Adoption insgesamt nicht den Charakter einer Volladoption zu nehmen. Auch die Adoption niederländischen Rechts erfüllt damit in jedem Fall die Voraussetzungen des § 2 Abs. 2 S. 1 Nr. 1 AdWirkG.

V. Verbleibende Fälle der konkreten Substitutionsprüfung

Nicht immer führt die abstrakte Prüfung nach § 2 Abs. 2 AdWirkG zu einer abschließenden Beantwortung der Substitutionsfrage: Ergibt die Prüfung, daß nur eine *schwache Adoption* vorliegt, bleiben weite Rechtsbereiche von der Substitutionsfeststellung unberührt[901]. In anderen Fällen fehlt es bereits an der Anwendbarkeit des AdWirkG: Dies gilt gemäß § 1 S. 2 AdWirkG für *Erwachsenenadoptionen*; einer vormundschaftsgerichtlichen Wirkungsfeststellung sind diese Adoptionen damit von vornherein entzogen. In all jenen Fällen ist daher grundsätzlich eine einzelfallbezogene Substitutionsprüfung vorzunehmen, die sich in erster Linie am Regelungszweck der konkreten Norm zu orientieren hat. Dabei ist unter Umständen auch der Kreis der rechtsvergleichenden Daten gegenüber § 2 Abs. 2 S. 1 Nr. 1 AdWirkG entsprechend zu erweitern. Geben in der abstrakten Prüfung allein die Beziehungen des Angenommenen zu seiner Ursprungsfamilie den Ausschlag, können im Rahmen der konkreten Substitutionsprüfung je nach Kontext auch andere Parameter des Adoptionsstatuts heranzuziehen sein; so z.B. die Rechtsbeziehung des Angenommenen zu seinen Wahleltern oder – etwa vor dem Hintergrund des deutschen Staatsangehörigkeitsrechts[902] (§ 3 Nr. 3 i.V.m. § 6 StAG) – auch die staatsangehörigkeitsrechtlichen Wirkungen einer Minderjährigenadoption.

Die hier allein relevanten starken Erwachsenenadoptionen des schwedischen, norwegischen und dänischen Rechts[903] bereiten in diesem Zusammenhang keinerlei Probleme. Sie entsprechen in jeder Hinsicht einer deutschen Volladoption und können sich deshalb überhaupt nur dort als substitutions-

---

[901] Mit Ablehnung der uneingeschränkten Substitution (§ 2 Abs. 2 S. 1 Nr. 1 AdWirkG) ist freilich nicht gesagt, daß der fremde Status *ausschließlich* in den (allerdings besonders wichtigen) Bereichen des Sorge- und Unterhaltsrechts (Nr. 2) zu substituieren vermag (vgl. *Busch*, in: IPRax 2003, S. 13 (18, Fn. 34)). Die Feststellung der eingeschränkten Substitution verleiht der Adoption lediglich eine inländische Mindestwirkung (BT-Drucks. 14/6011, S. 31). Außerhalb des Sorge- und Unterhaltsrechts ist daher jeweils zu prüfen, ob eine ausreichende Statusäquivalenz gegeben ist. Es bleibt insofern bei der schon nach bisherigen Recht vorzunehmenden Verfahrensweise einer Substitutionsprüfung „von Fall zu Fall", die – obwohl im Interesse des Kindes grundsätzlich nicht erstrebenswert (s.o.) – hier hinzunehmen ist.

[902] Vgl. *Henrich*, in: *Staudinger*, Art. 22 EGBGB Rnr. 61; *Hepting*, in: StAZ 1986, S. 305 (310); *Benicke*, Typenmehrheit, S. 250 ff.

[903] Die genannten lassen als einzige der hier relevanten Rechte überhaupt eine Erwachsenenadoption zu; s.o. S. 31, 34, 36.

unfähig erweisen, wo das materielle Adoptionswirkungsrecht (unausgesprochen) die Minderjährigkeit des Angenommenen voraussetzt.

Für alle Adoptionstypen gilt schließlich, daß die Feststellungen des Vormundschaftsgerichts nach § 2 Abs. 2 AdWirkG allein bei deutschem Sachstatut zu beachten sind. Gelangt dagegen fremdes Recht zur Anwendung, ist allein der vom *ausländischen* Wirkungsstatut vorausgesetzte Adoptionstyp auf seine Ersetzbarkeit durch den nach Adoptionsbegründungsstatut vorgesehenen Status hin zu untersuchen. Auch insofern also stellt sich die Substitutionsfrage weiterhin *konkret*.

VI. Besonderheiten der Auslandsadoption

In Fällen der Auslandsadoption gestaltet sich die Frage der *Substitution* allerdings komplexer als oben dargestellt. Anders als bei Ausspruch der auslandsrechtlichen Adoption durch ein deutsches Gericht werden die Wirkungsfragen einer Auslandsadoption nicht zwangsläufig in einem eigenen Verfahren geklärt. Kommt es nämlich nicht zur Durchführung des fakultativen Delibationsverfahrens gemäß § 2 Abs. 1, so unterbleibt auch eine verbindliche Feststellung über die Substitutionsfähigkeit der im Ausland vorgenommenen Adoption nach § 2 Abs. 2 AdWirkG.

1. Substitution außerhalb des Verfahrens nach § 2 Abs. 1, 2 AdWirkG

Ist eine Feststellung nicht oder noch nicht erfolgt, stellt sich deshalb die Substitutions- (wie i.ü. auch die Anerkennungs-) Frage vor dem Hintergrund jeder einschlägigen Norm stets von neuem, ist also grundsätzlich *konkret* zu prüfen.

Gleichwohl sollten auch im Rahmen der hier vorzunehmenden Gleichwertigkeitsprüfung nicht einzelne „Normzwecke" den Ausschlag geben. Stattdessen scheint es angezeigt, diejenigen Adoptionen, die in den Anwendungsbereich des AdWirkG fallen (Minderjährigenadoptionen also), bereits im Rahmen der konkreten Substitionsprüfung am Maßstab des § 2 Abs. 2 AdWirkG zu prüfen, und so die Vornahme der abstrakten Substitutionsprüfung gleichsam zu *antizipieren*. Auf diese Weise wird dem Gesetzeszweck der Kindesintegration[904] effektiv Rechnung getragen. Zu prüfen ist zunächst, ob die Eltern-Kind-Beziehung des Kindes zu seiner Ursprungsfamilie erloschen ist. Maßgeblich ist hierbei das gesamte diesbezügliche Datenmaterial des angewandten Rechts. Ist demnach die Beziehung als erloschen anzusehen, so vermag das fragliche Adoptionsverhältnis ein solches nach deutschem Recht *in jeder Hinsicht* (d.h. auch in der konkret begutachteten Frage) zu substituieren. Handelt es sich dagegen um eine schwache Adoption, bleiben also nicht unwesentliche Reste der ursprünglichen Eltern-Kind-Beziehung bestehen, ist entsprechend dem Schutzgedanken des § 2

[904] BT-Drucks. 14/6011, S. 30.

Abs. 2 S. 1 Nr. 2 AdWirkG *zumindest* von einer sorge- und unterhaltsrechtlichen Substitution auszugehen. Außerhalb dieser Rechtsgebiete gilt hingegen für die schwache Adoption der Grundsatz einer normzweckbezogenen Einzelprüfung fort, die sich dann auch nicht mehr auf eine Betrachtung der ursprünglichen Eltern-Kind-Beziehung zu beschränken hat (dazu schon oben[905]). Für Adoptionen, die von vornherein nicht in den Anwendungsbereich des AdWirkG fallen (Erwachsenenadoptionen), bleibt es ohnehin bei der konkreten Einzelprüfung.

2. Substitution bei Durchführung des Verfahrens nach § 2 Abs. 1, 2 AdWirkG

Findet dagegen ein Verfahren nach § 2 Abs. 1 AdWirkG statt, werden bei Anerkennung der Adoptionsentscheidung zugleich auch die allgemeinverbindlichen Wirkungsfeststellungen nach Abs. 2 getroffen. Bringt eine Adoption nach dem erststaatlich angewandten Recht die ursprüngliche Eltern-Kind-Beziehung zum Erlöschen, so stellt das Vormundschaftsgericht gemäß § 2 Abs. 2 S. 1 Nr. 1 AdWirkG ihre uneingeschränkte Substitutionsfähigkeit fest, im Fall der Adoption durch eingetragene Lebenspartner also immer (s.o.).

VII. Umwandlungsausspruch gemäß § 3 AdWirkG

1. Schwache Adoption

Um Substitutionsfragen des deutschen Rechts auch hinsichtlich jener Adoptionen völlig auszuschalten, die – anders als die hier betrachteten – nicht unter § 2 Abs. 2 S. 1 Nr. 1 AdWirkG fallen, weil sie wesentliche Rechtsbeziehungen zur Ursprungsfamilie bestehenlassen, sieht § 3 Abs. 1 AdWirkG die Möglichkeit eines Umwandlungsausspruchs vor[906]. Hiernach kann die schwache Adoption *auf Antrag* des Annehmenden bzw. beider annehmenden Ehegatten[907] (analog: beider annehmenden eingetragenen Lebenspartner) in eine deutsche Volladoption umgewandelt werden, wenn

– dies dem Kindeswohl dient (§ 3 Abs. 1 S. 1 Nr. 1 AdWirkG),

[905] S. 170.

[906] Bedenken gegen eine Umwandlung speziell von *partnerschaftlichen Adoptionen* könnten insofern bestehen, als der Statutenwechsel die Adoption einem Recht unterstellt, nach dem die Annahme des Kindes gar nicht möglich gewesen wäre: Das deutsche Recht kennt die gemeinsame ebensowenig wie die Stiefkindadoption durch eingetragene Lebenspartner. Gleichwohl kann dieser Umstand eine Umwandlung nicht hindern. Die Frage, ob das Ehegattenprivileg derart wesentlich ist, daß es zur Abwehr der nach ausländischem Recht gegebenen Adoptionsbefugnis führen muß, ist allein eine solche des *ordre public* und nur bei Begründung bzw. Anerkennung der Adoption zu prüfen. Die Umwandlung der einmal erfolgten oder anerkannten Adoption dient dagegen einzig der wirkungsmäßigen Integration des Kindes in die deutsche Rechtsordnung und muß von derlei Erwägungen unabhängig sein.

[907] Die Antragsbefugnis regelt § 4 Abs. 1 S. 1 Nr. 2 AdWirkG.

- die erforderlichen Zustimmungen sich auch auf die Beendigung des Eltern-Kind-Verhältnisses erstrecken (§ 3 Abs. 1 S. 1 Nr. 2 AdWirkG) und
- überwiegende Interessen des Ehegatten (analog: des eingetragenen Lebenspartners) oder der Kinder des Annehmenden oder des Angenommenen nicht entgegenstehen (§ 3 Abs. 1 S. 1 Nr. 3 AdWirkG).

Der Antrag gemäß § 3 AdWirkG kann, da das AdWirkG ausweislich seines § 1 S. 1 2. Alt. nicht nur auf ausländische Entscheidungen, sondern auch dann anzuwenden ist, wenn die Adoption nur auf ausländischen Sachvorschriften beruht, auch im Hinblick auf eine *im Inland* vorgenommene oder vorzunehmende Adoption gestellt werden[908]. Die Umwandlung gemäß § 3 AdWirkG bewirkt hier im Ergebnis eine Modifikation der Bestimmungen des EGBGB: Mit Ausspruch der Umwandlung wird entgegen Art. 22 Abs. 1 S. 2 analog i.V.m. Art. 17b Abs. 1 S. 1 EGBGB deutsches Recht Adoptionsstatut[909]. In Fällen der schwachen *Auslandsadoption* steht mit der Umwandlung ein Instrumentarium zur Verfügung, das sogar erheblich weiter reicht als die früher einzig in Betracht kommende Möglichkeit der Nachadoption[910]: Während die Nachadoption nur dann zur völligen Integration des Kindes führen konnte, wenn sie gemäß Art. 22 EGBGB nach deutschem Recht auszusprechen war, bewirkt die Umwandlung gemäß § 3 AdWirkG einen vom Kollisionsrecht gänzlich unabhängigen Wechsel des Adoptionsbegründungsstatuts.

Anders als im Fall einer bloßen Wirkungsfeststellung nach § 2 AdWirkG wird durch den Umwandlungsausspruch das Kindschaftsverhältnis im Kern verändert und eine noch bestehende Restbeziehung des Kindes zu seinen leiblichen Eltern – deren Zustimmung vorausgesetzt[911] – gekappt[912]. Damit ist den Beteiligten ein Instrumentarium an die Hand gegeben, die gewünschte Rechtssicherheit auch im Falle ursprünglich schwacher Adoptionen vollständig herzustellen. Die Umwandlung wirkt gemäß § 4 Abs. 2 S. 1 AdWirkG erga omnes.

2. *Volladoption*

§ 3 Abs. 2 AdWirkG sieht vor, daß unter den Voraussetzungen des Abs. 1 auf Antrag auch jene auslandsrechtlichen Adoptionen umgewandelt werden können, die gemäß § 2 Abs. 2 S. 1 Nr. 1 AdWirkG einer deutschen Volladoption zwar gleichstehen, deren Wirkungen aber von den nach deutschem Recht vorgesehenen abweichen. Da eine Volladoption im Sinne des § Abs. 2 S. 1 Nr. 1 AdWirkG ohnehin nur vorliegt, wenn alle wesentlichen Rechtsbeziehungen zur Ur-

---

[908] Unnötig vorsichtig insofern *Busch*, in: IPRax 2002, S. 13 (18).
[909] Vgl. BT-Drucks. 14/6011, S. 48.
[910] Dazu oben S. 154.
[911] Hierzu sowie insbesondere zur Frage des Absehens von der Einwilligung bzw. ihrer Ersetzung, s. *Busch*, in: IPRax 2003, S. 13 (19).
[912] Vgl. *Busch*, in: IPRax 2003, S. 13 (15).

sprungsfamilie abgebrochen sind (dazu oben), kommen hier nur solche Wirkungsdifferenzen in Betracht, die sich auf das Verhältnis des Angenommenen zur Wahlfamilie beziehen. Derartige Differenzen werden zwar bei deutschem Wirkungsstatut grundsätzlich bereits durch die uneingeschränkte Substitution gemäß § 2 Abs. 2 S. 1 Nr. 1 AdWirkG überwunden, doch stellt diese Feststellung das Kind nicht in jeder Hinsicht einem nach deutschem Recht angenommenen Kind gleich, wie sich aus der Regierungsbegründung zu § 3 Abs. 2 AdWirkG ergibt[913]. Die uneingeschränkte Substitution soll demnach nur im *unmittelbaren* Eltern-Kind-Verhältnis Platz greifen, nicht aber im Verhältnis des Kindes zu den Verwandten des/der Annehmenden[914]. Der Grund hierfür dürfte darin liegen, daß vermieden werden soll, statusbegründende Wirkungen zu fingieren, die nach dem hierfür allein maßgeblichen *Adoptions-* bzw. *Adoptionsbegründungsstatut* möglicherweise gar nicht vorgesehen sind[915]. Begrenzt das angewandte Recht die Statusbegründung auf einen engeren Personenkreis als das deutsche, so ist dies zu respektieren. Die Beziehungen des Kindes zu den Verwandten der/des Annehmenden sind deshalb auch in Fällen der Volladoption (§ 2 Abs. 2 S. 1 Nr. 1 AdWirkG) stets *konkret* zu prüfen. Ist die Beziehung stark ausgestaltet, vermag sie ohne weiteres auch im deutschen Recht zu substituieren. Ist sie dagegen schwach (begründet sie also gar kein oder z.B kein erbrechtlich relevantes Verwandtschaftsverhältnis[916] zu den Verwandten der/des Annehmenden), kann nur eine Umwandlung nach § 3 Ab. 2 AdWirkG helfen. Mit Umwandlungsausspruch wird dann deutsches Recht Adoptionsstatut, sodaß Substitutionsprobleme jedenfalls bei deutschem Wirkungsstatut gänzlich entfallen[917].

Die hier zu betrachtenden Volladoptionen des dänischen, schwedischen, norwegischen, niederländischen, navarresischen, aragonischen und katalanischen Rechts stellen indes das Adoptivkind einem leiblichen Kind des/der An-

913 BT-Drucks. 14/6011, S. 48.

914 Vgl. *Busch*, in: IPRax 2003, S. 13 (18); *Steiger*, in: DNotZ 2002, S. 184 (205).

915 Als Beispiel nennt die Regierungsbegründung, BT-Drucks. 14/6011, S. 48, die Adoption nach israelischem Recht; s. § 16 des israelischen Gesetzes 5741-1981 über die Adoption von Kindern.

916 Vgl. *BGH* vom 14.12.1988, in: IPRax 1990, S. 55.

917 Die Umwandlung führt aber nicht etwa zur generellen Anwendbarkeit deutscher Sachvorschriften. Maßgeblich bleiben die jeweils kollisionsrechtlich zu ermittelnden Wirkungsstatute. So kann auch im Umwandlungsverfahren nach § 3 Abs. 2 AdWirkG ein angleichender Namensausspruch gemäß §§ 1757 Abs. 1, 4 BGB nur dann erfolgen, wenn deutsches Recht Namensstatut ist, Art. 10 EGBGB; vgl. BT-Drucks. 14/6011, S. 48. Mißverständlich insofern *AG Nürnberg* vom 23.9.2002, in: StAZ 2003, S. 144: „Durch die Rechtsstellung eines nun nach den deutschen Sachvorschriften angenommenen Kindes wird die Anwendung der deutschen namensrechtlichen Gestaltungsmöglichkeiten eröffnet“. Der Umwandlungsausspruch gibt – ebenso wie der Ausspruch gemäß 1752 Abs. 1 BGB, vgl. *Maurer*, in: Münch Komm, § 1757 BGB Rnr. 11 – lediglich den verfahrensrechtlichen Rahmen für eine Namensänderung. Ob diese nach deutschem Recht erfolgen kann, richtet sich allein nach Art. 10 EGBGB. Das Kind muß also die deutsche Staatsangehörigkeit besitzen oder sie durch die Adoption erlangt haben, § 3 Nr. 3 i.V.m. § 6 StAG.

nehmenden völlig gleich, schaffen familienrechtliche Beziehungen also auch im Verhältnis zu den Verwandten der Annehmenden[918]. Eine Abweichung im Sinne des § 3 Abs. 2 AdWirkG liegt daher nicht vor; die Umwandlung der Adoption kommt nicht in Betracht. Zu Spannungen führt dies gleichwohl nicht, da sich das Annahmeverhältnis im Rahmen der stattdessen weiterhin vorzunehmenden *konkreten* Substitutionsprüfung gegenüber einer Adoption deutschen Rechts in vollem Umfang als gleichwertig und damit substitutionsfähig erweisen wird.

C. Exkurs: Adoption durch faktische Partner und Partner einer Homo-Ehe

Was das *Vorfragenproblem* betrifft, ergeben sich keinerlei Besonderheiten im Hinblick auf die Adoption durch faktische Partner und Partner einer Homo-Ehe. Die Vorfrage ist auch hier in jedem Fall nach deutschem Verfahrensrecht zu beantworten. Handelt es sich um eine Inlandsadoption, ist die Vorfrage daher stets zu bejahen. Ausländische Adoptionsentscheidungen werden einer inzidenten Anerkennungsprüfung gemäß § 16a FGG unterzogen, sofern nicht bereits eine allgemeinverbindliche Anerkennungsfeststellung gemäß § 2 Abs. 1 AdWirkG erfolgt ist.

Auch für die Frage der *Substitution* ist der Status der Annehmenden ohne Belang. Es kommt allein darauf an, wie das angewandte Recht die Adoption näher ausgestaltet. Da das im Zusammenhang mit einer Homo-Ehe einzig in Betracht kommende niederländische Recht bereits oben untersucht wurde, ist hier nur das als Adoptionsbegründungsstatut einer faktischen Partnerschaft neben den bereits beleuchteten spanischen Rechten allein relevante portugiesische Recht von Interesse. Dieses kennt – wie im Ersten Kapitel dargestellt – zwei Arten der Adoption.

Während die starke Adoption der Artt. 1979 ff. CC durch ein vollständiges Abreißen der ursprünglichen Eltern-KindBeziehung charakterisiert ist, bleibt diese im Falle der eingeschränkten Adoption gemäß Artt. 1992 ff. CC fast unverändert bestehen. Im Rahmen des § 2 Abs. 2 S. 1 AdWirkG führt dies dazu, daß lediglich dem ersten Adoptionstyp uneingeschränkte Substitutionsfähigkeit i.S. der Nr. 1 zu attestieren ist, die eingeschränkte Adoption hingegen nur eine Feststellung nach Nr. 2 erlaubt. Von großer praktischer Bedeutung sind die für die schwache Adoption damit verbleibenden Substitionsfragen aber wohl nicht. Zum einen, weil sie wesentlich seltener vorkommen dürfte als die den Partnern nach portugiesischem Recht ebenfalls offenstehende starke Adoption, zum anderen, weil auch die eingeschränkte Substitutionsfeststellung gemäß § 2 Abs. 2 S. 1 Nr. 2 AdWirkG immerhin die besonders elementaren Bereiche des Sorge- und

[918] Vgl. oben S. 46, 47, 48.

Unterhaltsrechts abdeckt. Möglich ist schließlich – die erforderlichen Zustimmungen vorausgesetzt – auch die Umwandlung der schwachen Adoption portugiesischen Rechts in eine deutsche Volladoption gemäß § 3 Abs. 1 AdWirkG[919].

[919] Ob auch ein Antrag auf Umwandlung der schwachen Adoption in eine *portugiesische* Volladoption in Betracht käme – wie sie das maßgebliche portugiesische Adoptionsstatut in Art. 1977 Abs. 2 CC ja grundsätzlich vorsieht – mag hier dahinstehen. Dem Kindesinteresse entspricht (jedenfalls bei dauerhaftem Aufenthalt des Kindes in Deutschland) zweifellos eher die Umwandlung in eine Adoption deutschen Rechts.

Neuntes Kapitel

Das Haager Adoptionsübereinkommen 1993

A. Hintergrund

Die Adoption von Kindern aus dem Ausland gewinnt zunehmend an Bedeutung. Nach Angaben des Statistischen Bundesamtes übersiedelten im Jahr 2001 853 Kinder zum Zweck der Adoption vom Ausland ins Inland[920] (nach 878 Kindern im Jahr zuvor[921]). Die tatsächliche Zahl grenzüberschreitender Adoptionsfälle ist indes höher anzusetzen, bedenkt man, daß die im Herkunftsstaat vorgenommene Adoption eines erst anschließend nach Deutschland eingereisten Kindes in den Erhebungen der zitierten Statistik gar nicht erfaßt ist. Von den insgesamt 5909 im Jahr 2001 adoptierten Kindern besaßen 1789 eine ausländische Staatsangehörigkeit. Die häufigsten Heimatstaaten waren die Russische Föderation (250), Vietnam (136), Polen (110), die Ukraine (108), Rumänien (96) sowie Thailand (88)[922].

Mit der Zahl grenzüberschreitender Adoptionen haben in der Vergangenheit auch Fälle von Kinderhandel – häufig begleitet von Kindesentziehung und Personenstandsfälschungen – stark zugenommen[923]. Bisweilen kommt es hierbei zur Einschaltung illegaler kommerzieller Agenturen, die Adoptivkinder aus Entwicklungs- und Schwellenländern gegen Zahlung exorbitanter „Vermittlungsgebühren" in die Bundesrepublik Deutschland und andere Staaten der sogenannten „Ersten Welt" bringen[924]. Dieser Mißstand veranlaßte den deutschen Gesetzgeber bereits 1989 zu einer Verschärfung des Adoptionsvermittlungsgesetzes[925]. Autonome Maßnahmen aber zeigten sich nur bedingt dazu geeignet, „*die Entführung und den Verkauf von Kindern sowie den Handel mit Kindern zu irgendeinem Zweck und in irgendeiner Form zu verhindern*", wie Art. 35 der UN-Kinderrechtekonvention 1989[926] es fordert.

Jenseits der aufgezeigten Gefahren kriminellen Mißbrauchs liegen die Schwierigkeiten internationaler Adoptionsvermittlung vor allem darin, jene Informationen zu erlangen und zusammenzuführen, derer es bedarf, um die Eig-

---

920 *Statistisches Bundesamt*, Adoptionen 2001.
921 *Statistisches Bundesamt*, Adoptionen 2000.
922 *Statistisches Bundesamt*, Adoptionen 2001. Nimmt man nur die Fälle der Fremdadoption in den Blick (solche also, bei denen es sich nicht um Verwandten- oder Stiefkindadoptionen handelt), zeigt sich dagegen ein anderes Bild: Unter den Heimatländern der insgesamt 2226 angenommenen Kinder ist Vietnam das mit Abstand häufigste (120); es folgen die Russische Föderation (63), die Ukraine (46), Kolumbien (40), Indien (39), Polen und Rumänien (je 33).
923 Vgl. *Marx*, S. 58 ff.; *Steiger*, S. 15.
924 Vgl. Denkschrift zum HAdoptÜ, BT-Drucks. 14/5437, S. 22.
925 Änderungsgesetz vom 27.11.1989, BGBl. I, S. 2014; siehe insbesondere §§ 5, 14a AdVermG.
926 BGBl. 1992 II, S. 121.

nung der Adoptionsbewerber zur Betreuung von Kindern aus anderen Kulturkreisen ebenso wie die speziellen Bedürfnisse des anzunehmenden Kindes richtig zu beurteilen und so zu einer verläßlichen Vermittlungsentscheidung zu gelangen[927]. Inländische Stellen vermögen nur begrenzt zu kontrollieren, unter welchen Umständen ein ausländisches Kind in seinem Heimatstaat deutschen Adoptionsbewerbern anvertraut wird.

In Erkenntnis der speziellen Probleme grenzüberschreitender Adoptionen und der damit verbundenen Notwendigkeit internationaler Kooperation beschloß die Haager Konferenz im Oktober des Jahres 1988, sich der Problematik erneut[928] zuzuwenden und die „Vorbereitung einer Konvention zur Adoption von Kindern, die aus dem Ausland kommen" in ihr Arbeitsprogramm aufzunehmen[929]. Da das Vorhaben aber nur dann Erfolg versprach, wenn sich auch die potentiellen Herkunftsländer der Adoptivkinder in möglichst großer Zahl an dem Abkommen beteiligen würden, kam man zugleich überein, auch Nicht-Mitgliedstaaten der Konferenz als Ad-hoc-Mitglieder an dem geplanten Adoptionsübereinkommen zu beteiligen. Eine umfassende Studie über die Fragen der internationalen Adoption wurde im April 1990 von *van Loon* vorgelegt[930]. Tagungen der zuständigen Sonderkommission fanden im Juni 1990, im April/Mai 1991 und im Februar 1992 statt. Im 100. Jahr der Konferenz und im Rahmen ihrer XVII. Sitzungsperiode wurde schließlich am 29.5.1993 das „Übereinkommen über den Schutz von Kindern und die Zusammenarbeit auf dem Gebiet der internationalen Adoption" angenommen[931]. Gemäß Art. 1 HAdoptÜ hat das Abkommen zum Ziel,

- Schutzvorschriften einzuführen, die gewährleisten, daß die internationale Adoption nur erfolgt, wenn sie im Einzelfall dem Wohl des Kindes dient (Art. 1 lit. a HAdoptÜ),
- ein System der Kooperation zu etablieren, das die Einhaltung dieser Schutzvorschriften sicherstellt (Art. 1 lit. b HAdoptÜ),
- die Anerkennung einer abkommensgemäß zustandegekommenen Adoption durch die übrigen Vertragsstaaten zu gewährleisten (Art. 1 lit. c HAdoptÜ).

---

[927] Vgl. *Steiger*, S. 15 f.

[928] Bereits das Haager Adoptionsübereinkommen 1965 (*Jayme/Hausmann*[7], Nr. 33) hatte die Adoption zum Gegenstand, enthielt aber neben kollisions- (Art. 4) und internationalverfahrensrechtlichen (Art. 8) Normen nur unzureichende Kooperationsvorschriften (Art. 6). Es wurde nur von drei Staaten gezeichnet (Österreich, Schweiz, Vereinigtes Königreich) und durfte somit als Fehlschlag gelten; vgl. *Pirrung*, in: RabelsZ 57 (1993), S. 124 (146).

[929] *Parra-Aranguren*, Rapport explicatif, Nr. 5.

[930] *van Loon*, Rapport.

[931] Weitere Einzelheiten zur Entstehung des Übereinkommens enthält der Erläuternde Bericht des Leiters der venezolanischen Konferenzdelegation, Professor *Gonzalo Parra-Aranguren* (*Parra-Aranguren*, Rapport explicatif, Nrn. 1 ff.).

Verzichtet wurde dagegen auf die Schaffung einheitlicher Kollisionsregeln. Auch Vorschriften über die internationale Zuständigkeit enthält das Abkommen nicht. Insofern also bleibt weiter autonomes Recht maßgebend[932]. In Kraft getreten ist das Übereinkommen am 1.5.1995, nachdem zunächst drei Staaten es ratifiziert hatten[933]. Für Deutschland gilt es seit 1.3.2002[934]. Heute gehören ihm insgesamt 53 Staaten an[935]. Die aus deutscher Sicht Haupt-Herkunftsstaaten freilich sind bislang überwiegend nicht darunter[936]. Sämtlich dagegen sind jene Staaten vertreten, die über Adoptionsmöglichkeiten für eingetragene Lebenspartner verfügen[937].

B. Inhalt

I. Anwendungsbereich

Das Abkommen findet gemäß Art. 2 Abs. 1 HAdoptÜ nur auf *grenzüberschreitende* Adoptionen Anwendung, dann nämlich, wenn der Anzunehmende und die Adoptionsbewerber ihren gewöhnlichen Aufenthalt in verschiedenen Vertragsstaaten haben. Gleichgültig ist hierbei, ob die Adoption noch im Heimatstaat des Kindes[938] oder erst im Aufnahmestaat erfolgen soll, da Art. 2 Abs. 1 HAdoptÜ nur verlangt, daß die Verbringung des Kindes vom Heimat- in den Aufnahmestaat „nach" oder „im Hinblick auf" die Adoption erfolgt.

Gemäß Art. 2 Abs. 2 HAdoptÜ beschränkt sich der Regelungsbereich des Abkommens auf solche Adoptionen, durch die ein *dauerhaftes Eltern-Kind-Verhältnis* begründet wird[939]. Erfaßt sind starke ebenso wie schwache Adoptionen[940]. Anzuwenden ist das Abkommen gemäß Art. 3 HAdoptÜ nur, sofern der Anzunehmende das *18. Lebensjahr* noch nicht vollendet hat[941].

---

932 Vgl. *Henrich*, in: Staudinger, vor Art. 22 EGBGB Rnr. 13; *Maurer*, in: MünchKomm, vor § 1741 BGB Rnr. 52.

933 Nämlich Mexiko (14.9.1994), Rumänien (28.12.1994) und Sri Lanka (23.1.1995).

934 Zustimmungsgesetz vom 23.10.2001, BGBl. 2001 II, S. 1034.

935 Ein Verzeichnis der aktuellen Mitliedstaaten ist unter <http://www.hcch.net/e/status/adoshte.html> abrufbar.

936 Einzig Rumänien (seit 1.5.1995) und Polen (seit 1.10.1995) sind Mitglieder des HAdoptÜ. Dagegen hat die Russische Föderation das Abkommen zwar am 7.9.2000 gezeichnet, es bislang aber nicht ratifiziert. Vietnam und die Ukraine haben noch keinerlei Beitrittsabsicht erkennen lassen.

937 Spanien seit 1.11.1995, Schweden seit 1.9.1997, Dänemark seit 1.11.1997, Norwegen seit 1.1.1998, die Niederlande seit 1.10.1998.

938 Manche Heimatstaaten lassen die Ausreise des Kindes überhaupt nur dann zu, wenn zuvor eine Adoption nach den Regeln dieses Staates stattgefunden hat; vgl. *Steiger*, S. 81.

939 Konkretere Definitionsvorschläge Spaniens und der USA sowie Koreas konnten sich nicht durchsetzen; *Parra-Aranguren*, Rapport explicatif, Nr. 88.

940 Vgl. *Parra-Aranguren*, Rapport explicatif, Nr. 94: *„(...) the Convention covers all kinds of adoptions that bring about the creation of a permanent parent-child relationship, no matter*

Eine internationale Adoption im Sinne des Abkommens kann nur dann vorge-.nommen werden, wenn – unabhängig von den Anforderungen des anwendbaren Rechts[942] – zuvor gewisse Mindestvoraussetzungen eingehalten worden sind[943]. Diese betreffen zum einen Umstände in der Person des Kindes (Art. 4 HAdoptÜ), zum anderen die Person des/der Annehmenden (Art. 5 HAdoptÜ).

1. Aufgaben der Behörden des Heimatstaates

Gemäß Art. 4 lit. a HAdoptÜ obliegt es den zuständigen Behörden des Heimatstaates zu prüfen, ob das Kind grundsätzlich *„adoptiert werden kann"*[944]. Ist dies zu bejahen, haben die Behörden gemäß Art. 4 lit. b HAdoptÜ weiter zu untersuchen, ob angemessene inländische Unterbringungsmöglichkeiten bestehen. Nur sofern dies nicht der Fall ist, kommt eine *internationale* Adoption überhaupt in Betracht. Art. 4 lit. b HAdoptÜ postuliert damit den Grundsatz der *Subsidiarität*[945]: Die internationale Adoption ist kein Wert an sich; als ultima ratio kommt sie vielmehr nur dort in Frage, wo die Möglichkeit einer internen Adoption – und das heißt vor allem: die Möglichkeit der Vermeidung eines Aufenthalts- und Kulturwechsels für das Kind[946] – nicht besteht[947]. Das HAdoptÜ folgt hierin den Vorgaben des Art. 21 lit. b UN-Kinderrechtekonvention.

---

whether the pre-existing legal relationship between the child and his or her mother and father is ended completely (full adoption) or only partially (simple or limited adoption)".

941 Art. 3 HAdoptÜ sieht vor, daß das Abkommen dann nicht mehr anzuwenden ist, wenn der Anzunehmende das 18. Lebensjahr erreicht, bevor die zentralen Behörden des Heimat- und des Aufnahmestaates ihre *Zustimmung* zur Fortsetzung des Adoptionsvefahrens gemäß Art. 17 lit. c HAdopÜ erteilt haben. Diese Regelung geht zurück auf einen Vorschlag Italiens (Working Document No. 166), wohingegen der ursprüngliche Entwurf vorsah, daß das Abkommen nicht mehr anzuwenden ist, wenn der Anzunehmende das 18. Lebensjahr erreicht, bevor es zu seiner *Adoption* kommt. Es wurde jedoch als unangemessen betrachtet, das Abkommen noch bis zum Abschluß des Adotionsverfahrens unanwendbar werden zu lassen; vgl. *Parra-Aranguren*, Rapport explicatif, Nr. 99. Haben die Zentralen Behörden ihre Zustimmung erteilt und wird das Kind in der Folge adoptiert, so ist die Adoption in allen Vertragsstaaten anzuerkennen, selbst wenn das Kind das 18. Lebensjahr noch vor der Adoption vollendet hat.

942 Es handelt sich bei den Vorgaben des Abkommens also um *notwendige*, nicht unbedingt aber um *hinreichende* Bedingungen der Adoption.

943 Vgl. *Parra-Aranguren*, Rapport explicatif, Nr. 108.

944 Die Verwendung des Ausdrucks „adoptable" war Gegenstand einer längeren Kontroverse. Gerügt wurde die damit möglicherweise verbundene Assoziation der Verfügbarkeit des Kindes. Mangels Alternativen wurde er schließlich akzeptiert. Die „Adoptabilität" des Kindes i.S. des Art. 4 soll nach dem aus Sicht des Heimatstaates anwendbaren Recht, ebenso aber unter psycho-sozialen sowie kulturellen Aspekten beurteilt werden; vgl. *Parra-Aranguren*, Rapport explicatif, Nr. 117 ff.

945 Zu Entwicklung und Herkommen des Prinzips der Subsidiarität internationaler Adoptionen im Völkerrecht siehe die fundierte Darstellung von *Lima Marques*, S. 52 ff.

946 Das Subsidiaritätsprinzip als Mittel zur Wahrung der kulturellen Identität des Kindes betont auch *Jayme*, in: Recueil des cours 251 (1995), S. 13 (252): *„(...) le déplacement d'un enfant à*

Weiter haben die Behörden des Heimatstaates sich gemäß Art. 4 lit. c HAdoptÜ zu vergewissern, daß sämtliche Personen, Institutionen und Behörden, deren Zustimmung zur Adoption vonnöten ist, erforderlichenfalls beraten und über die Wirkungen ihrer Zustimmung aufgeklärt worden sind, insbesondere über das Erlöschen bzw. Fortbestehen des Rechtsverhältnisses des Kindes zu seinen leiblichen Eltern[948] (Nr. 1). Die erforderlichen Zustimmungen müssen unbeeinflußt, in der gesetzlich vorgeschriebenen Form, zumindest aber schriftlich oder schriftlich bestätigt abgegeben worden sein (Nr. 2). Sie dürfen nicht auf einer Zahlung oder anderen Gegenleistung beruhen (Nr. 3). Die Zustimmung der Mutter muß in jedem Fall nach der Geburt erteilt worden sein (Nr. 4); über eine hierbei ggf. abzuwartende Frist entscheidet jedoch das aus Sicht des Heimatstaates anwendbare Recht[949].

Art. 4 lit. d HAdoptÜ dehnt die Beratungs- und Informationspflichten der Behörden nach lit. c – abhänig allerdings von Alter und Reife des Anzunehmenden – auf die Person des Kindes aus und macht seine Zustimmung zur Adoption von denselben Voraussetzungen abhängig wie die der Personen, Institutionen und Behörden im Sinne des Art. 4 lit. c Nr. 1 HAdoptÜ. Insbesondere sind die Wünsche und Meinungen des Kindes zu berücksichtigen (Nr. 2).

2. *Aufgaben der Behörden des Aufnahmestaates*

Weiter kann gemäß Art. 5 HAdoptÜ eine Adoption nach dem Übereinkommen nur dann vorgenommen werden, wenn die zuständigen Behörden des Aufnahmestaates zu dem Schluß gelangt sind, daß die künftigen Adoptiveltern für eine Adoption in Betracht kommen und geeignet sind (lit. a). Ob persönliche Adoptionshindernisse vorliegen, die künftigen Adoptiveltern also nicht „in Betracht kommen", beurteilt sich nach dem aus Sicht des Aufnahmestaats anwendbaren Recht[950]. „Geignet" sind die Adoptionsbewerber dann, wenn sie darüber hinaus die erforderlichen sozio-psychologischen Voraussetzungen einer Annahme er-

---

l'étranger met à disposition son identité culturelle acquise dans l'Etat de son origine et, par cela, ses droits à la différence".

947 Im Interesse des Kindes kann indes die Vermittlung ins Ausland auch einer an sich möglichen Inlandsadoption vorzuziehen sein, etwa, wenn es sich bei der internationalen um eine Verwandtenadoption handelt; vgl. *Parra-Aranguren*, Rapport explicatif, Nr. 123.

948 Problematisch ist hierbei, daß häufig noch nicht feststehen wird, in welchem Staat die Adoption vollzogen werden soll, welchem Recht die Statusfolgen der Annahme also letztlich unterliegen. Die Beratung wird aber regelmäßig nur das Recht des Heimatstaates berücksichtigen. Mindestens müssen die fraglichen Personen auf die Rechtsfolgen der Adoption gemäß Artt. 26, 27 HAdoptÜ hingewiesen werden; vgl. *Parra-Aranguren*, Rapport explicatif, Nr. 138.

949 Vgl. *Parra-Aranguren*, Rapport explicatif, Nr. 154. Die Feststellung, daß die Zustimmung der Mutter nicht zu früh erfolgt ist, bindet aber das Gericht im Aufnahmestaat nicht; dieses entscheidet allein nach Maßgabe des aus seiner Sicht anwendbaren Rechts; vgl. *Henrich*, in: *Staudinger*, vor Art. 22 EGBGB Rnr. 27.

950 So auch *Henrich*, in: *Staudinger*, vor Art. 22 EGBGB Rnr. 28.

füllen[951]. Auch obliegt es den zuständigen Behörden zu prüfen, ob die künftigen Adoptiveltern – soweit erforderlich – beraten wurden (lit. b). Schließlich setzt die Adoption gemäß Art. 5 lit. c HAdoptÜ voraus, daß die Einreise des Kindes in den Aufnahmestaat und sein ständiger Aufenthalt dort bewilligt worden sind oder werden.

III. Behördliches Kooperationsverfahren

Eines der Kernstücke des Übereinkommens ist die in Artt. 14 bis 21 HAdoptÜ geregelte administrative Kooperation bei der Durchführung des die Adoption vorbereitenden Vermittlungsverfahrens. Zum Zweck der Gewährleistung eines reibungslosen Informationsaustauschs verpflichtet Art. 6 HAdoptÜ die Vertragsstaaten zur Einrichtung *Zentraler Behörden*. In Deutschland wird die Funktion der Zentralen Behörde gemäß § 1 Abs. 1 AdÜbAG[952] vom Generalbundesanwalt beim Bundesgerichtshof (Bundeszentralstelle) sowie von den zentralen Adoptionsstellen der Landesjugendämter (zentrale Adoptionsstellen) wahrgenommen. Die Aufgaben der Zentralen Behörde nach Artt. 14 ff. HAdoptÜ können gemäß Art. 22 HAdoptÜ aber auch durch andere staatliche Stellen sowie durch zugelassene Organisationen (Artt. 10 ff. HAdoptÜ) erfüllt werden. Andere staatliche Stellen in diesem Sinne sind gemäß § 1 Abs. 2 AdÜbAG die Adoptionsvermittlungsstellen der Jugendämter, soweit ihnen die internationale Vermittlung gestattet ist[953]. Zugelassene Organisationen sind, wie § 1 Abs. 3 AdÜbAG bestimmt, die anerkannten Auslandsvermittlungsstellen in privater Trägerschaft[954].

Das Verfahren beginnt gemäß Art. 14 HAdoptÜ mit Antragstellung der Adoptionsbewerber bei der Zentralen Behörde ihres Aufenthaltsstaates. Die Möglichkeit einer direkten Kontaktaufnahme mit den Behörden des Heimatstaates besteht dagegen nicht[955]. Die Zentrale Behörde prüft daraufhin, ob die Voraussetzungen des Art. 5 lit. a HAdoptÜ (s.o.) gegeben sind; bejahendenfalls erstellt sie einen Bericht beinhaltend näher umschriebene Angaben über Person und Umfeld der Adoptionsbewerber, der anschließend an die Zentrale Behörde des Heimatstaates übermittelt wird, Art.15 Abs. 1, 2 HAdoptÜ.

---

[951] Vgl. *Parra-Aranguren*, Rapport explicatif, Nr. 180.

[952] Gesetz zur Ausführung des Haager Übereinkommens vom 29. Mai 1993 über den Schutz von Kindern und die Zusammenarbeit auf dem Gebiet der internationalen Adoption vom 5.11. 2001, BGBl. I, S. 2950, *Jayme/Hausmann*, Nr. 223a. Dazu *Bornhofen*, in: StAZ 2002, S. 1 (3 f.).

[953] Zur Gestattung siehe § 2a Abs. 3 Nr. 2 AdVermG.

[954] Die Zahl der anerkannten Auslandsvermittlungsstellen beträgt etwa ein Dutzend. Den wohl höchsten Bekanntheitsgrad besitzt dabei der *Internationale Sozialdienst, Deutscher Zweig e.V.* mit Sitz in Frankfurt a.M.

[955] Damit soll vermieden werden, daß die Mißstände der Vergangenheit sich wiederholen. Der formelle Weg der Behördenzusammenarbeit verspricht besseren Schutz gegen sachfremde Entscheidungen, Korruption und Kinderhandel; vgl. *Parra-Aranguren*, Rapport explicatif, Nr. 292.

Gelangt die Zentrale Behörde des Heimatstaates zu der Überzeugung, daß das Kind adoptionsfähig im Sinne des Art. 4 lit.a HAdoptÜ ist, so erstellt sie ihrerseits einen Bericht über Person und Umfeld des Kindes, Art. 16 Abs.1 lit. a HAdoptÜ. Desweiteren vergewissert sie sich, daß die erforderlichen Zustimmungen nach Art. 4 litt. c, d vorliegen und die Adoption dem Wohl des Kindes dient, Art. 16 Abs. 1 litt. c, d HAdoptÜ. Insbesondere sind hierbei – wie Art. 16 Abs. 1 lit. b HAdoptÜ ganz im Sinne der überragenden Bedeutung der kulturellen Identität des Kindes im Rahmen internationaler Adoptionsvermittlung ausdrücklich klarstellt – die Erziehung des Kindes sowie seine ethnische, religiöse und kulturelle Herkunft zu berücksichtigen. Der Kindesvorschlag und die erforderlichen Zustimmungsnachweise sind gemäß Art. 16 Abs. 2 HAdoptÜ der Zentralen Behörde des Aufnahmestaates zu übermitteln.

Für den weiteren Ablauf des Adoptionsverfahrens kommt es darauf an, ob die zentralen Behörden *beider* Staaten mit seiner Fortführung einverstanden sind, Art. 17 lit. c HAdoptÜ. Der Vermittlungsvorschlag der heimatstaatlichen Behörden muß also auch die Billigung der Zentralen Behörde des Aufnahmestaates finden[956]. Ist dies der Fall und ist darüber hinaus die Erteilung einer Einreise- und Aufenthaltserlaubnis für das Kind nach Art. 5 lit. c sichergestellt, so können die Behörden des Heimatstaates beschließen, das Kind den Adoptionsbewerbern anzuvertrauen[957], sofern deren Einverständnis vorliegt, Art. 17 litt. a, d HAdoptÜ.

Die Regelungen der Artt. 14 bis 21 HAdoptÜ sind zwingend[958]. Ohne vorherige Durchführung des administrativen Kooperationsverfahrens darf die Adoption des Kindes – sei es im Heimat- oder im Aufnahmestaat – nicht vorgenommen werden. Zwar bietet die abkommensgemäße Durchführung des Vermittlungsverfahrens keine unbedingte Gewähr dafür, daß die Adoption tatsächlich ausgesprochen wird, da das zuständige Gericht neben den materiellen Vorgaben des HAdoptÜ auch die des nach Maßgabe seines *Kollisionsrechts* in casu anwendbaren Rechts zu prüfen hat. Regelmäßig jedoch werden schon die Zentralen Behörden des Staates, in dem die Adoption erfolgen soll, ihre Zustimmung zur Fortsetzung des Adoptionsvermittlungsverfahrens gemäß Art. 17 lit. c HAdoptÜ davon abhängig machen, daß die Adoption nach dem aus ihrer Sicht anwendbaren Recht möglich ist. Für die deutsche Zentrale Behörde ist dies in § 5 Abs. 1 S. 2 Nr. 2 lit. a AdÜbAG ausdrücklich so normiert: Die Norm macht eine Zustimmung der deutschen Auslandsvermittlungsstelle in Fällen der beabsichtigten *Inlands*adoption davon abhängig, daß „mit der Begründung eines An-

---

[956] Für Deutschland siehe hierzu § 5 AdÜbAG.

[957] Den Adoptionsbewerbern „anvertraut" („entrusted") werden kann das Kind sowohl im Hinblick auf eine durch das anwendbare Recht vorgesehene Probezeit als auch direkt im Hinblick auf die Adoption; *Parra-Aranguren*, Rapport explicatif, Nr. 326.

[958] Vgl. *Parra-Aranguren*, Rapport explicatif, Nr. 283.

nahmeverhältnisses in Deutschland zu rechnen ist", was notwendigerweise auch die Beachtung des anwendbaren Rechts voraussetzt[959].

IV. Anerkennung und Wirkungen der Adoption

Art. 23 Abs. 1 HAdoptÜ verpflichtet die Vertragsstaaten, eine Kindesannahme, die in einem anderen Vertragsstaat unter Beachtung des Übereinkommens vorgenommen wurde, automatisch anzuerkennen, die Anerkennung also nicht etwa von der Durchführung eines Delibationsverfahrens abhängig zu machen. Einzige Voraussetzung ist, daß die zuständige Stelle des Staates, in dem die Adoption erfolgt ist, deren abkommensgemäßes Zustandekommen bescheinigt hat[960]. Prinzipiell einziger Anerkennungsversagungsgrund ist die *offensichtliche* Unvereinbarkeit der Adoption mit der öffentlichen Ordnung des Anerkennungsstaates, Art. 24 HAdoptÜ. Auch hierbei ist aber der Aspekt des Kindeswohls besonders zu berücksichtigen.

Die Reichweite der Anerkennung beschreibt Art. 26 HAdoptÜ. Die Vorschrift gibt gewisse Mindeststandards vor, überläßt die Frage im übrigen aber dem autonomen Recht der Vertragsstaaten[961]. Die Anerkennung einer Adoption umfaßt demnach in jedem Fall die *Entstehung eines Eltern-Kind-Verhältnisses* zwischen dem Kind und seinen Wahleltern sowie deren *elterliche Verantwortung* für das Kind, Art. 26 Abs. 1 litt. a, b HAdoptÜ.

Sieht das der Adoption zugrundeliegende Recht statusbeendende Wirkungen in bezug auf die leiblichen Eltern des Kindes vor, beseitigt es also das ursprüngliche Eltern-Kind-Verhältnis, so wird gemäß Art. 26 Abs. 1 lit. c HAdopt-

---

959 Soll die Adoption dagegen noch im *Heimatstaat* erfolgen, hat die Auslandsvermittlungsstelle lediglich eine Ordre-public-Kontrolle vorzunehmen, muß also prüfen, ob die beabsichtigte Adoption den wesentlichen Grundsätzen des deutschen Rechts und insbesondere den Grundrechten entspricht, § 5 Abs. 1 S. 2 Nr. 2 lit. b AdÜbAG.

960 Angesichts der herausragenden Bedeutung einer solchen Bescheinigung hinsichtlich der Frage der Anerkennung im Inland besteht für die Praxis ein hohes Kontrollbedürfnis; vgl. *Bornhofen*, in: StAZ 2002, S. 1 (5). Das Abkommen selbst trägt dem zunächst dadurch Rechnung, daß es die Vertragsstaaten gemäß Art. 23 Abs. 2 S. 1 HAdoptÜ dazu verpflichtet, dem Verwahrer des Übereinkommens Identität und Aufgabe der Behörde oder Behörden zu notifizieren, die für die Ausstellung der Bescheinigung *zuständig* sind (in Deutschland sind dies gemäß § 8 AdÜbAG die zentralen Adoptionsstellen der Landesjugendämter). Zum anderen sieht § 9 AdÜbAG die Überprüfung ausländischer Bescheinigungen durch die Bundeszentralstelle auf Antrag desjenigen vor, der hieran ein rechtliches Interesse hat. Neben der Echtheit der Bescheinigung wird ihre inhaltliche Übereinstimmung mit den Artt. 23, 27 Abs. 2 HAdoptÜ sowie die Zuständigkeit der erteilenden Stelle (dazu schon oben) geprüft. Die Bestätigung ist nicht obligatorisch. Sie begründet die widerlegbare Vermutung der *formellen* Ordnungsmäßigkeit der ausländischen Bescheinigung (BT-Drucks. 14/6011, S. 45). Etwa verbleibende Restzweifel – z.B. hinsichtlich der Ordre-public-Vereinbarkeit der fremden Adoption – können im Wege der Anerkennungsfeststellung gemäß § 2 AdWirkG geklärt werden.

961 Vgl. *Parra-Aranguren*, Rapport explictif, Nr. 439.

Ü auch dies anerkannt[962]. Außerdem führt die Anerkennung in diesem Fall dazu, daß das Kind im Aufnahmestaat wie in jedem anderen Vertragsstaat einem Kind *gleichsteht*, das dort mit derselben Wirkung – d.h. im Wege der Volladoption – angenommen wird, Art. 26 Abs. 2 HAdoptÜ. Dieser Gleichstellungsauftrag sieht sich im deutschen Recht in § 2 Abs. 2 Nr. 1 AdWirkG verallgemeinert. Die deutsche Norm stellt zugleich klar, daß hiermit eine *sachrechtliche* Gleichstellung gemeint ist, das Kind also denselben Status erhält wie ein nach deutschem materiellen Adoptionsrecht angenommenes Kind und die anzuerkennende Adoption damit jedenfalls dann, wenn deutsches Recht über die Wirkungen der Adoption entscheidet, voll substitutionsfähig ist[963]. Im Anwendungsbereich des HAdoptÜ allerdings hängt die wirkungsrechtliche Gleichstellung der ausländischen Volladoption nicht von einer entsprechenden Feststellung des Vormundschaftsgerichts ab, sondern tritt unmittelbar bereits aufgrund von Art. 26 Abs. 2 HAdoptÜ ein.

Hinsichtlich jener Fälle aber, in denen das der Adoption zugrundeliegende Recht eine Beendigung des Eltern-Kind-Verhältnisses nicht vorsieht, eine Gleichstellung nach Art. 26 Abs. 2 also nicht stattfindet[964], stellt es Art. 27 HAdoptÜ dem Aufnahmestaat anheim, Möglichkeiten der Umwandlung in eine Volladoption vorzusehen. Voraussetzung für eine solche Transformation ist jedoch in jedem Fall das Vorliegen entsprechender Zustimmungen der in Art. 4 lit. c Nr. 1 und lit. d Nr. 1 HAdoptÜ genannten Personen. Umgesetzt – und über den Anwendungsbereich des Abkommens hinaus auf *alle* schwachen Auslandsadoptionen erstreckt – wird die Option des Art. 27 HAdoptÜ durch den oben bereits dargestellten § 3 Abs. 1 AdWirkG. Die Umwandlung einer dem Abkommen unterliegenden Adoption ist gemäß Art. 27 Abs. 2 i.V. m. Art. 23 Abs. 1 HAdoptÜ wiederum in jedem Vertragsstaat automatisch anzuerkennen.

---

[962] Die Regelung des Abkommens entspricht damit dem oben bereits für das autonome deutsche Anerkennungsrecht gefundenen Grundsatz, daß auch Gestaltungswirkungen Gegenstand der prozessualen Anerkennung sind. Zum anderen enthält sie den Gedanken der Wirkungserstreckung: Die Adoption entfaltet im Anerkennungsstaat nur dann starke Wirkungen, wenn das angewandte Recht diese vorsieht; eine Transformation findet nicht statt.

[963] Dagegen wollte *Benicke*, Typenmehrheit, S. 328 f., die Gleichstellung nach Art. 26 Abs. 2 HAdoptÜ noch *kollisionsrechtlich* verstanden wissen: Die Adoption sollte denselben Status vermitteln wie das gemäß Art. 22 EGBGB berufene Recht ihn vorsieht. Dieser Ansatz ist durch § 2 Abs. 2 S. 1 Nr. 1 AdWirkG aber widerlegt. Er übersieht, daß nur eine unbedingte wirkungsrechtliche Gleichstellung des Kindes im Aufnahmestaat dessen volle Integration bewirken kann. Das aber setzt voraus, daß man den Status des Kindes als sachrechtlich gleichwertig ansieht und eine Gleichstellung gerade nicht von der kollisionsrechtlichen Verweisung abhängig macht. Wertungswidersprüche zu auslandsrechtlichen Inlandsadoptionen treten hierbei nicht auf, da § 2 Abs. 3 i.V.m. Abs. 2 S. 1 Nr. 1 AdWirkG die Gleichstellung auch für sie vorsieht.

[964] Dagegen sieht das deutsche Recht auch für die schwache Adoption eine – allerdings auf die Bereiche des Sorge- und Umgangsrechts beschränkte – Gleichstellung vor, § 2 Abs. 2 S. 1 Nr. 2 AdWirkG. Als eine für das Kind *günstigere* Bestimmung ist diese Vorschrift auch im Anwendungsbereich des HAdoptÜ anzuwenden; vgl. Art. 26 Abs. 3 HAdoptÜ.

C. Anwendbarkeit des Abkommens auf die Adoption durch eingetragene Lebenspartner

Wenden sich eingetragene Lebenspartner zum Zweck der internationalen Adoption an die zentrale Adoptionsstelle des zuständigen Landesjugendamts, an die zur internationalen Vermittlung zugelassene Adoptionsvermittlungsstelle des zuständigen Jugendamts oder an eine anerkannte Auslandsvermittlungsstelle (Artt. 22, 14 HAdoptÜ i.V.m. § 2a Abs. 3 Nr. 1-3 Adoptionsvermittlungsgesetz[965]), so fragt sich, ob das daraufhin einzuleitende Verfahren den speziellen Bestimmungen des HAdoptÜ oder allein den allgemeinen Vorschriften des Adoptionsvermittlungsgesetzes (hier insbesondere § 7 Abs. 3 AdVermG) unterliegt. Würde die Anwendbarkeit des HAdoptÜ in casu bejaht, käme es im Rahmen des durchzuführenden internationalen Kooperationsverfahrens aber weiter darauf an, ob diese Einschätzung von den Zentralen Behörden des Heimatstaates geteilt wird, Art. 17 lit. c HAdoptÜ. Um das Risiko divergierender Rechtsauffassungen dabei möglichst zu minimieren, ist hier eine internationalisierungsfähige Antwort zu suchen.

I. Problemstellung

Art. 2 Abs. 1 HAdoptÜ bestimmt:

> „The Convention shall apply where a child habitually resident in one Contracting State ("The State of origin") has been, is being, or is to be moved to another Contracting State ("the receiving State") either after his or her adoption in the State of origin by spouses or a person habitually resident in the receiving State, or for the purposes of such an adoption in the receiving State or in the State of origin."

> „La Convention s'applique lorsqu'un enfant résidant habituellement dans un Etat contractant („l'Etat d'origine") a été, est ou doit être déplacé vers un autre Etat contractant („l'Etat d'accueil"), soit après son adoption dans l'Etat d'origine par des époux ou une personne résidant habituellement dans l'Etat d'accueil, soit en vue d'une telle adoption dans l'Etat d'accueil ou dans l'Etat d'origine."

Ausgehend von dem in englischer wie französischer Sprache gleichermassen authentischen Wortlaut der Norm, sind im vorliegenden Zusammenhang zwei Fragen aufzuwerfen:

- Umfaßt der Begriff der „Ehegatten" („spouses"/„époux") auch homo- bzw. heterosexuelle eingetragene Lebenspartner?
- Ist die Stiefkindadoption als Adoption „durch Ehegatten" oder als Adoption „durch eine Person" („by a person"/„par une personne") anzusehen?

---

[965] AdVermG i.d.F. vom 22.12.2001, BGBl. 2002 I, S. 355.

Da die Adoption „durch Ehegatten“ die einzige von Art. 2 Abs. 1 HAdoptÜ erfaßte Konstellation einer Annahme durch *zwei* Personen darstellt, wird die Beantwortung der ersten Frage unmittelbar Aufschluß darüber geben, inwieweit die *gemeinsame Adoption* durch eingetragene Lebenspartner dem Abkommen unterliegt.

Die zweite Frage zielt auf eine exakte Einordnung der *Stiefkindadoption.* Daß das Abkommen im Grundsatz auch auf Stiefkindadoptionen anwendbar ist, ergibt sich mittelbar aus Art. 29 HAdoptÜ, der Fälle der Adoption „in einer Familie“ („within a family“/„entre membres d'une même famille“) vom generellen Verbot des Kontakts der künftigen Adoptiveltern mit den leiblichen Eltern des Kindes ausnimmt. Die Formulierung umfaßt nach allgemeiner Auffassung Verwandten- ebenso wie Stiefkindadoptionen[966]. Sollte sich aber herausstellen, daß die Stiefkindadoption nicht als *Einpersonen*adoption anzusehen ist, so stünde ihre Einbeziehung in den Anwendungsbereich des Abkommens unter demselben Statusvorbehalt wie die *gemeinsame* Adoption. Anders, wenn sich die Stiefkindadoption als Unterfall der Einpersonenadoption erwiese. Dann nämlich fiele sie unabhängig vom Status des Annehmenden stets in den Anwendungsbereich des HAdoptÜ.

Zur Beantwortung der aufgeworfenen Fragen ist die Vorschrift des Art. 2 Abs. 1 HAdoptÜ auszulegen. Dies hat grundsätzlich autonom, das heißt ohne Rückgriff auf einzelstaatliches Recht zu geschehen. Von besonderer Bedeutung sind dabei die Feststellungen der *Erläuternden Berichte*[967] sowie die Arbeitsdokumente der Konferenz[968].

II. Auslegung

1. „spouses“/„époux“

Die Wahl der den Personenstand der Annehmenden kennzeichnenden Formulierung der ersten Alternative gab bereits in der Spezialkommission Anlaß zu ausführlichen Diskussionen. Dabei war insbesondere umstritten, ob das Abkommen auch die Adoption durch verschiedengeschlechtliche nichteheliche Lebensgemeinschaften bzw. durch homosexuelle Lebensgemeinschaften erfassen soll[969].

[966] *Bienentreu/Busch*, in: JAmt 2003, S. 273 (274); *Steiger*, S. 48 f.; vgl. auch *Parra-Aranguren*, Rapport explicatif, Nr. 92: „adoptions among relatives or within a family“, worin zum Ausdruck kommt, daß nicht nur die Verwandtenadoption als Adoption „in einer Familie“ begriffen wurde.

[967] *Parra-Aranguren*, Rapport de la Commission spéciale, Nrn. 51 f.; *ders.* Rapport explicatif, Nrn. 79 ff.

[968] Actes et documents de la Dix-septième session/Proceedings of the Seventeenth Session, Bd. II, S. 296 ff.

[969] Vgl. *Parra-Aranguren*, Rapport de la Commission spéciale, Nr. 51.

a) Geschlechtsbezogene Abgrenzung

Zwar hätte – wie *Parra-Aranguren* betont[970] – eine diesbezügliche Klärung auch den im Einzelfall zusammenarbeitenden Zentralen Behörden überlassen werden können[971], doch sah sich die Spezialkommission letztlich zur Wahl eines weniger anwendungsoffenen Ansatzes veranlaßt. So enthält der Abschlußentwurf als einzigen Fall der Adoption durch Partner einer Lebensgemeinschaft die Annahme eines Kindes durch „spouses"/„époux". Nach den ausdrücklichen Feststellungen des *Berichts* der Spezialkommission sollten hierunter nur verschiedengeschlechtliche Paare zu verstehen sein: „male and female"/„homme et femme"[972]. Die Anwendung des Abkommens auf die Adoption durch *gleichgeschlechtliche* Paare war demnach nicht vorgesehen.

Trotz ihrer eingehenden Beratung durch die Spezialkommission wurde die Frage im Rahmen der Diplomatischen Konferenz erneut thematisiert, da einzelne Staaten noch immer in Sorge waren, der zunächst gewählte Begriff der „spouses"/„époux" könnte sich angesichts der in bestimmten Rechtsordnungen zu beobachtenden Auflösungserscheinungen (Institutionalisierung auch gleichgeschlechtlicher Lebensgemeinschaften) letzlich doch als zu wenig trennscharf erweisen; es bedürfe daher einer *ausdrücklichen* Präzisierung dahingehend, daß ausschließlich verschiedengeschlechtliche Paare eine Ehe im Sinne des Abkommens bilden können. Arbeitsdokument Nr. 15[973], vorgelegt durch die kolumbianische Delegation, verlangte eine Klarstellung des Inhalts, *„that the term 'spouses' as used means a couple formed by a man and a woman"*. Arbeitsdokument Nr. 54[974], eingebracht von Korea, enthielt den Vorschlag, den Ausdruck „spouses" zu ersetzen durch die Worte *„a husband and a wife"*. Beide Initiativen hatten zwar keinen Erfolg, der dem kolumbianischen Vorschlag zugrundeliegende Gedanke wurde aber einstimmig übernommen; man kam überein, eine entsprechende Feststellung auch in den *Erläuternden Bericht* aufzunehmen[975].

Der Begriff der „spouses"/„époux" in Art. 2 Abs. 1 HAdoptÜ kann nach alledem jedenfalls nicht geschlechtsneutral interpretiert, sondern nur auf solche Personenverbindungen angewandt werden, deren Partner verschiedenen Geschlechts sind. So ist bereits hier festzuhalten, daß zumindest die gemeinsame

---

970 *Parra-Aranguren*, Rapport de la Commission spéciale, Nr. 51.

971 Die Interessen der am Vermittlungsverfahren nicht beteiligten Vertragsstaaten blieben hierbei insofern gewahrt, als sie einer so zustandegekommenen Adoption die Anerkennung ggf. unter Hinweis auf ihren ordre public versagen könnten.

972 *Parra-Aranguren*, Rapport de la Commission spéciale, Nr. 52.

973 Actes et documents de la Dix-septième session/Proceedings of the Seventeenth Session, Bd. II, S. 298.

974 Actes et documents de la Dix-septième session/Proceedings of the Seventeenth Session, Bd. II, S. 305.

975 Vgl. *Parra-Aranguren*, Rapport explicatif, Nr. 84.

Adoption durch homosexuelle eingetragene Lebenspartner *nicht* dem Anwendungsbereich des HAdoptÜ unterfällt[976].

b) Institutionelle Abgrenzung

Nach der geschlechtsbezogenen bleibt nun noch eine institutionelle Abgrenzung des Begriffs zu leisten: Verlangt die erste Normalternative (Ehegattenadoption) das Bestehen einer traditionellen Ehe oder ist das Merkmal bereits erfüllt, wenn heterosexuelle Adoptionsbewerber in eingetragener Lebenspartnerschaft zusammenleben?

In dieser Frage sind die den Materialien zu entnehmenden Stellungnahmen weniger ergiebig. Die überaus starke Fokussierung der Verhandlungsteilnehmer auf die sensible Thematik der gleichgeschlechtlichen Lebensgemeinschaft hat – so scheint es – eine eingehende Befassung mit dem verbleibenden Abgrenzungsproblem „Ehe – verschiedengeschlechtliche Lebensgemeinschaft" weitgehend verhindert. Zwar wurde die Frage benannt[977], doch finden sich eindeutige Aussagen hierzu weder in den Erläuternden Berichten *Parra-Arangurens* noch in einzelnen Arbeitsdokumenten der Konferenz. Desungeachtet lassen die Materialien gewisse Rückschlüsse aber auch hier zu.

Ein eher weites Begriffsverständnis liegt dem bereits erwähnten koreanischen Vorschlag zugrunde, der darauf gestützt wurde, daß „certain countries now have laws allowing *spouses* to be of the same sex (...)"[978]. Da aber 1993, dem Jahr der Diplomatischen Konferenz, eigentliche Eheöffnungsgesetze für homosexuelle Paare nach Art der heutigen niederländischen und belgischen Regelungen noch gar nicht existierten, konnte der Begriff sich schlechterdings nur auf die damals bereits bestehenden Regelungen über die registrierte Partnerschaft beziehen. ‚Spouses' im Sprachgebrauch der koreanischen Initiative sind demzufolge auch registrierte Partner. Ist dies die Bedeutung des in Art. 2 Abs. 1 HAdoptÜ verwendeten Begriffs, so wären auch gemeinsame Adoptionen durch eingetragene heterosexuelle Lebenspartner als Adoption durch „spouses"/ „époux" von dem Abkommen erfaßt. In der Tat wird die gesamte um den Begriff der „spouses"/„époux" kreisende Debatte über die Einbeziehung oder Nichteinbeziehung homosexueller Paare in den Anwendungsbereich des Abkommens nur dann erklärlich, wenn man annimmt, daß die beteiligten Staaten der Auffassung waren, daß auch registrierte Partnerschaften unter den gewählten Begriff subsumierbar seien. Anderenfalls ergäbe die Abgrenzungsdebatte

---

[976] Ebenso *Bogdan*, in: IPRax 2002, S. 534 (535).

[977] Vgl. *Parra-Aranguren*, Rapport de la Commission spéciale, Nr. 51.

[978] Actes et documents de la Dix-septième session/Proceedings of the Seventeenth Session, Bd. II, S. 305.

schlechterdings gar keinen Sinn[979]. Da aber die Vertragsstaaten – ausgehend von diesem weiten Begriffsverständnis – ausdrücklich[980] nur eine Anwendung des Abkommens auf die Adoption durch gleichgeschlechtliche Paare ausgeschlossen, nicht jedoch die Einbeziehung nichtehelicher Lebensgemeinschaften schlechthin abgelehnt haben, ist zu schlußfolgern, daß eine Abgrenzung in letzterem Sinne auch nicht beabsichtigt war.

Daß es infolgedessen zu einer Ungleichbehandlung homo- und heterosexueller eingetragener Lebenspartnerschaften kommt, ist aus Sicht der in dieser Frage schon weiter vorangeschrittenen Rechtsordnungen sicherlich beklagenswert. Die wünschenswerte Gleichstellung aber dadurch zu erkaufen, die internationale Adoption durch verschiedengeschlechtliche Lebenspartner ebenfalls *nicht* dem Abkommen zu unterwerfen (negative Gleichberechtigung), hieße, die Interessen des Kindes in diesem Zusammenhang vollkommen zu mißachten. Gerade die Durchführung des abkommensgemäßen Vermittlungsverfahrens gewährleistet die bestmögliche Berücksichtigung der Belange des Kindes. Die Anwendung des HAdoptÜ ist seiner Nichtanwendung daher unter allen Umständen vorzuziehen. So scheint auch eine Ungleichbehandlung homosexueller und heterosexueller Adoptanten eher hinnehmbar als ihre zu Lasten des Kindes praktizierte Gleichbehandlung.

c) Zwischenergebnis

Festzuhalten bleibt, daß der Begriff der „spouses"/„époux" einerseits zwar die Anwendung des Abkommens auf jede Form gleichgeschlechtlicher Personenverbindung ausschließt, auf der anderen Seite aber neben heterosexuellen Ehegatten auch die Partner einer verschiedengeschlechtlichen eingetragenen Lebenspartnerschaft mitumfaßt. Auf die gemeinsame Adoption heterosexueller Lebenspartner sind daher die Vorschriften des HadoptÜ ohne weiteres anzuwenden.

2. Stiefkindadoptionen

Während jedenfalls die gemeinsame Adoption eines Kindes nur dann in den Anwendungsbereich der Konvention fällt, wenn es sich bei den Adoptanten um „Ehegatten"[981] handelt, unterliegt die Annahme „durch eine Person" stets dem Ab-

---

979 Es sei denn, man wollte behaupten, die Auseinandersetzung habe eine zukünftig *mögliche* Rechtsentwicklung im Blick gehabt, Eheöffnungsgesetze also, wie die Niederlande später eines verabschiedet haben. Das scheint indes äußerst fernliegend. Der koreanische Vorschlag zeigt vielmehr, daß sich die Sorgen der in der Frage skeptischen Staaten auf die bestehende Rechtslage bezogen.

980 Vgl. *Parra-Aranguren*, Rapport de la Commission spéciale, Nr. 52; *ders.*, Rapport explicatif, Nr. 84.

981 Weil ja die Adoption durch „Ehegatten" den einzig geregelten Fall der Annahme durch mehr als eine Person darstellt (dazu bereits oben).

kommen. Unklar ist aber, ob die *Stiefkindadoption* als eine solche Adoption „durch eine Person" anzusehen oder ihre Einbeziehung in den Anwendungsbereich des Abkommens nur nach Maßgabe der ersten Alternative möglich ist, dann also, wenn es sich bei dem Annehmenden um den Ehegatten des leiblichen Elternteils handelt. Für heterosexuelle eingetragene Lebenspartnerschaften ist die Frage im Ergebnis zwar ohne Belang, da „ihre" Stiefkindadoption im einen wie im anderen Fall unter das Abkommen fiele. In bezug auf die Stiefkindadoption gleichgeschlechtlicher eingetragener Lebenspartnerschaften hingegen bestimmt das in dieser Frage zu findende Auslegungsergebnis zugleich auch über Anwendbarkeit oder Nichtanwendbarkeit des Abkommens, da diese Personen – wie schon sub 1. ermittelt – gerade nicht als „spouses"/„époux" im Sinne der ersten Alternative anzusehen sind.

Bedenken gegen eine Subsumtion der Stiefkindadoption unter die Bestimmung der zweiten Alternative („adoption by a person"/„adoption par une personne") ergeben sich vor allem im Hinblick auf den ambivalenten Charakter dieser Adoptionsform: Zwar ist hier ebenso wie im Fall der schlichten Einzeladoption eines fremden Kindes nur *einer* der Partner als Annehmender beteiligt[982], doch führt die Stiefkindadoption im Ergebnis zur *gemeinsamen* Elternschaft beider Partner, stellt also ebenso wie die gemeinschaftliche Annahme eines fremden Kindes eine Form der partnerschaftlichen Adoption dar. Möglicherweise unterliegt daher auch sie den Voraussetzungen der ersten Alternative. Im Hinblick speziell auf homosexuelle Paare kommt hinzu, daß es unter Umständen wertungswidersprüchlich wäre, einerseits zwar die von einigen als „bedenklich" empfundene gemeinsame Adoption durch derartige Lebensgemeinschaften vom Anwendungsbereich des Abkommens auszunehmen, auf der anderen Seite aber die Herstellung gemeinsamer homosexueller Elternschaft mittels Stiefkindadoption unter dem Regime des Abkommens zuzulassen. Auch diesem Aspekt ist nachzugehen.

a) Die Stiefkindadoption als Einpersonenadoption im Sinne der zweiten Alternative?

Der *Erläuternde Bericht* enthält keine ausdrücklichen Feststellungen zur Einordnung der Stiefkindadoption im Rahmen des Art. 2 Abs. 1 HAdoptÜ. Mittelbar allerdings ist ihm zu entnehmen, daß es für die Anwendbarkeit der zweiten Alternative (Einpersonenadoption) grundsätzlich *nicht* auf den Status des An-

---

[982] Keine Rolle spielt dabei, wie das Prozedere in einzelnen Rechten ausgestaltet ist. Unabhängig davon, ob der Antrag vom Stiefelternteil allein zu stellen ist und der leibliche Elternteil der Adoption nur zustimmt (so im dänischen Recht, § 5 Abs. 1 S. 2 AdoptG) oder die Stiefkindadoption einen gemeinsamen Antrag des Paares voraussetzt (so geregelt im englischen Adoption and Children Act 2002 s 49 (1) (a), s 50 (2)), gilt, daß neue Familienbande ausschließlich zwischen dem Stiefelternteil und dem Kind geknüpft werden, nur in diesem Verhältnis also eine Annahme vorliegt.

nehmenden ankommen solle: Die schon in Art. B des Entwurfs[983] enthaltene Formulierung „adoption by a person"/„adoption par une personne" gelte unabhängig davon, ob diese Person „married or not married"/„mariée ou non mariée"[984] sei. Zwar gab es einzelne Bestrebungen, den Begriff einzuengen, doch fand der mit Arbeitsdokument Nr. 54 vorgelegte koreanische Gegenvorschlag, den Ausdruck „a person" durch die Worte „an unmarried individual" zu ersetzen, keinerlei Unterstützung[985]. So ist auch weiterhin davon auszugehen, daß die Formulierung der zweiten Alternative nicht an den Status des Adoptionsbewerbers anknüpft (nicht also als Gegenbegriff zu den „spouses"/„époux" der ersten Alternative zu verstehen ist), sondern allein darauf abstellt, daß an der beabsichtigten Adoption anders als an einer gemeinschaftlichen im Sinne der ersten Alternative nur *ein* Annehmender beteiligt ist.

Allerdings könnte sich die völlige Statusunabhängigkeit auch auf Fälle der schlichten Einzeladoption eines fremden Kindes beschränken, soweit diese nach anwendbarem Recht auch Ehegatten erlaubt ist. Daß eine solche Beschränkung nicht gewollt war, zeigt aber das oben bereits angesprochene koreanische Arbeitsdokument Nr. 54[986]: Die Formulierung „(...) or an unmarried individual" sei auch deswegen vorzuziehen, weil sie jene Fälle der Leihmutterschaft vom Anwendungsbereich des Abkommens ausschließe, in denen die Ehefrau das Kind des Ehemannes adoptiert, das von einer anderen, hierfür bezahlten Frau zur Welt gebracht wurde. Dem koreanischen Einwand liegt folglich das Verständnis zugrunde, der Terminus „adoption by a person" umfasse auch die Stiefkindadoption, denn um eine solche handelt es sich ja in der geschilderten Konstellation. Ob die Einzelannahme eine Stiefkindadoption darstellt, dem Kind also die Rechtsstellung eines gemeinsamen Kindes verleiht, oder sich im Gegenteil als „echte" Einzelannahme eines fremden Kindes durch eine verheiratete oder unverheiratete Person erweist, ist demzufolge im Rahmen der zweiten Alternative gänzlich ohne Belang.

Handelt es sich aber bei dem die zweite Alternative kennzeichnenden Tatbestandsmerkmal „one person" um ein rein numerisches (Annahme durch *eine* (verheiratete oder unverheiratete) Person), so spricht dies dafür, auch die Stief-

---

[983] Actes et documents de la Dix-septième session/Proceedings of the Seventeenth Session, Bd. II, S. 136.

[984] Vgl. *Parra-Aranguren*, Rapport de la Commission spéciale, Nr. 52; *ders.*, Rapport explicatif, Nr. 80.

[985] Actes et documents de la Dix-septième session/Proceedings of the Seventeenth Session, Bd. II, S. 305. Begründet wurde der Vorschlag v.a. damit, es müsse dem Fall vorgebeugt werden, daß einer der Ehegatten ein Kind ohne Zustimmung des anderen annehme (eine Konstellation, der freilich mit den Instrumenten des Abkommens gar nicht entgegengetreten werden kann, da die zu beachtenden Zustimmungserfordernisse sich allein aus dem kollisionsrechtlich berufenen Recht ergeben).

[986] Actes et documents de la Dix-septième session/Proceedings of the Seventeenth Session, Bd. II, S. 305.

kindadoption durch einen hetero- oder homosexuellen eingetragenen Lebenspartner unter die zweite Alternative zu subsumieren[987].

b) Zur Notwendigkeit einer teleologischen Reduktion in Fällen der Stiefkindadoption durch gleichgeschlechtliche eingetragene Lebenspartner

Möglicherweise aber besteht Anlaß zu einer partiellen Einschränkung des gefundenen Auslegungsergebnisses. Anders nämlich als im Fall der Stiefkindadoption durch Ehegatten (zu welchen der oben gefundenen Auslegung zufolge auch verschiedengeschlechtliche Lebenspartner zählen) käme es bei der *Stiefkindadoption* durch gleichgeschlechtliche Lebenspartner notwendigerweise zu Wertungswidersprüchen mit Fällen der *gemeinsamen Adoption*, da die gemeinsame Adoption durch homosexuelle Paare vom Anwendungsbereich des Abkommens ja ausdrücklich ausgeschlossen wurde. Vermieden werden könnte dieser Widerspruch, indem man die Stiefkindadoption jedenfalls solcher Personen vom Anwendungsbereich der zweiten Alternative ausnimmt, deren persönlicher Status im Falle einer gemeinschaftlichen Adoption die Anwendung der ersten Alternative hindern würde. Ebenso wie die gemeinsame Adoption durch homosexuelle eingetragene Lebenspartner wäre dann auch eine von diesen angestrebte Stiefkindadoption nur außerhalb der Mechanismen des HAdoptÜ möglich.

Gegen eine solche Reduktion des Anwendungsbereichs der Norm spricht allerdings die Tatsache, daß die Stiefkindadoption sich doch wesentlich von einer Fremdadoption unterscheidet: Anders als bei der (gemeinschaftlichen oder Einzel) Annahme eines fremden Kindes spielt hierbei der Akt der Kindesvermittlung keine Rolle. Die Person des Anzunehmenden ebenso wie die des Annehmenden steht vielmehr von vornherein fest. Auch hier bedarf es zwar der Prüfung, ob die Annahme dem Wohl des Kindes dient; eine Auswahl unter mehreren oder einer Vielzahl von Adoptionsbewerbungen findet aber nicht statt[988]. So liegt der Nutzen einer Anwendung des HAdoptÜ auf Stiefkindadoptionen in erster Linie darin, die geordnete internationale Kooperation und eine spätere Anerkennung der Stiefkindadoption sicherzustellen[989]. Eben weil es bei der Stiefkindadoption nicht um die personale Anbahnung des Adoptionsverhältnisses geht, scheinen aber auch die moralischen Bedenken einiger Mitgliedstaaten[990] des Übereinkommens gegen die Adoption durch Partner einer gleichgeschlechtlichen Verbindung hier weniger tangiert als in den Fällen der Annahme eines fremden Kindes.

---

[987] Ebenso *Bogdan*, in: IPRax 2002, S. 534 (535).
[988] *Steiger*, S. 48.
[989] *Bienentreu/Busch*, in: JAmt 2003, S. 273 (274 f.)

Geht es um die Anerkennung einer in einem anderen Mitgliedstaat vorgenommenen internationalen Adoption, so kommt es allein darauf an, ob die Adoption unter Einhaltung der besonderen Bestimmungen des HAdoptÜ zustandegekommen ist und die zuständige Behörde des Adoptionsstaates hierüber eine entsprechende Bescheinigigung[991] ausgestellt hat (Art. 23 HAdoptÜ). Sind diese Voraussetzungen erfüllt, ist die fremde Entscheidung grundsätzlich anzuerkennen. Angesichts des in bezug auf die Adoption durch eingetragene homosexuelle Lebenspartner stark eingeschränkten Anwendungsbereichs des Abkommens (keine gemeinsame Adoption, s.o.) fragt sich allerdings, wie mit solchen Adoptionen umzugehen ist, die entgegen dem oben gefundenen autonomen Auslegungsergebnis nach den Vorschriften des Abkommens durchgeführt worden sind.

Beispiel: Die Zentralen Behörden der Mitgliedstaaten A (Heimatstaat) und B (Aufnahmestaat) gehen von der Anwendbarkeit des Abkommens auch auf die gemeinsame Adoption durch ein in eingetragener Lebenspartnerschaft lebendes homosexuelles Paar aus. Das Verfahren wird daraufhin in Übereinstimmung mit den Artt. 14 ff. HAdoptÜ durchgeführt. Nach Ausspruch der Adoption durch ein Gericht des Staates B und Erteilung einer formell korrekten Bescheinigung nach Art. 23 HAdoptÜ, nimmt die Wahlfamilie ihren gewöhnlichen Aufenthalt in Deutschland. Die Adoptiveltern stellen nun Antrag auf Anerkennungsfeststellung gemäß § 2 Abs. 1 AdWirkG.

Ob die Feststellung hier auf Grundlage des Art. 23 HAdoptÜ oder erst nach Prüfung der Voraussetzungen des § 16a FGG erfolgen kann, hängt allein davon ab, welche Bedeutung der ausländischen Bescheinigung beizulegen ist. Denkbar wäre, hier schon die Anwendbarkeit des Art. 23 HAdoptÜ unter Hinweis auf Art. 2 HAdoptÜ schlicht zu verneinen. Möglich scheint aber auch, die fremde Bescheinigung ohne Überprüfung der Voraussetzungen des Art. 2 HAdoptÜ stets zu berücksichtigen und einzig den Filter des ordre public (Art. 24 HAdoptÜ) zuzulassen. Die Zertifizierung der Adoption durch den Adoptionsstaat gemäß Art. 23 HAdoptÜ würde nach diesem Ansatz den Mangel der Unanwendbarkeit des Abkommens gleichsam heilen.

Für den zweiten Lösungsweg spricht vor allem der in Art. 23 HAdoptÜ selbst angelegte besondere Stellenwert der erststaatlichen Bescheinigung. Unterstrichen wird ihre Bedeutung durch die Ausführungen des *Erläuternden Berichts*, wonach der Anerkennungsstaat lediglich die formelle Gültigkeit des Zertifikats überprüfen darf[992], insbesondere also, ob die innerstaatliche Zuständigkeit der bescheinigenden Behörde gegeben ist und die Bescheinigung ihrem Inhalt nach Art. 23 HAdoptÜ entspricht[993]. Diese Lösung, heißt es weiter, *„cer-*

990 Dazu oben S. 188.

991 Zu den Möglichkeiten einer Nachprüfung der ausländische Bescheinigung nach § 9 AdÜbAG siehe schon Fn. 960.

992 *Parra-Aranguren*, Rapport explicatif, Nr. 408.

993 Vgl. § 9 S. 1 AdÜbAG.

tainly goes very far, since it may result in the recognition of an adoption, in spite of its disregard of the Convention's rules“[994]. Wenn aber sogar die Nichtbeachtung der Regeln des Abkommens durch eine formell gültige Bescheinigung gemäß Art. 23 HAdoptÜ überwunden wird, so muß dies erst recht dann gelten, wenn die Behörden der beteiligten Staaten nur eine der autonomen Auslegung des Art. 2 Abs. 1 HAdoptÜ widersprechende weiterreichende Anwendbarkeit des Abkommens angenommen haben; denn sicherlich ist eine einseitige Ausweitung des Anwendungsbereichs mit den eigentlichen Zielen des HAdoptÜ weit besser vereinbar als etwa die Mißachtung seiner am Kindeswohl orientierten Verfahrensvorschriften.

Im Beispielsfall (S. 195) ist daher die Anerkennung der gemeinsamen Adoption durch gleichgeschlechtliche eingetragene Lebenspartner allein aufgrund der formell einwandfreien Bescheinigung des Adoptionsstaates gemäß Art. 23 HAdoptÜ festzustellen, § 2 Abs. 1 AdWirkG. Nur der Ordre-public-Vorbehalt des Art. 24 HAdoptÜ könnte eine Versagung der Anerkennung rechtfertigen. Aus deutscher Sicht indes verstößt die Adoption durch ein gleichgeschlechtliches Paar nicht gegen wesentliche Rechtsgrundsätze und ist daher ohne weiteres anzuerkennen[995].

E. Exkurs: Adoptionen durch faktische Partner und Partner einer Homo-Ehe vor dem Hintergrund des HAdoptÜ

Da es auf den Status des Annehmenden insofern nicht ankommt[996], sind *Stiefkindadoptionen* durch einen faktischen Partner oder Homo-Ehegatten in jedem Fall von Art. 2 Abs. 1 HAdoptÜ erfaßt.

Für die *gemeinsame Adoption* kommt es dagegen darauf an, ob es sich bei den Annehmenden um Ehegatten im Sinne der Vorschrift handelt. Der Begriff der „spouses“/„époux“ schließt aber gleichgeschlechtliche Paare von vornherein aus[997], sodaß als Adoptanten einzig die Partner einer heterosexuellen faktischen Partnerschaft in Betracht kommen. Ehegatten im Sinne des Abkommens – so wurde oben festgestellt – sind auch heterosexuelle eingetragene Lebenspartner. Der Begriff setzt demnach zunächst nur die Existenz einer rechtlich institutionalisierten Verbindung von Mann und Frau voraus. Um eine solche aber handelt es sich auch bei der verschiedengeschlechtlichen faktischen Partnerschaft. Diese hebt sich einzig durch das Fehlen eines förmlichen Begründungsakts ab, ist aber im übrigen mit der registrierten Partnerschaft der entsprechenden Rechte völlig

---

[994] *Parra-Aranguren*, Rapport explicatif, Nr. 408.
[995] Dazu oben S. 126 ff.
[996] Siehe oben S. 190 ff.
[997] Siehe oben S. 187 ff.

identisch[998]. Da allein das Fehlen des Registrierungsakts keine für die Zwecke des Abkommens wesentliche Andersartigkeit der faktischen gegenüber der eingetragenen Partnerschaft zu begründen vermag, ist sie wie letztere unter das Tatbestandsmerkmal „spouses"/„époux" zu subsumieren. Die gemeinsame internationale Adoption durch heterosexuelle faktische Partner unterliegt daher den Vorschriften des HAdoptÜ.

[998] Das läßt sich zumindest für die faktischen Partnerschaften Aragoniens, Kataloniens und Navarras sagen, die allesamt über ein eingetragenes Pendant mit identischen Rechtsfolgen verfügen. Auch die portugiesische Partnerschaft ist jedoch rechtlich in einem solchen Maße institutionalisiert, daß ihre Gleichbehandlung mit den vorgenannten Partnerschaften gerechtfertigt ist.

Zehntes Kapitel

Zusammenfassung der Ergebnisse

1.) Partnerschaftliche Adoptionsformen – d.h. die Befugnis der Partner einer homo- bzw. heterosexuellen Lebensgemeinschaft zur gemeinsamen bzw. Stiefkindadoption – finden sich heute in einer wachsenden Zahl ausländischer Rechtsordnungen. Die zugrundeliegenden Partnerschaftsmodelle zeigen starke internationale Regelungsdifferenzen.

2.) Zu den eingetragenen Lebenspartnerschaften i.S. des Art. 17b EGBGB zählen nur eingetragene, d.h. durch öffentlichen Formalakt begründete, nichteheliche Lebensgemeinschaften zweier gleich- oder verschiedengeschlechtlicher Personen. Faktische Partnerschaften und echte Homo-Ehen sind dagegen eigenständig anzuknüpfen (Artt. 13 ff. EGBGB analog bzw. direkt).

3.) Die Adoptionsbefugnis eingetragener Lebenspartner ist keine allgemeine Partnerschaftswirkung i.S. des Art. 17b Abs. 1 S. 1 EGBGB. Partnerschaftliche Adoptionen unterfallen auch nicht Art. 22 Abs. 1 S. 2 EGBGB, da eine eheliche Qualifikation der Partnerschaft ausscheidet.

4.) Auch der seinem Wortlaut nach anwendbare Art. 22 Abs. 1 S. 1 EGBGB hält keine sachgerechte Lösung bereit. Die – im Fall der gemeinsamen Adoption sogar kumulative – Heimatrechtsanknüpfung wird den das Phänomen beherrschenden kollisionsrechtlichen Interessen nicht gerecht.

5.) Die Ausfüllung der festgestellten Regelungslücke sollte durch analoge Anwendung des Art. 22 Abs. 1 S. 2 EGBGB erfolgen, da der Grundsatz der Familieneinheit sich auch im Kollisionsrecht der eingetragenen Lebenspartnerschaft als beherrschendes Prinzip erweist. Kraft analoger Verweisung ist so für die Adoption durch eingetragene Lebenspartner das allgemeine Wirkungsstatut des Art. 17b Abs. 1 S. 1 EGBGB (lex loci celebrationis) maßgebend.

6.) Der vorgeschlagenen typenspezifischen Sonderanknüpfung unterliegen einzig die gemeinsame und die Stiefkindadoption, während es für die Annahme eines fremden Kindes durch nur *einen* eingetragenen Lebenspartner bei der Anwendung seines Personalstatuts (Art. 22 Abs. 1 S. 1 EGBGB) bleibt.

7.) Ordre-public-Erwägungen (Art. 17b Abs. 4 bzw. Art. 6 EGBGB) stehen der Vornahme lebenspartnerschaftlicher Adoptionen durch deutsche Gerichte nicht entgegen. Entscheidend ist die Kindeswohlprüfung im Einzelfall.

8.) Die Bestimmung des § 43b FGG, wonach die Zuständigkeit deutscher Gerichte zur gemeinsamen Adoption bereits dann gegeben ist, wenn *einer* der annehmenden Ehegatten Deutscher ist oder seinen gewöhnlichen Aufenthalt in Deutschland hat, ist auf eingetragene Lebenspartner entsprechend anzuwenden.

9.) Die Anerkennung einer fremden Adoptionsentscheidung und ihrer Gestaltungswirkungen beurteilt sich allein nach § 16a FGG. So bestimmt das erststaatlich angewandte Recht insbesondere auch darüber, in welchem Umfang die vorgenommene Adoption Rechtsbeziehungen des Kindes zur Wahl bzw. zur Ursprungsfamilie begründet bzw. aufhebt. Innerhalb des so ermittelten Wirkungsrahmens bleibt aber das jeweils berufene Wirkungsstatut maßgeblich. Der anerkennungsrechtliche ordre public steht einer Anerkennung ausländischer lebenspartnerschaftlicher Adoptionen nicht entgegen.

10.) Die Anerkennungsfeststellung gemäß § 2 Abs. 1 AdWirkG ist – soweit es sich um eine gemeinsame Adoption durch eingetragene Lebenspartner handelt – analog § 4 Abs. 1 S. 1 Nr. 1 lit. a 2. Alt. AdWirkG auf Antrag *eines jeden* der Adoptanten zu treffen.

11.) Das europäische Gemeinschaftsrecht enthält bis dato keinerlei Regelungen zum internationalen Verfahrensrecht der Adoption. Dies gilt sowohl im Hinblick auf die bisherige Verordnung Brüssel II als auch für die neue Brüssel IIa-VO. Das Bedürfnis nach kindschaftsrechtlicher Statusfreizügigkeit im Binnenmarkt bleibt.

12.) Wirft eine Norm des Wirkungsstatuts die Vorfrage nach dem Bestehen eines Adoptionsverhältnisses auf, so ist diese im Falle einer Inlandsadoption stets, im Falle einer Auslandsadoption ohne Rücksicht auf das Statut der Hauptfrage dann zu bejahen, wenn die fremde Adoptionsentscheidung gemäß § 16a FGG anzuerkennen ist oder ihre Anerkennung gemäß § 2 Abs. 2 AdWirkG festgestellt wurde.

13.) Das der Vorfrage nachgelagerte Problem der wirkungsrechtlichen Substitution hat mit dem AdWirkG eine interessengerechte Regelung erfahren. Die Substitutionsfeststellung gemäß § 2 Abs. 2 AdWirkG – zwingend bei Inlandsadoption, fakultativ bei Auslandsadoption – gewährleistet einen effektiven Abbau der bei der Rechtsanwendung sonst notwendig auftretenden Unsicherheiten. Während dies in Fällen der Volladoption uneingeschränkt gilt, führt die Feststellung in Fällen der schwachen Adoption doch zumindest zu einer begrüßenswerten Mindestsubstition in den elementaren Bereichen des Sorge- und Unterhaltsrechts.

14.) Die im Zusammenhang mit der partnerschaftlichen Adoption heute relevanten Rechtsordnungen sehen fast sämtlich den völligen Abbruch der Rechtsbeziehungen des Adoptierten zu seiner Ursprungsfamilie vor und erweisen sich so als uneingeschränkt substitutionsfähig i.S. des § 2 Abs. 2 S. 1 Nr. 1 AdWirkG. Einzig der schwache Adoptionstyp des portugiesischen Rechts ist nur eingeschränkt substitutionsfähig i.S. des § 2 Abs. 1 S. 1 Nr. 2 AdWirkG.

15.) Ist in Fällen der Auslandsadoption eine Anerkennungs- und Substitutionsfeststellung nach § 2 AdWirkG noch nicht erfolgt, sollte bei der im Einzelfall anzustellenden Substitutionsprüfung gleichwohl der Maßstab des AdWirkG angelegt werden, sofern die zu betrachtende Adoption generell in den Anwendungsbereich dieses Gesetzes fiele (Minderjährigenadoption).

16.) Die sach- und verfahrensrechtlichen Vorschriften des HAdoptÜ finden im Falle einer gemeinsamen Adoption durch eingetragene Lebenspartner nur dann Anwendung, wenn es sich dabei um ein verschiedengeschlechtliches Paar handelt.

17.) Die Stiefkindadoption durch einen eingetragene Lebenspartner ist als echte Einzeladoption i.S. des HAdoptÜ anzusehen, sodaß es auf den Status des Annehmenden – anders als im Fall der gemeinsamen Adoption – hier nicht ankommt. Adoptiert ein eingetragener Lebenspartner das Kind des anderen, findet daher das HAdoptÜ ohne weiteres Anwendung.

18.) Liegt eine formell ordnungsgemäße Bescheinigung gemäß Art. 23 Abs. 1 HAdoptÜ vor, ist die fremde Adoptionsentscheidung ohne Rücksicht darauf anzuerkennen, ob die betreffende Adoption auch nach hiesiger Auslegung unter das Akommen fällt.

Literaturverzeichnis

Adomeit, Klaus/*Frühbeck*, Guillermo: Einführung in das spanische Recht, 2. Auflage, München 2001 (zit.: *Adomeit/Frühbeck*)

Albaladejo, Manuel (Hrsg.): Comentarios al Código civil y Compilaciones Forales, Bd. XXXVI-1, Leyes 42 a 81 de la Compilación o Fuero Nuevo de Navarra, Madrid 1990 (zit.: *Bearbeiter*, in: Comentarios XXXVI-1)

Albuquerque-Pinto, Alexandre: Portugal, in: *Bergmann*, Alexander (Begr.)/*Ferid*, Murad/ *Henrich*, Dieter (Hrsg.), Internationales Ehe- und Kindschaftsrecht, 132. Lieferung, Stand: 31.7.1998, Frankfurt a.M., Berlin 1998 (zit.: *Albuquerque-Pinto*, in: *Bergmann/ Ferid/Henrich*, Portugal)

Baer, Ingrid: Adoptionen mit Auslandsberührung, in: StAZ 1977, S. 33 ff.

Baily, Martha: Children, Same-sex Marriage and Cohabition, in: *Bainham*, Andrew (Hrsg.), The International Survey of Family Law 2003 Edition, Bristol 2003, S. 81 ff. (zit.: *Baily*, in: International Survey 2003)

von Bar, Christian/*Mankowski*, Peter: Internationales Privatrecht, Bd. I, Allgemeine Lehren, 2. Auflage, München 2003 (zit.: *von Bar/Mankowski*, IPR I)

von Bar, Christian: Internationales Privatrecht, Bd. I, Allgemeine Lehren, 1. Auflage, München 1987 (zit.: *von Bar*, IPR I[1])

– Internationales Privatrecht, Bd. II, Besonderer Teil, München 1991 (zit.: *von Bar*, IPR II)

Bartin, Etienne: De l'impossibilité d'arriver à la suppression définitive des conflits de lois, in: JDI (Clunet) 24 (1897), S. 225-255, 466-495, 720-738

Bassenge, Peter/*Herbst*, Gerhard/*Roth*, Herbert: Gesetz über die Angelegenheiten der freiwilligen Gerichtsbarkeit – Kommentar, 9. Auflage, Heidelberg 2002 (zit.: *Bassenge/Herbst/ Roth*)

Baur, François/*Mattijssen*, Astrid A.: Ehe- und Adoptionsrecht für Lesben und Schwule in den Niederlanden, in: AJP 2001, S. 292 ff.

Baumann, Bettina: Verfahren und anwendbares Recht bei Adoptionen mit Auslandsberührung, Bielefeld 1992 (zit.: *Baumann*)

Bech, Henning: Elf Jahre registrierte Partnerschaft in Dänemark – gesellschaftliche Konsequenzen des Gesetzes, in: AJP 2001, S. 264 ff.

Becker, Michael: Das Gesetz über die gesetzliche Lebensgemeinschaft in Belgien, in: MittRhNotK 2000, S. 155 ff.

Beitzke, Günther: Beiträge zum Kollisionsrecht der Adoptionsfolgen, in: *Henrich*, Dieter/*von Hoffmann*, Bernd (Hrsg.), Festschrift für Karl Firsching zum 70. Geburtstag, München 1985, S. 9 ff. (zit.: *Beitzke*, in: FS Firsching (1985))

– Immer noch: Auslandsadoptionen, in: *Beitzke*, Günther/*Hoffmann*, Werner/*Sturm*, Fritz, Einbindung fremder Normen in das deutsche Personenstandsrecht, Frankfurt a.M. 1985 (zit.: *Beitzke*, Auslandsadoptionen)

– Bemerkungen zur Kollisionsrechtsvergleichung in der Praxis, in: RabelsZ 48 (1984), S. 623 ff.

– (Hrsg.) Vorschläge und Gutachten zur Reform des deutschen internationalen Personen-, Familien- und Erbrechts, Tübingen 1981

– Anmerkung zu KG vom 31.7.1959, in: NJW 1960, S. 248 f.

Benicke, Christoph: Typenmehrheit im Adoptionsrecht und deutsches IPR, Frankfurt a.M., Berlin 1995 (zit.: *Benicke*, Typenmehrheit)

Bienentreu, Heidemarie/*Busch*, Michael: Stiefkind- und Verwandtenadoption im Recht der internationalen Adoptionsvermittlung, in: JAmt 2003, S. 273 ff.

Boele-Woelki, Katharina: IPR-Gesetzgebung in den Niederlanden – Das Namenskollisions- und das Ehekollisionsgesetz –, in: IPRax 1990, S. 337 ff.

Boele-Woelki, Katharina/*Schrama*, Wendy: Die Rechtsstellung von Menschen mit homosexueller Veranlagung im niederländischen Recht, in: *Basedow*, Jürgen/*Hopt*, Kaus J./*Kötz*, Hein/*Dopffel*, Peter (Hrsg.), Die Rechtsstellung gleichgeschlechtlicher Lebensgemeinschaften, Tübingen 2000, S. 51 ff. (zit.: *Boele-Woelki/Schrama*, in: Rechtsstellung gleichgeschlechtlicher Lebensgemeinschaften)

de Boer, J.: Personen- en Familierecht, Asser-Serie, 16. Auflage, Deventer 2002 (zit.: *de Boer*)

Bogdan, Michael: Internationale Aspekte der schwedischen Gesetzesnovelle über die Adoption von Kindern durch eingetragene Lebenspartner, in: IPRax 2002, S. 534 ff.

– Amendment of Swedish Private International Law regarding Registered Partnerships, in: IPRax 2001, S. 353 ff.

– IPR-Aspekte der schwedischen Eingetragenen Partnerschaft für Homosexuelle, in: IPRax 1995, S. 56 ff.

– Svensk internationell privat- och processrätt, 4. Auflage, Lund 1997 (zit.: *Bogdan*, IPR)

Böhmer, Christof (Begr.)/*Finger*, Peter (Hrsg.): Das gesamte Familienrecht: Bd. II, Das internationale Recht (IntFamR), 30. Lieferung, Neuwied, Kriftel 2002 (zit.: *Bearbeiter*, in: *Böhmer/Finger*)

Borillo, Daniel: Le Pacte civil de solidarité: une reconnaissance timide des unions de même sexe, in: AJP 2001, S. 299 ff.

Bornhofen, Heinrich: Die Auswirkungen des Haager Adoptionsübereinkommens und des neuen Rechts der Adoptionswirkungen auf die Arbeit des Standesbeamten, in: StAZ 2002, S. 1 ff.

Braun, Johann: „Ein neues familienrechtliches Institut“ – Zum Inkrafttreten des Lebenspartnerschaftsgesetzes, in: JZ 2002, S. 23 ff.

Bruns, Manfred: Erwiderung auf Johann Braun: „Ein neues familienrechtliches Institut“, in: JZ 2002, S. 291 ff.

Bruns, Manfred/*Kemper*, Rainer (Hrsg.): Lebenspartnerschaftsgesetz, Handkommentar, 1. Auflage, Baden-Baden 2001 (zit.: *Bearbeiter*, in: Hk-LPartG

Bruns, Manfred/*Beck*, Volker: Das Eheverbot bei Gleichgeschlechtlichkeit, in: MDR 1991, S. 832 ff.

Busch, Michael: Adoptionswirkungsgesetz und Haager Adoptionsübereinkommen – von der Nachadoption zur Anerkennung und Wirkungsfeststellung, in: IPRax 2003, S. 13 ff.

– Schutzmaßnahmen für Kinder und der Begriff der „elterlichen Verantwortung“ im internationalen und europäischen Recht – Anmerkungen zur Ausweitung der Brüssel II-Verordnung, in: IPRax 2003, S. 218 ff.

Canaris, Claus-Wilhelm: Die Feststellung von Lücken im Gesetz: eine methodologische Studie über Voraussetzungen und Grenzen der richterlichen Rechtsfortbildung praeter legem, 2. Auflage, Berlin 1983 (zit.: *Canaris*, Feststellung von Lücken im Gesetz)

Carsten, Gebhard: Schweden, in: *Bergmann*, Alexander (Begr.)/*Ferid*, Murad/*Henrich*, Dieter (Hrsg.), Internationales Ehe- und Kindschaftsrecht, 152. Lieferung, Stand: 1.2.2003, Frankfurt a.M., Berlin 2003 (zit.: *Carsten*, in: *Bergmann/Ferid/Henrich*, Schweden)

Chanteloup, Hélène: Menus propos autour du pacte civil de solidarité en droit international privé, in: Gazette du palais 2000, No 275, S. 4 ff.

Chorus, Jeroen/*Gerver*, Piet-Hein/*Hondius*, Ewoud/*Koekkoek*, Alis (Hrsg.): Introduction to Dutch Law for Foreign Lawyers, 3. Auflage, Den Haag, London, Boston 1999 (zit.: *Bearbeiter*, in: *Chorus/Gerver/Hondius/Koekkoek*)

Dannecker, Martin: Sexualwissenschaftliches Gutachten zur Homosexualität, in: *Basedow*, Jürgen/*Hopt*, Klaus J./*Kötz*, Hein/*Dopffel*, Peter (Hrsg.), Die Rechtsstellung gleichgeschlechtlicher Lebensgemeinschaften, Tübingen 2000, S. 335 ff. (zit.: *Dannecker*, in: Rechtsstellung gleichgeschlechtlicher Lebensgemeinschaften)

Dicey/Morris: The Conflict of Laws, *Collins*, Lawrence/*Briggs*, Adrian/*Hill*, Jonathan/ *McClean*, J. D./*Morse*, C. G. J. (Hrsg.), Bd. I, 13. Auflage, London 2000 (zit.: *Dicey/ Morris*, Conflict of Laws I)

Diederichsen, Uwe: Homosexuelle – von Gesetzes wegen?, in: NJW 2000, S. 1841 ff.

Di Fabio, Udo: Der Schutz von Ehe und Familie: Verfassungsentscheidung für die vitale Gesellschaft, in: NJW 2003, S. 993 ff.

Dopffel, Peter/*Kötz*, Hein/*Scherpe*, Jens M.: Rechtsvergleichende Gesamtwürdigung und Empfehlungen, in: *Basedow*, Jürgen/*Hopt*, Klaus J./*Kötz*, Hein/*Dopffel*, Peter (Hrsg.), Die Rechtsstellung gleichgeschlechtlicher Lebensgemeinschaften, Tübingen 2000, S. 393 ff. (zit.: *Dopffel/Kötz/Scherpe*, in: Rechtsstellung gleichgeschlechtlicher Lebensgemeinschaften)

Dopffel, Peter/*Scherpe*, Jens M.: Dänemark, in: *Bergmann*, Alexander (Begr.)/*Ferid*, Murad/ *Henrich*, Dieter (Hrsg.), Internationales Ehe- und Kindschaftsrecht, 147. Lieferung, Stand: 1.1.2002, Frankfurt a.M., Berlin 2002 (zit.: *Dopffel/Scherpe*, in: *Bergmann/Ferid/ Henrich*, Dänemark)

Dopffel, Peter/*Scherpe*, Jens M.: Gleichgeschlechtliche Lebensgemeinschaften im Recht der nordischen Länder, in: *Basedow*, Jürgen/*Hopt*, Klaus J./*Kötz*, Hein/*Dopffel*, Peter (Hrsg.), Die Rechtsstellung gleichgeschlechtlicher Lebensgemeinschaften, Tübingen 2000, S. 7 ff. (zit.: *Dopffel/Scherpe*, in: Rechtsstellung gleichgeschlechtlicher Lebensgemeinschaften)

Dopffel, Peter/*Scherpe*, Jens M. *et alt.*: Max-Planck-Institut für Ausländisches und Internationales Privatrecht, Thesen zur Reform des Internationalen Privat- und Verfahrensrechts, in: RabelsZ 44 (1980), S. 348 ff. = StAZ 1981, S. 174 ff.

Dörner, Heinrich: Qualifikation im IPR – ein Buch mit sieben Siegeln?, in: StAZ 1988, S. 345 ff.

Dorsel, Christoph: Grundzüge des neuen Lebenspartnerschaftsgesetzes, in: RNotZ 2001, S. 151 ff.

Durán Rivacoba, Ramón: El nuevo régimen de la vecindad civil y los conflictos interregionales, Madrid 1992 (zit.: *Durán Rivacoba*)

Ebenroth, Carsten Thomas/*Eyles*, Uwe: Der Renvoi nach der Novellierung des deutschen Internationalen Privatrechts, in: IPRax 1989, S. 1 ff.

Egea i Fernández, Joan/*Ferrer i Riba*, Josep/*Lamarca i Marquès*, Albert/*Ruisánchez Capelastegui*, Covadonga (Hrsg.): Comentaris al Codi de família, a la Llei d'unions estables de parella i a la Llei de situacions convivencials d'ajuda mútua, Madrid 2000 (zit.: *Bearbeiter*, in: *Egea i Fernández/Ferrer i Riba/Lamarca i Marquès/Ruisánchez Capelastegui*

Ehrenzweig, Albert A.: Conflicts in a Nutshell, St. Paul (Minn.) 1965 (zit.: *Ehrenzweig*, Conflicts)

Ehrenzweig, Albert A./*Jayme*, Erik: Private International Law, Bd. II – Special Part – Jurisdiction, Judgments, Persons (Family), Leiden, Dobbs Ferry (NY) 1973 (zit.: *Ehrenzweig/Jayme*, Private International Law II)

Erauw, Johan/*Verhellen*, Jinske: Het conflictenrecht van de wettelijke samenwoning. Internazionale aspecten va een niet-huwelijkse samenwoningsvorm, in: Echtscheidingsjournaal 1999, S. 150 ff.

Erman, Walter: Handkommentar zum Bürgerlichen Gesetzbuch:
Bd. II, 10. Auflage, Münster 2000 (zit.: *Bearbeiter*, in: *Erman*)

Ferid, Murad: Internationales Privatrecht, 3. Auflage, Frankfurt a.M. 1986 (zit.: *Ferid*, IPR)

Fernández Rozas, José Carlos/*Sánchez Lorenzo*: Sixto, Derecho Internacional Privado, 2. Auflage, Madrid 2001 (zit.: *Fernández Rozas/Sánchez Lorenzo*)

Ferrand, Frédérique: Das französische Gesetz über den pacte civil de solidarité, in: FamRZ 2000, S. 517 ff.

Finger, Peter: Deutsches internationales Familienrecht (IPR), ausländisches/internationales und Europarecht – ein Überblick für 2000 bis 2002 (1. Teil), in: FuR 2002, S. 242 ff.

Forder, Caroline: To Marry or not to Marry: That is the Question, in: *Bainham*, Andrew (Hrsg.), The International Survey of Family Law 2001 Edition, Bristol 2001, S. 301 ff. (zit.: *Forder*, in: International Survey 2001)

– Opening up Marriage to Same Sex Partners and Providing for Adoption by Same Sex Couples, Managing Information on Sperm Donors, and Lots of Private International Law, in: *Bainham*, Andrew (Hrsg.), The International Survey of Family Law 2000 Edition, Bristol 2000, S. 239 ff. (zit.: *Forder*, in: International Survey 2000)

Forkert, Meinhard: Eingetragene Lebenspartnerschaften im deutschen IPR: Art. 17b EGBGB, Tübingen 2003 (zit. *Forkert*)

Frantzen, Torstein: Norwegen, in: *Bergmann*, Alexander (Begr.)/*Ferid*, Murad/*Henrich*, Dieter (Hrsg.), Internationales Ehe- und Kindschaftsrecht, 145. Lieferung, Frankfurt a.M., Berlin 2001 (zit.: *Frantzen*, in: *Bergmann/Ferid/Henrich*)

Fthenakis, Wassilios E.: Gleichgeschlechtliche Lebensgemeinschaften und kindliche Entwicklung, in: *Basedow*, Jürgen/*Hopt*, Klaus J./*Kötz*, Hein/*Dopffel*, Peter (Hrsg.), Die Rechtsstellung gleichgeschlechtlicher Lebensgemeinschaften, Tübingen 2000, S. 351 ff. (zit.: *Fthenakis*, in: Rechtsstellung gleichgeschlechtlicher Lebensgemeinschaften)

Gaarder, Karsten: Innføring i internasjonal privatrett, 2. Auflage, Oslo 1993 (zit.: *Gaarder*, IPR)

García Cantero, Gabriel: De Facto Unions Revisited, in: *Bainham*, Andrew (Hrsg.), The International Survey of Family Law 2003 Edition, Bristol 2003, S. 403 ff. (zit.: *García Cantero*, in: International Survey 2003)

– The Catalan Family Code of 1998 and Other Autonomous Region Laws on *De Facto* Unions, in: *Bainham*, Andrew (Hrsg.), The International Survey of Family Law 2001 Edition, Bristol 2001, S. 397 ff. (zit.: *García Cantero*, in: International Survey 2001)

Gebauer, Martin/*Staudinger*, Ansgar: Registrierte Lebenspartnerschaften und die Kappungsregel des Art. 17b Abs. 4 EGBGB, in: IPRax 2002, S. 275 ff.

Geimer, Reinhold: Anerkennung ausländischer Entscheidungen auf dem Gebiet der freiwilligen Gerichtsbarkeit, in: *Heldrich*, Andreas/*Sonnenberger*, Hans Jürgen (Hrsg.), Festschrift für Murad Ferid zum 80. Geburtstag am 11. April 1988, Frankfurt a.M. 1988 (zit.: *Geimer*, in: FS Ferid (1988))

González Beilfuss, Cristina: Nuevas Normas Catalanas: El Código de familia y la ley de parejas de hecho, Revista Española de Derecho Internacional 1998, S. 307 ff.

Grib, Susanne: Die gleichgeschlechtliche Partnerschaft im nordischen und deutschen Recht, Neuried 1996 (zit.: *Grib*)

Griep, Barbara: Anerkennung von Auslandsadoptionen, Frankfurt a.M. 1989 (zit.: *Griep*)

Grundmann, Stefan: Qualifikation gegen die Sachnorm, München 1985 (zit.: *Grundmann*)

Habscheid, Walther J.: Zur Anerkennung klageabweisender ausländischer Eheurteile, in: FamRZ 1973, S. 341 ff.

Hanisch, Hans: Die „versteckte" Rückverweisung im internationalen Familienrecht, in: NJW 1966, S. 2085 ff.

Hauser, Jean: Nichteheliche Lebensgemeinschaft in Frankreich: Der „Pacte Civil de Solidarité" (PACS) nach dem Gesetz L. no 99-944 vom 15. November 1999, DEuFamR 2000, S. 29 ff.

Hausmann, Rainer: Überlegungen zum Kollisionsrecht registrierter Partnerschaften, in: *Gottwald*, Peter/*Jayme*, Erik/*Schwab*, Dieter (Hrsg.), Festschrift für Dieter Henrich zum 70. Geburtstag am 1. Dezember 2000, Bielefeld 2000, S. 241 (zit.: *Hausmann*, in: FS Henrich (2000))
– Die Kollisionsrechtlichen Schranken der Gestaltungskraft von Scheidungsurteilen, München 1980 (zit.: *Hausmann*, Kollisionsrechtliche Schranken)
Hausmann, Rainer/*Hohloch*, Gerhard (Hrsg.): Das Recht der nichtehelichen Lebensgemeinschaft, Berlin 1999 (zit.: *Bearbeiter*, in: *Hausmann/Hohloch*)
Helms, Tobias: Internationales Verfahrensrecht für Familiensachen in der Europäischen Union, in: FamRZ 2002, S. 1593 ff.
Henrich, Dieter: Kollisionsrechtliche Fragen der eingetragenen Lebenspartnerschaft, in: FamRZ 2002, S. 137 ff.
– Internationales Familienrecht, 2. Auflage, Frankfurt a.M., Berlin 2000 (zit.: *Henrich*, Internationales Familienrecht)
– Internationales Familienrecht, 1. Auflage, Frankfurt a.M. 1989 (zit.: *Henrich*, Internationales Familienrecht[1])
– Die Abänderungsklage gegen ausländische Unterhaltsurteile, in: IPRax 1982, S. 140 ff.
– Kollisionsrechtliche Probleme bei der Auflösung eheähnlicher Gemeinschaften, in: *Sandrock*, Otto (Hrsg.), Festschrift für Günther Beitzke zum 70. Geburtstag am 26. April 1979, Berlin, New York 1979, S. 507 ff. (zit.: *Henrich*, in: FS Beitzke (1979))
Hepting, Reinhard: Anerkennung und Substitution schwacher Auslandsadoptionen, in: StAZ 1986, S. 305 ff.
Heß, Burkhard: Aktuelle Perspektiven der europäischen Prozessrechtsangleichung, in: JZ 2001, S. 573 ff.
Heyde, J. Erich: Typus, in: Studium Generale 5 (1952), S. 235 ff.
von Hoffmann, Bernd: Internationales Privatrecht, 7. Auflage, München 2002 (zit.: *von Hoffmann*, IPR)
– Internationales Privatrecht, 6. Auflage, München 2000 (zit.: *von Hoffmann*, IPR[6])
Hohloch, Gerhard: Trennungsvereinbarung zwischen unverheirateten Lebenspartnern – Anmerkung zu OLG Zweibrücken vom 28.5.1993, in: JuS 1994, S. 256 f.
Hohloch, Gerhard/*Kjelland*, Cecilie: The New German Conflicts Rules for Registered Partnerships, in: *Šarcevic*, Petar/*Volken*, Paul, Yearbook of Private International Law, Volume III – 2001, Den Haag, London, New York 2001, S. 223 ff. (zit.: *Hohloch/Kjelland*, in: Yearbook 2001)
Hohnerlein, Eva-Maria: Internationale Adoption und Kindeswohl: Die Rechtslage von Adoptivkindern aus der Dritten Welt in der Bundesrepublik Deutschland im Vergleich zu anderen europäischen Ländern, 1. Auflage, Baden-Baden 1991 (zit.: *Hohnerlein*, Internationale Adoptionen)

Ibán, Iván C.: Einführung in das spanische Recht, Baden-Baden 1995 (zit.: *Ibán*)

Jakob, Dominique: Die eingetragene Lebenspartnerschaft im Internationalen Privatrecht, Köln 2002 (zit.: *Jakob*)
Jarass, Hans/*Pieroth*, Bodo: Grundgesetz für die Bundesrepublik Deutschland – Kommentar, 6. Auflage, München 2002 (zit.: *Jarass/Pieroth*)
Jäntera-Jareborg, Maarit: Marriage Dissolution in an Integrated Europe: The 1998 European Union Convention on Jurisdiction and the Recognition of Judgements in Matrimonial Matters (Brussels II Convention), in: *Šarcevic*, Petar/*Volken*, Paul (Hrsg.), Yearbook of Private International Law, Bd. III – 1999, Den Haag, London, New York 1999, S. 1 ff. (zit.: *Jäntera-Jareborg*, in: Yearbook 1999)

Jayme, Erik: Neues Adoptionsrecht in Portugal: Bestimmungen für Auslandsfälle, in: IPRax 2004, S. 269
- Qualifikation und favor negotii im internationalen Privatrecht, in: Estudos em Homenagem à Professora Doutora Isabel de Magalhães Collaço, Bd. I, Coimbra 2002, S. 209 ff. (zit.: *Jayme*, in: FS Magalhães Collaço (2002), Bd. I)
- Staatsverträge als *ratio scripta* im internationalen Privatrecht, in: *von Overbeck*, Alfred E./*Pocar*, Fausto/*Siehr*, Kurt (Hrsg.), Collisio Legum, Studi di diritto internazionale privato per Gerardo Broggini, Mailand 1997, S. 211 ff. (zit.: *Jayme*, in: FS Broggini (1997))
- Kulturelle Identität und Kindeswohl im internationalen Kindschaftsrecht, in: IPRax 1996, S. 237 ff.
- Identité culturelle et intégration: Le droit international privé postmoderne – Cours général de droit international privé, in: Recueil des cours 251 (1995), S. 13 ff.
- Rechtsspaltung im spanischen Privatrecht und deutsche Praxis, in: RabelsZ 55 (1991), S. 303 ff.
- Dänisches Partnerschaftsgesetz und Internationales Privatrecht, in: IPRax 1990, S. 197 ff.
- Methoden der Konkretisierung des ordre public im Internationalen Privatrecht, Heidelberg 1989 (zit.: *Jayme*, Methoden)
- Erwachsenenadoption und Internationales Privatrecht, in: NJW 1989, S. 3069 ff.
- Kindesrecht und Rückverweisung im internationalen Adoptionsrecht, in: IPRax 1989, S. 157
- Spanisches interregionales und deutsches internationales Privatrecht, in: IPRax 1989, S. 287 f.
- Das neue IPR-Gesetz – Brennpunkte der Reform, in: IPRax 1986, S. 265 ff.
- Schwache Adoption durch deutsche Annehmende im Ausland – Anerkennung oder Transformation?, in: IPRax 1983, S. 169 ff.
- Kritisches zur geplanten Neuregelung des internationalen Adoptionsrechts im Regierungsentwurf eines IPR-Gesetzes, in: IPRax 1983, S. 274 ff.
- Betrachtungen zum kapverdischen Familienrecht, in: StAZ 1979, S. 315 ff.
- Zur „versteckten" Rück- und Weiterverweisung im internationalen Privatrecht, in: ZfRV 1970, S. 253 ff.
- Anmerkung zu BGH vom 22.3.1967, in RabelsZ 32 (1968), S. 323 ff.

Jayme, Erik/*Hausmann*, Rainer: Internationales Privat- und Verfahrensrecht, 11. Auflage, München 2002 (zit. *Jayme/Hausmann*)
- Internationales Privat- und Verfahrensrecht, 10. Auflage, München 2000 (zit. *Jayme/ Hausmann*[10])
- Internationales Privat- und Verfahrensrecht, 7. Auflage, München 1994 (zit.: *Jayme/ Hausmann*[7])

Jayme, Erik/*Kohler*, Christian: Europäisches Kollisionsrecht 2002: Zur Wiederkehr des Internationalen Privatrechts, in: IPRax 2002, S. 461 ff.

Jessurun d'Oliveira, Hans Ulrich: Freedom of Movement of Spouses and Registered Partners in the European Union, in: *Basedow*, Jürgen/*Meier*, Isaak/*Schnyder*, Anton K./*Einhorn*, Talia/*Girsberger*, Daniel (Hrsg.), Private Law in the International Arena, Liber Amicorum Kurt Siehr, Den Haag 2000, S. 526 ff. (zit.: *Jessurun d'Oliveira*, in: FS Siehr (2000))
- Het geregistreerd partnerschap, het 'homohuwelijk' en het IPR, in: NJB 1999, S. 305 f.

Jonas: Anmerkung zu RG vom 2.6.1934, in: JW 1934, S. 320 ff.
- Anmerkung zu OLG Hamburg vom 1.10.1935, in: JW 1935, S. 283

Kahn, Franz: Gesetzeskollisionen. Ein Beitrag zur Lehre des internationalen Privatrechts, in: DogmJb 30 (1891), S. 1 ff.

Kegel, Gerhard: Internationales Privatrecht, 7. Auflage, München 1995 (zit.: *Kegel*, IPR[7])

– The Conflict-of-Laws-Machine – Zusammenhang im Allgemeinen Teil des IPR, in: IPRax 1996, S. 309 ff.

Kegel, Gerhard/*Schurig*, Klaus: Internationales Privatrecht, 8. Auflage, München 2000 (zit.: *Kegel/Schurig*) mit Nachtrag, München 2001 (zit.: *Kegel/Schurig*, Nachtrag)

Keidel, Theodor (Begr.)/*Kuntze*, Joachim/*Winkler*, Karl: Freiwillige Gerichtsbarkeit – Teil A, 13. Auflage, München 1992 (zit.: *Bearbeiter*, in: *Keidel/Kuntze/Winkler*)

Klinkhardt, Horst: Zur Anerkennung ausländischer Adoptionen, in: IPRax 1987, S. 157 ff.

Kohler, Christian: Status als Ware: Bemerkungen zur europäischen Verordnung über das internationale Verfahrensrecht für Ehesachen, in: *Mansel*, Heinz-Peter (Hrsg.), Vergemeinschaftung des Europäischen Kollisionsrechts, Köln, Berlin, Bonn, München 2001, S. 41 ff (zit.: *Kohler*, Status als Ware)

– Internationales Verfahrensrecht für Ehesachen in der Europäischen Union: Die Verordnung „Brüssel II“, in: NJW 2001, S. 10 ff.

König, Norbert: Die Annahme eines Kindes im Ausland – Zur Anerkennung und Wirkung ausländischer Adoptionsentscheidungen in der Bundesrepublik Deutschland, Berlin 1979 (zit.: *König*, Annahme im Ausland)

Kramer, Ernst A.: Juristische Methodenlehre, Bern, München 1998 (zit.: *Kramer*, Methodenlehre)

Kretschmer, Ernst: Der Typus als erkenntnistheoretisches Problem, in: Studium Generale 4 (1951), S. 399 ff.

Kropholler, Jan: Internationales Privatrecht, 4. Auflage 2001 (zit. *Kropholler*, IPR)

Kühne, Gunther: IPR-Gesetz-Entwurf – Entwurf eines Gesetzes zur Reform des internationalen Privat- und Verfahrensrechts, Heidelberg, Karlsruhe 1980 (zit.: *Kühne*, IPR-Gesetz-Entwurf)

Larenz, Karl (Begr.)/*Canaris*: Klaus-Wilhelm: Methodenlehre der Rechtswissenschaft, 3. Auflage, Berlin, Heidelberg, New York 1995 (zit.: *Larenz/ Canaris*)

Lauterbach, Wolfgang (Hrsg.): Vorschläge und Gutachten zur Reform des deutschen internationalen Kindschafts-, Vormundschafts- und Pflegschaftsrechts, Berlin, Tübingen 1966

Lázaro Gonzáles, Isabel: Las uniones de hecho en el derecho internacional privado erpañol, Madrid 1999 (zit.: *Lázaro Gonzáles*)

Leonhardt, Peter: Rumänien, in: *Bergmann*, Alexander (Begr.)/*Ferid*, Murad/ *Henrich*, Dieter (Hrsg.), Internationales Ehe- und Kindschaftsrecht, 142. Lieferung, Stand: 1.8.2000, Frankfurt a.M., Berlin 2001 (zit.: *Leonhardt*, in: *Bergmann/Ferid/Henrich*, Rumänien)

Lima Marques, Claudia: Das Subsidiaritätsprinzip in der Neuordnung des internationalen Adoptionsrechts, Frankfurt a.M., Berlin 1997 (zit.: *Lima Marques*)

van Loon, J. H. A.: Rapport sur l'adoption d'enfants originaires de l'étranger / Report on intercountry adoption, Document préliminaire / Preliminary Document No. 1, April 1990, in: Bureau Permanent de la Conférence / Permanent Bureau of the Conference (Hrsg.), Conférence de la Haye de droit international privé/Hague Conference on private international law: Actes et documents de la Dix-septième session 10 au 29 mai 1993 / Proceedings of the Seventeenth Session 10 to 29 May 1993, Tome II Adoption – coopération / Adoption – co-operation, Den Haag 1994, S. 10 ff. (zit.: *van Loon*, Rapport)

López Burniol, Juan-José: La Ley catalana de uniones estables de pareja, in: Revista jurídica de Catalunya 1999, S. 641 ff.

Lüderitz, Alexander: Niederländisches Internationales Adoptionsrecht – Chancen und Grenzen von Richterrecht, in: RabelsZ 45 (1981), S. 604 ff.

– Hauptfragen internationalen Adoptionsrechts, in: *Sandrock*, Otto (Hrsg.), Festschrift für Günther Beitzke zum 70. Geburtstag am 26. April 1979, Berlin, New York 1979, S. 589 ff. (zit.: *Lüderitz*, in FS Beitzke (1979))

Lundmark, Thomas: Homosexuelle Partnerschaften in den USA: Die Einführung der Civil Union für gleichgeschlechtliche Paare im U.S.-Bundesstaat Vermont und deren Bedeutung für das Bundesrecht, in: DEuFamR 2000, S. 236 ff.

Marcus, Franz: Das dänische Adoptionsgesetz von 1972, in: RabelsZ 38 (1974), S. 194 ff.

Martiny, Dieter: Europäisches Familienrecht – Utopie oder Notwendigkeit?, in: RabelsZ 59 (1995), S. 419 ff.

Marx, Ansgar: Perspektiven der internationalen Adoption, Frankfurt a.M. 1993 (zit.: *Marx*)

Matscher, Franz: Zur Theorie der Anerkennung ausländischer Entscheidungen nach österreichischem Recht, in: *Fasching*, Hans W./*Kralik*, Winfried, Festschrift für Hans Schima zum 75. Geburtstag, Wien 1969, S. 265 ff. (zit.: *Matscher*, in: FS Schima (1969))

Maxwell, Nancy G./*Mattijssen*, Astrid A. M./*Smith*, Charlene: Legal Protection for All the Children: Dutch-American Comparison of Lesbian and Gay Parent Adoptions, vol. 3.1 Electronic Journal of Comparative Law (August 1999) <http://www.ejcl.org/31/abs31-2.html>

Meyer, Thomas/*Mittelstädt*, Andrea: Das Lebenspartnerschaftsgesetz: Materialsammlung mit Anmerkungen, Köln 2001 (zit: *Meyer/Mittelstädt*, Lebenspartnerschaftsgesetz)

Münchener Kommentar zum Bürgerlichen Gesetzbuch:
Bd. X, Internationales Privatrecht, 3. Auflage, München 1998
Bd. VIII, Familienrecht II: §§ 1589-1921; SGB VIII, 4. Auflage, München 2002
(zit.: *Bearbeiter*, in: MünchKomm)

Muscheler, Karlheinz: Das Recht der Eingetragenen Lebenspartnerschaft, Berlin 2001 (zit.: *Muscheler*)

Nagel, Heinrich (Begr.)/*Gottwald*, Peter: Internationales Zivilprozessrecht, 5. Auflage, Münster, Köln 2002 (zit.: *Nagel/Gottwald*)

Neto, Abílio: Código Civil Anotado, 13. Auflage, Lissabon 2001 (zit.: *Neto*)

Neuhaus, Paul Heinrich/*Kropholler*, Jan: Entwurf eines Gesetzes über Internationales Privat- und Verfahrensrecht (IPR-Gesetz), in: Rabels Z 44 (1980), S. 326 ff. = StAZ 1981, S. 173 f.

Niederer, Werner: Die Frage der Qualifikation als Grundproblem des internationalen Privatrechts, Zürich 1940 (zit.: *Niederer*, Qualifikation)

Niklas, Isabella Maria: Die europäische Zuständigkeitsordnung im Ehe- und Kindschaftsverfahren, Tübingen 2003 (zit.: *Niklas*)

Norrie, Kenneth: Contact, Welfare and the Right to (Gay) Family Life, in: Scots Law Times 2003, S. 23 ff.

Nuytinck, André J. M.: Das neue Personen- und Familienrecht in den Niederlanden, in: StAZ 2000, S. 72 ff.

Oliveira Pais, Sofia: De Facto Relationship and Same-Sex Relationships in Portugal, in: *Bainham*, Andrew (Hrsg.), The International Survey of Family Law 2002 Edition, S. 337 ff., Bristol 2002 (zit.: *Oliveira Pais*, in: International Survey 2002)

Olsen-Ring, Line/*Ring*, Gerhard: Die registrierte (Lebens-) Partnerschaft im Recht der skandinavischen Staaten, in: Kritische Justiz 1999, S. 366 ff.

Otto, Dirk: Die Bedeutung des Art. 4 Abs. 3 EGBGB bei Verweisung auf das Recht eines Mehrrechtsstaates, in: IPRax 1994, S. 1 ff.

Palandt, Otto (Begr.): Bürgerliches Gesetzbuch:
62. Auflage, München 2003 (zit.: *Bearbeiter*, in: *Palandt*)
58. Auflage, München 1999 (zit.: *Bearbeiter*, in: *Palandt*[58])
43. Auflage, München 1984 (zit.: *Bearbeiter*, in: *Palandt*[43])

Parra-Aranguren, Gonzalo: Rapport explicatif de la convention sur la protection des enfants et la coopération en matière d'adoption international / Explanatory Report on the Convention on Protection of Children and CoOperation in Respect of Intercountry Adoption, in: Bureau Permanent de la Conférence / Permanent Bureau of the Conference (Hrsg.), Conférence de la Haye de droit international privé / Hague Conference on private international law: Actes et documents de la Dix-septième session 10 au 29 mai 1993 / Proceedings of the Seventeenth Session 10 to 29 May 1993, Tome II Adoption – coopération / Adoption – co-operation, Den Haag 1994, S. 537 ff. = BT-Drucks. 14/5437, S. 26 ff. (zit.: *Parra-Aranguren*, Rapport explicatif)

– Rapport de la Commission spéciale / Report of the Special Commission, in: Bureau Permanent de la Conférence / Permanent Bureau of the Conference (Hrsg.), Conférence de la Haye de droit international privé / Hague Conference on private international law: Actes et documents de la Dix-septième session 10 au 29 mai 1993 / Proceedings of the Seventeenth Session 10 to 29 May 1993, Tome II Adoption – coopération / Adoption – co-operation, Den Haag 1994, S. 174 ff. (zit.: *Parra-Aranguren*, Rapport de la Commission spéciale)

Pereira Coelho, Francisco/*de Oliveira*, Guilherme: Curso de Direito da Família, Bd. I – Introdução; Direito matrimonial, 3. Auflage, Coimbra 2003 (zit.: *Pereira Coelho/de Oliveira*)

Philip, Allan: Dansk international privat- og procesret, 3. Auflage, Kopenhagen 1976 (zit.: *Philip*, IPR)

Pintens, Walter: Partnerschaft im belgischen und niederländischen Recht, in: FamRZ 2000, S. 69 ff.

– Over de europeanisatie van het familierecht, in: FJR 1999, S. 238 ff.

Pirrung, Jörg: Sorgerechts- und Adoptionsübereinkommen der Haager Konferenz und des Europarats, in: RabelsZ 57 (1993)

Planck, G.: Bürgerliches Gesetzbuch nebst Einführungsgesetz – Kommentar, Bd. VI, Einführungsgesetz, 3. Auflage, Berlin 1905 (zit.: *Planck*)

Rabel, Ernst: Das Problem der Qualifikation, in: RabelsZ 5 (1931), S. 241 ff.

Raape, Leo: Internationales Privatrecht, 5. Auflage, Berlin, Frankfurt 1961 (zit.: *Raape*, IPR)

Raape, Leo/*Sturm*, Fritz: Internationales Privatrecht, Band I, 6. Auflage München 1977 (zit.: *Raape/Sturm*, IPR I)

Rau, Hans/*Daum*, Ulrich: Spanien, in: *Bergmann*, Alexander (Begr.)/*Ferid*, Murad/*Henrich*, Dieter (Hrsg.), Internationales Ehe- und Kindschaftsrecht, 132. Lieferung, Stand: 31.7. 1997, Frankfurt a.M., Berlin 1998 (zit.: *Rau/Daum*, in: *Bergmann/Ferid/Henrich*, Spanien)

Rauscher, Thomas: Shari'a – Islamisches Familienrecht der sunna und shi'a, Frankfurt a.M. 1987 (zit.: *Rauscher*)

– Die Ausschaltung fremden interlokalen Rechtes durch Art. 4 III Satz 1 EGBGB, in: IPRax 1987, S. 206 ff.

Räther, Philipp C.: Der Schutz gleich- und verschiedengeschlechtlicher Lebensgemeinschaften in Europa, Berlin 2003 (zit.: *Räther*)

Revillard, Mariel: Le pacte civil de solidarité en droit international privé, Defrénois No 6/2000, S. 337 ff.

Richardi, Jörg: Die Anerkennung und Vollstreckung ausländischer Akte der freiwilligen Gerichtsbarkeit unter besonderer Berücksichtigung des autonomen Rechts, Konstanz 1991 (zit.: *Richardi*, Anerkennung und Vollstreckung)

Rigaux, François: The Law Applicable to Non Traditional Families, in: *Basedow*, Jürgen/ *Meier*, Isaak/*Schnyder*, Anton K./*Einhorn*, Talia/*Girsberger*, Daniel (Hrsg.), Private Law in the International Arena, Liber Amicorum Kurt Siehr, Den Haag 2000, S. 647 ff. (zit.: *Rigaux*, in: FS Siehr (2000))

Röthel, Anne: Gleichgeschlechtliche Ehe und ordre public, in: IPRax 2002, S. 496 ff.

– Registrierte Partnerschaften im internationalen Privatrecht, in: IPRax 2000, S. 74 ff.

– Registrierte Partnerschaften und österreichisches Kollisionsrecht, in: ZfRV 1999, S. 208 ff.

Sánchez Martínez, Olga: Constitucion y parejas de hecho – El matrimonio y la pluralidad de estructuras familiares, in: Revista Española de Derecho Constitucional 2000, Nr. 58, S. 45 ff.

Šarcevic, Petar: Private International Law Aspects of Legally Regulated Forms of Non-Marital Cohabition and Registered Partnerships, in: *Šarcevic*, Petar/*Volken*, Paul (Hrsg.), Yearbook of Private International Law, Bd. I – 1999, Den Haag, London, New York 1999, S. 37 ff. (zit.: *Šarcevic*, in: Yearbook 1999)

– Zur nichtehelichen Lebensgemeinschaft im IPR – unter besonderer Berücksichtigung der jugoslawischen Teilrechte, in: StAZ 1981, S. 176 ff.

Schack, Heimo: Internationales Zivilverfahrensrecht, 3. Auflage, München 2002 (zit.: *Schack*, IZVR)

– Das neue Internationale Eheverfahrensrecht in Europa, in: RabelsZ 65 (2001), S. 615 ff.

Scherpe, Jens M.: Zehn Jahre registrierte Partnerschaft in Dänemark – Zur Novellierung des Gesetzes von 1989, in: DEuFamR 2000, S. 32 ff.

Schimmel, Roland: Eheschließungen gleichgeschlechtlicher Paare, Berlin 1996 (zit.: *Schimmel*)

Schlenker, Susanne: Die Rechtsstellung gleichgeschlechtlicher Lebensgemeinschaften in Spanien und in spanischen Teilrechtsordnungen, in: *Basedow*, Jürgen/*Hopt*, Kaus J./*Kötz*, Hein/*Dopffel*, Peter (Hrsg.), Die Rechtsstellung gleichgeschlechtlicher Lebensgemeinschaften, Tübingen 2000, S. 145 ff. (zit.: *Schlenker*, in: Rechtsstellung gleichgeschlechtlicher Lebensgemeinschaften)

Schlüter, Wilfried/*Heckes*, Jasmin/*Stommel*, Sonja: Die gesetzliche Regelung von außerehelichen Partnerschaften gleichen und verschiedenen Geschlechts im Ausland und die deutschen Reformvorhaben, in: DEuFamR 2000, S. 1 ff.

Scholz, Rupert/*Uhle*, Arnd: „Eingetragene Lebenspartnerschaft“ und Grundgesetz, in: NJW 2001, S. 393 ff.

Schrama, Wendy: Reforms in Dutch Family Law during the Course of 2001: Increased Pluriformity and Complexity, in: *Bainham*, Andrew (Hrsg.), The International Survey of Family Law 2002 Edition, Bristol 2002, S. 277 ff. (zit.: *Schrama*, in: International Survey 2002)

Schurig, Klaus: Anmerkung zu AG Fürth vom 6.12.1971, in: StAZ 1973, S. 144 f.

– Aktuelle Kernfragen der Anerkennung ausländischer Adoptionen, in: IPRax 1986, S. 221 ff.

Schütz, Dieter: Der internationale ordre public, Würzburg 1983 (zit.: *Schütz*)

Schwab, Dieter: Eingetragene Lebenspartnerschaft, in: FamRZ 2001, S. 388 ff.

Selb, Walter: Martin Wolff und die Lehre von der Qualifikation nach der lex causae im internationalen Privatrecht, in: AcP, 157 (1958/1959), S. 341 ff.

Shapira, Amos: Foreign Same-Sex Adoption and Domestic Public Policy: Recognition of Foreign Decrees as a Playground for Domestic Timid Reformers, in: *Nafziger*, James A. R./*Symeonides*, Symeon C. (Hrsg.), Law and Justice in a Multistate World, Essays in Honor of Arthur T. von Mehren, New York 2002, S. 219 ff. (zit.: *Shapira*, in: FS von Mehren (2002))

Soergel, Hans (Begr.): Bürgerliches Gesetzbuch:

Bd. VIII, Einführungsgesetz, 11. Auflage, Stuttgart, Berlin, Köln 1983 (zit.: *Bearbeiter*, in: *Soergel*^{11})

Bd. X, Einführungsgesetz, 12. Auflage, Stuttgart, Berlin, Köln 1996 (zit. *Bearbeiter*, in: *Soergel*)

Siehr, Kurt: Internationales Privatrecht, Heidelberg 2001 (zit.: *Siehr*, IPR)

Spellenberg, Ulrich: Abänderung ausländischer Unterhaltsurteile und Statut der Rechtskraft, in: IPRax 1984, S. 304 ff.

Spickhoff, Andreas: Eheschließung, Ehescheidung und ordre public, in: JZ 1991, S. 323 ff.

Stalford, Helen: Concepts of Family under EU Law – Lessons from the ECHR, in: International Journal of Law, Policy and the Family 2002, S. 410 ff.

Stalford, Helen/*Donnelly*, Eric: Brussels II Revisited – An Overview of Proposed Amendments, in: Family Law 2002, S. 904 ff.

Statistisches Bundesamt (Hrsg.): Arbeitsunterlage „Statistik der Kinder- und Jugendhilfe, Teil I, Nr. 5, Adoptionen 2001", Wiesbaden 2003 (zit.: *Statistisches Bundesamt*, Adoptionen 2001)

– Arbeitsunterlage „Statistik der Kinder- und Jugendhilfe, Teil I, Nr. 5, Adoptionen 2000", Wiesbaden 2001 (zit.: *Statistisches Bundesamt*, Adoptionen 2000)

von *Staudinger*, Julius: Kommentar zum Bürgerlichen Gesetzbuch mit Einführungsgesetz und Nebengesetzen:

Einleitung zum IPR; Art. 3-6 EGBGB; Anhang zu Art. 4 EGBGB; Anhang zu Art. 5 EGBGB; Anhang zu Art. 6 EGBGB, 13. Bearbeitung, Berlin 1996

Art. 13-18 EGBGB; Anhang zu Art. 13 EGBGB; Anhang I-III zu Art. 18 EGBGB, 13. Bearbeitung, Berlin 1996

Art. 19-24 EGBGB, Neubearbeitung 2002 der 13. Bearbeitung 1994/1996, Berlin 2002

Einleitung zu §§ 1297 ff.; §§ 1297-1302; Nichteheliche Lebensgemeinschaft (Anhang zu §§ 1297 ff.); §§ 1303-1362, 13. Bearbeitung, Berlin 2000

(zit.: *Bearbeiter*, in: *Staudinger*)

Steiger, Thomas: Im alten Fahrwasser zu neuen Ufern: Neuregelungen im Recht der internationalen Adoption mit Erläuterungen für die notarielle Praxis, in: DNotZ 2002, S. 184 ff.

– Das neue Recht der internationalen Adoption und Adoptionsvermittlung, 1. Auflage, Köln 2002 (zit.: *Steiger*)

Sterckx, Daniel: A propos de la loi ouvrant le mariage aux personnes de même sexe, in: Journal des tribunaux 2003, S. 434

Strick, Kerstin: Gleichgeschlechtliche Partnerschaft – Vom Straftatbestand zum Status, in: DEuFamR 2000, S. 82 ff.

Striewe, Peter: Ausländisches und Internationales Privatrecht der nichtehelichen Lebensgemeinschaft, Köln, Berlin, Bonn, München 1986 (zit.: *Striewe*)

– Zum Internationalen Privatrecht der nichtehelichen Lebensgemeinschaft (Anmerkung zu OGH Wien vom 18.2.1982), in: IPRax 1983, S. 248 ff.

Süß, Rembert: Notarieller Gestaltungsbedarf bei Eingetragenen Lebenspartnerschaften mit Ausländern, in: DNotZ 2001, S. 168 ff.

Süß, Theodor: Anmerkung zu KG vom 22.12.1936, in: JW 1937, S. 1975 ff.

Vázquez Iruzubieta, Carlos: Comentarios a la nueva Ley de Enjuiciamento Civil, 1. Auflage, Madrid 2000 (zit.: *Vázquez Iruzubieta*, LEC)

Vékás, Lajos/*Ember*, László: Ungarn, in: *Bergmann*, Alexander (Begr.)/*Ferid*, Murad/*Henrich*, Dieter (Hrsg.), Internationales Ehe und Kindschaftsrecht, 143. Lieferung, Stand: 31.12.2000, Frankfurt a.M., Berlin 2001 (zit.: *Vékás/Ember*, in: *Bergmann/Ferid/Henrich*, Ungarn)

Vogel, Hans-Josef: Internationales Familienrecht – Änderungen und Auswirkungen durch die neue EU-Verordnung, in: MDR 2000, S. 1045 ff.

Wacke, Andreas: Die Registrierung homosexueller Partnerschaften in Dänemark, in: FamRZ 1990, S. 347 ff.

Wagner, Rolf: Das neue Internationale Privat- und Verfahrensrecht zur eingetragenen Lebenspartnerschaft, in: IPRax 2001, S. 281 ff.

– Zur Vereinheitlichung des internationalen Zivilverfahrensrechts, in: NJW 2003, S. 2344 ff.

Wasmuth, Johannes: Eheschließung unter Gleichgeschlechtlichen in den Niederlanden und deutscher ordre public, in: *Krüger*, Hilmar/*Mansel*, HeinzPeter (Hrsg.), Liber amicorum Gerhard Kegel, München 2002, S. 237 ff. (zit.: *Wasmuth*, in: FS Kegel (2002))

Weber, Helmut: Die Theorie der Qualifikation, Tübingen 1986 (zit.: *Weber*, Qualifikation)

Weber, Wolfgang: Niederlande, in: *Bergmann*, Alexander (Begr.)/*Ferid*, Murad/*Henrich*, Dieter (Hrsg.), Internationales Ehe- und Kindschaftsrecht, 144. Lieferung, Stand: 1.4. 2001, Frankfurt a.M., Berlin 2001 (zit.: *Weber*, in: *Bergmann/Ferid/Henrich*, Niederlande)

Wengler, Wilhelm: Zur Adoption deutscher Kinder durch amerikanische Staatsangehörige, in: NJW 1959, S. 127 ff.

Winkler von Mohrenfels, Peter: Der Pacte civil de solidarité: ein Modell für das deutsche Familienrecht?, in: *Coester*, Michael/*Martiny*, Dieter/*von Sachsen Gessaphe*, Karl August (Hrsg.), Festschrift für Hans Jürgen Sonnenberger zum 70. Geburtstag, München 2004, S. 155 ff. (zit.: *Winkler von Mohrenfels*, in FS Sonnenberger (2004))

Wolff, Martin: Internationales Privatrecht, 1. Auflage, Berlin 1933 (zit.: *Wolff*, IPR)

Ytterberg, Hans: Sweden – additional regulations besides the Registered Partnership, in: AJP 2001, S. 287 ff.

Zöller, Richard (Begr.): Zivilprozessordnung mit Gerichtsverfassungsgesetz und den Einführungsgesetzen, mit internationalem Zivilprozessrecht, Kostenanmerkungen, 22. Auflage, Köln 2001 (zit.: *Bearbeiter*, in: *Zöller*)

STUDIEN ZUM VERGLEICHENDEN UND INTERNATIONALEN RECHT

Herausgeber: Bernd von Hoffmann, Erik Jayme und Heinz-Peter Mansel

Band 1 Ferdinand Henke: Die Datenschutzkonvention des Europarates. 1986.

Band 2 Peter Czermak: Der express trust im internationalen Privatrecht. 1986.

Band 3 Peter Kindler: Der Ausgleichsanspruch des Handelsvertreters im deutsch-italienischen Warenverkehr. Eine rechtsvergleichende und kollisionsrechtliche Untersuchung. 1987.

Band 4 Wilhelm Denzer: Stellung und Bedeutung des Engineers in den FIDIC-Bauvertragsbedingungen. 1988.

Band 5 Marijan-Maximilian Lederer: Die internationale Enteignung von Mitgliedschaftsrechten unter besonderer Berücksichtigung der französischen Enteignungen 1982. 1989.

Band 6 Rainer Esser: Klagen gegen ausländische Staaten. 1990.

Band 7 Chang Jae-Ok: Auf dem Weg zu einer Materialisierung des Immateriellen ? Personen-, Persönlichkeitsschutz und Geldersatz des immateriellen Schadens in rechtsvergleichender Hinsicht am Beispiel des koreanischen und japanischen Zivilrechts unter besonderer Berücksichtigung des deutschen Rechts. 1990.

Band 8 Paul-Frank Weise: Lex mercatoria. Materielles Recht vor der internationalen Handelsschiedsgerichtbarkeit.1990.

Band 9 Werner Born: Der Auftrittsvertrag für Musikgruppen im Bereich der Rock- und Popmusik. 1990.

Band 10 Ralf Erich Jürgens: IPR und Verfassung in Italien und in der Bundesrepublik Deutschland. 1990.

Band 11 Rainer Gildeggen: Internationale Schieds- und Schiedsverfahrensvereinbarungen in Allgemeinen Geschäftsbedingungen vor deutschen Gerichten. 1991.

Band 12 Klaus Grabinski: Die kollisionsrechtliche Behandlung des Durchgriffs bei rechtlich verselbständigten Unternehmen in privater oder öffentlicher Hand. 1991.

Band 13 Dieter Stummel: Konkurs und Integration. Konventionsrechtliche Wege zur Bewältigung grenzüberschreitender Insolvenzverfahren. 1991.

Band 14 Joachim Güntzer: Die Rechtsstellung des Geschäftsführers im spanischen Aktienrecht. Die Neuregelung des spanischen Aktienrechts nach dem Beitritt Spaniens zur EG. 1991.

Band 15 Sabine Isenburg-Epple: Die Berücksichtigung ausländischer Rechtshängigkeit nach dem Europäischen Gerichtsstands- und Vollstreckungsübereinkommen vom 27.9.1968. Untersuchungen zum Anwendungsbereich von Art. 21 EuGVÜ unter schwerpunktmäßiger Behandlung der Frage nach der Bestimmung eines europäischen Streitgegenstandsbegriffs. 1992.

Band 16 Ulrich Nickl: Die Qualifikation der culpa in contrahendo im Internationalen Privatrecht. 1992.

Band 17 Theo Rauh: Leistungserschwerungen im Schuldvertrag. Eine rechtsvergleichende Untersuchung des englischen, US-amerikanischen, französischen und deutschen Rechts unter besonderer Berücksichtigung der gerichtlichen Praxis. 1992.

Band 18 Bernadette Chaussade-Klein: Vorvertragliche "obligation de renseignements" im französichen Recht. 1992.

Band 19 Josef Sievers: Verbraucherschutz gegen unlautere Vertragsbedingungen im französischen Recht. Vom Code civil zum "Code de la consommation" – die Entstehung eines Sonderprivatrechts für Verbraucher. 1993.

Band 20 Achim Schäfer: Grenzüberschreitende Kreditsicherung an Grundstücken, unter besonderer Berücksichtigung des deutschen und italienischen Rechts. 1993.

Band 21 Eugenio Hernández-Breton: Internationale Gerichtsstandsklauseln in Allgemeinen Geschäftsbedingungen. Unter besonderer Berücksichtigung des deutsch-südamerikanischen Rechtsverkehrs (dargestellt am Beispiel Argentinien, Brasilien und Venezuela). 1993.

Band 22 Ingo Reng: Unterhaltsansprüche aufgrund nichtehelicher Lebensgemeinschaft – Internationales Privatrecht und ausländisches materielles Recht. 1994.

Band 23 Stefanie Roloff: Die Geltendmachung ausländischer öffentlicher Ansprüche im Inland. 1994.

Band 24 Katharina Ludwig: Der Vertragsschluß nach UN-Kaufrecht im Spannungsverhältnis von Common Law und Civil Law. Dargestellt auf der Grundlage der Rechtsordnungen Englands und Deutschlands. 1994.

Band 25 Malte Diesselhorst: Mehrparteienschiedsverfahren. Internationale Schiedsverfahren unter Beteiligung von mehr als zwei Parteien. 1994.

Band 26 Manfred Kost: Konsensprobleme im internationalen Schuldvertragsrecht. 1995.

Band 27 Wolff-Heinrich Fleischer: Das italienische Wettbewerbsrecht und die Probleme des selektiven Parfümvertriebs unter Berücksichtigung der Rechtslage in Frankreich und Deutschland. 1995.

Band 28 Angelika Fuchs: Lateinamerikanische Devisenkontrollen in der internationalen Schuldenkrise und Art. VIII Abschn. 2 b) IWF-Abkommen. 1995.

Band 29 Jacques Matthias Aull: Der Geltungsanspruch des EuGVÜ: "Binnensachverhalte" und Internationales Zivilverfahrensrecht in der Europäischen Union. Zur Auslegung von Art. 17 Abs. 1 S. 1 EuGVÜ. 1996.

Band 30 Hartmut Ost: EVÜ und fact doctrine. Konflikte zwischen europäischer IPR-Vereinheitlichung und der Stellung ausländischen Rechts im angelsächsischen Zivilprozeß. 1996.

Band 31 Stefan Wagner: Die Testierfähigkeit im Internationalen Privatrecht. 1996.

Band 32 Wolfgang Jakob Hau: Positive Kompetenzkonflikte im Internationalen Zivilprozeßrecht. Überlegungen zur Bewältigung von *multi-fora disputes*. 1996.

Band 33 Markus Schütz: UN-Kaufrecht und *Culpa in contrahendo*. 1996.

Band 34 Volker Geyrhalter: Das Lösungsrecht des gutgläubigen Erwerbers. Ein "vergessener" Kompromiß und die Auswirkungen auf das heutige deutsche Recht unter besonderer Berücksichtigung des internationalen Sachenrechts. 1996.

Band 35 Andreas Kramer: Abwicklungsstörungen bei Kaufverträgen. Die Lieferung vertragswidriger Sachen im deutschen und italienischen Recht. 1996.

Band 36 Petra Krings: Erfüllungsmodalitäten im internationalen Schuldvertragsrecht. 1997.

Band 37 Tonja Gaibler: Der rechtsgeschäftliche Irrtum im französischen Recht. 1997.

Band 38 Dirk Otto: Rechtsspaltung im indischen Erbrecht. Bedeutung und Auswirkungen auf deutsch-indische Nachlaßfälle. 1997.

Band 39 Gregor W. Decku: Zwischen Vertrag und Delikt. Grenzfälle vertraglicher und deliktischer Haftung dargestellt am Beispiel der Berufs- und Expertenhaftung zum Schutze des Vermögens Dritter im deutschen und englischen Recht. 1997.

Band 40 Ulrike Höpping: Auswirkungen der Warenverkehrsfreiheit auf das IPR unter besonderer Berücksichtigung des Internationalen Produkthaftungsrechts und des Internationalen Vertragsrechts. 1997.

Band 41 Andreas Bartosch: Die vermögensrechtlichen Beziehungen der Ehegatten bei bestehender Ehe im englischen Recht – Eigentum, Besitz, Schuldvertrag. 1997.

Band 42 Helene Boriths Müller: Die Umsetzung der europäischen Übereinkommen von Rom und Brüssel in das Recht der Mitgliedstaaten. Dargestellt am Beispiel Deutschlands und Dänemarks. 1997.

Band 43 Bernd von Hoffmann / Myong-Chang Hwang (eds.): The Public Concept of Land Ownership. Reports and Discussions of a German-Korean Symposium held in Seoul on October 7-9, 1996. 1997.

Band 44 Oliver Heeder: Fraus legis. Eine rechtsvergleichende Untersuchung über den Vorbehalt der Gesetzesumgehung in Deutschland, Österreich, der Schweiz, Frankreich und Belgien unter besonderer Berücksichtigung des Internationalen Privatrechts. 1998.

Band 45 Heinrich Schütt: Deliktstyp und Internationales Privatrecht. Dargestellt an grenzüberschreitenden Problemen der Arzthaftung. 1998.

Band 46 Axel Steiner: Die stillschweigende Rechtswahl im Prozeß im System der subjektiven Anknüpfungen im deutschen Internationalen Privatrecht. 1998.

Band 47 Martina Schulz: Der Eigentumsvorbehalt in europäischen Rechtsordnungen. Rechtsvergleichende Untersuchung des deutschen, englischen und französischen Rechts unter besonderer Berücksichtigung von Erweiterungen und Verlängerungen. 1998.

Band 48 Karin Dreher: Die Rechtswahl im internationalen Erbrecht. Unter besonderer Berücksichtigung des italienischen IPR-Reformgesetzes N. 218 vom 31. Mai 1995. 1999.

Band 49 Giuliano Gabrielli: Das Verhältnis zwischen der Anfechtung wegen Eigenschaftsirrtums und den Gewährleistungsansprüchen im deutschen, österreichischen und italienischen Recht. 1999.

Band 50 Bernd von Hoffmann / Myong-Chan Hwang (eds.): Developments in Land Law. Reports and Discussions of a German-Korean Symposium held in Berlin and Trier on July 21-24, 1997. 1999.

Band 51 Volker Heidbüchel: Das UNCITRAL-Übereinkommen über unabhängige Garantien und Standby Letters of Credit. Vergleiche mit den Richtlinien der Internationalen Handelskammer, dem deutschen, englischen und US-amerikanischen Recht. 1999.

Band 52 Jan Christoph Nordmeyer: Pflichtteilsansprüche und Wiedervereinigung. Eine systematische Analyse der Ausgleichsansprüche nach BGB-Pflichtteilsrecht unter besonderer Berücksichtigung der durch den Wiedervereinigungsprozeß eingetretenen Wertveränderungen. 1999.

Band 53 Bettina Linder: Vertragsabschluß beim grenzüberschreitenden Verbraucherleasing. 1999.

Band 54 Almontasser Fetih: Die zivilrechtliche Haftung bei Vertragsverhandlungen. Eine rechtsvergleichende Studie zum deutschen, französischen, ägyptischen und islamischen Recht. 2000.

Band 55 Sona Rajani: Die Geltung und Anwendung des Gemeinschaftsrechts im Vereinigten Königreich von Großbritannien und Nordirland. Der Grundsatz der Parlamentssouveränität im Wandel. 2000.

Band 56 Joachim Kayser: Gegenmaßnahmen im Außenwirtschaftsrecht und das System des europäischen Kollisionsrechts. Eine Analyse der EU-Abwehrverordnung gegen die Auswirkungen extraterritorialer Rechtserstreckung eines Drittlandes. 2001.

Band 57 Albrecht Conrad: Qualifikationsfragen des Trust im Europäischen Zivilprozeßrecht. 2001.

Band 58 Bernd Borgmann: Die Entsendung von Arbeitnehmern in der Europäischen Gemeinschaft. Wechselwirkungen zwischen Kollisionsrecht, Grundfreiheiten und Spezialgesetzen. 2001.

Band 59 Aleksandar Jaksic: Arbitration and Human Rights. 2002.

Band 60 Islamisches und arabisches Recht als Problem der Rechtsanwendung. Symposium zu Ehren von Professor Emeritus Dr. iur. Omaia Elwan. Veranstaltet vom Institut für ausländisches und internationales Privat- und Wirtschaftsrecht der Universität Heidelberg und der Gesellschaft für Arabisches und Islamisches Recht e.V. Herausgegeben von Herbert Kronke, Gert Reinhart und Nika Witteborg. 2001.

Band 61 Patrick Fiedler: Stabilisierungsklauseln und materielle Verweisung im internationalen Vertragsrecht. 2001.

Band 62 Werner Mangold: Die Abtretung im Europäischen Kollisionsrecht. Unter besonderer Berücksichtigung des spanischen Rechts. 2001.

Band 63 Eike Dirk Eschenfelder: Beweiserhebung im Ausland und ihre Verwertung im inländischen Zivilprozess. Zur Bedeutung des US-amerikanischen discovery-Verfahrens für das deutsche Erkenntnisverfahren. 2002.

Band 64 Bernd Ehle: Wege zu einer Kohärenz der Rechtsquellen im Europäischen Kollisionsrecht der Verbraucherverträge. 2002.

Band 65 Heiko Lehmkuhl: Das Nacherfüllungsrecht des Verkäufers im UN-Kaufrecht. 2002.

Band 66 Jochen Nikolaus Schlotter: Erbrechtliche Probleme in der Société Privée Européenne. IPR-Harmonisierung im einheitlichen Europäischen Rechtsraum. 2002.

Band 67 Konrad Ost: Doppelrelevante Tatsachen im Internationalen Zivilverfahrensrecht. Zur Prüfung der internationalen Zuständigkeit bei den Gerichtsständen des Erfüllungsortes und der unerlaubten Handlung. 2002.

Band 68 Tobias Bosch: Die Durchbrechungen des Gesamtstatuts im internationalen Ehegüterrecht. Unter besonderer Berücksichtigung deutsch-französischer Rechtsfälle. 2002.

Band 69 Ursula Philipp: Form im amerikanischen Erbrecht. Zwischen Formalismus und harmless error. 2002.

Band 70 Christian Stefan Wolf: Der Begriff der wesentlich engeren Verbindung im Internationalen Sachenrecht. 2002.

Band 71 André Fomferek: Der Schutz des Vermögens Minderjähriger. Ein Vergleich des deutschen und des englischen Rechts unter Berücksichtigung des schottischen und irischen Rechts. 2002.

Band 72 Nicolas Blanchard: Die prozessualen Schranken der Formfreiheit. Beweismittel und Beweiskraft im EG-Schuldvertragsübereinkommen in deutsch-französischen Vertragsfällen. 2002.

Band 73 Markus Dreißigacker: Sprachenfreiheit im Verbrauchervertragsrecht. Der Verbraucher im Spannungsfeld zwischen kultureller Identität und Privatautonomie. 2002.

Band 74 Vassiliki Myller-Igknay: Auskunftsansprüche im griechischen Zivilrecht. Auswirkungen im deutsch-griechischen Rechtsverkehr sowie im deutschen internationalen Privat- und Verfahrensrecht. 2003

Band 75 Stefan Bruinier: Der Einfluss der Grundfreiheiten auf das Internationale Privatrecht. 2003.

Band 76 Nika Witteborg: Das gemeinsame Sorgerecht nichtverheiratete Eltern. Eine Untersuchung im soziologischen, rechtsgeschichtlichen, verfassungsrechtlichen, rechtsvergleichenden und internationalen Kontext. 2003.

Band 77 Peter Stankewitsch: Entscheidungsnormen im IPR als Wirksamkeitsvoraussetzungen der Rechtswahl. 2003.

Band 78 Jan Wilhelm Ritter: Euro-Einführung und IPR unter besonderer Berücksichtigung nachehelicher Unterhaltsverträge. Eine Untersuchung mit Blick auf das deutsche, französische und schweizerische Recht. 2003.

Band 79 Wolf Richard Herkner: Die Grenzen der Rechtswahl im internationalen Deliktsrecht. 2003.

Band 80 Ira Ditandy: Internationale Zuständigkeit. Neuregelung durch die LOPJ 1985. Vergleich mit dem europäischen Vorbild und Auswirkungen auf das spanische internationale Zivilverfahrensrecht. 2003.

Band 81 Andrea Verena Schefold: Werbung im Internet und das deutsche Internationale Privatrecht. 2004.

Band 82 Klaus Herkenrath: Die Umsetzung der Richtlinie 93/13/EWG über missbräuliche Klauseln in Verbraucherverträgen in Deutschland, dem Vereinigten Königreich, Frankreich und Italien. Auswirkungen nationaler Umsetzungstechniken auf dem Harmonisierungserfolg. 2003.

Band 83 Alexander Thünken: Das kollisionsrechtliche Herkunftslandprinzip. 2003.

Band 84 Barbara v. Daumiller: Die Rechtswahl im italienischen internationalen Erbrecht: und ihre Auswirkungen im deutsch-italienischen Rechtsverkehr. 2003.

Band 85 Robert Mödl: Macht, Verantwortlichkeit und Zurechnung im Konzern. Eine rechtsvergleichende Untersuchung auf der Grundlage des deutschen, spanischen und US-amerikanischen Rechts. 2003.

Band 86 Ursula Kerpen: Das Internationale Privatrecht der Persönlichkeitsrechtsverletzungen. Eine Untersuchung auf rechtsvergleichender Grundlage. 2003.

Band 87 Barbara Ploeckl: Umgangsrechtsstreitigkeiten im deutsch-französischen Rechtsverkehr. Bestehende internationale und nationale Regelungen und der geplante *europäische Besuchstitel*. 2003.

Band 88 Katrin Wannemacher: Die Außenkompetenzen der EG im Bereich des Internationalen Zivilverfahrensrechts. Der räumliche Anwendungsbereich des Art. 65 EGV am Beispiel der EuGVO und der EheVO. 2003.

Band 89 Maren B. Eilinghoff: Das Kollisionsrecht der ungerechtfertigten Bereicherung nach dem IPR-Reformgesetz von 1999. 2004.

Band 90 Patrick Niehr: Die zivilprozessuale Dokumentenvorlegung im deutsch-englischen Rechtshilfeverkehr nach der deutschen und der englischen Prozessrechtsreform. 2004.

Band 91 Anna Christina Gördes: Internationale Zuständigkeit, Anerkennung und Vollstreckung von Entscheidungen über die elterliche Verantwortung. Die VO(EG) Nr. 1347/2000, ihre geplanten Änderungen und das Verhältnis beider zum Minderjährigen- und Kinderschutzabkommen. 2004.

Band 92 Martin Rädler: Rechtsbehelfe des Käufers eines Unternehmens oder einer unternehmerischen Beteiligung gegen den Verkäufer im deutschen und französischen Recht. 2004.

Band 93 Marc-Yngve Dietrich: Rechtsstellung und Beteiligung der Gläubiger im französischen Insolvenzverfahren. 2004.

Band 94 Katia Niemann: Die rechtsgeschäftliche und organschaftliche Stellvertretung und deren kollisionsrechtliche Einordnung. Deutschland und England im Vergleich. 2004.

Band 95 Daniel Ludwig: Neuregelungen des deutschen Internationalen Insolvenzverfahrensrechts. Eine Untersuchung unter vergleichender Heranziehung der Europäischen Insolvenzverordnung. 2004.

Band 96 Cordelia Faulenbach: Der gemeinschaftsrechtliche Vorbehalt im europäischen Wettbewerbsrecht. Die Herkunftslandanknüpfung der E-Commerce-Richtlinie unter dem Einfluss der Grundfreiheiten. 2004.

Band 97 Ulf Dörner: Der Vertragsgerichtsstand nach dem Protokoll von Buenos Aires. 2004.

Band 98 Martin Schmidhuber: Verhaltenskodizes im nationalen und grenzüberschreitenden elektronischen Geschäftsverkehr. Zur Frage der Integration der Selbstregulierung durch Private in die staatliche Rechtsordnung. 2004.

Band 99 Florian Kienle: Die fehlerhafte Banküberweisung im internationalen Rechtsverkehr. Unter besonderer Berücksichtigung des Artikels 4A US Uniform Commercial Code. 2004.

Band 100 Thomas Alexander Brandt: Die Adoption durch eingetragene Lebenspartner im internationalen Privat- und Verfahrensrecht. 2004.

www.peterlang.de

Kolibri 360 GmbH
Ferdinand-Jühlke-Straße 7
99095 Erfurt, Deutschland
produktsicherheit@kolibri360.de

Druck:
CPI Druckdienstleistungen GmbH
im Auftrag der
Kolibri 360 GmbH
Ferdinand-Jühlke-Str. 7
99095 Erfurt